제4판

현대증권시장론

곽철효 · 정정현 · 김병곤 · 정민규 · 문승진

MODERN SECURITIES MARKETS

pnc
publishing and culture
피앤씨미디어

제4판 머리말

2014년 초판을 발간하고, 2018년 제3판을 발간한 이후 한동안 개정을 하지 못해 독자분들께 죄송한 마음이었는데, 이렇게 제4판을 발간하게 되어 감회가 새롭고, 독자분들께 다시 한번 감사의 말씀을 전한다.

증권시장은 살아있는 유기체와 같다. 기술의 진보와 규제의 변화, 그리고 인간의 심리가 교차하며 매 순간 새로운 투자 환경을 만들어낸다. 본 저서가 처음 발간된 이후, 증권시장은 우리가 예상했던 것보다 훨씬 더 역동적이고 파괴적인 변화를 경험해 왔다.

이제 AI는 단순한 투자 테마를 넘어 증권시장의 인프라 그 자체가 되었고, 알고리즘 매매의 고도화와 데이터 기반의 투자 의사결정은 시장의 효율성을 높이는 동시에 새로운 변동성을 야기하고 있다. 또한 토큰증권(STO)을 비롯한 디지털 자산이 제도권 내로 안착하며 증권시장의 경계가 확장되고 있다.

불과 몇 년 전까지만 해도 멀게만 느껴졌던 코스피 4,000선 돌파도 한국 증권시장의 위상이 한 단계 격상되었음을 상징한다. 반도체와 AI 중심의 산업 구조 재편, 그리고 기업 밸류업 프로그램(Value-up Program)을 통한 지배구조 개선 노력은 단순한 지수 상승을 넘어 한국 증시의 고질적인 과제였던 코리아 디스카운트 현상을 해소하는 중요한 동력이 되고 있다.

저자들도 이러한 변화하는 환경에 발맞추어 현대증권시장론 책을 개정하기 위해 노력하고 있다. 이 책을 사용하여 증권시장을 공부하는 독자분들이 증권시장의 기능과 역할, 제도 등을 체계적이고 폭 넓게 학습하여, 증권시장에 대한 이론적 토대를 견고히 다지는 동시에, 합리적인 투자자이자 시장 관찰자로서 성장하는 데 이 책이 든든한 길잡이가 되기를 바라는 마음이다.

이번에 발간하는 제4판은 제3판에 비해 내용면에서 큰 차이가 있는 것은 아니다. 다만 그동안 이 책을 사용하면서 의견을 주셨던 독자들의 조언과 법규 및 제도, 환경적 변화 등을 반영하여 수정과 보완을 하였다. 특히 본문 내용에 언급된 제도적 사항에 변화가 있은 부분은 변경 사항들을 반영하여 많은 부분을 수정하였다. 또한 본문 중의 오타나 오류 등이 발견된 부분에 대해서도 수정작업을 하였다. 그리고 이 책을 사용하는 독자들이 조금이라도 더 편안하게 책을 읽을 수 있도록 편집부분에도 많은 관심을 가지고 조정하였다.

또한 제3판까지는 저자가 3인으로 구성되어 있었지만, 제4판에서는 증권시장과 관련하여 대학에서 강의와 연구를 열심히 하고 있는 신진 연구자 두 분이 추가되어 5인 공저로 발간하게 되었다. 신임 공저자들은 새로운 시각에서 본 저서의 발전에 더 많은 기여를 할 것으로 기대된다.

제4판은 제3판에 비해 큰 변화는 없으나 독자들이 이 책을 이용하여 강의를 하거나 학습을 하는데 있어 조금이라도 더 편리하고 도움이 되었으면 하는 마음으로 개정 작업을 하였다. 그럼에도 불구하고 여전히 부족한 점이 많을 것으로 생각한다. 독자들의 비판과 조언을 받아 계속적으로 수정·보완해 나갈 것을 다짐한다.

그리고 이 책의 개정에 도움을 주신 여러분께 이 자리를 빌어 감사를 드린다. 먼저 개정의 기회를 가질 수 있도록 이 책을 사용해 주신 여러 대학의 교수님들과 강사선생님, 학생 여러분, 일반 독자분들께 감사의 말씀을 전한다. 이 책의 출간을 위해 노력해 주신 피앤씨미디어 관계자 여러분께도 진심으로 감사를 드린다.

2026년 2월

곽철효, 정정현, 김병곤, 정민규, 문승진

제3판 머리말

2014년 초판을 발간하고, 2년여 만에 2판을 발행하고, 다시 2년여 만에 3판을 발간하게 되어 감회가 새롭다. 저자들은 이 자리를 빌어서 독자분들께 다시 한번 감사의 말씀을 전한다.

최근 세계 경제의 글로벌화, 디지털화, 개방화가 급속히 진전되면서, 증권시장의 환경도 급변하고 있다. 신시장이나 신상품이 생겨나고, 핀테크, 로보어드바이저, 빅데이터 등을 활용한 새로운 투자기법들도 나타나고 있다. 또한 이러한 증권시장의 환경변화에 대응하여 관련 법규나 제도들도 지속적으로 변화하고 있다.

저자들도 이러한 변화하는 환경에 발맞추어 증권시장론 책을 개정하기 위해 노력하고 있다. 이 책을 사용하여 증권시장을 공부하는 독자분들이 증권시장의 기능과 역할, 제도 등을 체계적이고 폭넓게 이해하고 학습하여 미래의 성공적인 증권시장 참여자로 발전하기를 기대해 본다.

이번에 발간하는 3판은 2판에 비해 내용면에서 큰 차이가 있는 것은 아니다. 다만 그동안 이 책을 사용하면서 의견을 주셨던 독자들의 조언을 반영하여 부분부분 그 사항들을 반영하여 수정과 보완을 하였다.

특히 본문 내용에 언급된 제도적 사항에 변화가 있은 부분은 변경사항을 반영하여 많은 부분을 수정하였다. 또한 본문 중의 오타나 오류 등이 발견된 부분에 대해서도 수정작업을 하였다. 그리고 이 책을 사용하는 독자들이 조금이라도 더 편안하게 책을 읽을 수 있도록 편집부분에 많은 관심을 가지고 조정하였다.

이 책은 대학교의 저학년이 증권시장에 대한 기본적인 이론과 제도를 이해하고, 더 많은 관심을 갖도록 하는 데 목표를 두고 작성되었다. 증권시장과 관련된 이론이나 제도를 더 깊이 있게 학습하고자 하는 분들은 저자들이 발간한 '현대자본시장론(학현사)'을 참고하면 도움이 될 것으로 생각한다.

제3판은 제2판에 비해 큰 변화는 없으나 독자들이 이 책을 이용하여 강의를 하거나 학습을 하는 데 있어 조금이라도 더 편리하고 도움이 되었으면 하는 마음으로 개정 작업을 하였다. 그럼에도 불구하고 여전히 부족한 점이 많을 것으로 생각한다. 독자들의 비판과 조언을 받아 계속적으로 수정·보완해 나갈 것을 다짐한다.

그리고 이 책의 개정에 도움을 주신 여러분께 이 자리를 빌어 감사를 드린다. 먼저 개정의 기회를 가질 수 있도록 이 책을 사용해 주신 여러 대학의 교수님들과 강사선생님, 학생 여러분, 일반 독자분들께 감사의 말씀을 전한다. 이 책의 출간을 위해 노력해 주신 피앤씨미디어 관계자 여러분께도 진심으로 감사를 드린다.

2018년 8월

곽철효, 정정현, 김병곤

제2판 머리말

2014년 초판을 발간한 지 2년여 만에 개정판을 발간하게 되어 감회가 새롭고, 독자들의 성원에 감사한 마음이다. 저자들은 이 자리를 빌어서 독자들께 다시 한 번 감사의 말씀을 전한다.

증권시장은 하루 하루 급속히 변화하고 있다. 글로벌 금융위기 이후 금융시스템이나 통화정책, 금융감독체계 등이 급속히 변하면서 증권시장의 변화를 가속화시키고 있다. 로보어드바이저, 빅데이터 등을 활용한 새로운 투자행태나 투자기법이 생겨나고, 메자닌펀드, ETN, 중국 위안선물 등과 같은 신상품이나 신시장이 생겨나고 있다. 자본시장법도 지속적으로 개정이 이루어지고 있고, 주식 및 채권이 발행되고 거래되는 발행시장과 유통시장의 제도도 빠르게 변화하고 있다.

이러한 증권시장의 변화는 이 책의 개정 필요성을 증가시키는 요인이 되었다. 변화하는 증권시장의 환경을 신속히 반영함으로써 독자들로 하여금 최근의 증권시장을 이해하고, 새로운 지식을 학습하는 데 도움이 되는 업데이터된 정보를 제공할 필요성이 있었기 때문이다.

이번에 발간하는 2판은 초판에 비해 내용면에서 큰 차이가 있는 것은 아니다. 기본적으로 초판의 틀을 유지하면서, 증권시장제도나 시장구조, 투자행태, 투자상품 등에서 변경된 사항이나 변화된 환경 등을 반영하여 수정과 보완을 하였다. 또한 그동안 이 책을 사용하면서 의견을 주셨던 독자들의 조언을 반영하여 부분 부분 그 사항들을 반영하도록 노력하였다. 또한 초판에서 일부 발생되었던 오류나 오탈자 등을 수정 · 보완하였다. 초판 발간 때 오류나 오탈자를 최소화하기 위해 노력하였으나 확인되지 않은 일부 사항이 있었다. 따라서 2판에서는 이러한 문제를 바로잡고 최소화되도록 최선의 노력을 기울였다.

2판은 초판에 비해 큰 변화는 없으나 독자들이 이 책을 이용하여 강의를 하거나 학습을 하는 데 있어 조금이라도 더 편리하고 도움이 되었으면 하는 마음으로 개정 작업을 하였다. 그럼에도 불구하고 여전히 부족한 점이 많을 것으로 생각한다. 독자들의 비판과 조언을 받아 계속적으로 수정 · 보완해 나갈 것을 다짐한다.

그리고 이 책의 개정에 도움을 주신 여러분께 이 자리를 빌어 감사를 드린다. 먼저 개정의 기회를 가질 수 있도록 이 책을 사용해 주신 교수님들과 강사선생님, 학생 여러분, 일반 독자분들께 감사의 말씀을 전한다. 그리고 이 책의 출간을 위해 노력해 주신 피앤씨미디어의 박노일 사장님과 관계자 여러분께도 진심으로 감사를 드린다.

2016년 2월

곽철효 · 정정현 · 김병곤

머리말

증권투자(security investment)는 주식, 채권, 옵션, 선물 등의 재무자산(financial assets) 또는 금융자산에 대한 투자를 의미한다. 증권투자가 이루어지고 있는 증권시장은 부(wealth)가 많은 사람이든 적은 사람이든, 교육을 많이 받은 사람이든 그렇지 않은 사람이든, 자신의 직업이 무엇이든지 간에 희망과 두려움을 갖고 많은 관심을 보이는 곳이다. 증권투자는 현대인의 주요한 재테크 수단이 되고 있기 때문이다.

우리가 잘 알고 있는 은행예금, 적금, 부동산 투자 등을 이용한 재산형성은 수동적 투자라고 할 수 있다. 그러나 정보화된 경제사회에서 각종 금융상품을 이용한 재산형성은 다양한 정보를 탐색하고, 이를 분석하며, 금융상품의 가치에 기초하여 분산투자하며, 경제환경의 변화에 따라 지속적으로 관리해 나가는 능동적 투자전략에 의하여 이루어질 수 있다. 이런 전략적이고 능동적인 투자 중의 하나가 증권투자라고 할 수 있다.

최근에는 증권시장이 글로벌화되고, 자본시장법 등의 시행으로 시장제도나 시장구조, 투자상품 등이 크게 변화되어 증권투자의 어려움은 더욱 커지고 있다. 그러므로 성공적인 증권투자를 실행하기 위해서는 증권시장과 투자상품에 대한 기본적인 개념을 이해하고, 관련 제도와 투자전략에 대해 충분히 공부할 필요가 있다.

이 책은 증권투자를 목적으로 하는 투자자들이 기본적으로 이해하고, 공부할 필요가 있는 내용들을 체계적으로 설명하고 있다. 특히 대학의 저학년과정에서 증권시장과 증권투자를 공부하고자 하는 학생들이 쉽게 이해할 수 있도록 체계화하였다.

이 책은 증권투자와 증권시장, 투자상품, 증권가치평가 등에 관하여 전반적으로 이해할 수 있도록 4개의 부로 나누어 구성하였다.

제1부는 증권투자와 증권시장을 이해하기 위한 기본적인 개념을 중심으로 설명하고 있다. 제1장에서는 증권투자의 기초개념으로 증권투자의 목표를 어떻게 설정해야 할 것인가를 살펴본다. 그리고 설정된 목표를 달성하기 위하여 실행해야 할 단계들을 설명한다. 제2장에서는 증권의 의미를 설명하고, 주식과 채권을 비롯하여 각종 증권의 유형에 대하여 살펴본다. 제3장에서는 금융시장과 증권시장의 관계를 설명하고, 증권시장의 구성에 대해 살펴본다. 특히 우리나라 증권시장의 제도나 상품 등을 정의하고 규율하는 '자본시장과 금융투자업에 관한 법률'에 대해 자세히 살펴본다. 제4장과 제5장은 증권의 발행시장과 유통시장을 설명한다. 주식과 채권 등의 증권이 발행되고 유통되는 시장의 구조나 제도를 구체적으로 설명하고 있다. 제6장은 주식의 거래에 대한 가격정보를 중심으로 주식시장의 전반적인 동향을 파악할 수 있는 주가평균과 주가지수 등에 대하여 설명한다. 따라서 제1부의 내용을 충실히 공부하면 주식 및 채권시장에서 이루어지는 증권거래에 대해 잘 이해할 수 있을 것으로 생각한다.

제2부는 효과적인 증권투자를 하기 위해 필요한 증권가치에 대한 이해를 중심으로 설명하고 있다. 이 부분은 이론적인 모형을 중심으로 전개되기 때문에 약간의 수식이 포함되고 있어 어렵게 느껴질 수 있으나 최대한 쉽게 설명하려고 하였다. 제7장에서는 수익률과 위험의 개념을 살펴보고, 제8장에서는 화폐의 시간적 가치개념을 이용하여 채권과 주식의 가치를 평가하는 이론적인 모형을 설명한다. 제9장은 포트폴리오이론과 자본자산가격결정모형에 대하여 그 기본적인 내용을 설명하고 있다. 제10장은 정보효율성을 중심으로 증권시장의 효율성과 자본시장의 이상현상 등에 대하여 살펴본다.

제3부는 증권의 가치에 영향을 미치는 정보가 생성되는 환경과 증권가치에 대한 정보의 영향을 분석하고, 투자 목적을 달성하기 위한 관리와 전략을 설명하고 있다. 제11장에서는 주가에 영향을 미치는 기업환경정보와 기업의 구체적인 활동이 주가에 어떻게 영향을 미치는가를 설명한다. 제12장은 증권의 기술적 분석을 설명하고, 제13장은 증권투자와 관련한 관리의 의미와 간단한 몇 가지 전략을 설명한다.

제4부는 주식과 채권 이외의 다양한 투자상품을 설명하고 있다. 이 교재에서는 이들 상품을 이론적으로 공부하기보다는 그 개념을 이해하는 데 도움이 되도록

설명하였다. 제14장은 수익증권과 뮤추얼펀드를 설명하고, 제15장에는 주식관련 간접투자 수단으로서 다양한 주식파생증권에 대해 설명한다. 제16장과 제17장에서는 대표적인 파생상품으로서 옵션과 선물에 대해 설명하고 있다.

이 책은 독자들이 증권투자의 기본개념을 쉽게 이해할 수 있도록 꾸미기 위하여 노력하였다. 그러나 저자들의 노력부족으로 미흡한 점이 많을 것으로 생각한다. 독자들의 비판과 조언을 받아 계속적으로 수정 · 보완해 나갈 것을 다짐한다. 이 책이 출판될 수 있도록 도와주신 여러분께 이 자리를 빌어 감사를 드린다.

2014년 2월

곽철효 · 정정현 · 김병곤

차 례

PART 01 증권투자와 증권시장의 이해

SECURITIES MARKET

CHAPTER 10 증권시장의 효율성

PART 03 증권분석과 투자관리의 이해

SECURITIES MARKET

CHAPTER 11 기업환경과 증권분석

PART SECURITIES MARKET

04 다양한 투자상품의 이해

CHAPTER 16 옵션의 이해

CHAPTER 17 선물거래의 이해

SECURITIES MARKET

01

PART 01

증권투자와 증권시장의 이해

Chapter 01

증권투자의 기초개념

학습목표 이 장을 공부한 독자들은 다음 사항을 이해할 수 있어야 한다.

- 투자의 개념
- 투자의 3요소
- 투자목표설정의 중요성
- 자산배분의 과정

투자는 현재의 확실한 부를 소비하지 않고 특정 자산에 투하하여 미래의 불확실한 부를 창출하려는 것이다. 따라서 이와 관련한 손실의 가능성은 투자의 한 속성이다. 투자자들은 이 같은 투자의 개념을 정립하고, 투자자 개인의 성향을 파악하고 적절한 투자의 목표를 설정하는 것이 성공의 관건임을 이해하여야 한다.

이 장에서는 먼저 투자의 의의와 투자의 유형 등 일반적인 투자의 개념을 설명한다. 그리고 투자에서 발생하는 다양한 위험을 살펴보고 투자자가 선택할 수 있는 투자목표를 구분하여 설명한다. 투자자가 설정한 투자목표는 투자수행과정에서 그리고 투자의 결과를 평가하는 기준이 되어야 한다. 투자자는 정기적으로 투자성과를 평가하여 그 결과를 목표의 재설정에 반영하는 것이 장기적인 투자의 성공을 위하여 필요하다는 것을 이해하여야 한다.

제1절 투자의 의의

우리는 일상생활에서 투자란 말을 자주 사용하고 있다. 은행의 예금을 비롯하여 주택투자, 부동산투자, 증권투자, 시설투자, 교육투자, 벤처 캐피털(venture capital)투자 등 투자라는 말은 우리의 일상생활 속에서 매우 익숙하게 쓰이는 말이다. 투자(investment)는 넓은 의미에서 '자본의 소유자가 미래에 더욱 증식될 가치 또는 이익을 기대하여 현재의 소비를 희생하고 투자의 대상이 되는 자산(assets)에 자본을 투하하는 것'이다.

여러 가지 투자의 대상 중에서도 증권시장에서 손쉽게 거래할 수 있는 주식, 채권과 같은 증권의 투자가 매우 일반화되어 있다. 현재 일반인들은 자신의 부(wealth)를 관리하기 위한 수단으로 증권투자에 큰 관심을 가지고 있다.

1.1 투자의 유형

투자는 투자대상의 다양한 속성과 투자과정의 차이에 따라 다음의 유형으로 구분할 수 있다.

(1) 증권투자와 실물투자

증권투자(security investment)는 주식, 채권, 어음, 옵션(option), 상장지수펀드(ETF), 상장지수채권(ETN), 증권형 토큰(STO) 등 다양한 금융투자상품으로 표현되는 재무자산(financial assets) 또는 금융자산에 대한 투자를 의미한다. 실물투자(real or property investment)는 건물, 토지 등의 부동산(real estate)과 기계, 장치, 귀금속, 골동품, 미술품과 같이 형태가 뚜렷한 자산에 대한 투자를 의미한다.

증권투자와 실물투자를 한 나라의 경제시스템 측면에서 살펴보면, [그림 1-1]처럼 이 둘은 매우 보완적인 관계를 가진다. 생산주체(기업)는 실물투자를 통하여 생산 증가를 도모한다. 생산주체는 실물투자에 필요한 자본을 조달하기 위하여 미래에 일정한 성과를 배분할 것을 약속하는 계약(증권)을 만들어 투자자의 자본과 교환한다. 이것이 원활하게 이루어지면 실물투자가 활발하게 되고, 투자자들이 투

그림 1-1 실물투자와 증권투자의 관계

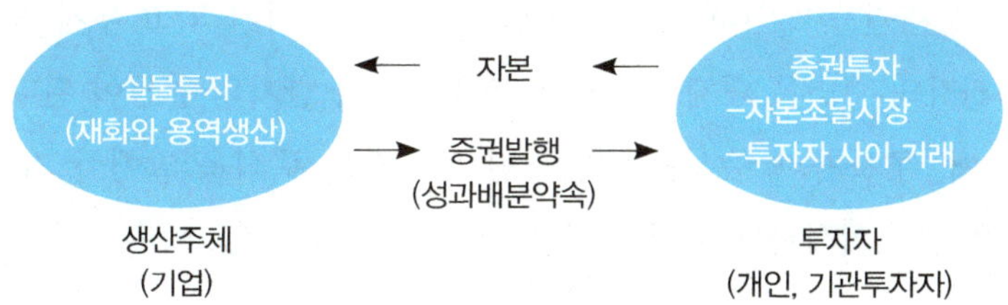

자할 증권이 풍부해진다. 최초로 기업이 발행한 증권을 갖게 되는 투자자는 증권 시장에서 또 다른 투자자와 거래하여 투자자본을 회수할 수 있다.

(2) 직접투자와 간접투자

투자자가 자기가 보유하고 있는 돈의 가치를 보전하거나 미래의 이익을 기대하여 금융자산이나 실물자산을 직접 매입 보유(buy-and-hold)하고, 자신의 판단과 책임으로 투자자금과 자산을 운용하는 것을 직접투자(direct investment)라고 한다. 이에 반하여 간접투자(indirect investment)는 전문투자자의 판단과 운용책임으로 이미 구성해 두었거나 앞으로 구성코자 하는 포트폴리오(portfolio)[1] 또는 다양한 자산의 집합에 투자자가 간접적으로 투자하는 것을 말한다.

예를 들어, 펀드투자회사가 일정기간 동안 증권에 투자할 목적으로 펀드(fund)를 조성하는데, 어느 투자자가 이 펀드에 투자자금을 예치한다고 하자. 펀드투자회사는 조성된 자금으로 여러 기업이 발행한 증권을 매입하여 포트폴리오를 구성하고, 이것을 효과적으로 관리하여 포트폴리오의 수익을 증가시킨다. 이 경우 투자자는 어느 특정한 기업의 증권에 직접 투자하는 대신에 펀드회사가 구성하여 관리하는 포트폴리오인 펀드에 투자함으로써 특정 기업의 증권에 간접 투자한 결과가 된다. 이 경우 투자자의 수익은 포트폴리오의 성과를 투자비중에 따라 배분받게 된다.

[1] 포트폴리오(portfolio)는 투자자가 위험과 수익의 관계를 고려하여 여러 종목으로 구성한 투자자산의 집합을 의미한다. 투자론에서 포트폴리오라고 할 때는 일반적으로 증권의 집합을 의미한다.

(3) 채권투자, 주식투자, 선물 및 옵션투자

증권투자의 대상은 대개 채권, 주식, 선물 및 옵션 등으로 나눌 수 있다. 첫째, 투자자가 채권을 매입하면 채권의 발행자는 채무자가 되고 투자자는 채권자가 된다. 채권자의 수익은 대체로 채권의 확정이자와 만기의 원금이 된다.

둘째, 투자자가 주식을 매입하면 투자자는 주식을 발행한 기업의 주주가 되며, 기업의 영업성과에 따라 배당을 지급 받을 수도 있고 또 주가가 상승하면 주주는 자본이득(capital gain)도 얻는다.

셋째, 투자자는 선물이나 옵션을 매입하여 그 가격변동에 따라 수익을 얻을 수 있다. 선물(futures)은 특정한 상품을 미래에 정한 일자에 인수, 인도하기로 하고 그 가격을 지금 결정하는 계약을 말한다. 옵션(option)은 옵션의 소유자가 미래의 특정한 기간에 미리 결정된 행사가격(exercise price)으로 지정된 자산을 매입 또는 매도할 수 있는 선택권을 의미한다. 따라서 옵션의 투자자는 옵션계약에 지정된 기초자산의 시장가격이 변동하면 이를 이용하여 옵션투자의 이익을 얻을 수 있다. 선물과 옵션은 기초자산을 근거로 창출되므로 파생상품(derivatives)이라고도 한다.

(4) 단기투자와 장기투자

투자는 투자기간의 장단에 따라 단기투자(short-term investment)와 장기투자(long-term investment)로 구분된다. 일반적으로 투자자산의 현금화기간이 1년 미만인 것은 단기투자로, 1년 이상인 것은 장기투자로 구분한다. 단기투자는 반년이나 분기 또는 한 달 심지어는 단 며칠간, 몇 분간의 초단기 투자도 포함한다. 이러한 구분은 투자자산의 기간적 유효수명에 의하여 투자를 분류한 것이며, 반드시 1년이라는 기간을 엄격하게 적용한다는 의미는 아니다.

(5) 투자, 투기와 저축의 구분

투자(investment)의 개념을 투기(speculation)와 저축(saving)의 개념과도 구분할 필요가 있다. 투자는 비교적 낮은 위험의 증권 또는 자산에 자금을 장기적으로 투하하여 이 자산으로부터 발생하는 수익과 매매차익(자본이득)을 기대하는 것을 의미한다. 반면에 투기는 비교적 위험이 높은 증권이나 자산에 자금을 일시적으로 투하하고 이 자산의 가격변동을 이용하여 단기적인 매매차익만을 기대하는 거래를 말한다.

투자와 투기를 현실적으로 구분할 때에는 그 개념이 서로 명확하지 않은 경우가 많다. 왜냐하면 투자와 투기는 모두 현시점에서 소비를 희생하고 미래에 증식될 부를 기대한다는 점에서는 동일할 뿐만 아니라, 장기와 단기라는 기간적 성격과 자산의 위험에 대한 분류도 분명하지 않기 때문이다. 그러므로 투자와 투기의 개념은 그 행위가 상대적으로 어느 쪽에 더 치우쳐 있는가에 따라 구분하는 것이 바람직하다.

저축은 현재의 소비를 억제하여 미래의 소비에 대처하는 것으로 투자나 투기와는 명확히 구분되는 개념이다. 다시 말해서 저축은 현재의 소비를 희생하지만 그 목적이 미래에 증식된 부를 기대하는 데에 있기보다는 미래의 소비를 준비하는 것이 주된 목적이다.

1.2 투자의 3요소

투자 의사결정에서 고려해야 하는 여러 가지 사항 중에서 수익성(profitability), 위험(risk), 유동성(liquidity)을 일반적으로 투자의 3요소라고 한다.

(1) 수익성

투자는 미래의 보다 큰 수익을 기대하여 현재의 소비를 포기하는 것이다. 따라서 투자대상이 미래에 얼마만큼의 수익을 창출할 수 있을 것인가는 투자 의사결정에서 매우 중요하다.

(2) 위 험

현재의 확실한 자본을 투자한 결과는 미래에 실현되므로 그 성과는 일반적으로 불확실하다. 이러한 불확실성(uncertainty)은 투자대상이 가지고 있는 위험(risk)과 성과의 실현에 걸리는 시간(time)이라는 두 가지 속성에 따라 투자유형마다 다르게 나타난다.

예를 들어, 특정한 투자대상의 미래 투자성과가 불투명하고, 그 성과가 실현되는 투자기간이 길면 불확실성이 매우 높은 투자라고 할 수 있다. 그러나 정기예금과 같이 투자의 성과가 미리 정해져 있어 투자결과가 달라질 위험은 거의 없지만 투자기간의 장단에 따라 불확실성이 좌우되는 투자안도 있다. 일반적으로 불확실성이 크면 투자의 수익성은 높고, 반대로 불확실성이 작으면 수익성도 낮다.

따라서 투자자는 투자목표를 달성하기 위하여 허용할 수 있는 투자의 불확실성 혹은 위험의 정도를 고려하여 투자대상을 선정하여야 한다.

(3) 유동성

유동성이란 단기에 현금화할 수 있는 가능성을 말한다. 금융시장에서 거래되는 금융투자상품 간에도 유동성에 차이가 있다. 투자자는 미래 시점에 필요한 유동성 규모를 고려하여 투자 의사결정을 하여야 한다.

1.3 투자자의 구분

투자자는 투자목적, 투자규모와 투자자산의 운용특성 등에 따라 기관투자자와 개인투자자, 전문투자자와 일반투자자 등으로 구분할 수 있다.

(1) 기관투자자와 개인투자자

기관투자자(institutional investors)는 자체 자금이나 위탁된 자금을 전문적으로 운영하는 법인형태의 투자자를 말한다. 자산운용회사, 은행, 보험회사, 연금, 기금 등이 기관투자자의 대표적인 예이다. 기관투자자는 대규모로 거래하고, 거액의 투자자금을 운용하는 특징이 있다.

개인투자자(individual investors)는 투자자 중에서 기관투자자를 제외한 일반 개인 투자자를 말한다. 즉 개인의 자격으로 투자를 하는 투자자를 개인투자자라 한다. 개인투자자는 일반적으로 기관투자자에 비해 투자규모가 작고, 정보의 획득이나 분석능력이 떨어지는 경향이 있다.

(2) 전문투자자와 일반투자자

자본시장법(제9조 및 2023년 개정기준)에서는 투자자를 투자위험의 감수능력과 자산규모 등에 따라 전문투자자와 일반투자자로 구분한다.

전문투자자는 금융투자상품에 관한 전문성을 구비하고, 소유자산규모 등에 비추어 투자에 따른 위험감수 능력이 있는 일정한 투자자를 말한다. 국가, 중앙은행, 금융기관 등의 기관투자자, 상장법인, 외부평가를 받은 비상장법인, 순자산이 일정금액 이상인 개인 등이 전문투자자에 해당한다. 일반투자자는 전문투자자가 아닌 개인과 법인 투자자를 말한다.

제2절 투자목표의 설정과정

2.1 투자목표설정의 의의

일반적으로 증권투자를 하는 사람들은 자기의 직장생활이나 개인 사업을 영위하여 열심히 일해 번 돈을 증권에 투자하여 돈을 더 많이 벌고 싶다는 희망을 가지고 있다. 그들은 이런 희망을 달성하기 위해서 어떻게 해야 하는가도 정확히 알고 있다. 즉 '투자대상을 언제나 낮은 가격에 사서 높은 가격으로 판다'는 것이다. 그러나 '무슨 돈으로, 어떤 주식을, 언제, 어떻게'라는 투자계획(investment planning)에 대해 조금도 생각해보지 않고 많은 돈을 버는 데만 관심이 있다면, 거기에는 실패와 좌절이 함께할 가능성이 높다.

일반인들은 자금에 여유가 생기면 먼저 소비를 생각하게 된다. 그러나 현재 소비를 억제하여 미래소비를 계획하게 되면, 미래에 더 많이 소비하기 위하여 투자를 하게 된다. 이럴 때 충동투자는 부(wealth)를 얻을 기회를 사라지게 한다.

부동산, 예술품, 고가구, 채권 혹은 주식 등 어떤 곳이든 간에 투자를 하기 전에 먼저 투자상품을 평가해야 하고, 투자를 하려는 목표 혹은 목적을 정해야 한다. 그 다음에는 목표를 달성하기 위하여 적합한 투자상품의 선택, 투자금액과 투자시기 등에 대한 전략을 세워 투자를 수행해야 한다. 목표와 그 수행수단에 대한 명쾌한 평가와 계획은 주식처럼 본질적으로 위험을 지닌 증권에 투자를 하려 할 때 특히 중요하다.

투자목표의 설정과 목표수행과정을 요약하면 [그림 1-2]와 같다.

그림 1-2 투자목표설정과 투자과정

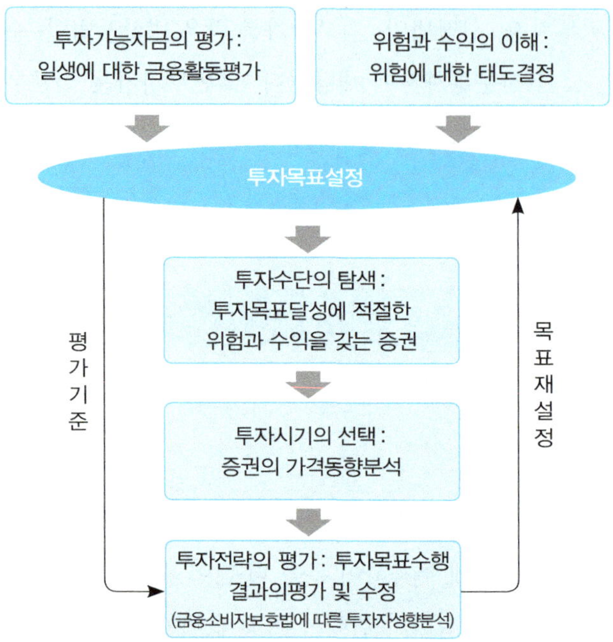

2.2 투자가능자금의 평가

사람들이 투자하고 싶어 하는 금액과 실제 투자할 수 있는 금액에 차이가 날 수 있다. 투자계획은 투자자 자신의 자산, 부채 그리고 미래의 현금필요성 등을 검토하여 설계되어야 한다. 이 과정을 통해서, 순재산(net worth)을 결정해야 한다. 이때 철저하지 않으면 안 된다. 투자자 자신의 부(wealth)에 대한 평가는 아래 사항을 고려하여야 한다.[2]

ⓐ 정기적인 소득 : 월급, 상여금, 그리고 투자자산의 수익 등

ⓑ 저축과 기타 투자자산 : 은행예금계좌, 예금증서, 부동산, 수익증권, 연금(annuities), 주식, 채권 등

---

[2] 이 장에서 설명하고 있는 목표설정과정은 다음 교재를 참고하였다.
Alvin D. Hall(1994), *Getting Started in Stocks*(John Wiley & Sons, Inc), 2nd ed., 1–23.

ⓒ 생활비규모 : 부양가족의 수, 음식물비, 공공요금, 주거비, 교육비, 휴가비 등

ⓓ 보험 가입액(coverage) : 의료, 자동차, 생명보험 등

ⓔ 은퇴 후 생활자금계획 : 개인 퇴직연금 혹은 국민연금 등

ⓕ 유산상속의 유무와 금액의 기대치

ⓖ 여유 소득 : 필수 생활비를 지급한 후 가용한 소득

개인은 자기 평생의 금융생활에 대한 철저한 검토를 통하여 '얼마나 많이 투자할 수 있는가?'라는 질문에 적절한 답을 얻을 수 있다. 자신의 금융상태를 평가하기가 어렵다고 할 경우, 객관적이고, 평가능력이 있는 투자전문가의 도움을 받으면 좋을 것이다. 이런 과정을 거치게 되면, 투자자는 투자할 수 있는 순재산과 투자자금의 규모를 결정할 수 있다. 이렇게 하고 난 후 투자자는 자기의 투자성향을 고려하여 단기투자와 장기투자에 어느 정도의 비율로 투자자금을 나누어 투자할 것인가를 결정할 수 있게 된다.

2.3 위험과 투자목표

(1) 투자의 위험과 수익

현재의 확실한 자본을 투자한 결과는 미래에 실현되므로 그 성과는 일반적으로 불확실하다. 이러한 불확실성(uncertainty)은 투자대상이 가지고 있는 위험(risk)과 성과의 실현에 걸리는 시간(time)이라는 두 가지 속성에 따라 투자유형마다 다르게 나타난다. 예를 들어, 특정한 투자대상의 미래 투자성과가 불투명하고 그 성과가 실현되는 투자기간이 길면 불확실성이 매우 높은 투자라고 할 수 있다. 그러나 정기예금과 같이 투자의 성과가 미리 정해져 있어 투자결과가 달라질 위험은 거의 없지만 투자기간의 장단에 따라 불확실성이 좌우되는 투자안도 있다.

일반적으로 불확실성이 크면 투자의 수익성은 높고, 반대로 불확실성이 작으면 수익성도 낮다. 위험과 수익의 이런 직접적인 관계를 '위험과 수익의 상반관계'(risk and return trade off)라고 한다.

주식에 투자해서 기대할 수 있는 수익은 현금배당과 자본이득 두 가지이다. 현금배당은 경영자가 기업의 주주에게 배당하기로 결정한 기업의 법인세 납부 후

순이익의 전부 혹은 일부분이다. 이 배당지급은 자동적으로 지급되거나 지급이 보장되어 있는 것이 아니다. 배당을 지급할 것인지, 그 금액을 얼마로 할 것인지, 그리고 언제 지급할지를 결정하기 위하여 기업의 이사회가 정기적으로 열리고 있다.

자본이득(capital gain)은 증권의 시장가치의 증가, 즉 주식의 가격상승으로부터 만들어지는 이득이다. 쉽게 말해서 주식의 매도가격에서 주식의 매입가격을 뺀 차이이다. 이 차이가 0보다 크면, 자본이득이라 하고, 0보다 작으면, 자본손실(capital loss)이라고 한다.

주식의 시장가치는 기업의 경영성과와 주식을 소유하고 있는 투자자의 미래 전망에 따라 변동한다. 투자자는 기업이 현재 크게 성장하고 있거나 혹은 성장가능성이 매우 높은 상태에 있다고 믿을 때, 시간이 지나면 주식가격이 오를 것을 기대하여 현재 주식을 산다. 주식의 소유에서 얻어지는 배당소득과 자본이득의 합이 주식투자의 총수익이다.

배당소득 혹은 자본이득을 얻으려면, 주식을 발행한 기업이 직면하고 있는 여러 가지 형태의 위험을 기꺼이 감내할 수 있어야 한다. 모든 주식은 위험하고, 어떤 주식은 다른 주식보다 더 위험하다는 것을 이해해야 한다. 투자자가 직면하는 가장 큰 위험은 기업의 주식이 가치가 없게 되어 투자자가 투자한 자본을 전부 상실하게 되는 것이다. 이와 같이 투자한 주식의 가치가 변동하는 것을 자본위험(capital risk)이라고 한다. 이 위험은 그 원인이 여러 가지 형태를 취하고, 각각은 주식에 크든 적든 간에 영향을 미친다.

투자자는 투자주식을 다양화하고 투자시점을 조정해서 투자에서 발생하는 위험이 수익에 미치는 잠재적인 영향을 줄일 수도 있다. 따라서 증권투자에 대한 위험을 이해하는 것은 개인의 위험에 대한 태도를 이해하고 또한 투자목적을 설정하기 위한 전제가 된다.

기업의 자본위험은 다음과 같이 다양한 형태로 분류할 수 있다.

1) 기업고유위험

기업외부의 정치, 경제, 사회와 주식시장의 변동으로 나타나는 기업이익의 변동을 체계적인 위험이라고 한다. 이것과는 반대로 기업 내부적인 고유한 특성에 의하여 발생되는 이익의 변동을 기업고유위험이라 하고 특히 이를 비체계적인 위험이라고도 한다.

만약 한 종목의 주식만 샀을 때, 하루에 주가가 30% 하락하면, 투자자는 투자자금의 30%를 잃을 것이다. 이런 형태의 위험은 여러 가지 기업, 산업, 지역의 주식에 투자하거나 혹은 다양한 유형의 증권에 나누어 투자함으로서 투자자가 스스로 방어할 수 있다. 이런 투자 방식을 다양화 투자, 분산투자 혹은 포트폴리오 투자라고 한다.

이론적으로 다양화는 한 개 증권의 가격이 하락할 때, 포트폴리오에 있는 다른 증권의 가격이 상승하여 전체적으로 투자가치가 안정화된다. 따라서 기업고유위험은 포트폴리오 투자를 통하여 감소시킬 수 있는 것이다.

개인투자자의 경우 다양화 투자를 하는 데에 어려움이 따른다. 다양한 주식을 분석하고, 포트폴리오를 적극적으로 관리하기 위해 소비되는 시간과 빈번한 거래로 발생하는 수수료에 더 많은 돈이 들 수 있기 때문이다.

2) 경영위험

주식을 발행한 기업이 투자자들의 기대와 다르게 매출액과 이익을 창출하지 못할 수도 있다. 이것은 기업이 기업 본래의 목적 사업을 수행하기 위한 투자결정이 잘못되어 나타날 수도 있다. 또는 경영자가 기업을 다음 성장단계로 끌어올리지 못한 결과일 수도 있다. 이런 경영활동 수행의 잘못으로 미래의 경영이익 또는 이자 및 법인세 차감전 이익이 기대수준에 미달하거나 손실로 나타날 수 있는 가능성을 경영위험이라고 하며, 영업위험이라고도 한다.

경영위험이 높아서 손실을 입을 가능성이 높아지면 증권의 가격은 낮은 수준에 머무르거나 아니면 떨어질 수도 있다. 최악의 경우, 경영이 실패하면 주식은 아무 가치도 가지지 않을 수도 있다. 경영위험은 신규사업이나 기존사업 어디에서나 나타날 수 있다.

3) 유동성위험

투자자가 증권에 대한 현재의 투자상태를 조정하기 위하여 주식을 매도하려하거나 매수하려고 할 때, 그것을 즉시 실행하기 어려울 때가 종종 있다. 이런 경우는 증권시장에서 특정 증권에 대하여 투자자가 너무 적어서 발생할 수도 있다.

이런 상태를 '시장이 얕다(thin market)'라는 표현을 쓰기도 한다.

유동성이 낮은 상황에서 투자증권을 제때에 팔기 위해서는 실제가치 이하로 가격을 낮추어 팔아야 하기 때문에 거래에서 손실이 발생할 수 있다. 이런 손실의 발생가능성을 유동성위험이라고 한다. 이 위험은 결과적으로 투자자에게 예상보다 큰 손실을 발생시키게 된다.

4) 체계적 위험

체계적 위험은 시장위험이라고도 하며, 정치, 경제, 문화 등 시장 전체에 영향을 미치는 요인들의 변화로 인하여 증권의 가격이 변동하는 위험이다. 주식시장에서 주가가 전반적으로 하락하는 추세라면, 포트폴리오에 속해 있는 모든 주식의 가치가 비슷하게 하락할 것이다. 그래서 포트폴리오를 구성하더라도 이 위험에서 보호받을 수 없다.

5) 이자율위험

이자율위험은 우선주, 사채 등과 같은 고정소득증권뿐만 아니라 최근 급성장한 채권형 ETF와 단기금융상품에도 영향을 준다. 고정소득증권의 시장가격은 시장이자율의 변동에 역으로 변동한다. 시장이자율이 하락하면, 이미 발행되어 거래되고 있는 고정소득증권(일정한 액면이자지급)의 가격은 상승한다. 역으로, 시장이자율이 상승하면, 이미 발행된 고정소득증권의 가격은 하락한다.

이런 변화는 공급과 수요의 측면에서도 나타난다. 고정소득 투자자들은 기꺼이 인내할 수 있는 위험수준에 적정한 증권을 탐색하고, 그중에서 가장 높은 수익을 발생시키는 증권을 찾는다. 시장이자율이 하락할 때, 이미 높은 배당 혹은 이자를 지급하기로 약정되어 발행된 증권은 그 가치가 상대적으로 높기 때문에 더 많은 수요가 일어날 것이다. 시장이자율이 상승할 때, 투자자들은 자기들이 이미 소유하고 있는 낮은 이자를 받는 증권을 매각하고, 더 높은 이자를 지급하는 새로운 증권을 사기를 원한다. 시장이자율이 변동하는 기간 중에는 증권가격에 미치는 시장이자율의 영향이 매우 민감하다.

6) 인플레이션 위험

인플레이션은 시간이 지남에 따라 화폐의 구매력을 약화시킨다. 그래서 인플레이션 위험은 구매력위험이라고도 한다. 주식투자의 가장 큰 매력은 이 위험을 최소로 줄일 수 있다는 것이다. 주식은 어떤 다른 형태의 증권보다 더 많이 인플레이션 위험을 방어할 수 있다.

7) 정치적 위험

정치적 위험은 정치적으로 불안정한 지역에 위치한 기업의 주식에 투자할 때 가장 현저하게 나타난다. 국가의 불안정성이 지속되면, 소유하고 있는 주식을 발행한 기업의 생산성을 심하게 감소시킬 수 있다. 최악의 경우에는 국가가 모든 사업을 국유화하는 결정을 내린다면, 투자자금도 회수할 수 없게 된다.

8) 조세위험

증권투자로 발생하는 이익에 대하여 부과되는 세금은 투자자의 수익에 영향을 미친다. 현재 우리나라의 경우 주식에 관한 배당소득과 자본이득의 세율에 차이가 있다.[3] 이러한 세율의 차이는 개인투자자의 수익에 영향을 주기 때문에 투자수단으로서 주식을 더 매력적으로 혹은 덜 매력적으로 만들어 주식수요에 변화를 줄 수 있고 주가의 변화를 야기한다.

투자자는 주식투자에서 얻는 단지 두 가지의 잠재적인 이익(배당과 자본이득)에 대하여 너무 많은 위험이 있다는 것이 복잡하게 생각될 수도 있다. 그러나 이런 위험 때문에 투자를 위한 여유소득에 대한 태도결정이 중요하게 된다.

어떤 개인은 그들의 자본을 위험이 있는 곳이라면 어느 곳에도 투자하기를 원하지 않는다. 그런 반면에 다른 사람은 적정한 보상이 있다면 위험을 부담하면서 적극적으로 투자하고자 할 것이다. 투자자들의 위험에 대한 성향은 이 두 유형의 투자자 사이의 어딘가에 위치하고 있을 것이다. 일단 투자자금에 대한 위험 태도를 알고, 증권투자와 관련된 위험을 이해하고 나면, 구체적으로 투자목표를 세울 수 있다.

---

[3] 2025년 현재 우리나라에서는 일반 소액투자자의 주식 양도차익에 대해서는 과세가 유예되고 있다. 다만 대주주 요건에 해당하는 경우 과세가 적용되며, 금융투자소득세는 2025년부터 단계적으로 시행될 예정이다.

(2) 투자의 목표

증권투자의 목적은 실제로 비슷한 규모의 투자자금을 가진 사람들 사이에서도 개인의 생활양식과 야망만큼이나 차이가 난다. 가장 일반적인 투자목표로서 생활소득의 창출, 점진적인 부(wealth)의 형성, 공격적인 부의 형성, 투기 등을 생각할 수 있다.

1) 생활소득창출목표

이 목적을 가진 투자자는 투자로부터 현재의 생활에 필요한 소득을 얻기를 원한다. 전형적으로 그들은 투자수익을 생활비의 전부 혹은 일부에 충당하려고 한다. 수익률이 높은 보통주와 우선주를 포함하여 배당을 많이 지급해주는 주식이 이런 목적에 적합하다. 대부분의 투자자는 이런 목적의 투자를 보수적이고 안전한 투자와 같은 뜻으로 이해하기도 한다.

그러나 대단히 위험한 증권들이 간혹 높은 소득을 제공하기도 한다.[4] 그렇지만 투자자가 이런 유형의 투기적, 고수익 위험증권에 관심이 없다면, 투자자본의 원금 유지를 일차적인 목표로 삼아야 할 것이다. 소득창출과 투자자본의 원금 유지를 투자목표로 설정하면, 비교적 안전하고 안정적인 증권, 즉 극단적인 가격변동성이 없는 증권에 투자하여야 한다. 이 목적에 알맞은 증권은 우량주와 같이 가격이 비교적 안정적이고 합리적인 배당 혹은 이자를 지급하는 증권일 것이다.

2) 장기 안정적 재산형성목표

어떤 투자자들은 현재의 생활자금을 증권투자에서 얻으려는 것이 아니라 장기적으로 재산을 증식시키려는 목적을 가지기도 한다. 이 목적을 가진 투자자는 투자자본을 증식시킬 수 있는 장기의 안정적인 수익을 얻을 수 있는 투자포트폴리오를 구축하려 할 것이다. 이런 투자자들은 장기투자를 하면서, 너무 큰 위험을 원하지도 않는다.

이들은 투자증권이 현재는 높은 배당을 지급하지 않을 수도 있고, 또 그 가격이 시간이 지남에 따라 변동할 수 있다는 것을 이해하고 있어야 한다. 따라서 주식의 시장가치와 그 배당지급이 꾸준히 증가하여 장기적으로 재산증식(wealth build-

[4] 고위험, 저가격의 정크 본드 혹은 저급 우선주 등은 위험이 커 가격이 낮지만 약속한 이자를 지급받는다면 실질적으로는 높은 수익률을 얻는 셈이 된다.

ing)이 가능하다는 기대 위에서 실현가능한 목적이다.

3) 단기급속 재산형성목표

재산의 증식이 급속하게 이루어질 것(aggressive growth)을 기대하는 투자자들도 있다. 단기와 장기적으로 대규모 자본이득(주가상승)을 가져다 줄 것으로 기대되는 증권들이 이 목적을 가진 투자자에게 적합하다. 이런 목적을 가진 투자자에게는 배당으로부터 얻는 현재의 소득은 관심 밖이고, 투자자본의 유지도 그 우선순위가 뒤로 밀릴 수밖에 없다.

이런 투자 목적에 적합한 증권은 가격변동이 매우 심한, 위험이 높은 증권일 가능성이 크다. 그래서 높은 이익을 가져다주기도 하지만 상당한 손실을 초래할 수도 있는 투자이기 때문에 투자자는 높은 경각심을 가져야 한다.

4) 투기적 목표(speculation)

이것은 단기의 가격변동에서 이익을 얻기 위해서만 주식을 사고파는 사람들이 가지는 투자목적이다. 대부분의 초보 투자자는 '투기'하기보다는 오히려 시장에 '투자'하는 용기를 가져야 한다. '투자하는 것'의 용어는 투기보다는 더 장기적인 안목을 의미하고 투기는 단기적인 이익에 전적으로 초점을 맞추는 것을 말한다. 투기자는 장기간 동안 증권을 보유하려고 하지 않는다.

투기자는 시장의 유동성과 효율성을 증대시키기 때문에 모든 투자자를 위해 중요한 시장기능을 담당하기도 한다. 그러나 또 다른 견해는 그들의 존재가 좋은 뉴스에 반응하여 재빨리 주가를 상승시키고, 나쁜 뉴스에 접할 때에는 가격을 급속하게 하락시키는 등 시장에 부당한 변동을 초래한다는 것이다. 투기는 투자자들이 가질 수 있는 가장 위험한 투자태도이다.

투자자들은 투자의 위험을 이해하고 자신에게 알맞은 투자목적을 설정할 수 있어야 한다. 또한 한번 정해진 목적이 영구적인 것도 아닐 것이므로 투자자들은 금융수단이 변화함에 따라 적절히 투자목적을 조정하고 변경할 수 있어야 성공적인 투자를 할 수 있다.[5]

[5] 미래에셋자산운용회사 https://investments.miraeasset.com/magi/fund/theme.do는 투자상품을 투자목적에 따라 일반, 월지급식, 연금저축, 소장펀드, 우리아이, 퇴직연금 등으로 분류하여 소개하고 있다.

제3절 투자수단의 선택과 투자실행

3.1 투자수단의 탐색과정

투자자들이 자신이 설정한 투자목표를 달성하기 위해서는 주식, 채권, 그리고 다른 투자수단들의 특성에 대해 기본적으로 이해해야 한다. 투자수단에 대한 지식은 여러 가지 다양한 투자수단들을 단순히 비교할 수 있는 것 이상이어야 한다. 또한 투자자의 나이, 저축하고 있는 금액, 기타 특성에 비추어 결정한 투자목표와 감내할 수 있는 위험수준을 잘 이해할 필요가 있다.

단일 투자로서 혹은 다른 포트폴리오의 일부로서 주식은 광범위한 투자목표를 달성하기 위한 적절한 투자수단이다. 그러나 주식에 투자하는 것이 모든 사람에게 다 적절하다고 할 수는 없다. 기본적인 투자목적이 자본유지인 경우에는 특히 그렇다. 주식시장에서 가격변동은 주식의 특성이다. 심지어 가장 안전하고 성공적인 기업의 주식도 커다란 가격 움직임을 보일 수도 있다.[6]

일반적으로 투자자들은 자신의 투자자금을 은행저축을 비롯하여 단기증권, 채권, 주식 그리고 부동산 등 다양한 투자대상에 골고루 나누어 투자함으로써 위험을 분산시키고 있을 것이다. 이와 같이 개인의 금융투자목표가 주어졌을 때, 이 목표를 달성하기 위하여 여러 가지 투자형태와 투자상품의 계층간에 계획적이고 체계적으로 투자자금을 나누는 것을 자산배분(asset allocation)이라고 한다.

성공적인 자산배분의 실행은 충분한 양의 정보를 평가하고 분석하는 것을 필요로 한다. 경제상태에 따라 적용할 수 있는 완벽한 자산배분모형은 없을 뿐만 아니라 최적의 자산구성(asset mix)을 결정하는 데 대한 일반적인 접근방법도 없다. 그러나 투자결정에서 자산배분은 매우 중요하다.

자산배분을 위한 네 가지 기본단계를 개괄적으로 살펴보면 다음과 같다.

(1) 투자자산계층의 결정

첫 번째 단계는 투자할 자산의 계층을 결정하는 것이다. 전통적으로 투자자산

[6] 예를 들어, 삼성전자의 경우 2012년도에 최저가격은 1월 9일 1,016,000원이었고, 최고가격은 12월 13일 1,533,000원이었다. 삼성전자는 2018년 5월초 액면가 1주당 5,000원을 50주로 나누어 1주당 액면가 100원으로 액면 분할하였는데 2025년 11월 18일 현재 52주 최저가는 50,800원이고, 최고가는 112,400원이다.

은 크게 세 가지 자산계층으로 구분할 수 있다.

ⓐ 현금등가 투자증권 : 화폐시장의 유동성이 높은 단기증권과 단기국채와 같이 안전하고 단기적인 투자증권
ⓑ 채권 혹은 고정소득증권
ⓒ 주식 혹은 지분증권

(2) 자산계층간 투자자금의 결정

두 번째 단계는 각 증권의 계층에 투자할 금액을 결정하는 것이다. 이 결정은 기술적 분석가들의 시장상승세 혹은 하락세 예측에 반응하여 각 계층에 대한 여러 가지의 비율을 결정하는 것이다.

예를 들어, 다른 투자대상에서 얻을 수 있는 것보다 더 큰 수익을 주식에서 얻을 수 있는 경제적인 조건을 찾을 수 있다. 즉 시장이자율이 낮을 경우 투자자들은 고정소득증권의 수익이 낮아지므로 주식 투자로 발생하는 배당과 자본이득이 채권투자 수익을 초과할 것을 기대하면서 주식에 더 많이 투자하는 경향을 보일 수 있다. 그리고 투자자들은 시장이자율이 높은 기간에는 주식보다 고정소득증권의 수익이 더 높아지기 때문에 투자자금을 고정소득증권에 더 많이 배분할 수 있다.

(3) 특정 자산계층 내에서의 증권선택

세 번째 단계에서는 투자자금이 배분된 3가지 투자자산계층에서 각 계층에 속하는 증권을 구체적으로 선택하여야 한다. 지분증권인 주식을 선택하는 것을 예로 들면, 어떤 주식이 안정된 배당지급을 하고, 어떤 주식이 장기적으로 가치상승이 크고, 또 어떤 주식이 다른 주식과의 관계에서 위험을 상쇄시키는지를 고려해서 선택해야 한다.

(4) 선택된 증권의 투자자금배분

네 번째 단계에서는 각 자산계층에서 선택된 구체적인 특정 발행자의 주식과 채권에 배분할 금액을 정하는 것이다.

개인투자자들은 그들 스스로 자산배분을 성공적으로 수행하기가 매우 어렵다. 자산배분은 전반적인 경제와 특정기업의 재무정보에 대해 부지런하고 조심스

러운 분석을 필요로 하는 복잡한 과정이다. 때때로 자신의 포트폴리오를 구축하는 개인투자자도 전문투자자의 상담을 받는 것이 도움이 될 수 있다. 특히 소액투자자는 이들 전문가의 조언과 추천에 귀를 기울이는 것이 현명할 것이다.

3.2 투자수단의 선택노력

개인투자자가 목적에 알맞은 투자수단을 실제로 선택하기 위해서는 증권발행자의 건실성과 증권의 내재가치에 영향을 미치는 요소, 즉 발행기업의 경영 강점, 매출액, 시장지배력, 수익성, 성장잠재력 등을 평가할 수 있어야 한다.

기업의 건실성과 가치를 판단하기 위하여 사용하는 정보의 대부분은 다음의 세 가지 형태로 입수될 수 있다. 즉 주식발행에 대한 사업보고서, 공개기업이 금융감독원에 제출하는 분기 및 반기보고서 그리고 기업의 연간보고서 등이다. 이들 자료들은 투자자에게 어느 기업의 증권에 투자하는 것이 좋을지를 판단하기에 충분한 정보를 제공한다.

기업에 대한 정보의 연구와 분석은 전문투자기관과 경제연구소 등에서 충분히 수행되어 제공되고 있다. 그래서 일반투자자들은 관심을 가지고 끊임없이 찾아보는 노력이 필요하다.[7]

3.3 투자시기의 선택

투자시점의 선정은 모든 투자자들이 관심을 가지는 중요한 사항이다. 주식을 매수하는 데 관심을 가지는 사람은 누구나 멀지 않은 장래에 가격이 상승할 것을 믿고 가격상승 바로 직전에 주식을 사는 방법을 알려고 한다. 일단 주식을 사서 가격상승이 이루어진 뒤에는 가격하락을 예견하여 가격이 하락하기 전에 주식을 매도하려고 하는 것이 투자자가 바라는 일이다. 이와 같이 투자시점을 알아내는 방법은 보통 기술적 분석(technical analysis)에서 다루는 주제이다. 이것은 한 주식이나 주식시장의 가격동향이 방향을 바꿀 조건을 확인하려는 것이다.

매수신호(buying signals)와 매도신호(selling signals)로 불리는 이러한 조건들은

[7] 금융감독원 전자공시시스템(http://dart.fss.or.kr/)에 접속하면 개별기업의 여러 정보들을 검색해 볼 수 있다.

절대적인 처방이 아니라 시점선택에 대한 하나의 제안적인 신호일 뿐이다. 대부분의 투자자들은 다른 요소들을 검토하여 그 신호의 정확성을 확인해야 한다.

매수 혹은 매도시점과 그 시점의 주식가격의 선택은 서로 관련이 되어 있다. 기업이나 혹은 시장의 진정한 가치를 결정하는 것은 기본적 분석(fundamental analysis)에서 다루는 주제이다. 이것은 투자자에게 기업의 진실한 가치가 그 주식의 시장가격에 반영되어질 때를 추측하게 해준다.

때로는 기업의 발행주식은 분석자들이 기업의 본질적 가치라고 결정한 것에 비하여 과소평가되거나 혹은 과대평가되어 있을지도 모른다. 투자자는 주식의 시장가격이 기업의 진실한 가치를 향해 변동할 때, 이익을 얻기 위해 과소평가된 주식을 매입하거나 혹은 과대평가된 주식을 단기적으로 매도한다. 기본적 분석과 기술적 분석은 서로 분리되어 이루어지는 연구영역이지만, 본질적 가치에 기초하여 매수할 증권을 선택하고 기술적인 요인에 기초하여 매수할 최적의 시점을 결정하는 데 자주 함께 사용되고 있다.

전체시장에 관련된 투자시점의 포착과 개별주식에 관련된 투자시기의 포착은 매수와 매도 결정에 영향을 미친다. 일반적으로 급격하게 시장이 하락하는 시기에는 대부분의 주식가격이 동반하여 함께 하락할 것이고, 시장이 상승세인 시기에는 대부분의 주식가격이 상승할 것이다. 간단히 말해서 시장의 전반적인 추세는 대부분의 주식의 가격동향에 반영되어 있다. 더구나 시장이 특별히 낮은 수준까지 하락한 후에 선택한 증권을 매수하기 위하여 기다리고 있다면, 진실한 가치 이하의 가격으로 선택한 주식을 매수할 수 있을 것이라고 믿는 것이 보통이다.

기술적인 용어로 증권의 시장가격이 기업의 진실한 가치보다 훨씬 낮은 상태를 과잉매도시장(oversold market)이라고 한다. 증권의 시장가치가 기업의 내재가치보다 훨씬 높은 상태를 과잉매수시장(overbought market)이라고 한다.

투자시점포착은 투자자의 목표가 장기적인지 혹은 단기적인가도 고려하여야 한다. 장기적인 투자목표를 가지고 있는 경우에는 투자시기는 비교적 덜 중요하다. 즉 장기투자자의 초점은 시간흐름에 의한 투자의 가치증대라는 기본적인 요소들에 기초되어 있다. 이런 투자자들은 가격동향의 역전이 시장의 주기적인 동향의 정상적인 일부분이라는 것을 이해하여야 하고, 그것이 사라질 때까지 기다릴 준비가 되어 있어야 한다.

따라서 장기투자를 할 때 시장의 주기적인 반등에 대하여 감정적이고 단기적인 반응을 피해야 한다. 그렇지 않으면, 잦은 거래로 발생하는 높은 거래비용 때문에 손해를 볼 것이고, 기회도 놓치고 이익도 사라질 것이다.

단기투자자에게는 투자시점 포착이 성과달성의 관건이다. 변동적인 시장에서 한 번 투자기회를 늦추게 되면 이득이 손실로 곧장 바뀌어질 수 있다. 단기거래는 수수료 비용이 높고 시장경험이 중요하기 때문에 대부분의 초보투자자에게는 적절하지 못하다.

3.4 투자가치의 변화와 투자전략의 평가

투자자들의 성향이 투기자인가 혹은 장기투자자인가에 따라 투자가치의 변화에 대한 전략의 평가와 수정도 달라진다. 투기적인 투자의 경우는 주별, 일별, 심지어 시간대별로 아주 밀접하게 투자상태가 감시되고 검토되어야 한다. 이것은 투자자 자신의 투자에 대한 엄격한 규범을 필요로 한다. 그 기본정신은 손실은 줄이고 얻어진 이익은 계속 활용하는 것이다.

투기거래자들은 투자상태를 청산하기 전에 주가가 반대방향으로 움직일 수 있는 한계, 예를 들어, 15%, 20%, 혹은 25%의 주가하락률을 미리 설정해 둔다. 수익성 없는 투자상태를 계속 유지할 어떤 정당성이 있는 경우라도 거래자는 가격이 사전에 정한 손실수준에 도달하면 기꺼이 시장에서 철수한다. 이 투자자는 투자상태를 유지하면서 주가가 다시 뛰어 오르기를 기다리면서 손실을 회복하려고 하지 않는다. 그들은 단순히 주식을 매도하여 손실을 원천적으로 절단(loss cut)한다.

투기자들은 재빨리 그들의 손실을 차단하려 하는 반면에, 그들의 이윤을 성급하게 실현시키려고 하지는 않는다. 따라서 작은 손실을 본 횟수는 많지만 그 크기가 작고, 이익을 보는 횟수는 적지만 그 금액이 커서 결과적으로 이익을 볼 수 있는 기회를 가지려는 것이다. 투기거래를 성공하기 위해서는 나름대로의 투자규범이 필요하고, 이런 것은 일반투자자에게는 맞지 않다.

장기투자자는 자기의 재무상황을 정기적으로 적어도 연례적으로 재검토하여야 한다. 인간의 생활 속에서 발생하는 많은 사건들, 즉 자녀의 출생, 교육, 결혼, 이혼, 질병, 승진, 실직, 유산상속, 은퇴 등의 발생으로 투자자 개인은 투자상태를 재평가하지 않으면 안 된다. 근본적인 상황변화에 근거하여 현재의 투자목적이 그대로 유효한가를 재평가하기 위해서는 처음으로 다시 돌아가야 한다. 투자자는 단순히 새로운 정보에 비추어 장기적인 욕구(needs)를 재검토하고 방향을 다시 설정할 필요가 있다.

투자의 목적이 투기적인 목적에서 안정적인 생활소득의 창출로 바뀌게 될 경우, 우량주식만으로 구성되는 포트폴리오를 설정하는 데에 관심을 가지게 된다. 기존의 위험이 높은 종목 중심에서 안정적인 종목 중심으로 어떤 주식은 매도하고 다른 주식은 매수하여 포트폴리오를 재구성하여야 한다.

한편 투자환경이 근본적으로 변화되어 있을 경우도 있다. 예를 들어, 이자율이 너무 낮은 경우 채권이나 우선주를 매수하면 특히 인플레이션율과 비교할 때 실질소득을 전혀 보장받지 못할 수도 있다. 이런 경우에는 이자율에 덜 민감한 보통주에 투자하는 것이 더 나은 수익을 창출할 수 있다.

투자전략의 재평가는 정기적으로 이루어져야 하고, 개인적 혹은 가족 상태가 변동할 때와 같이 특별한 경우에도 비정기적으로 행해져야 한다. 이것은 투자목적을 성취하는데 필수적인 것이다.

[그림 1-3]은 증권분석과 투자목표달성을 위한 증권선택과 투자시기선택의 관계를 나타내고 있다.

그림 1-3 증권분석과 투자결정

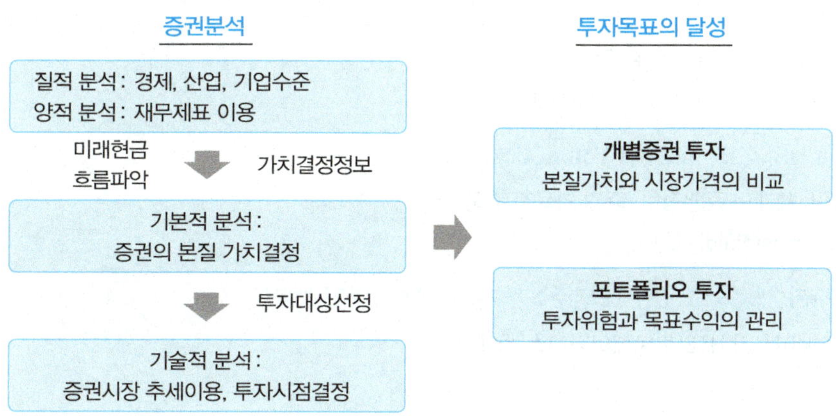

요약

투자의 개념

투자(investment)는 '자본의 소유자가 미래에 더욱 증식될 가치 또는 이익을 기대하여 현재의 소비를 희생하고 투자의 대상이 되는 자산(assets)에 자본을 투하하는 것'이다.

투자의 3요소

투자 의사결정에서 고려해야 하는 투자의 3요소는 수익성(profitability), 위험(risk), 유동성(liquidity)이다.

투자목표설정의 중요성

투자자는 투자를 통하여 자신이 부를 창출하려는 목표를 분명하게 설정하는 것이 중요하다. 투자자 자신의 위험에 대한 태도에 따라 목표달성을 위한 투자수단의 선택이 달라질 수 있기 때문이다. 또한 투자목표는 투자성과를 평가할 때 평가의 기준이 된다.

자산배분의 과정

- 투자자산계층의 결정

  투자자산계층은 ⓐ 현금등가 투자증권, ⓑ 채권 혹은 고정소득증권, ⓒ 주식 혹은 지분증권 등 세 가지로 구분한다.

- 자산계층간 투자자금의 결정

  경제여건과 개인의 투자성향에 따라 각 증권의 계층에 투자할 금액 또는 투자비율을 결정한다.

- 특정 자산계층 내에서의 증권선택

  투자자금이 배분된 3가지 투자자산계층에서 각 계층에 속하는 증권을 구체적으로 선택한다.

- 선택된 증권의 투자자금배분

  각 자산계층에서 선택된 구체적인 특정 발행자의 주식과 채권에 배분할 금액을 정한다.

인터넷에서 찾아 읽기

한국거래소

- 정보센터 : http://www.krx.co.kr/index.jsp
- KRX아카데미 : http://main.krxverse.co.kr

Investopedia US, A Division of ValueClick, Inc.

- 증권관련용어, 세계의 증권정보, 증권 교육자료 등
- http://www.investopedia.com

*** 각 증권회사가 제공하고 있는 모의주식투자게임에 참여해 보자.**

(증권회사 홈페이지의 HTS(홈트레이딩시스템)에 접속)

연습문제

01 다음의 용어를 설명하라.

❶ 투자 ❷ 경영위험
❸ 유동성위험 ❹ 체계적 위험
❺ 기업고유위험 ❻ 투자목적의 유형
❼ 자산배분 ❽ 자본이득
❾ 시장이자율 ❿ 과잉매도시장
⓫ 기본적 분석 ⓬ 기술적 분석

02 투자목표설정의 중요성에 대하여 설명하시오.

03 특정한 증권의 위험과 수익은 어떤 관계에 있는지 설명하시오.

04 증권투자를 하기에 적당한 자금을 마련할 계획을 세워보라.

05 학생개인의 미래희망직업과 사회활동 등 일생의 과정을 연령대별로 꾸며, 소득의 창출과 필요한 금융자금을 파악하고 이를 관리할 계획을 세워보시오.

현재의 능력평가와 주요활동의 예상(예)

현재나이	취업연령	결혼연령	자녀수	자녀교육	내집마련	…

연령대별 예상활동과 자금계획(예)

연령대	예상활동	창출소득	필요자금	자금계획	비고
20대 후반	취업 전	–		부모에 의존	
28~30세	취업	4,000만원	1,500만원	2,500만원 적금	결혼자금준비
31세	결혼				
…	…				

06 시장이자율이 상승하면 주식가격은 일반적으로 어떻게 반응하는지를 설명하라.

07 인플레이션은 시간이 지남에 따라 화폐의 구매력을 약화시킨다. 이때 보통주 투자는 주식가격의 상승으로 구매력약화의 위험을 최소로 줄일 수 있다고 한다. 고정수익증권은 인플레이션으로 어떤 영향을 받는지 설명하시오.

08 개인의 자금을 투자할 대상이 다양하므로 개인의 성향에 맞는 투자대상을 고르고 돈을 적정하게 나누어 투자해야 한다. 이렇게 돈을 투자대상에 따라 나누는 것을 무엇이라고 하는가?

09 개인의 투자목적에 따라 투자실행을 하고 난 뒤 정기적으로 투자성과를 평가해야 할 필요성에 대하여 논하라.

Chapter 02

증권과 투자상품

학습목표 이 장을 공부한 독자들은 다음 사항을 이해할 수 있어야 한다.

- 금융투자상품의 정의
- 단기증권의 의미
- 채권의 의미와 종류
- 증권의 의미와 역할
- 주식의 의미와 주주의 권리
- 파생상품의 의미와 종류

현대의 투자자들은 증권투자에 큰 관심을 가진다. 이 장에서 투자자들은 투자 대상으로서 금융투자상품의 법적 의미를 이해하게 되면 다양한 금융투자상품의 창출과 증권의 형태에 대하여 쉽게 접근할 수 있다.

여러 가지의 활동에 자금이 필요한 자금조달자는 증권을 발행하여 자금을 조달하게 된다. 단기자금의 조달 수단으로 발행되는 증권을 단기증권이라고 하며, 단기국공채, 양도성예금증서, 기업어음, 환매조건부 채권 등이 있다. 1년 이상의 자금수요를 위하여 발행되는 증권을 장기증권이라고 하는데, 기업은 주로 주식과 채권을 발행하고 있다.

자본조달을 위하여 발행된 증권은 증권에 포함된 권리내용에 따라 증권소유자들은 수익을 얻는다. 현실적으로 증권소유에서 발생하게 되는 미래의 수익은 위험을 가진다. 가격변동의 위험이 있는 증권(기초자산)의 가격에 조건적인 다양한 새로운 증권을 발행하여 이용하게 되면 투자자들은 기초자산의 가격변동 위험을 방어할 수 있다. 이러한 위험방어를 위하여 발행되는 투자상품이 파생상품이다.

투자자들은 다양한 투자 가능한 증권의 역할과 형태들을 이해하여 투자목적달성에 활용할 수 있어야 한다.

제1절 금융투자상품과 증권

1.1 금융투자상품

사람들은 일상 경제활동에서 여러 가지 이유로 자신이 지니고 있는 것보다 많은 자금이 필요할 경우에 여분의 자금을 가진 다른 사람이나 금융기관에서 빌려 쓸 수 있다. 이때 누가 돈을 빌려주었고, 누가 빌렸고, 언제 얼마를 갚아야 하고, 갚지 못하면 어떻게 해야 하는지를 밝히는 계약서를 작성하는 것이 일반적이다. 계약내용은 자금의 사용목적과 사용기간을 중심으로 당사자들의 입장에 따라 다양하게 구성될 수 있다. 돈을 빌려 쓰고 약속한 대로 나중에 갚아야 할 의무를 채무라 하고, 반대로 계약서에서 약속한 대로 투자자금과 그 대가를 돌려받아야 할 권리를 채권이라고 한다.

자금의 대차와 관련된 권리를 내용으로 하는 계약서를 무기명으로 양도할 수 있는 형태로 변형한 증서를 금융투자상품이라고 한다. 우리나라 자본시장법에서는 금융투자상품을 다음과 같은 내용으로 규정하고 있다.[1]

> "금융투자상품"이란 이익을 얻거나 손실을 회피할 목적으로 현재 또는 장래의 특정 시점에 금전, 그 밖의 재산적 가치가 있는 것(이하 '금전 등'이라 한다)을 지급하기로 약정함으로써 취득하는 권리로서, 그 권리를 취득하기 위하여 지급하였거나 지급하여야 할 금전 등의 총액(판매수수료 등 대통령령으로 정하는 금액을 제외한다)이 그 권리로부터 회수하였거나 회수할 수 있는 금전 등의 총액(해지수수료 등 대통령령으로 정하는 금액을 포함한다)을 초과하게 될 위험(이하 '투자성'이라 한다)이 있는 것을 말한다.

금융투자상품은 이익을 얻거나 손실을 회피하기 위하여 유상으로 취득한 권리이며, 이러한 권리로부터 취득한 투자성과가 투자원금에 미달할 가능성이 있는, 즉 투자원금의 손실 위험성이 있는 권리라고 정의하고 있다. 또한 이익을 얻는 목적 외에 위험을 회피하려는 목적으로 구성되는 권리를 포함하고 있어 금융투자상품의 범위를 포괄적으로 정하고 있다.

[1] 일반적으로 「자본시장과 금융투자에 관한 법률」을 약칭하여 '자본시장법'(이후 이 책에서도 약칭을 사용한다)이라 한다. 이 법의 제3조에서 금융투자상품에 대하여 정하고 있다.

구체적으로 금융투자상품은 자금조달의 수단으로 발행한 증권에 투자하여 그 발행자가 자금사용의 대가 또는 성과를 얻을 수 있는 채권과 주식 등의 증권과 기초자산의 위험방어를 위한 수단으로 발행하는 선물, 옵션 등의 파생상품을 포함하고 있다.

1.2 증 권

기업에서 자본을 조달할 때에는 사채나 주식을 발행하며, 국가나 공공기관이 금융기관이나 일반인으로부터 공공목적의 사업자금을 조달할 때에는 국채 또는 공채라는 증권을 발행한다. 이들은 모두 형태는 다르지만 각기 미리 정해진 조건에 따라 채권자가 채무자에 대하여 행사할 수 있는 청구권을 명시하고 있다. 이처럼 채권자 또는 소유자의 재산권을 나타내는 채권이나 소유권을 법적으로 명시한 증서가 바로 증권(securities)이다.

따라서 투자자가 증권을 양도할 때에는 재산권을 양도하는 것이 된다. 자금조달과 자금제공의 수단으로서 증권의 속성을 [그림 2-1]로 표현할 수 있다.

증권시장에서 증권이라고 할 때에는 가격이 수시로 변동할 수 있고, 자유로이 거래되며, 투자원금의 손실 위험이 있는 지분증권인 주식과 채무증권인 회사채 등을 의

그림 2-1 증권의 속성

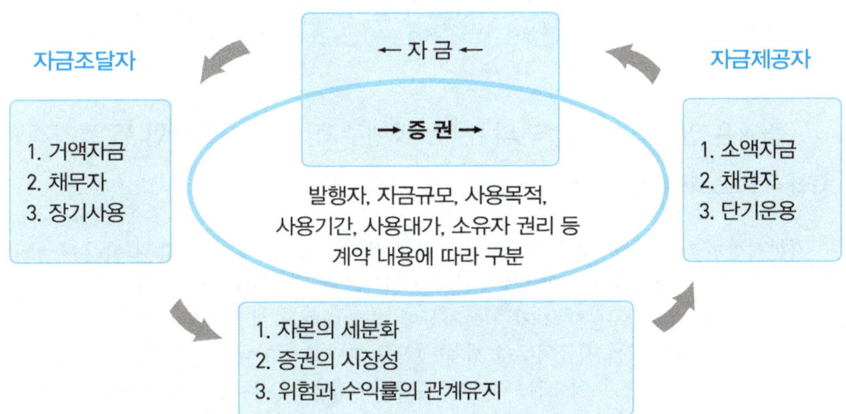

미한다.[2]

일반적으로 투자의 대상이 되고 있는 이러한 증권은 대체로 다음과 같은 성격을 가지고 있다.

첫째는 자본의 세분화이다. 거액의 자본을 필요로 하는 증권의 발행자는 조달자본을 소액의 증권으로 나누어 일반투자자에게서 자본을 조달하는 것이 용이해진다. 또 소규모 투자자의 입장에서도 증권의 가격이 소액이므로 자기의 능력에 맞추어 투자규모를 쉽게 결정할 수 있다.

둘째는 증권의 시장성(marketability)이다. 개별증권에 따라 차이가 있긴 하지만, 대개의 경우 증권은 증권시장에서 유통이 가능하므로 증권투자자는 필요할 때에 보유하고 있는 증권을 매각하여 현금화(유동화)할 수 있다. 이처럼 증권의 높은 시장성은 일반 소액투자자에게는 비교적 시장성이 낮은 실물자산에 투자하는 것보다 유리한 점이 된다.

셋째는 증권의 위험과 수익률의 관계이다. 증권은 종류에 따라 위험과 수익률에 차이가 있다. 일반적으로 투자위험이 높은 증권은 이 위험을 보상할 만큼 수익률도 높으며, 반대로 투자위험이 낮은 증권은 수익률도 낮다. 한편 증권은 투자원금의 손실 위험이 있지만, 투자원금 이상의 손실에 대하여 투자자가 책임을 질 필요는 없다.

제2절 단기증권

증권은 일반적으로 증권의 수명, 발행주체, 자본조달방법 등 특징적인 내용을 종합적으로 고려하여 다음과 같이 크게 구분할 수 있다.

[2] 자본시장법 제4조에 규정된 증권의 법률적인 정의는 다음과 같다. 「"증권"이란 내국인 또는 외국인이 발행한 금융투자상품으로서 투자자가 취득과 동시에 지급한 금전 등 외에 어떠한 명목으로든지 추가로 지급의무(투자자가 기초자산에 대한 매매를 성립시킬 수 있는 권리를 행사하게 됨으로써 부담하게 되는 지급의무를 제외한다)를 부담하지 아니하는 것을 말한다.」 이어서 증권을 채무증권, 지분증권, 수익증권, 투자계약증권, 파생결합증권, 증권예탁증권 등으로 구분하고 있다. 자본시장법은 법제처 홈페이지(www.moleg.go.kr), 국가법령정보센터(www.law.go.kr), 한국거래소 홈페이지(www.krx.co.kr) 등에서 쉽게 검색, 확인할 수 있다.

단기증권(short-term security)은 증권에 명시된 자금의 이용기간인 만기가 1년 미만인 증권으로 단기금융시장인 화폐시장(money market)에서 거래되는 증권을 말한다. 단기증권은 일반적으로 정부, 금융기관 그리고 기업 등, 신용이 높은 자금조달기관이 발행하기 때문에 위험이 전혀 없거나 매우 낮은 증권이다. 그리고 위험이 낮기 때문에 그 수익률도 낮다. 그렇지만 이 증권의 시장성 내지 유동성은 매우 높다. 단기증권으로는 단기국공채, 환매조건부채권, 양도성예금증서, 기업어음, 단기사채 등이 있다.

2.1 단기국공채

단기국공채는 국가 또는 지방공공단체가 재정정책에 의하여 발행하는 만기가 1년 미만인 채권을 말한다. 대표적인 단기국공채로는 정부가 발행하는 재정증권(treasury bills)을 들 수 있다. 우리나라에서는 「국채법」과 「국채법 시행규칙」에 의하여 국가의 부족한 세입을 보전하기 위한 재원조달방법의 하나로 국채를 발행한다. 국채는 국가가 부담하는 금전상 채무의 증거로 발행되는 채권으로서 세출과 세입 간의 일시적인 불균형을 보충하기 위한 수단일 뿐만 아니라 자원배분, 경제안정, 소득분배 등 특정 정책목적을 달성하는 데 필요한 재원을 조달하기 위한 수단으로서도 발행된다.

우리나라의 재정증권은 단기적인 재정수급의 불균형을 해소하기 위하여 경쟁입찰방식에 의해 공개시장에서 시장실세금리로 발행된다.[3] 재정증권은 2006년 9월 이후 발행이 중단되었다가 2011년 3월에 다시 발행되기 시작하였다.[4] 그리고 한국은행에서 공개시장조작의 수단으로 발행하는 통화안정증권 중에서 만기가 1년 미만인 것도 단기국공채에 해당한다.[5]

일반적으로 널리 알려져 있는 재정증권으로는 미국 재무부가 발행하는 Trea-

[3] 우리나라의 국채는 「국채법」, 「국채법 시행령」 그리고 「국채법 시행규칙」에 의하여 발행된다. 독자들은 '국가법령정보센터(http://www.law.go.kr)'에서 검색하여 참고하기 바란다.

[4] 한국은행 홈페이지(http://www.bok.or.kr) 참고.

[5] 「한국은행법」에 의하여 발행되는 통화안정증권의 만기는 14일에서 최장 2년까지 11종으로 정형화 되어 있으나 182일물, 364일물, 546일물 그리고 2년물이 주로 발행되고 있다.

sury bill(또는 T-bill)이며, 이를 미국 재무부증권이라고 한다. 그러므로 달리 증권의 발행국을 별도로 말하지 않고 T-bill이라고 할 때는 미국 재무부증권을 의미한다. 이것은 단기국채로서 액면가를 할인하여 발행되고 있다. 미국정부는 이 증권을 발행하여 자금을 조달한다. 투자자는 표시된 만기가치, 즉 액면가를 할인하여 매입한다. 따라서 만기시점에 투자자는 액면가를 정부로부터 회수한다.

이 T-bill의 수익률은 액면가에 대한 할인금액의 비율을 연이자율로 환산하여 공시되는데, 그 계산식은 다음과 같다.[6]

$$\text{수익률} = \frac{(\text{액면가}-\text{발행가})}{\text{액면가}} \times \frac{360}{\text{만기(일)}} \times 100$$

$$= \frac{\text{할인액}}{\text{액면가}} \times \frac{360}{\text{만기(일)}} \times 100$$

투자자는 채권의 유통시장에서 채권거래업자(dealer)에게 그가 팔려고 제시하는 채권가격(asked price–매도가격: 이자율로 표시)을 지불하고 T-bill을 매입한다. 그리고 투자자가 채권을 팔아 현금을 회수할 때에는 채권거래업자에게 그가 사려고 제시하는 가격(bid price: 매수가격)으로 매각한다. 채권거래업자는 채권을 매입하려는 투자자들에게 채권을 비싸게 팔고, 채권을 매각하려고 오는 투자자들에게서 싸게 매입하여 이익을 남기려고 하기 때문에 할인이자율로 표시되는 bid price가 항상 asked price보다 약간 높다. 이 가격차이(bid-asked spread)가 채권거래업자의 이익이 된다.

그리고 T-bill의 최초 만기는 28일, 91일 혹은 182일로 발행되고 있으며, 매주 발행되고 있기 때문에 유통시장에서는 도래하는 만기가 1주일씩 차이가 나는 각기 다른 채권이 동시에 거래되고 있다. T-bill은 다른 투자수단에 비하여 안정성이 높기 때문에 수익률이 낮긴 하지만, 정부증권이므로 유동성(시장성)이 높다는 장점을 가지고 있다.

[6] 이 수익률은 1년을 360일로 환산하여 계산되므로 1년을 365일로 환산하여 계산되는 다른 투자수단의 수익률과 단순 비교할 수 없다.

2.2 환매조건부채권

환매조건부채권은 repurchase agreement(RP 또는 Repo)를 옮긴 말로서 원래는 환매약정계약을 의미한다. 일반적으로 일정기간이 경과한 후 일정한 가격으로 매매거래 대상 채권(또는 증권)을 다시 매수하거나 매도하는 조건을 내용으로 하는 약정계약을 환매조건부계약이라고 한다. 즉 채권의 매도와 환매라는 두 거래가 하나의 거래로 구성되어 있는 단기증권이다. 형식은 채권의 매매이지만, 경제적으로는 단기자금의 대차거래로서 단기자금을 운용하고 조달하는 금융수단을 일괄해서 RP라고 한다.

이 환매조건부채권은 딜러(dealer)에게 일시적으로 이 증권을 매각하는 계약에서 유래하였다. 따라서 환매조건부채권의 만기는 극히 짧은 1일인 경우도 있지만, 긴 만기를 갖는 환매조건부채권(term RP)도 흔히 발행된다. 그리고 환매조건부채권과 모든 조건이 반대되는 증권은 역환매조건부채권(reverse RP)이라고 한다.

RP시장은 매도기관, 매수기관, 중개기관으로 구성되어 있다. 매도기관은 RP거래를 이용하여 보유채권을 팔지 않고서도 일시적으로 필요한 자금을 조달할 수 있으며 자금조달 비용이 비교적 낮다. 매수기관인 일반투자자와 기관투자자들은 국공채 및 상장회사의 채권 등을 담보로 단기 여유자금을 안전하게 운용하여 수익을 얻을 수 있다. 중개기관은 매도기관과 매수기관을 연결해주고 수수료 수입을 얻는다. 대고객 RP는 투자매매업자, 투자매매업인가를 받은 은행, 증권금융회사 및 종합금융회사 그리고 체신관서 등이 취급하고 있다.

한편 한국거래소에는 RP의 거래를 원활히 하기 위하여 환매조건부채권시장을 개설하고 있다. 환매조건부채권은 은행의 대고객 거래에 대한 만기 제한은 없으나 1개월 및 3개월의 만기, 기관간 거래의 경우 1일물이 주로 거래되고, 중도환매가 가능하다. 거래금액도 제한이 없지만 기관과의 거래인 경우 10억원, 개인과의 거래인 경우 1천만원 이상이 일반적이다. 그리고 체신관서에서는 개인 위주의 소액거래가 대부분이기 때문에 최저거래금액을 5만원 이상으로 정하고 있다.[7]

[7] 한국은행(2013), 한국의 금융시장, 69-88.

2.3 양도성예금증서

양도성예금증서(negotiable certificate of deposit, CD)는 1961년 뉴욕 퍼스트 내셔널 시티은행(First National City Bank of New York)에서 부채증권으로 양도가 가능한 예금증서를 발행한 것이 효시이다. 이 CD의 만기는 통상 1개월(30일) 이상, 1년 미만이며, 만기 전에 예금의 인출은 불가능하고, 할인발행되기 때문에 만기에 원금을 지급하는 것이 특징이다. 예금증서는 만기일 이전에는 유통시장에서 매매가 가능하므로 단기간의 자금운용에 적합한 증권이다.

미국에서는 CD가 연방저축보험회사로부터 은행저축으로 취급되어 은행 지급불능시에 10만 달러까지 보험적용이 된다.[8]

우리나라에서는 1974년 5월에 CD발행제도가 도입되었으나 중간에 폐지, 부활 등의 과정을 거쳐 1984년 6월에 CD발행이 재개된 이후 현재까지 지속되고 있다. 우리나라는 한국수출입은행을 제외한 모든 은행이 대고객 CD에 대하여 지급준비의무가 부여되며, CD를 무기명, 할인발행하고 있다.[9] 따라서 CD의 투자기간 중 수익은 액면가와 할인금액과의 차이이며, CD의 투자자는 만기에 별도의 이자를 받지 않고 은행에서 액면금액만 지급을 받는다.[10] CD의 최장만기는 제한이 없고 최단 만기는 30일, 최저발행금액은 제한이 없다. 일반투자자는 은행에서 발행된 증서를 직접 살 수 있고, 종합금융회사나 증권회사에서 유통되는 양도성예금증서를 매매할 수도 있다.[11]

---

[8] 우리나라는 한국은행법상 예금채무에 해당되어 예금지급준비금 예치의무가 부과되고 있다. 그러나 2001년부터 예금보호대상에서 제외되었다.

[9] 우리나라는 2009년 6월 현재 한국은행에 예금지급준비금을 예치할 의무가 있는 시중은행, 지방은행, 특수은행(한국수출입은행 제외), 외국은행지점 등이 CD를 발행할 수 있다.

[10] 연간수익률은 다음과 같이 계산된다.
연간수익률 = [할인이자(CD액면금액 − 매입금액) ÷ CD액면금액] × (365 ÷ 만기까지 일수) × 100(%)

[11] 한국자금중개(주), 서울외국환중개(주), KIDB 자금중개(주)는 콜시장 참가기관만을 대상으로 중개업무를 수행하고 있다.

2.4 기업어음

우리나라에서 기업어음이라고 불리고 있는 커머셜 페이퍼(commercial paper, CP)는 영어의 의미로 해석하면 상업어음이 된다. 이 CP는 원래 미국에서 우량대기업들이 공개시장에서 거액의 운전자금을 짧은 기간에 조달하기 위하여 발행하는 단기 무보증 약속어음(promissory notes)을 말한다.

미국의 CP는 만기가 5일에서 9개월 이하이며, 보통 10만 달러의 배수가 되는 액면가로서 발행되고 있다. 소액투자자는 액면가가 크기 때문에 직접 투자하기가 부담이 될 수 있다.

우리나라에서는 1981년 6월 정부의 "어음거래의 확대를 위한 대책의 추진"에 따라 CP발행제도가 도입되었다. CP는 상업어음과 같이 약속어음의 형태와 같은 모양을 하고 있다. CP시장은 발행기업, 할인·매출시장 그리고 매수기관으로 이루어져 있다. CP의 최단만기와 최저액면금액에 대한 제한은 없어졌고,[12] 중도상환은 원칙적으로 허용하지 않고 있다. CP는 액면금액을 할인하여 매출하고, 그 이자율(할인금리)은 발행기업의 재무구조, 신용상태, 평판 등에 따라 차이가 발생할 수 있다. 일반적으로 신용등급이 높은 기업일수록 안정성이 높기 때문에 CP의 이자율이 낮아지는 경향이 있다. 따라서 기업의 신속한 단기자금조달수단으로 사용되며 은행대출에 비하여 이자율 면에서 유리하다.

CP의 할인과 매출은 주로 종합금융회사와 증권회사가 담당하고 있다. CP는 발행단위가 거액이고, 예금자보호대상에 포함되지 않기 때문에 개인투자자는 매수를 기피하고, 자산운용회사 MMF(money market fund), 종합금융회사 및 은행신탁의 특정금전신탁 등 기관투자자들이 CP를 주로 매수하고 있다.[13]

2.5 단기사채

단기사채는 「주식·사채 등의 전자등록에 관한 법률」에 따라 전자적으로 발행·유통되는 만기 1년 이내의 단기 사채권이다. 실물 증권 없이 전자등록기관의

12 최단 만기와 최저액면금액에 대한 제한이 폐지된 1997년 7월 당시에는 각각 30일과 1천만원이었다.

13 한국은행(2013), **한국의 금융시장**, 135–162.

전자장부에 기록되는 방식으로 거래되며, 기업의 단기자금 조달을 위한 수단이다.

단기사채는 기업어음(CP)의 한계를 보완하기 위한 대체 수단으로 2013년에 도입되었다. 기업어음은 발행 절차는 간편하지만 공시의무가 없어 시장의 투명성이 낮고, 증권과 대금의 동시결제가 이루어지지 않아 발행대금을 즉시 활용하기 어렵다는 문제점이 있었다. 단기사채는 이러한 문제를 개선하여, 발행 정보가 전자적으로 공개되고 발행과 동시에 대금 결제가 이루어지도록 설계되었다.

단기사채는 전자등록기관인 한국예탁결제원을 통해 발행 조건, 금액, 잔액 등의 정보가 공개되며, 이에 따라 시장 투명성과 투자자 보호가 강화되었다. 또한 전자적 발행과 동시결제가 가능해 발행기업은 발행 당일 자금을 사용할 수 있고, 투자자 역시 결제 과정에서의 신용위험을 줄일 수 있다.

법적으로 단기사채는 사채권에 해당하지만, 경제적 성격은 기업어음과 유사한 단기자금 조달 수단이다. 다만 기업어음이 실물로 발행되는 반면, 단기사채는 전자등록 방식으로만 존재한다는 점에서 차이가 있다. 이러한 구조로 인해 위·변조나 분실 위험이 없고, 발행 및 유통 비용도 절감되는 장점이 있다.

관련 법령에 따라 단기사채는 발행금액 1억 원 이상, 만기 1년 이내, 일시 납입 및 만기 전액 상환, 주식 관련 권리 부여 및 담보 설정 금지 등의 요건을 충족해야 한다. 이러한 요건은 단기사채를 단기금융상품으로 명확히 구분하고, 회사채 시장과의 직접적인 경쟁을 방지하기 위한 목적에서 마련되었다.

〈표 2-1〉은 우리나라의 자금시장의 개요를 나타내고 있는데, 그중에서 콜시장을 제외하고는 증권의 거래로서 자금시장이 운용되고 있다.

표 2-1 우리나라 단기금융시장[1)]의 개요[2)]

구분		콜	환매조건부채권	양도성예금증서	기업어음	단기사채[3)]
도입시기		1960년 7월	1977년 2월	1974년 5월	1972년 8월	2013년 1월
특징		금융기관간 자금조절	금융기관간 자금조절, 금융기관의 단기자금조달	은행의 단기자금조달	기업, 금융기관의 단기자금조달	기업, 금융기관의 단기자금조달
법적 성격		금전소비대차	증권매매	소비임차	약속어음, 채무증권	채권
참가기관	자금조달(발행)기관	은행, 증권 (PD–OMO 대상) 등	[기관간(장내·외)] 증권, 자산운용, 은행, 증권신탁, 증권금융 등 [대고객(장외)] 증권, 은행, 증권금융, 종금, 체신관서 등	예금은행	기업, 금융기관, SPC 등	기업, 금융기관, SPC 등
	자금운용(매입)기관	은행, 자산운용 등	[기관간(장내·외)] 자산운용, 은행, 은행신탁, 증권신탁, 증권금융 등	[은행간] 은행 [대고객] 금융기관, 법인, 개인	금융기관, 법인, 개인	금융기관, 법인, 개인
	중개기관	자금중계	[기관간(장내)] 한국거래소 [기관간(장외)] 자금중개, 증권금융 등	증권, 종합금융, 자금중개	증권, 종합금융, 자금중개	증권, 자금중개
만기		최장 90일 이내	자유화	30일 이상	자유화	1년이내
최저발행(거래)금액		1억원 (중개거래시)	• 체신관서 : 5만원 • 기타 : 제한없음	제한없음	증권: 1억원(거래시) 기타 : 제한없음	1억원
이자지급방식		만기일시지급	만기일시지급	할인방식 선지급	할인방식 선지급	할인방식 선지급
중도환매		–	제한없음	금지	제한없음	제한없음

주 : 1) 금융기관 및 경제주체간에 단기자금 과부족을 조절하는 단기금융시장 목적에 부합하고 발행 및 유통이 상시적으로 활발하게 이뤄지고 있는 콜, 환매조건부채권(한국은행의 공개시장운영 수단으로서 활용되는 환매조건부매매 거래는 제외), 양도성예금증서, 기업어음, 단기사채 등 5개 시장으로 한정하여 기술

2) 2021년 6월말 기준

3) 2019년 전자증권제도 시행에 따라 종전의 '전자단기사채에서 '단기사채'로 명칭이 변경됨.

자료 : 한국은행 (2021), 한국의 금융시장, p.42.

제3절 주 식

3.1 기업의 자본조달수단

기업은 일반투자자에게서 자본을 조달할 때 지분증권인 주식이나 채무증권인 회사채를 발행한다. 이렇게 조달된 신규자금은 신제품의 연구개발, 새로운 공장건설, 신규설비조성, 생산량증대계획, 신제품판매경로 개발, 판매체계의 개선 및 개발 등과 같은 특정 목적을 위하여 사용되어진다.

주식(stock)을 사는 것은 그것이 보통주든 우선주든 그 기업의 부분적인 소유자가 된다는 것을 의미한다. 기업에 대한 소유권(ownership)획득을 기업의 지분(equity)을 소유하는 것이라고도 한다. 그래서 주식은 지분증권의 가장 기본적인 형태이다.

기업의 소유자로서 주주는 배당이라는 형태로 기업이익 중에서 지분비율 만큼의 몫을 나누어 가질 자격이 있다. 또한 소유하고 있는 주식의 시장가치 증가(주가상승)를 통하여 기업성장에서 형성된 이득을 얻을 기회를 가진다. 이러한 소유권의 비율은 기업이 발행한 총 주식 중에서 얼마만큼의 비율을 소유하고 있는가에 달려 있다.

채무증권으로서 회사채는 기업의 소유권을 나타내지 않는다. 실질적으로는 채권매입이라는 방법을 통하여 기업에 돈을 대출해 주는 것과 같다. 채권을 매입하면, 기업의 채권자가 된다. 기업은 정기적으로 채권자의 대출금에 대하여 이자지급을 약속한다. 회사채(대출금)의 만기일에 액면금액(대출원금)을 상환할 약속도 한다. 채무상환의 완료와 함께 이자지급은 끝나고 기업과 채권자 사이의 권리와 의무관계는 해소된다. 채권은 투자자에게서 일정한 기간 동안(만기일까지) 돈을 빌려서 사용하는 고정기간을 가진다. 그러나 주식은 이런 고정된 기간 없이 기업과 함께 무한정 수명을 가지고, 배당은 주식의 소유자인 주주에게 계속 지급된다.

주식 혹은 회사채를 발행하기 위한 결정은 그 당시의 기업의 재무상황과 전반적인 경제상태에 달려 있다. 일반적으로 고려되는 요인은 차입금의 비용(이자율), 기업이 이미 지고 있는 부채의 금액, 그리고 특별히 주식에 대해서 기업의 현행 소유주 혹은 이사회가 투자자로부터 조달하는 자본과 교환하여 포기할 수 있는 지배권의 규모 등이다.

3.2 보통주

지분증권을 발행하기로 한 기업은 이 증권이 기업자본의 일부분을 차지하기 때문에 보통주(common stock)를 먼저 발행하여야 한다. 보통주는 기업이 발행하는 증권 중에서 가장 널리 거래되고 있다. 이것은 투자자에게 가장 큰 유동성을 제공한다. 주식의 거래가 활발한 것은 투자대상으로서 보통주에 대한 일반투자자의 수요가 많고, 한 투자자에게서 다른 투자자로 소유권 이전이 매우 쉽기 때문이다.

우리나라는 상법의 제3편(회사) 제4장(주식회사)에서는 주식회사의 설립과 운영 등에 관하여 정하고 있다.[14] 주식회사가 설립되기 위해서는 이 법률이 정하는 절차를 따라야 한다.

주식회사가 발행할 주식과 관련되는 내용은 제289조(정관의 작성, 절대적 기재사항)에 명시되어 있다. 회사가 발행할 주식의 총수, 1주의 금액, 회사의 설립시 발행하는 주식의 수 등이 회사의 정관에 명시되어야 한다. 특히 회사가 발행할 주식의 총수를 수권주식(authorized shares)이라고 한다. 수권주식 중에서 설립시 발행되지 않은 나머지 주식수는 회사의 성장과 더불어 주식을 추가로 발행할 때 그 나머지 발행되지 않은 주식수의 범위 내에서 발행하여야 한다. 설립시 발행되는 주식수에 1주의 금액을 곱한 총금액이 주식회사의 최초 자본금이 된다. 주식회사는 이 자본을 이용하여 회사를 구성하고 영업준비를 하여 경영활동을 시작한다. 이렇게 발행된 주식이 증권시장에서 거래되려면 상장절차를 거쳐야 한다.[15]

(1) 주주의 권리

보통주를 매입한 소유자는 발행기업에 의하여 주주(shareholder)로서의 권리를 부여받는다. 주권을 양도(다른 사람에 이전)하는 것이 매우 쉽다는 것과 아울러 기업지분의 소유자로서 주주에게 부여되는 많은 혜택 때문에 보통주는 여러 가지 증권 중에서 가장 매력적인 투자수단이 되고 있다.

---

14 국가법령정보센터(http://www.law.go.kr)에서 상법을 검색해 볼 수 있다.

15 「상법」 제329조부터 주식에 관한 조문이므로 이를 읽고 이해하는 것이 도움이 된다.

1) 배당받을 권리

보통주에는 배당을 받을 권리가 부여되어 있다. 비록 기업이 현금배당 대신에 주주에게 기업의 잉여자금으로 추가주식을 발행하여 주는 주식배당을 선택할 수도 있지만, 배당은 보통 현금으로 기간을 정하여 지급된다. 모든 배당은 기업의 이사회와 주주총회에서 결정된다. 채권에 대하여 정기적으로 이자를 지급하는 것과 같이 회사가 정기적으로 배당을 지급할 필요는 없다. 이사회가 배당을 선언하지 않으면, 보통주의 주주는 배당을 받지 못할 수도 있다.

기업이 발행채권에 필요한 이자를 지급하고, 법인세를 납부를 하고, 그리고 우선주를 발행했을 경우에 우선주에 대한 배당을 지급하고 남은 이익에서 현금배당을 실시한다. 이익 중에서 보통주의 주주에게 배당으로 지급되는 비율(배당성향) 혹은 금액(총배당금)은 기업의 현금유보, 그 필요성, 기업의 명성, 배당지급에 관한 이사회의 경영철학 등에 달려 있다.

역사가 오래되고 시장지배력이 있으며 경영활동이 안정적인 회사는 정기적이고 상당한 수준의 배당을 지급하는 경향이 있다. 이들 회사는 이러한 배당지급을 통하여 좋은 평판을 얻을 수 있기 때문이다. 또한 이미 성장할 만큼 충분히 성장한 기업은 잠재적인 투자자에게 기업성장을 통한 자본가치증대, 즉 주가상승으로 인한 자본이득에 대한 기회를 제공하기가 어렵기 때문에 주식의 가격이 비교적 안정되어 있다. 이런 주식을 가치주(value stock)라고도 한다. 이러한 기업은 투자자에게 배당지급을 통하여 실질적인 현재소득을 제공하여 보통주를 매력적인 것으로 만들어주기도 한다.

새로이 형성되어 확장하고 있는 산업에 속하는 기업들은 보통 배당이 적게 지급되는 경향이 있다. 이들 회사는 일반적으로 보통주 주주에게 배당으로 지급되어야 할 이익을 유보하고, 연구개발이나 공장증설에 그 이익을 재투자한다. 그 결과 기업이 성장하고 수익성이 더 높아지면, 주식의 시장가격이 상승하여 주주에게 이득을 준다. 이런 주식을 성장주(growth stock)라고도 한다. 전반적으로 성장주는 가치주보다 더 빨리 가격이 상승하는 경향이 있고 때로는 그 상승률이 두세 배 높을 때도 있다. 자본가치의 증가에 관심이 있는 투자자는 성장주가 매력이 있다고 생각할 것이다.

그러나 성장주는 가격상승이 빠르지만, 가격하락도 빨라 손실의 기회도 높기 때문에 투자와 관련하여 위험이 크다고 할 수 있다. 또한 배당이 매우 적거나 혹은 배당을 하지 않기 때문에 기대하는 가격상승을 실현하기 위해서 자본을 투자해 두어야 할 충분한 기간이 필요하다는 것을 염두에 두어야 한다. 배당을 받기 위해서는 이사회가 배당을 선언하고 배당받을 자격을 가지는 주주명부를 작성하기 전에 주주로서의 자격을 갖추고 있어야 한다.

2) 투표권

보통주에는 주주총회에서 투표할 권리(voting rights)가 부여되어 있다. 투표권은 보통주만의 고유한 특징이며, 보통주를 의결권주라고도 한다. 일반적으로 1주의 보통주에 한 개의 의결권이 부여된다. 이 권리 때문에 보통주 주주는 기업의 경영과 정책에 대하여 가장 큰 통제권을 가진다. 주주들은 주주총회에 참석하여 기업정관, 신주의 권한부여와 신주발행, 재조직, 합병, 기업경영방침과 전반적인 기업성과를 검토하며, 기업이 보통주 주주에게 지급할 배당을 결정할 책임이 있는 이사의 선출을 포함하여 광범위한 문제들을 결정한다.

보통주 주주의 의결권행사는 기업의 주주총회에서 이루어진다. 그러나 대부분의 소액주주들은 참석하지 않는 경우가 많다. 주주는 대리(proxy)를 통하여 제3자에게 투표권의 행사를 위임할 수 있다.

이사회 구성과 관련하여 총회에서 이사선출을 위한 투표권을 행사에 두 가지 방법이 보통주 주주에게 허용되고 있다.

① 전통적 방법

전통적인 방법을 알기 쉽게 예를 들어 보자. 기업의 이사회에 3명의 공석이 있어 이사를 선출해야 하는데 10명이 후보로 나섰다고 하자. 그리고 어느 보통주 주주가 100주권을 소유하고 있다고 하자. 전통적인 투표방법에 의하면 주주는 선출해야 할 3명의 이사 각각에 대하여 100개의 투표권을 행사할 수 있다. 다시 말해 각각의 후보에게 찬반의 형태로 100개의 투표권을 행사할 수 있다.

이 방법에서는 투표권을 모아서, 한 후보에게 300개의 투표권을 행사할 수 없고, 또한 투표권을 나누어 투표할 수도 없다. 따라서 이 방법은 많은 주식을 소유하고 있는 대주주가 투표권행사에서 유리한 입장에 서며, 기업을 지배할 수 있는 방법이다.

② 집중투표

집중투표제(cumulative method)는 주주가 원하는 대로 투표권을 모으거나 나누어서 투표할 수 있는 방법이다.[16] 위의 예와 같은 경우에 주주는 선출하고자 하는 이사수(3명)에 보유하고 있는 주식수(100주)를 곱한 만큼의 투표권(3명×100주=300개)을 갖게 된다. 이러한 투표권을 한 사람의 후보에게 300개의 투표권 전부, 두 사람의 후보에게 150개씩의 투표권, 한 사람에게 200개 다른 사람에게 100개 등으로 모으거나 나누어 투표할 수 있다. 이 방법은 소액주주에게 기업경영에 참여할 수 있는 기회를 부여해준다는 장점이 있다. 즉 소액주주들의 이해에 관심을 가질 수 있는 한 사람에게 집중투표하여 이사로 선출되게 할 수 있다.

3) 신주인수권

기업정관에 신주가 발행될 때 기존 보통주 주주들은 발행주식의 비례소유권을 유지하기 위한 권리를 갖는다.[17] 이런 권리를 신주인수권(preemptive right)이라고 하며, 기업은 신주를 기존 주주에게 먼저 제공하여야 한다.

4) 유한책임과 기업의 잔여재산청구권

주주는 자기가 소유하고 있는 주식을 발행한 기업이 파산하거나 경영실패로 손실을 입었을 경우 보통주주로서 최대의 손실액은 주권매수를 위하여 지불한 금액에 한정된다. 기업, 기업에 돈을 대출한 은행, 기업과의 거래관계를 갖는 다른 회사 혹은 채권자들 중 어느 누구도 주주의 개인자산에 대해 어떠한 청구권도 가지지 못한다. 이와 같이 주주가 가지는 기업경영의 책임한계를 주주의 유한책임(limited liability)이라 하며 주식회사제도의 가장 큰 특징이다.

한편 회사가 파산하면, 기업의 잔여재산에 대하여 주주는 청구권을 가진다. 그러나 이 청구권은 다른 유형의 발행증권과 채권자보다 우선순위가 낮은 최후의 잔여재산청구권이다. 기업이 해산될 때 일반적으로 청구권의 우선순위는 다음과 같다.

16 상법 제382조의2(집중투표)를 참고하라.

17 상법 제418조를 참고하라.

ⓐ 종업원 임금과 세금

ⓑ 보증사채의 채권자

ⓒ 일반채권자, 무보증채권자

ⓓ 우선주주

ⓔ 보통주주

이 밖에 상법에 명시되고 있는 주주의 권한에는 주주제안권(제363조의2), 소수주주에 의한 임시총회소집청구권(제366조) 등이 있다.

(2) 보통주의 가격

보통주의 액면가(par value)는 기업이 정관에 기입하는 1주의 가격이다. 이 가격을 명시하지 않을 수도 있는데, 이 경우에 발행된 주식을 무액면주라고 한다. 액면가는 투자자에게 실제로 중요성이 없는 임의적인 값이라고 할 수도 있다. 액면가는 발행기업의 회계목적상 자본금계산과 기타의 계산에 이용되고 있다. 주식의 액면가는 주식의 발행가격, 잠재이익, 배당정책, 혹은 시장가치와 실질적으로 거의 관계가 없다.

보통주를 신규로 발행할 때 공개매도가격은 주식의 발행가격결정과 일반투자자에게 주식을 매도하는 등의 일을 전문적으로 하고 있는 은행, 투자매매업을 영위하는 금융투자업자, 종합금융회사 등의 인수기관에 의하여 설정된다. 신주의 가격을 설정하는 데 있어서 인수자는 유사기업의 주식가격, 이익, 회사가 조달하기를 원하는 자본금, 일반투자자에게 매도될 주식의 수, 기업이익의 과거기록, 미래의 예상배당 등을 고려하고 있다.

인수자와 발행자(자본조달을 하는 기업)가 결정한 공모가격으로 일반투자자에게 신주를 팔고 나면, 이들 주식의 시장가치(market value) 또는 시장가격(market price)은 주식시장에서 수요와 공급에 의하여 총괄적으로 결정된다. 이때부터 주식의 가치는 매일 매일 거래를 통하여 변동한다. 투자자들은 기업의 배당감소 혹은 매출액감소 등으로 주식에 대한 신뢰를 상실하면, 주식을 팔기 시작하고, 거래를 통하여 결정되는 시장가격(market price)은 하락할 것이다. 역으로 주식에 대해 신뢰감을 갖게 되면, 주식을 매입하기 시작하고 가격은 상승할 것이다.

기업은 유통시장에서 주가에 영향을 미치기 위하여 합법적인 조치를 취할 수 있다. 기업은 주가가 너무 높아서 거래가 활발하지 못할 경우, 주식의 시장성을 증가시키기 위하여 주식분할을 할 수도 있다. 이때 주주의 주식 총가치와 기업의 지분율에는 변동이 없어야 한다.

주식분할에 대한 전반적인 효과는 기업의 주식분할결정이 시장에서 긍정적으로 받아들여지기 때문에 대체로 주주에게 이익이 된다. 이런 이득은 기업의 이사회가 간혹 주당배당금을 증가시켜서 투자자의 배당수익률이 증가하거나, 주식의 가격이 낮아져서 더 많은 투자자들이 매수함으로써 증권에 대한 수요가 증가되어 주가가 상승하기 때문에 발생한다. 주식분할과는 반대로 여러 개의 주식을 하나로 묶는 것을 주식병합이라고 한다.

3.3 발행기업의 특성과 보통주의 구분

보통주는 발행기업의 배당지급의 과거역사, 자본증대에 대한 잠재력, 경제 및 경기순환주기에 대한 기업성과의 관련성 등과 같은 여러 특징에 의해서 다음과 같이 구분되기도 한다.

(1) 방어적 주식(defensive stock)

경제후퇴기나 침체시에 크게 영향을 받지 않는 기업의 주식을 방어적 주식이라고 한다. 기업의 제품에 대한 수요는 경제침체 속에서도 상대적으로 안정되어 있어 주가의 변화가 그리 크지 않은 주식을 일컫는다. 이런 범주에 속하는 주식은 생활필수품 관련기업인 음식료품 관련회사, 제약기업 등이 발행한 주식이다.

(2) 주기적 주식(cyclical stock)

이 주식의 시장가치는 경제순환, 영업주기의 상승과 하락 등과 동일한 방향으로 같이 움직인다. 경제가 호전되고 영업이 확장되면 주식의 가격은 상승하고, 경제가 위축되거나 경기후퇴하면 주식가격은 하락한다. 내구재를 생산하는 기업과 주택건설산업에 속하는 기업 등이 발행한 주식은 주기적 주식으로 분류될 수 있다.

(3) 반주기적 주식(countercyclical stock)

이들 기업의 주식가격은 경제순환과 반대로 움직인다. 경제가 위축될 때 이들 주식은 가격이 상승하고 경제가 확장될 때 주가가 하락한다.

(4) 신흥 성장주식(emerging growth stock)

새로 설립되어 장래가 유망한 기업에 의하여 발행된 주식으로서 주가가 상당히 높다. 초기에 벤처자본(venture capital)으로 설립되어 그 성장성이 인정되는 기업인 경우가 이에 속한다. 이런 회사는 안정적인 성장, 이익달성 혹은 배당지급에 대한 실적이 매우 미미하지만 훙미로운 아이디어로 매력적인 제품을 시장에 내놓고 장래에 급속하게 성장할 가능성을 가지고 있다. 현재는 첨단 전자, 통신, 컴퓨터소프트웨어, 바이오 관련분야의 산업에 많이 나타나고 있다.

(5) 기존 성장주식(established growth stock)

기업이 발행한 주식은 오랫동안 시장에서 거래되고 있고 투자자들에게 잘 알려져 있다. 또 기업의 이익과 배당지급은 꾸준히 증가하여 기업이 안정되어 있다. 이런 기업은 특정 산업에서 제품에 대한 상당한 크기의 시장점유율을 구축하여 이미 성숙한 상태에 도달해 있다. 따라서 주가의 변동이 그리 심한 편이 아닌 주식이다. 일반적으로 가치주(value stock)라고도 한다.

이 밖에 벤처캐피털(venture capital)주식, 저가주 등 다양한 특성에 따라 기업의 주식이 구분되기도 한다.

제4절 우선주

4.1 우선주의 특성

우선주(preferred stock)는 보통주와 비교하여 기본적으로 두 가지 우선적인 특징을 가지고 있다. 첫째, 기업은 보통주 주주에게 배당을 지급하기 전에 우선주 주주에게 배당을 지급하여야 한다. 둘째, 기업이 파산하면 기업의 자산에 대한 우선주 주주의 청구권이 보통주 주주의 청구권보다 앞선다.

우선주는 지분증권의 범주에 포함되고 있지만, 보통주와 채권(부채증권)의 특징을 부분적으로 함께 갖추고 있다. 보통주처럼, 기업의 소유권을 표시하지만, 우선주 소유자는 보통주 주주와는 달리 의결권을 가지지 않는다. 경우에 따라서 기업은 우선주 주주에게 특정한 조건에서 의결권을 허용하기도 하지만, 일반적으로 기업의 경영에 대하여 발언권이 없다.

상법 제418조 제1항에서는 모든 주주가 동일하게 신주인수권을 가진다고 명시하고 있다. 하지만 기업은 정관규정에 의해 우선주의 신주인수권을 배제할 수 있다.

보통주와 같이 우선주는 배당받을 권리를 가지고 있다. 이들 배당은 기업의 이사회에서 의결되어야 한다. 그러나 그 금액과 비율은 우선주가 발행될 때 정해진다. 배당지급금액은 우선주가 발행되어 있는 한 변경되지 않고 일정하다. 이 점에서 우선주는 이자율이 발행시점에서 결정되고 만기까지 변경 없이 동일한 채권과 비슷하다. 그러나 채권과 달리, 우선주는 만기일이 없고, 무한정의 수명을 갖는다. 투자자가 받는 배당금액은 고정금액 혹은 비율에 기초하여 계산되고 또한 우선주의 액면가에 의해 달라진다. 채권에 대해 지급하는 이자처럼 연간 배당금액은 액면가의 일정비율이다. 그래서 우선주의 액면가는 채권에서와 같이 매우 중요하다.

우선주에 대한 배당률은 고정되어 있기 때문에 이 배당률이 우선주의 발행가격과 시장가격에 미치는 영향력은 보통주의 배당률이 보통주에 미치는 영향력과는 아주 다르다. 대부분의 신규발행우선주는 액면가로 일반투자자에게 매출된다. 발행시점의 현행이자율뿐만 아니라 고정 배당금액과 비율은 발행자의 재정상태를 반영한다. 일반적으로 우선주 배당률은 기업의 위험을 반영하기 때문에 무위험수익률보다 훨씬 높다.

우선주의 시장가격은 일반적으로 동일기업이 발행한 보통주에 비하여 더 안정적인 것으로 생각되지만, 시장이자율의 변동에는 매우 민감하게 반응한다. 이자율이 상승함에 따라, 고정배당을 지급하는 우선주의 시장가치는 하락한다. 역으로 이자율이 하락하면 우선주의 시장가치는 상승한다.

기업이 재무적인 곤경에 처하게 되면, 이사회는 모든 배당지급을 일시 정지시키거나 부분지급만 결의할 수도 있다. 이럴 경우에 현행 주주들은 우선주를 매각하려 할 것이고 동시에 신규매수자들은 다른 기업의 주식을 사려고 할 것이다. 이런 결과는 수요를 감소시키고 우선주의 시장가격을 하락시키게 된다.

보통주의 시장가치는 수요와 공급에 의하여 결정되고 또한 기업의 성과와 이익에 의해서도 시장가치가 영향을 받는다는 것을 독자들은 이해하고 있을 것이다. 보통주는 투자자에게 두 가지 기회를 제공한다.

ⓐ 배당지급을 통하여 기업이익의 배분에 참여

ⓑ 보통주 시장가치증대(시장가격 상승, 자본이득)로 기업가치의 획득에 참여

그러나 이러한 기업의 성장기회를 향유할 수 있는 권리는 일반적으로 우선주의 매입자에게는 부분적으로 허용된다. 이것은 우선주주의 배당지급이 보통주에 비하여 우선되고 또한 배당지급금액이 미리 결정되어 있다는 장점 때문이다. 우선주는 보통주보다 더 안전하기 때문에 원금과 그 배당의 안전성을 추구하는 투자자에게 매우 적합한 증권이다. 그러나 기업이 발행한 보통주보다는 인기가 낮은 주식이기 때문에 활발하게 거래되지 않아 유동성이 낮다.

4.2 우선주의 유형

(1) 누적우선주

누적우선주는 기업이 배당지급을 하지 못하였을 때, 그 미지급 배당금을 누적해 둔다. 주주는 다음 기에 보통주 주주에게 배당이 지급되기 전에 먼저 현재까지 누적된 배당을 받을 권리를 가진다. 대부분의 경우에 이들 누적된 배당금은 지

급받을 수 있게 된다. 대부분의 우선주는 누적적 특징이 없이 발행되고 있다. 이런 누적 특징이 없는 우선주를 비누적적 우선주라고 한다.

(2) 전환우선주

전환우선주는 우선주에서 특정한 조건(전환조건)에 따라 다른 증권으로 바꿀 수 있는 권리가 부여되어 있는 우선주이다. 우선주 발행기업의 보통주로 전환되는 것이 일반적이다. 우선주가 발행된 뒤 특정한 기간에 보통주 대 우선주(예, 5 : 1)의 교환비율(전환비율)에 따라 우선주 주주의 선택에 의하여 전환된다. 전환비율은 우선주의 발행시에 결정되고 전환되는 때의 우선주 혹은 보통주의 시장가치에 의하여 변화되지는 않는다.

전환우선주의 시장가치(1주의 우선주 시장가격)가 전환대상인 보통주의 총시장가치(=전환비율×1주의 보통주 시장가격)와 같을 때를 패리티(parity: 동량가치 혹은 등가가치)라고 한다. 전환증권의 전환가치(보통주의 총시장가치)가 패리티를 초과할 경우 전환권을 행사하면 이익을 얻을 수 있다. 보통주의 주가상승과 배당지급으로 계산된 수익률이 우선주의 수익률을 초과할 때 전환하는 것이 유리하다.

(3) 수의상환우선주

일반적으로 주주에게서 발행증권을 재매수하여 액면가를 상환할 수 있는 선택권을 발행기업에 부여한 증권을 수의상환증권이라고 한다. 이러한 선택권이 첨가되어 있는 우선주를 수의상환우선주라고 한다. 기업만이 상환선택권을 가지고 있으므로 기업은 발행우선주의 고정 배당률보다 시장이자율이 현저히 낮을 때 상환조항을 실행한다. 낮은 시장이자율을 지급하는 다른 증권을 발행하여 자금을 조달하고,[18] 이 자금으로 우선주를 상환하는 방식을 취한다. 고배당우선주를 상환하는 것은 발행자인 기업에게 절약이 된다. 반면에 투자자에게는 높은 배당소득을 얻을 기회를 상실하게 되므로 손실이 된다. 따라서 투자자의 소득손실 발생 가능성을 보상하기 위해 상환프리미엄을 지급하는 것이 일반적이다.

18 기존의 증권을 상환하기 위하여 새로운 증권을 발행하는 것을 차환발행이라고 한다.

제5절 채 권

채권(bond)은 국가, 공공기관, 회사 등이 장기자금을 대량으로 조달하기 위하여 발행하는 채무표시의 증권이다. 채권은 원칙적으로는 약정된 기일에 이자를 지급하고 원금을 상환하는 고정수익증권(fixed income security)이지만 상환기간의 유무에 따라 영구채권(perpetual bond)과 정규채권(regular bond)으로 구분하기도 한다. 일반적으로 채권은 발행기관에 따라 사채(corporate bond), 공채(public bond), 특수채 등으로 나눈다.

5.1 회사채

회사채는 사채라고도 하며 주식회사가 장기간에 걸쳐 거액의 자금을 일반투자자로 부터 차입하는 채무를 표시해 놓은 증권이다. 사채의 종류는 이자지급의 방법, 이자책정의 기준, 담보의 상황, 상환의 기간과 방법 등에 따라 다음과 같이 분류한다.

(1) 이자지급방법에 의한 분류

사채는 이자의 지급방법에 따라 쿠폰사채(coupon bond), 할인사채(discount bond), 복리채로 분류한다.

쿠폰사채는 사채에 쿠폰(이표)이 첨부되어 있는 것으로 무기명사채(bearer bond) 또는 이표채라고도 한다. 사채권자는 이자지급일이 되면 이 쿠폰을 사채에서 떼어내어 관계 금융기관에 제시하고 이자를 지급받는다. 이 쿠폰사채는 자유로이 매매할 수 있으며, 사채의 소유자가 바로 사채권자가 된다.

사채의 액면이자율이 시장이자율보다 낮을 경우에는 사채의 시장가치는 액면가보다 낮아진다. 할인사채는 이처럼 사채의 가치가 액면가 이하일 때 액면가보다 낮은 가격으로 발행하는 사채로서 할인채라고도 한다. 우리나라에서 할인사채를 발행할 때에는 단지 만기까지의 액면이자만 액면가에서 할인하여 발행하는 경우가 많다.

복리채는 매기에 지급될 이자가 사채의 만기까지 재투자된 다음, 만기시점에서 사채의 원금과 이자가 일시에 상환되는 사채를 말한다.

(2) 이자책정 기준에 의한 분류

사채를 이자책정의 기준에 따라 확정이자부사채와 변동이자율사채 또는 금리연동부사채로 분류할 수 있다. 확정이자부사채(fixed charge bond)는 사채의 가장 기본적인 형태로서 액면가대로 발행되며, 고정된 이자를 액면이자율(표면금리, coupon interest rate)에 맞추어 지급하고 만기에 액면가를 상환하는 사채를 말한다. 사채를 액면가로 발행할 때에는 이 사채의 액면이자율이 동일한 위험수준에 있는 다른 사채의 시장이자율(market interest rate)과 차이가 없을 경우가 대부분이다.

변동이자율사채(floating rate bond)는 사채의 이자율을 확정기간과 변동기간으로 구분하여 발행하는 사채이다. 이는 사채의 발행 후 일정 기간 동안에는 확정이자를 지급하고, 그 기간이 지나면 만기까지의 기간 동안 은행의 정기예금이자율을 기초로 하여 탄력적으로 이자를 지급하는 사채인데 금리연동부사채라고도 한다.

(3) 담보 상황에 의한 분류

사채는 보증과 담보의 상황에 따라 보증사채와 담보사채로 분류한다. 보증사채(guaranteed bond)는 국가, 금융기관, 관련회사 등 제3자가 발행회사의 지불을 보증하는 사채이다.

담보사채(mortgage bond)는 발행회사의 자산(특히 부동산)을 담보로 하여 발행되는 사채로서, 담보사채권자는 발행회사의 청산시에 담보자산에 대하여 우선적인 청구권을 행사한다. 담보사채는 담보의 형태에 따라 다시 폐쇄담보사채(closed-end mortgage bond), 개방담보사채(open-end mortgage bond), 제한담보사채(limited-end mortgage bond)로 구분할 수 있다.

폐쇄담보사채는 동일한 담보물을 근거로 할 때에 1회만 발행이 가능한 사채이다. 개방담보사채는 담보총액을 분할한 다음, 이 분할된 담보를 기초로 하여 수회에 걸쳐 발행할 수 있는 사채를 말한다. 제한담보사채는 담보물의 가치에 일정한 비율의 한계를 미리 정해 두고, 이 액수를 초과해서 발행될 수 없는 사채를 말한다.

증권담보사채(collateral trust bond)는 발행기업이 보유하고 있는 주식이나 채권 등의 유가증권을 담보로 하여 발행하는 채권이다. 이 경우에는 발행기관이 유가증권을 수탁기관에 예치해 둔다.

무담보사채(debenture)는 수익력이 높은 기업에서 신용을 기초로 하여 발행하는 사채이다. 기업의 청산시에 이 사채의 변제의무도 주식에 우선한다는 점에 있어서는 다른 사채와 마찬가지다. 하위무담보 사채(subordinate debenture)는 발행기업의 청산시에 사채의 청구권이 다른 사채보다 열등한 사채를 말한다.

(4) 원금상환과 기타의 분류

사채는 원금의 상환기간과 방법에 따라 연속상환사채, 수의상환사채, 감채기금사채 등으로 분류할 수 있다. 그러나 사채의 원금은 일반적으로 만기에 전액을 상환하는 것이 일반적이며, 이러한 사채를 만기전액상환사채라고 한다.

연속상환사채(serial bond)는 동시에 발행하는 사채를 1년, 2년, 3년 등 연속적인 상환기간의 순서로 나누어 발행하는 사채를 말한다. 연속상환사채의 투자자는 각기 자기가 선호하는 상환기간을 택하여 사채를 선택할 수 있는 장점이 있다.

수의상환사채(callable bond)는 기업이 만기 이전이라도 사채가치에 상환프리미엄(call premium)을 가산한 상환가격(call price)으로 자유로이 상환할 수 있는 권리를 갖는 사채이다. 기업이 수의상환사채를 발행하게 되면, 시장이자율이 하락할 때 이미 발행한 수의상환사채의 높은 이자부담을 줄이기 위하여 이를 상환하는 수가 있다. 감채기금사채(sinking fund bond)는 발행기업이 사채를 일시에 상환할 때 발생하는 지불위험에 대처하여 사채의 만기 이전 또는 만기까지 총지불금액을 일정하게 분할하여 수탁자에게 적립하는 사채를 말한다.

이 밖에도 사채를 다음과 같이 기타의 성격에 의하여 분류하기도 한다. 이익사채(income bond)는 수익사채 또는 소득사채라고도 하며, 기업의 영업이익이 일정한 수준에 달했을 경우에 한하여 이자를 지급하는 사채이다. 그러므로 이익이 부진할 때에는 이자를 지급하지 않아도 된다. 미국에서는 회사를 정리할 때 이 사채를 발행하는 수가 있다. 이익참가사채(participating bond)는 회사의 이익이 증가하면 확정이자에 추가하여 이익의 일정률 또는 액면가의 일정률에 해당하는 이익을 지급하는 사채를 말한다. 이 사채는 신용이 낮은 회사에서 발행하게 되는데, 주주의 이해관계와 반대되는 증권이다.

5.2 국공채

국공채(public bond)는 국가, 지방정부 그리고 공공단체가 국가의 정책 또는 공익사업의 자금을 조달하기 위하여 발행하는 채권을 말한다. 국공채는 채무불이행위험이 거의 없는 채권이므로 투자의 안정성은 높지만 수익률은 낮다.

(1) 국 채

국채(government bond)는 국가의 재정정책에 의하여 발행되는 채권으로 자금의 용도, 즉 발행목적에 따라 일반국채, 사업국채, 기금증권, 보상증권 등으로 구분할 수 있다. 현재 국채는 국고채권, 외국환평형기금채권, 국민주택채권과 공공용지보상채권 등 네 종류가 발행되고 있다. 그리고 국채를 ① 내국채와 외국채, ② 기명국채, 무기명국채, 등록국채, ③ 단기국채, 중기국채, 장기국채로 구분하기도 한다.

(2) 지방채

지방채(municipal bond)는 지방공공단체가 교육, 교통, 수도 등의 공익사무에 필요한 자금을 조달하기 위하여 지방재정법에 의하여 발행하는 채권이다. 지방채는 국채에 비하여 규모가 작을 뿐만 아니라 신용도가 낮기 때문에 유동성이 낮다. 지방채의 예를 들면, 서울특별시 교육공채, 부산시 지하철건설채권, 상수도공채, 도로공채 등이 있다. 그리고 지방채의 경우에는 이자소득에 대하여 면세(tax-exempt)의 혜택이 주어지거나 차등세율을 적용하여 보호하는 예가 많다.

5.3 특수채

특수채(special bond)는 특별법에 의하여 설립된 특별법인이 정부의 보증하에 발행한 채권으로 한국은행의 통화안정증권, 한국토지주택공사의 토지채권, 한국전력공사의 전력공사채권 등을 예로 들 수 있다.

그리고 특수채의 한 형태로서 금융기관이 자기 보증하에 발행하는 금융채(financial bond)가 있다. 한국산업은행의 산업금융채권이 그 대표적인 예이다.

제6절 집합투자의 개념과 수익증권

6.1 집합투자

우리나라의 자본시장법에 규정된 집합투자란 2인 이상에게 투자권유를 하여 모은 금전이나 여유자금을 투자자 또는 각 기금관리주체로부터 일상적인 운용지시를 받지 아니하면서 재산적 가치가 있는 투자대상자산을 취득·처분 등의 방법으로 운용하고, 그 결과를 투자자 또는 각 기금관리주체에게 배분하여 귀속시키는 것을 말한다. 이 같은 집합투자는 투자자의 입장에서 볼 때 간접투자의 의미를 갖는다.

집합투자를 수행하는 기구를 '집합투자기구'라고 한다. 자본시장법에서는 집합투자기구를 신탁형태의 집합투자기구(투자신탁), 주식회사형태의 집합투자기구(투자회사) 등 일곱 가지 형태의 집합투자기구로 분류하고 있다.[19] 여기서 신탁형태의 집합투자기구는 자산운용회사가 투자자에게서 자금을 조달하여 운용하고 있는 투자펀드를 의미한다. 주식회사형태의 집합투자기구는 투자자의 투자자금을 주식의 형태로 모아 투자회사를 설립하고, 이 투자회사의 재산을 운용하여 그 수익을 주주에게 배분하는 회사형 투자펀드이다.

한편 집합투자기구는 집합투자재산의 운용대상에 따라 종류가 구분될 수 있다. 집합투자재산의 40% 이상을 증권에 투자하는 증권집합투자기구를 비롯하여 부동산집합투자기구, 특별자산집합투자기구, 혼합자산집합투자기구, 단기금융집합투자기구 등이 있다.

자본시장법에 의하면 집합투자기구 집합투자증권은 주식회사형태의 집합투자기구인 투자회사가 발행한 주권과 신탁형태의 집합투자기구인 투자신탁의 수익증권이 있다.

또한 증권시장의 특정한 지수(index)의 수익률을 얻을 수 있도록 실물 증권에 투자하는 집합투자기구를 인덱스 펀드(index fund)라고 한다. 상장지수 집합투자

[19] 자본시장법에서는 집합투자기구를 투자신탁, 투자회사, 투자유한회사, 투자합자회사, 투자유한책임회사, 투자합자조합, 투자익명조합 등으로 분류하고 있다.

기구 집합투자증권은 특정 주가지수와 연동되는 수익률을 얻을 수 있도록 설계된 지수연동형 집합투자증권이다. 자산운용회사가 설정하여 거래소에 상장하여 주식처럼 거래하는데, 이를 ETF(exchange traded fund)라고 한다. ETF는 현물 주식으로 설정되고 해지되며, 거래소에서 거래되는 펀드이다.

6.2 수익증권

투자신탁은 위탁자(trustor), 수익자(beneficiary), 수탁자(trustee)로 이루어진다. 위탁자인 집합투자업자는 수익자인 일반투자자에게서 투자자금, 즉 집합투자재산(일반적으로 펀드라고 부름)을 모은 다음 이것을 수탁자인 신탁업자에게 신탁한다. 신탁업자는 이 자금을 집합투자업자의 운용지시에 따라 여러 투자대상에 직접 투자하여, 그 수익을 투자자에게 배분한다. 우리나라에서는 신탁업의 인가를 받은 금융투자업자(회사)가 위탁자와 신탁계약을 맺고, 투자자로부터 예탁을 받은 집합투자재산을 보관·관리한다.

이러한 투자신탁과정에서 신탁업자는 수익증권을 발행할 수 있다.[20] 수익증권은 무기명으로 발행되지만 수익자인 투자자가 요구할 경우 기명식으로 발행이 가능하다. 수익증권에는 신탁업자의 상호, 기명식의 경우에는 수익자의 성명 또는 명칭, 액면금액, 운용방법을 정한 경우 그 내용, 손실의 보전 또는 이익의 보장에 관한 계약을 체결한 경우에는 그 내용, 신탁계약기간, 신탁의 원금의 상환과 수익분배의 기간 및 장소, 신탁보수의 계산방법 등이 기재된다.

투자매매업자와 투자중개업자는 집합투자증권인 수익증권을 투자자에게 판매한다. 이 증권의 소유자인 일반투자자는 신탁업자의 투자성과에 따라 이익을 분배받게 된다. 이 증권은 환매를 통하여 투자자금을 회수할 수 있으며, 유가증권시장의 수익증권시장에 상장되어 있는 수익증권은 직접 거래가 이루어지기도 한다.

20 자본시장법 제110조에 수익증권의 발행관련 사항이 규정되어 있다.

제7절 전환증권, 신주인수권 및 기타

7.1 전환증권

전환증권(convertible security)은 소유자가 발행기업의 보통주로 전환할 수 있는 선택권이 부여되어 있는 증권이다. 전환증권에는 전환우선주(convertible preferred stock)와 전환사채(convertible bond)가 있으나 시장에서는 전환사채가 주를 이루고 있다.

전환우선주는 보통주로 전환할 수 있는 증권이다. 전환사채는 우선주와 보통주로 전환할 수 있으나, 대개의 경우 보통주로 전환된다. 전환증권이 일단 보통주로 전환되면 원래의 증권으로 재전환은 불가능하다.

이러한 전환증권은 보통주의 가격이 상승하면 전환증권의 가격도 같이 상승하는 성격을 가지고 있다. 시장이자율이 낮아져도 이 증권(전환사채)은 약정된 수익을 지급받을 수 있으므로 투자자에게 유리한 증권이다.

7.2 신주인수권 관련 증권

(1) 신주인수권부사채

신주인수권부사채(bond with warrants)는 지정된 기간에 정해진 행사가격(exercise price)으로 일정한 수의 보통주를 매입할 수 있는 선택권(option), 즉 신주인수권이 부여된 사채를 의미한다. 이 사채는 사채권자가 신주인수권을 행사하여도 사채권자의 지위를 상실하지 아니한다.

신주인수권부사채는 기업의 사채발행을 촉진시키는 방편으로 발행될 수 있다. 다시 말해서, 평상시에 특정회사의 사채에 투자할 의사를 가지고 있지 않거나, 그 기업의 보통주를 매입할 의사를 가지고 있지 않던 투자자도 그 기업이 신주인수권부사채를 발행하고 또 성장기업으로 판명되면, 미래에 그 기업의 주식을 소유할 목적으로 신주인수권부사채를 매입할 수도 있다.

신주인수권부사채는 분리형과 비분리형으로 구분된다. 분리형 신주인수권부사채는 사채권을 나타내는 채권과 신주인수권을 나타내는 신주인수권증권(warrants)을 분리하여 양도할 수 있게 한 것이다. 비분리형 신주인수권부사채는 사채권과 신주인수권을 분리하여 양도할 수 없게 한 것을 말한다.

(2) 신주인수권증권

우리나라에서는 보통 신주인수권부사채(bond with warrant, BW)의 신주인수권부분을 표창하는 권리를 신주인수권증권이라 한다. 1999년 1월 30일 분리형 신주인수권부사채의 발행이 허용됨에 따라 신주인수권증권이 원활히 거래될 수 있도록 2000년 7월 신주인수권증권시장이 개설되었다.

(3) 신주인수권증서

신주인수권증서(right)는 상장회사가 신주를 발행하는 경우에 발생하는 주주의 구체적 신주인수권을 증서로 나타낸 것이다. 신주인수권은 회사에 대한 채권적 권리로서 주식과 분리하여 신주인수권증서의 교부를 통해 독립적으로 양도가 가능하다. 이 증서는 거래소에서 가격제한 없이 지정가주문으로 거래된다.

7.3 다양한 신종 증권

우리나라 자본시장법은 증권의 의미를 포괄적으로 정의하여 구분하고 있다. 전통적인 증권으로서 지분증권, 채무증권, 수익증권과 증권예탁증권 등이 있고 이외에 투자계약증권, 파생결합증권 등이 있다. 여기서는 투자계약증권, 파생결합증권, 증권예탁증권, 주식워런트증권, 그리고 토큰증권(STO)을 설명하기로 한다.

(1) 투자계약증권

투자계약증권은 특정 투자자가 그 투자자와 타인(다른 투자자를 포함) 간의 공동사업에 투자하고 주로 타인이 수행한 공동사업의 결과에 따른 손익을 귀속받는 계약상의 권리가 포함된 증권을 말한다.[21] 이러한 투자계약증권의 개념은 광범위하게 정의되어 있지만, 자본시장법이 집합투자의 범위를 더욱 확대하여 두고 있기

[21] 자본시장법 제4조 제6항을 참고하라.

때문에, 투자계약증권이 실제로 인정되는 범위는 상당히 제한된다. 즉 어떤 증권이 투자계약증권이 되기 위해서는 ① 공동사업, ② 금전의 투자, ③ 타인의 노력, ④ 이익의 기대 등의 4가지 요건을 갖추고 있어야 한다.

(2) 파생결합증권

파생결합증권은 기초자산의 가격,이자율, 지표, 단위 또는 이를 기초로 하는 지수 등의 변동과 연계하여 미리 정하여진 방법에 따라 지급금액 또는 회수금액이 결정되는 권리가 표시된 것을 말한다.[22]

파생결합증권의 한 예로서 상장지수증권을 들 수 있다. 상장지수증권(Exchange Traded Note, ETN)은 거래소에서 거래되고 있는 여러 종목의 기초증권(주식 또는 채권)의 가격을 중심으로 계산된 지수에 기초하여 만기시점에 수익의 지급을 약속하는 증권이다. 다시 말해 이것은 증권의 발행자가 투자자에게 돈을 차입하기 위하여 채권을 발행하되 만기에 지급하는 이자율을 상장지수의 수익률에 연동하여 결정하는 것과 같다. 따라서 이 증권의 발행자는 만기시점에 상장되어 있는 기초증권의 지수 수익률에 기초하여 미리 정해진 수익을 이 증권의 소유자에게 상환할 채무를 지는 것이다. 상장지수증권은 거래소에 상장되어 만기까지 거래된다.

이와 같은 파생결합증권에는 상장지수증권 이외에 기초자산의 형태에 따라 주가연계증권(Equity Linked Securities, ELS), 환율연계증권, 역변동금리채 등이 있다.

(3) 증권예탁증권

증권예탁증권(Depository Receipts, DR)은 증권을 예탁받은 자가 그 증권이 발행된 국가 외의 국가에서 발행한 것으로 그 예탁받은 증권에 관련된 권리가 표시된 것을 말한다.

우리나라의 기업이 발행한 주식이 미국의 주식시장에 상장되어 거래되기 위해서 기본적으로 원화가 아닌 달러통화로 거래되어야 할 것이다. 이를 위하여 한국예탁결제원이 국내의 주식을 보관하고 이를 기초로 미국의 예탁기관이 미국달러표시로 예탁증서(American Depository Receipts, ADR)를 발행한다. 이렇게 발행된 예탁증서는 미국 주식시장에서 유통된다. 한편, 외국기업의 주식을 우

22 자본시장법 제4조(증권) 제7항에 규정되어 있음.

리나라 주식시장에 거래하기 위해서는 원화표시의 예탁증서(Korean Depository Receipts, KDR)가 발행되어 주식시장에 상장되어야 한다.

(4) 주식워런트증권

주식워런트증권(Equity Linked Warrant, ELW)은 파생결합증권의 한 형태이다. 증권회사가 주식이나 주가지수와 같은 특정 대상물을 사전에 정한 미래의 특정 시기에 미리 정한 행사가격으로 사거나 팔 수 있는 권리를 가지는 증권을 발행하는데, 이것을 주식워런트증권이라고 한다. 이 증권을 매입한 투자자는 현재의 주가나 주가지수가 행사가격보다 큰 경우 그 차이만큼 이익을 얻게 된다.

주가나 주가지수의 변동에 따라 주식워런트증권의 가격은 변동하게 된다. 미래의 특정시일을 만기일 혹은 결제일이라고 하는데, 이 날의 주가가 행사가격보다 낮으면 이 증권의 소유자는 손실을 보게 되는데 이 경우에는 권리를 행사하지 않으면 된다.

(5) 토큰증권(STO)

토큰증권(security token offering, STO)은 부동산, 미술품, 채권 등 실물 자산이나 금융상품의 소유권을 블록체인 기술을 활용하여 디지털 토큰 형태로 발행하고 거래하는 증권을 말한다. 자본시장법의 규제를 받으며, 분산원장 기술(distributed ledger)을 사용하여 거래 기록의 투명성과 보안성이 강화된 가상자산 형태의 증권이다. 기존의 복잡한 증권거래를 디지털화하여 조각 투자 및 유동성 확보를 용이하게 하고, 소액으로도 다양한 자산에 투자할 수 있게 하는 장점이 있다.

한국거래소는 전통적인 증권을 비롯하여 다양한 새로운 증권의 실제 거래를 위하여 유가증권시장 상장규정과 업무규정에 외국주식예탁증권, 파생결합증권으로서 상장지수집합투자기구 집합투자증권(ETF), 상장지수증권(ETN), 주식워런트증권(ELW) 등을 정의하고 각 증권의 시장을 구분하여 유가증권시장에서 거래하고 있다.[23]

[23] ETF는 KOSPI 200과 같은 특정 지수 및 특정 자산의 가격 움직임과 수익률이 연동되도록 설계된 펀드로서 거래소에 상장되어 주식처럼 거래되는 펀드를 말한다. ETN은 증권사가 만기에 기초지수의 수익률에 연동하는 수익의 지급을 약속하고 발행하는 파생결합증권으로서 주식처럼 거

한편, 증권회사는 특정한 주식의 가격이나 주가지수의 변동에 따라 수익을 정하는 주가연계증권(equity linked securities, ELS), 원금보장이 되는 주가연계파생결합사채(equity linked bond)를 발행하여 투자자에게 판매하고 있다. 그리고 증권회사는 장내·장외 파생상품, 환율, 일반상품(원유, 광물, 농축산물 등)과 신용위험 등에 대하여 적절한 방식으로 가격이나 이자율 등을 산정할 수 있는 기초자산에 근거하여 수익을 정하는 파생결합증권(derivative linked securities, DLS)과 역시 이 기초자산에 근거하여 수익을 정하되 원금보장이 되는 기타파생결합사채(derivative linked bond, DLB) 등을 발행하여 거래소를 통하지 않고 장외에서 투자자에게 판매하고 있다.

제8절 파생상품

주식과 채권 등은 본원적 증권(자산)으로 기초증권(underlying security) 또는 기초자산(underlying asset)이라고 한다. 이러한 기초증권에 대하여 투자자가 특별히 행사할 수 있는 선택권이나 이행해야 할 의무를 조건부로 첨가시켜 변형한 증권을 파생상품(derivatives) 또는 조건부청구권증권(contingent claims)이라고 한다.

8.1 선물계약

선물계약(futures contract)은 기초자산의 매입자 또는 매도자와 거래소 간의 계약으로 이루어진다. 선물계약은 매입자(매도자)가 특정한 양과 질의 기초자산을 정해진 미래의 기간에 계약시점에 정한 가격으로 표준화된 계약조건에 따라 인수(인도)하기로 협약한 계약을 말한다. 이 선물계약은 옵션계약과는 달리 만기시점에 계약당사자가 의무적으로 계약을 이행해야 한다.

래소에 상장되어 거래되는 증권을 말한다. ELW는 주식 및 주가지수 등의 기초자산을 사전에 정한 미래의 시점에 미리 정하여진 가격에 사거나 팔 수 있는 권리를 나타내는 증권을 말한다. 한편 금융투자회사는 특정한 주식의 가격이나 지수의 변동에 따라 수익을 정하는 주가연계증권(equity linked securities, ELS) 등을 만들어 투자자에게 판매하고 있다.

선물계약은 크게 금속, 에너지, 곡물, 대두제품, 가축 등을 기초자산으로 한 상품선물계약과 주가지수, 금리, 외환 등을 기초자산으로 한 금융선물계약으로 분류할 수 있다. 그리고 선물계약에 따라서는 인도일에 기초자산이 인도되지 않고 주가지수선물과 같이 현금으로 결제가 이루어지는 경우도 있다.

현재 우리나라 선물시장에서는 KOSPI 200과 코스피200섹터지수, 코스닥150지수, 개별주식 등을 기초자산으로 하는 주가지수(주식) 관련 선물거래, 주가지수 변동성을 대상으로 한 코스피200변동성지수선물 등이 거래되고 있다. 또한 3년, 5년, 10년의 국채를 기초자산으로 하는 채권·금리선물거래, 미국 달러, 일본 엔, 유로, 중국 위안 등을 기초자산으로 하는 통화선물 등이 거래되고 있다. 또한 금, 미니금, 돈육을 기초자산으로 하는 상품선물거래도 이루어지고 있다.[24]

8.2 옵션계약

옵션은 미래의 시점에서 미리 정해진 행사가격(exercise price)으로 지정된 일정한 수의 기초주식이나 기초자산을 매입하거나 매도할 수 있는 선택권을 약정한 계약을 말한다.[25] 따라서 옵션의 소유자는 선택권을 행사할 수 있는 권리를 소유하게 된다.

옵션은 기초자산을 매입할 수 있는 선택권인 콜옵션(call option)과 매도할 수 있는 선택권인 풋옵션(put option)으로 구분된다. 또 옵션은 기초자산에 따라 주식옵션, 주가지수옵션, 통화옵션, 선물옵션 등으로 분류된다.[26] 현재 우리나라 옵션시장에서는 KOSPI 200지수를 기초자산으로 하는 코스피200옵션과 미니코스피200옵션 등의 주가지수옵션거래와 우량 개별기업의 주식을 기초자산으로 하는 주식옵션이 거래되고 있다. 그리고 미국 달러를 기초자산으로 하는 통화옵션거래가 이루어지고 있다.

[24] 자본시장법 제5조 제1항의 제1호는 선물계약을 '기초자산이나 기초자산의 가격·이자율·지표·단위 또는 이를 기초로 하는 지수 등에 의하여 산출된 금전 등을 장래의 특정 시점에 인도할 것을 약정하는 계약'으로 규정하고 있다.

[25] 자본시장법 제5조 제1항의 제2호는 옵션계약을 '당사자 어느 한쪽의 의사표시에 의하여 기초자산이나 기초자산의 가격·이자율·지표·단위 또는 이를 기초로 하는 지수 등에 의하여 산출된 금전 등을 수수하는 거래를 성립시킬 수 있는 권리를 부여하는 것을 약정하는 계약'으로 규정하고 있다.

[26] 한국거래소의 「파생상품시장 업무규정」 참조, 한국거래소 홈페이지(www.krx.co.kr)에서 검색 가능함.

8.3 스왑계약

스왑(swap)은 어떤 대상물을 다른 대상물로 대체하는 것을 의미한다. 채권은 시장이자율에 따라 그 가치가 변동하고, 채무자는 시장상황에 따라 이자부담이 달라진다. 따라서 이자율 변동으로 인한 위험을 방어하기 위하여 보유중인 채권을 다른 채권으로 대체하는 것을 채권스왑이라고 한다. 이와 같이 사전에 정한 조건에 따라 기초자산을 교환하는 계약을 스왑계약이라고 한다. 이자율위험을 방어하기 위한 이자율스왑(interest-rate swaps)과 환율위험을 방어하기 위하여 통화스왑(currency swaps) 등이 있다.[27]

[27] 자본시장법 제5조 제1항의 제3호는 스왑을 '장래의 일정기간 동안 미리 정한 가격으로 기초자산이나 기초자산의 가격·이자율·지표·단위 또는 이를 기초로 하는 지수 등에 의하여 산출된 금전 등을 교환할 것을 약정하는 계약'으로 규정하고 있다.

요약

금융투자상품의 정의

금융투자상품은 이익을 얻거나 손실을 회피하기 위하여 유상으로 취득한 권리이며, 이러한 권리로부터 취득한 투자성과가 투자원금에 미달할 가능성이 있는, 즉 투자원금의 손실 위험성이 있는 권리이며, 또한 이익을 얻는 목적 외에 위험을 회피하려는 목적으로 구성되는 권리를 포함한다.

증권의 역할과 속성

증권은 여러 가지 목적으로 거액의 자본을 조달하기 위하여 발행되는 증서이다. 증권의 다음과 같은 성격을 갖는다.

- 자본의 세분화

  거액의 자본을 필요로 하는 증권의 발행자는 조달자본을 소액의 증권으로 나누어 일반투자자에게서 자본을 조달하는 것이 용이해진다.

- 증권의 시장성(marketability)

  증권은 증권시장에서 유통이 가능하므로 증권투자자는 필요할 때에 보유하고 있는 증권을 매각하여 현금화(유동화)할 수 있다.

- 증권의 위험과 수익률의 관계

  일반적으로 투자위험이 높은 증권은 이 위험을 보상할 만큼 수익률이 높아지도록 가격이 설정된다.

단기증권의 의미

단기증권(short-term security)은 명시된 자금의 이용기간인 만기가 1년 미만의 증권으로 단기금융시장인 화폐시장(money market)에서 거래된다. 일반적으로 정부, 금융기관 그리고 기업 등, 신용이 높은 자금조달기관이 발행하기 때문에 위험이 전혀 없거나 매우 낮으며 수익률도 낮다.

주식의 의미와 주주의 권리

주식회사는 기업의 지분증권으로서 주식을 발행한다. 주식회사의 부분적인 소유자가 되기 위해서 기업이 발행하는 주권을 매입하여야 한다. 이러한 주권을 소유한 사람을 주주라 하며 주주는 기업의 부분적인 소유자로서 다음과 같은 권리를 가진다.

- 배당받을 권리
- 투표권
- 신주인수권
- 유한책임과 잔여재산청구권

채권의 의미와 종류

채권은 국가, 공공기관, 기업 등 자금조달자가 자금을 일정 기간 동안 사용하고 상환하는 것을 조건으로 발행하는 증권이다. 채권은 조달하는 금액에 대하여 사용기간 동안 자금의 사용대가로 이자를 지불하는 것을 기본 내용으로 발행된다.

- 회사채

  주식회사가 기업의 장기자금을 조달할 목적으로 발행한다. 회사채는 채권의 기본내용인 원금의 상환, 이자지급의 방법, 원금상환과 이자지급을 보증하기 위한 방법, 상환기간에 대한 조건 등에 따라 다양한 형태로 분류된다.

- 국공채

  국가, 지방정부와 공공기관이 발행한다. 여기에는 국채, 지방채, 특수채 등이 있다.

파생증권의 의미와 종류

주식과 채권 등은 본원적 증권(자산)으로 기초증권 또는 기초자산이라고 한다. 이러한 기초증권에 대하여 투자자가 특별히 행사할 수 있는 선택권이나 이행해야 할 의무를 조건부로 첨가시켜 변형한 증권을 파생상품 또는 조건부청구권증권이라고 한다. 파생증권에는 다음과 같은 것이 있다.

- **선물계약**

  기초자산에 대한 가격, 수량, 품질 등 거래내용을 정하고 미래 특정시점에 결제하는 것을 내용으로 한 정형화한 계약(contract)

- **옵션계약**

  미래의 정해진 시점에서 미리 정한 행사가격으로 일정한 수량의 기초자산을 매도 또는 매수할 수 있는 선택권(option)

- **스왑계약**

  미리 정한 조건으로 다른 종류의 기초자산(채권, 통화 등)으로 교환하는 계약으로서 이자율스왑, 통화스왑 등이 있다.

인터넷에서 찾아 읽기

증권관련 법령찾아보기

- 법제처 홈페이지 : http://www.moleg.go.kr/main.html
- 국가법령정보센터 : http://www.law.go.kr/LSW/Main.html
  - 「자본시장과 금융투자업에 관한 법률」: 증권의 법률적 의미 이해
  - 「국가재정법」, 「국채법」
  - 「상법」의 '주식회사' 편 : 주식, 회사채 등 조항 이해하기

한국거래소 홈페이지의 정보센터 : 증권시장 이해하기

- http://www.krx.co.kr/index.html

우리나라 채권시장에 대한 이해 : 금융투자협회의 채권정보센터

- https://www.kofiabond.or.kr

한국은행의 자료실에서 강의관련 자료 찾아보기

- http://www.bok.or.kr/index.jsp : 조사·연구자료

연습문제

01 다음 용어를 설명하라.

❶ 투자 ❷ 증권
❸ 단기증권 ❹ 양도성예금증서
❺ 기업어음 ❻ 수권주식
❼ 성장주 ❽ 집중투표
❾ 유한책임 ❿ 방어적 주식

⑪ 전환증권
⑫ 쿠폰사채
⑬ 보증사채
⑭ 파생상품
⑮ 옵션
⑯ 선물계약
⑰ 지분증권
⑱ 채무증권
⑲ 집합투자기구
⑳ 수익증권

02 정관에 표시된 1주의 금액을 무엇이라고 하는가?

03 주식과 채권을 발행하여 조달한 자금은 기업에서 주로 어떻게 사용되어야 하는가?

04 채권자의 일반적인 권리에 대하여 설명하라.

05 주주의 권리와 의무에 대하여 설명하라.

06 주식회사가 발행할 총 주식수를 회사의 정관에 표시한다. 이것을 무엇이라고 하는가?

07 1주의 주식을 2개 이상의 주식으로 나누어 주식의 발행 총수를 증가시킬 수 있다. 이것을 무엇이라고 하는가?

08 우선주의 특성을 설명하라.

09 경제적인 측면에서 증권의 종류를 분류하고, 투자론에서 증권이라고 할 때에는 이들 중에서 어디에 속하는가를 밝혀라.

10 특정한 조건에 의하여 다른 형태의 증권으로 바꿀 수 있는 우선주를 무엇이라고 부르는가?

11 채권이 기본적으로 갖추어야 할 특성을 설명하라.

12 상환기간 내에는 이자를 지급하지 않고 만기에 복리로 계산한 이자와 원금을 한 번에 상환하는 채권을 무엇이라 하는가?

13 파생상품의 종류를 열거하고, 각 차이점을 간단히 설명하라.

14 금융투자업의 법률적인 의미를 말하고, 그 종류를 열거하라.

15 집합투자기구의 구성요소를 설명하라.

Chapter 03

증권시장과 구성

- 제1절 금융시장과 증권시장
- 제2절 자본시장과 금융투자업에 관한 법률
- 제3절 증권시장의 형태

학습목표 이 장을 공부한 독자들은 다음 사항을 이해할 수 있어야 한다.

- ▶ 금융시장의 의미
- ▶ 자본시장법의 특징
- ▶ 증권시장의 구성
- ▶ 주식관련 증권시장
- ▶ 증권시장의 기능
- ▶ 자본시장법에 규정된 증권의 종류
- ▶ 거래소시장의 구분

경제활동의 다양한 목적을 충족시키기 위하여 필요한 돈을 그 수요자와 공급자가 모여 이루어지는 시장이 금융시장이다. 금융시장은 일반 소비재화가 거래되는 시장과 돈의 사용목적이나 기간에 따라 여러 가지의 시장으로 구분되고 있다.

독자들은 자금의 사용목적과 기간에 따라 거래되는 시장의 형태를 이해하고 있어야 한다. 특히, 증권투자자들은 증권시장의 기능과 그 시장의 구분에 대하여 이해하는 것이 매우 중요하다.

한편, 우리나라는 '자본시장과 금융투자업에 관한 법률'에 금융시장의 거래행위와 관련기관의 역할을 정의해 두고 있다. 투자자는 이 법률의 주요 내용을 파악하는 것이 투자목적의 달성에 관건이 될 것이다.

제 1 절 금융시장과 증권시장

1.1 금융시장의 의미와 구분

일반적으로 특정한 재화, 서비스 그리고 생산요소 등에 관심을 가지는 수요자와 공급자가 모여서 지속적으로 가격과 양을 정하여 거래하는 추상적인 기구를 시장이라고 한다. 시장은 거래대상의 종류, 거래 동기, 거래지역, 경쟁상태 등 여러 가지 기준에 의하여 분류되고 시장의 모습도 달라진다.

금융시장은 돈(money)을 거래하는 시장이다. 돈이 필요한 사람들, 돈을 필요로 하는 목적, 사용할 기간, 필요한 금액 등은 아주 다양하다. 그리고 소비하고 남거나 일시적으로 소비하지 않고 돈을 보유할 사람들도 그 돈의 크기, 다음 소비까지 보유하고 있을 기간, 미래의 사용목적 등이 다양하다. 이렇게 서로 다른 내용을 갖는 돈이 거래되기 위해서 금융시장도 다양하게 구분되어 있다.

금융시장에서 돈을 거래하는 방법은 일반 상업거래와는 다소 다른 형태를 가진다. 그 기본적인 방법은 자금공급자는 자금수요자에 돈을 제공하고, 그 돈에 대한 사용대가를 요구한다. 자금수요자는 금액, 이용기간과 그 이용대가 등 필요한 각종 내용을 명시한 증서를 만들어 자금공급자에게 교부하고 자금을 조달한다. 이 증서를 증권이라고 하며, 그 내용에 따라 미래에 사용대가나 원금을 청구할 수 있는 권리를 가지게 되므로 경제적 가치를 가지게 된다.

〈표 3-1〉과 같이 금융시장은 전통적으로 자금의 사용기간을 기준으로 하여 단기금융시장인 화폐시장과 장기금융시장인 자본시장(capital market)으로 구분할 수 있다. 금융시장은 파생상품시장과 국제금융시장도 포함한다.

화폐시장은 단기 상업자금의 수급이 이루어지는 시장이다. 기업은 이 시장을 통하여 원재료의 구입자금, 종업원의 임금, 수출입 자금 등의 운전자본을 조달하고 있다. 자금의 공급자인 투자자들은 일시적인 여유자금을 투자하여 수익을 얻을 수 있다.

자본시장은 장기자금의 수요와 공급이 이루어지는 시장이다. 장기대부시장(long-term loan market)과 증권시장(securities market)으로 분리해서 생각할 수 있

표 3-1 금융시장의 구분

시장의 구분	시장특성	자금의 용도(예)
금융시장 (financial market)	돈이 거래되는 모든 시장을 통칭	자금수요자의 사용처
단기금융시장 (화폐시장) (money market)	자금사용기간 1년 이내 단기증권, 고유동성, 저위험 부채증권 • 고정소득시장의 일부분	원재료의 구입자금, 종업원의 임금지급, 수출과 수입 등의 운전자본 조달
자본시장 (capital market)	자금사용기간 1년 이상 장기증권	기업 장기자금조달
장기대부시장 (long-term loan market)	금융기관과의 계약을 통한 대출, 간접금융방식	기업 장기자금조달
증권시장 (securities market)	증권발행으로 기업이 직접자본조달 • 주식시장 • 채권시장	기업 장기자본조달
파생상품시장 (derivatives market)	파생상품을 개발하여 거래하는 시장 • 선물시장 • 옵션시장 등	현물거래의 위험관리수단
국제금융시장	국제 환거래 및 자본거래	국제거래 결제, 자본운용 및 자본조달
외환시장 (foreign currency market)	외환거래시장	국제무역 거래대금 결제
국제자본시장 (foreign capital market)	외화자산의 거래시장 • 해외직접금융 • 해외간접금융	해외 직·간접 자본조달 해외 직·간접 투자

다. 장기대부시장은 장기자금, 즉 자본(capital)의 수요와 공급이 대출 또는 차입의 방법에 의하여 이루어지는 시장이다. 금융기관이 시장기능을 담당하고 있다. 증권시장은 장기자본의 조달시장으로서 자본의 이동이 증권이라는 자본조달 수단을 통하여 이루어지는 특징이 있다. 증권시장에서 지칭하는 증권은 일반적으로 유통이 가능한 자본증권으로 채권과 주식 등을 의미한다.

파생상품시장은 증권과 외환 등의 거래로 발생하는 위험을 관리하기 위한 수단으로서 파생상품을 개발하여 이를 거래하는 시장이다. 국제금융시장은 국제 환거래 및 자본거래가 이루어지는 시장으로 외환시장과 국제자본시장이 있다.

1.2 증권시장의 기능

증권시장은 현대 자본주의 경제를 구성하고 있는 각 주체에 매우 중요한 역할을 하고 있다 이를 간략하게 요약하여 설명하면 다음과 같다.

기업의 측면에서 증권시장은 기업활동에 필요한 거액의 자본을 쉽게 조달할 수 있게 해준다. 거액의 자본을 증권이라는 작은 금액의 자본으로 나누어 증권시장에서 다수의 불특정한 일반투자자에게 직접 매도하여 자본을 쉽게 조달할 수 있다.

일반투자자는 증권을 매입하여 소유함으로써 기업이 달성한 이익의 분배에 참여할 수 있다. 증권시장은 증권의 발행시장과 유통시장을 통하여 일반투자자에게 증권을 매입할 수 있는 투자기회를 제공하고 있다.

정부는 국공채를 발행하여 정부의 각종 금융정책을 수행한다. 증권시장은 정부의 금융환경조성과 경기순환을 조절하는 대상으로서 중요한 역할을 담당하고 있다. 증권시장은 경제, 산업, 기업 등 직접적인 증권관련 정보뿐만 아니라 정치, 사회, 문화 등 간접적으로 투자자와 증권에 영향을 미치는 다양한 정보에 의하여 수요와 공급이 결정된다. 이러한 시장메커니즘은 증권의 공정한 가격결정을 보장한다. 증권의 신속하고 공정한 가격결정은 증권의 유동성을 증대시켜 앞의 세 가지 기능을 더욱 향상시키는 역할을 한다.

1.3 우리나라 증권시장의 발전

우리나라의 증권시장은 대체적으로 ⓐ 1945년 후 1960년까지의 태동기, ⓑ 1960~1970년대의 체제정비 및 기반 확립기, ⓒ 1980년대 이후의 자본시장 국제화의 시기를 거쳐 발전해 왔다.

1956년 3월에 특수법인인 영단조직의 대한증권거래소가 개설되었다. 이때에는 상장회사가 12개사였지만, 아직 주식이 분산되지 않았으므로, 이 거래소는 국공채시장의 역할을 주로 수행하였다. 1960년대와 1970년대는 증권시장의 체제가 정비되고 아울러 그 기반이 확립된 시기이다. 1962년 1월 5일 최초로 자주적인 증권거래법이 제정되었다. 이를 기초로 하여 1962년 4월 1일부터 주식회사 조직의 대한증권거래소가 개소되었다. 1963년 4월 27일에 증권거래법이 다시 개정되었고, 이에 따라 증권거래소는 정부출자에 의한 특수법인의 공영제로 개편되었다. 이것이 현재의 유가증권시장이다.

1970년대는 한국증권시장이 성장의 기반을 구축한 시기이다. 1970년도에 들어서 증권시장이 활기를 띠게 되자 투기현상이 점차로 심화되어 가고 있었다. 1971년 12월 30일에는 기업공개촉진법을 제정·공포하여 기업의 공개를 촉진하고, 자본구조의 개선을 유도하는 데에 박차를 가하였다. 그리고 계속해서 기업공개와 건전한 풍토조성을 위하여 자본시장종합대책수립(1974년 6월), 8·8기업공개보완 조치(1975년 8월), 증권관계법 전면 개정(1976년 12월), 증권관리기구의 개편(1977년 2월) 등의 법규가 제정·공포됨으로써 한국증권시장은 그 성장기반을 더욱 확고히 하였으며, 그 규모도 급성장하였다.

1980년대는 주식시장 활성화를 위한 기업공개유도와 회사채시장관련 각종 제도가 정비되고, 증권시장의 자유화와 함께 국제화가 적극 추진되었다.

1990년대 초반에는 자본시장의 안정 및 증권수요기반 확충을 위한 제도의 개선이 이루어졌다. 1997년 외환위기를 겪으면서 자산유동화에 관한 법률(1998년 8월), 주택저당채권유동화 회사법(1999년 1월)을 제정하여 자산유동화증권발행을 통한 자금조달도 가능하게 되었다.

한편, 2005년 1월에는 한국증권거래소, 코스닥증권거래소, 한국선물거래소가 한국증권선물거래소로 통합되었다. 이때까지 별개의 독립된 주체의 거래소로 따로 운영되어 오던 각 거래소는 한국증권선물거래소의 유가증권시장, 코스닥시장, 선물시장으로 개편되었다.

2009년 2월에는 '자본시장과 금융투자업에 관한 법률'이 제정 시행되어 그동안 각각의 법으로 시행되어 오던 여러 가지 금융업을 하나의 법으로 통합하고, 금융업의 효율성제고와 투자자보호를 강화하였다. 이후 한국증권선물거래소는 한국거래소로 명칭이 변경되었고, 유가증권시장, 코스닥시장, 코넥스시장, 파생상품시장으로 변경되어 오늘에 이르고 있다.

〈표 3-2〉는 1980년대 이후 우리나라 증권시장의 주요한 사건들을 요약한 것이다.

표 3-2 1980년대 이후 증권시장 주요 사건

연도	주요 사건
1981	1.14 자본시장국제화 장기계획 발표
1984	8.22 뉴욕증권거래소, 코리아펀드 주권 상장(1주당 $12.0)
1987	4. 6 코리아유로펀드, 런던증권거래소에 주권상장
1988	3. 3 증권거래소, 전산매매 실시
1991	6.12 외국증권사 국내사무소개설 허용, 10.12 외국인에 의한 최초 국내주식 직접투자
1992	1. 3 자본시장 개방
1993	8.12 금융실명제 실시
1994	6.15 KOSPI 200 발표
1996	5. 3 증권거래소, 주가지수선물시장 개설, 7. 1 코스닥증권(주) 경쟁매매시스템 가동
1997	7. 7 증권거래소, 주가지수옵션시장 개설, 11.21 IMF 구제금융 신청 12.31 '금융감독기구의 설치 등에 관한 법률' 제정
1998	1.13 선물거래법 제정, 12. 7 증권시장 토요일 휴장 실시
1999	4.23 한국선물거래소(KOFEX) 개장 – 부산
2000	5.22 시장의 전·후장 구분 폐지(점심시간에도 매매)
2002	1.28 증권거래소, 주식옵션시장개설, 10.14 증권거래소, 상장지수 펀드(ETF)시장 개설
2004	1.29 '한국증권선물거래소법' 제정
2005	1.27 한국증권선물거래소 설립등기, 12.01 주식워런트 증권시장 개설
2006	5.26 엔, 유로 선물시장 개설
2007	8.17 외국기업 최초 상장
2009	2. 4 '자본시장과 금융투자업에 관한 법률' 시행 2. 4 한국거래소로 명칭 변경
2010	9.13 미니금선물시장 개설, 8.30 Eurex 연계 코스피 200옵션 글로벌시장 개설
2013	7. 2 코넥스시장 개설
2014	3.24 KRX금시장 개설, 11.17 상장지수증권(ETN)시장 개설
2015	1.12 온실가스배출권거래시장 개설, 8. 3 코스닥 주식선물시장 개설 10. 5 위안선물시장 개설
2016	6.27 해외지수선물(EuroStoxx50 Index Futures) 최초 상장 6.29 우리지수(KOSPI 200) 기반 ETF 최초 해외 상장 11.14 KRX 스타트업 시장(KSM) 개설
2017	6.26 ETF선물 최초 상장
2021	3.25 금융소비자보호법 시행
2023	12.15 외국인 투자자 등록제 폐지
2025	3. 4 국내 최초 대체거래소(ATS) 개장

한편, 우리나라는 2011년 세계 9번째로 무역 1조 달러를 달성하여 이 추세를 현재까지 유지해오고 있다. 이에 따라 경제규모가 확대되어 증권시장이 더욱 성장할 수 있는 경제적 여건이 형성되고 있다. 아울러 자본시장법의 제도완비로 다양한 파생금융상품의 개발과 거래, 거래시간의 확대 등으로 투자자들에게 투자기회의 증대와 투자위험을 관리할 수 있는 수단을 제공함으로써 증권시장의 성장추세는 앞으로도 계속 가속화될 것으로 예상된다.

우리나라의 자본시장이 지속적으로 발전해 온 결과, 〈표 3-3〉에서 표시된 것과 같이 1990년 말 채권시장규모 35조원, 주식시장규모 79조원이었던 것이, 2021년 6월 각각 2,338.7조원과 2,738.4조원으로 증가하여 자본시장은 그 규모가 크게 성장하였다.

표 3-3 자본시장 규모[1)] (단위 : 조원, %)

		1990		2000		2010		2020		2021.6	
채 권[2)]		35.0	(100.0)	423.6	(100.0)	1,161.2	(100.0)	2,209.9	(100.0)	2,338.7	(100.0)
	국 채	3.1	(8.9)	73.3	(17.3)	362.6	(31.2)	841.1	(38.1)	925.6	(39.6)
	지방채	1.1	(3.0)	9.8	(2.3)	15.8	(1.4)	24.7	(1.1)	25.8	(1.1)
	특수채	2.1	(6.1)	97.2	(22.9)	204.2	(17.6)	218.5	(9.9)	219.5	(9.4)
	통화안정증권	0	(0.0)	66.4	(15.7)	122.4	(10.5)	128.1	(5.8)	118.1	(5.0)
	금융채	6.6	(18.9)	49.1	(11.6)	217.3	(18.7)	494.9	(22.4)	512.3	(21.9)
	회사채	22.1	(63.0)	127.9	(30.2)	190.6	(16.4)	310.6	(14.1)	335.0	(14.3)
	자산유동화채	0	(0.0)	0	(0.0)	48.3	(4.2)	192.0	(8.7)	202.4	(8.7)
주 식[3)]		79.0	(100.0)	215.2	(100.0)	1,239.9	(100.0)	2,366.1	(100.0)	2,738.4	(100.0)
	유가증권	79.0	(100.0)	186.2	(86.5)	1,141.9	(92.1)	1,980.5	(83.7)	2,307.6	(84.3)
	코스닥	–	(–)	29.0	(13.5)	98.0	(7.9)	385.6	(16.3)	430.9	(15.7)
합 계		114.0	(–)	638.8	(–)	2,401.1	(–)	4,576.0	(–)	5,077.1	(–)

주 : 1) 기말 잔액 기준, ( ) 내는 각각 채권 및 주식 세부항목별 구성비
2) 예탁채권 기준(단, 1년물 이하 통화안정증권 및 재정증권은 제외)
3) 유가증권시장 및 코스닥시장 상장주식의 시가총액
자료 : 한국은행 (2021), 한국의 금융시장, p.156.

한편 1980년대부터 증권시장의 자유화와 함께 국제화를 적극 추진하여 1991년에 외국인의 국내 주식에 대한 직접투자가 허용된 이후 〈표 3-4〉에서 보는 것과 같이 외국인의 증권투자규모는 크게 증가하여 2025년 6월말 현재 상장주식 시가총액의 27.3%를 차지하고 있다.

표 3-4 외국인투자자의 주식 및 채권 보유현황 (단위 : 조원, %)

연도	1992	1995	2000	2010	2020	2025.12
주식보유액	4.1451 (4.9)	16.7229 (11.9)	56.5585 (30.1)	386.2199 (31.15)	761.5467 (32.11)	863.3870 (27.3)
채권보유액	– –	0.0386 (0.0)	0.6921 (0.2)	74.3068 (6.6)	151.5080 (7.33)	304.4070 (11.3)

주 : ( ) 내는 상장주식 시가총액 또는 상장채권 잔액대비 비중
자료 : 한국거래소, 금융감독원자료 이용 재작성

2025년 12월 현재 한국거래소의 유가증권시장, 코스닥시장과 코넥스시장 등 세 개의 시장에 상장된 기업 수는 2,767개에 달한다. 상장된 종목수는 2,881개, 상장주식수는 약 1,189억 주이다. 이들 기업의 시가총액은 약 3,920조원에 이르고 있다.

제2절 자본시장과 금융투자업에 관한 법률

우리나라는 2009년 2월부터 '자본시장과 금융투자업에 관한 법률'을 제정하여 시행하고 있다. 이 법은 그동안 우리나라의 자본시장과 금융투자에 관한 법률들이 금융행위의 유형별로 따로 만들어져 시행되던 것을 모두 모아 하나의 법으로 통합한 것이다. 이 법은 그 이름을 간략하게 줄여서 '자본시장법'이라고 부르기도 한다. 이 법의 제정 취지와 그 주요 내용을 여기서 살펴본다.

2.1 제정 배경과 기본방향

우리나라는 자본시장법이 시행되기 전까지는 증권업, 자산운용업법 등 자본시장관련 금융업간 경영을 엄격히 제한해 왔다. 증권 산업 내에서도 증권과 파생상품의 종류를 법률에 제한적으로 열거하고, 금융회사의 영위 업무도 차별화되어

있었다. 그리고 금융업의 유형별로 법률이 제정되어 있어 동일한 금융행위에도 상이한 규제가 적용되었다. 이러한 결과 금융업의 통합운영을 통한 시너지 효과를 누릴 수 없어 선진투자은행과의 경쟁력제고에 한계가 있었다. 또한 다양한 금융투자상품을 개발 판매하는 창의적인 업무가 제한되고, 특히 투자자보호에 공백이 생기기도 하였다.

이러한 현실에 비추어 자본시장에서의 규제개혁과 투자자보호 강화를 통해 금융혁신과 경쟁을 촉진하기 위하여 자본시장에 관한 통합 법률을 제정하였다. '자본시장과 금융투자업에 관한 법률'은 다음과 같은 기본적인 내용이 포함되었다.

ⓐ 금융투자상품의 포괄주의의 도입

금융투자상품의 개념을 추상적으로 정의하여 향후 창출되는 모든 금융투자상품이 법률의 규율대상으로 포괄되고, 이를 통하여 금융투자회사의 취급가능상품과 투자자보호 규율대상이 대폭 확대되었다.

ⓑ 기능별 규율체제로의 전환

금융투자업, 금융투자상품과 투자자를 경제적 실질에 따라 각각 재분류하여 취급 금융기관을 불문하고 경제적 실질이 동일한 금융기능은 동일하게 규율한다.

ⓒ 업무범위의 확대

모든 금융투자업이 상호간 겸영이 허용되었다.

ⓓ 투자자보호제도의 선진화

선진국 수준의 투자자보호 장치를 제도화하여 투자시 설명의무, 적합성 원칙의 도입 등 이해상충 방지체제가 마련되었다.

2.2 법률의 통합내용

현행의 자본시장법은 〈표 3-5〉와 같이 과거의 금융법체계상 따로 제정되어 있던 법률이 하나로 통합되었다.

표 3-5 자본시장법의 통합범위

	법률의 통합범위										
과거 금융법 체계	은행법	증권거래법	선물거래법	비정형거래법	자산운용업법	파생상품거래 (장외파생거래, FX 마진 거래 등)	신탁업법	종금업법	한국증권선물거래소법	보험업법	서민금융/여신전문금융업법
통합후 금융법 체계	은행법	자본시장과 금융투자업에 관한 법률								보험업법	서민금융/여신전문금융업법

2.3 금융투자상품의 개념

자본시장법 제3조에 '금융투자상품'이란 이익을 얻거나 손실을 회피할 목적으로 현재 또는 장래의 특정(特定) 시점에 금전, 그 밖의 재산적 가치가 있는 것(이하 '금전 등'이라 한다)을 지급하기로 약정함으로써 취득하는 권리로 정의하고 있다. 특히 특정 금융상품(권리)의 취득을 위하여 지급한 금액(원본)이 그 권리로부터 회수할 수 있는 금액(회수금액)을 초과하게 될 위험을 투자성이라고 정의하고, 이 투자성이 있는 것을 '금융투자상품'이라고 하였다. 금융상품을 투자손실 위험을 중심으로 [그림 3-1]과 같이 구분해 나타낼 수 있다.

그림 3-1 금융상품의 구분

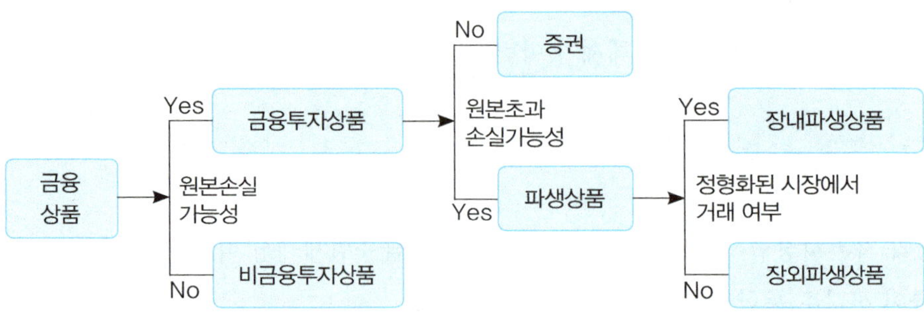

2.4 증권의 개념

자본시장법 제4조에 증권의 법률적 개념을 정의하고 있다. '증권'이란 내국인 또는 외국인이 발행한 금융투자상품으로서 투자자가 취득과 동시에 지급한 금전 등 외에 어떠한 명목으로든지 추가로 지급의무(투자자가 기초자산에 대한 매매를 성립시킬 수 있는 권리를 행사하게 됨으로써 부담하게 되는 지급의무를 제외한다)를 부담하지 아니하는 것을 말한다고 규정하고 있어 투자원금 이상의 손실에 대하여 책임이 없는 것으로 정의하고 있다.

이 법의 제4조에서 구분하고 있는 증권의 종류는 〈표 3-6〉과 같다.

표 3-6 증권의 종류와 정의

구분		정의	예
전통적 증권	채무증권	지급청구권을 나타내는 것	국채, 지방채, 사채, 기업어음 등
	지분증권	출자지분을 나타내는 것	주식, 신주인수권, 출자증권, 출자지분 등
	수익증권	수익권을 나타내는 것	신탁수익증권, 투자신탁수익증권, ETF(Exchange Trade Fund) 등
	증권 예탁증권	증권의 예탁을 받은 자가 발행하는 증권	KDR, ADR, EDR, GDR 등
투자계약증권 (Investment Contract)		이익을 기대하여 공동사업에 금전을 투자하고 타인의 노력결과에 따라 손익을 귀속받는 계약	집합투자증권, 비정형간접투자증권, 주식, 출자지분 등
파생결합증권* (Securitized Derivatives)		기초자산의 가격 등의 변동과 연계되어 이익을 얻거나 손실을 회피할 목적의 계약상의 권리	주가연계증권(ELS),[2] ELW,[3] 환율연계증권,[4] 역변동금리채,[5] ETN[6] 등

주: 1) * 선도, 스왑, 옵션을 추상적으로 정의

2) 주가연계증권(equity linked securities, ELS): 개별주식이나 주가지수에 연동되어 수익률이 결정되는 금융상품. 주가연계증권은 금융투자회사가 구성하여 투자자에게 판매하고, 상품을 판매하는 기관에 따라 다른 이름을 사용하고 있음. 은행은 정기예금 상품에 주가를 연계하여 ELD(equity linked deposit)라고 하고, 금융투자회사(증권회사)는 펀드형식으로 판매하여 ELF(equity index linked fund)라고 부름

3) ELW: 주식워런트증권(equity linked warrant)으로 특정 주가 또는 주가지수의 변동과 연계하여 미리 정해진 방법에 따라 만기에 주식의 매매 또는 현금을 수수하는 권리가 부여된 신종증권

4) 환율연계증권: 환율에 연동되어 수익률이 결정되는 금융상품

5) 역변동금리채(inverse FRN or inverse floater): 이자율 하락시에 수익률이 증가하고, 이자율 상승시에 수익률이 하락하는 변동금리채권

6) ETN: 금융투자회사가 만기에 기초지수의 수익률에 연동하는 수익의 지급을 약속하고 발행하는 파생결합증권

2.5 금융투자업의 구분과 업무영위

자본시장법 제6조에 '금융투자업'은 이익을 얻을 목적으로 계속적이거나 반복적인 방법으로 행하는 행위라고 정의하고 있다. 금융투자업의 구분과 내용은 〈표 3-7〉과 같다. 금융투자업을 영위하기 위해서는 금융투자업의 종류, 금융투자상품의 범위(증권, 장내파생상품 및 장외파생상품, 증권 중 국채증권, 사채권 등 포함, 파생상품 중 주권을 기초자산으로 하는 파생상품 포함) 그리고 투자자의 유형(전문투자자 및 일반투자자) 등 세 가지 구성요소로 하는 대통령령으로 정하는 업무단위의 전부나 일

표 3-7 금융투자업의 구분과 금융투자업자의 상호 사용규정

종류	법적 의미	투자업자의 상호 규정
투자매매업	누구의 명의로 하든지 **자기의 계산**으로 금융투자상품의 매도 · 매수, 증권의 발행 · 인수 또는 그 청약의 권유, 청약, 청약의 승낙을 영업으로 하는 것	투자매매업 또는 투자중개업을 영위하는 자가 아닌 자는 "증권" 또는 이와 같은 의미를 가지는 외국어 문자 사용불가
투자중개업	누구의 명의로 하든지 **타인의 계산**으로 금융투자상품의 매도 · 매수, 그 중개나 청약의 권유, 청약, 청약의 승낙 또는 증권의 발행 · 인수에 대한 청약의 권유, 청약, 청약의 승낙을 영업으로 하는 것	
집합투자업	집합투자를 영업으로 하는 것*	집합투자업자가 아닌 자는 "집합투자", "투자신탁", "자산운용" 또는 이와 같은 의미를 가지는 외국어 문자 사용불가 단, 투자신탁인 집합투자기구는 "투자신탁" 또는 이와 같은 의미의 외국어 문자 사용가능
투자자문업	금융투자상품, 그 밖에 대통령령으로 정하는 투자대상자산(이하 "금융투자상품 등"이라 한다)의 가치 또는 금융투자상품 등에 대한 투자판단(종류, 종목, 취득 · 처분, 취득 · 처분의 방법 · 수량 · 가격 및 시기 등에 대한 판단)에 관한 자문에 응하는 것을 영업으로 하는 것	투자자문업자가 아닌 자는 "투자자문" 또는 이와 같은 의미를 가지는 외국어 문자 사용불가
투자일임업	투자자로부터 금융투자상품 등에 대한 투자판단의 전부 또는 일부를 일임 받아 투자자별로 구분하여 그 투자자의 재산상태나 투자목적 등을 고려하여 금융투자상품 등을 취득 · 처분, 그 밖의 방법으로 운용하는 것을 영업으로 하는 것	투자일임업자가 아닌 자는 "투자일임" 또는 이와 같은 의미를 가지는 외국어 문자 사용불가
신탁업	신탁을 영업으로 하는 것**	신탁업자가 아닌 자는 "신탁" 또는 이와 같은 의미를 가지는 외국어 문자 사용불가

주: * 집합투자: 2인 이상의 투자자로부터 모은 금전 등 또는 「국가재정법」 제81조에 따른 여유자금을 투자자 또는 각 기금관리주체로부터 일상적인 운용지시를 받지 아니하면서 재산적 가치가 있는 투자대상자산을 취득 · 처분, 그 밖의 방법으로 운용하고, 그 결과를 투자자 또는 각 기금관리주체에게 배분하여 귀속시키는 것

** 신탁법 제2조(신탁의 정의)에서는 신탁을 '신탁을 설정하는 자(위탁자)와 신탁을 인수하는 자(수탁자) 간의 신임관계에 기하여 위탁자가 수탁자에게 특정의 재산(영업이나 지식재산권의 일부 포함)을 이전하거나 담보권의 설정 또는 그 밖의 처분을 하고 수탁자로 하여금 일정한 자(수익자)의 이익 또는 특정의 목적을 위하여 그 재산의 관리, 처분, 운용, 개발, 그 밖에 신탁 목적의 달성을 위하여 필요한 행위를 하게 하는 법률관계'로 정의하고 있다.

부를 선택하여 금융위원회로부터 하나의 금융투자업인가(투자자문업과 투자일임업은 등록 사항)를 받아야 한다.[1]

2.6 자본시장법의 구성

자본시장법은 과거에 따로 제정되어 시행되던 법률을 통합한 법률로서 〈표 3-8〉과 같이 총10편 449개 조문으로 구성되어 있다.

표 3-8 「자본시장과 금융투자업에 관한 법률」의 조문구성

편	장	조	내 용
제 1 편 총칙		제1조~제10조	목적, 정의(금융투자상품, 금융투자업, 용어)
제 2 편 금융투자업	제1장	제11조~제21조	인가 및 등록
	제2장	제28조의2 외 제22조~제29조 삭제	(파생상품업무책임자) 외 「지배구조」 관련조항 삭제 * 「금융회사의 지배구조에 관한 법률」 적용
	제3장	제30조~제36조	건전경영유지
	제4장	제37조~제117조	영업행위규칙
제 3 편 증권의 발행 및 유통	제1장	제118조~제132조	증권신고서
	제2장	제133조~제158조	기업의 인수 · 합병 관련제도
	제3장	제159조~제165조	상장법인의 사업보고서 등
	제4장	제166조~제171조	장외거래 등
제 4 편 불공정거래의 규제	제1장	제172조~제175조	내부자거래 등
	제2장	제176조~제177조	시세조종 등
	제3장	제178조~제180조	부정거래행위 등
제 5 편 집합투자기구	제1장~제11장 (* 제10장 삭제)	제181조~제282조	총칙, 투자기구의 구성, 투자신탁(수익증권), 투자회사, 기구의 종류 등, 집합투자증권의 환매, 평가 및 회계, 집합투자재산의 보관 및 관리, 사모집합투자기구 등에 대한 특례, 감독 · 검사, 집합투자기구의 관계회사, 외국집합투자증권에 대한 특례 등
제 6 편 금융투자업 관계기관	제1장~제8장	제283조~제372조	한국금융투자협회, 한국예탁결제원, 증권금융회사, 신용평가회사, 종합금융회사, 자금중개회사, 단기금융회사, 명의개서대행회사, 금융투자관계단체 등
제 7 편 거래소	제1장~제6장	제373조~제414조	총칙, 조직, 시장, 시장 감시 및 분쟁조정, 감독 등
제 8 편 감독 및 처분	제1장~제4장	제415조~제434조	금감위명령 및 승인사항, 검사 및 조치, 조사, 과징금
제 9 편 보칙		제435조~제442조	위법행위 신고 등
제10편 벌칙		제443조~제449조	형벌, 과태료 등

[1] 자본시장법 제12조를 참고할 것. 동법 제18조에 따르면, 투자자문업 또는 투자일임업은 ① 투자자문업 또는 투자일임업, ② 금융투자상품의 범위(증권, 장내파생상품 및 장외파생상품), ③ 투

제3절 증권시장의 형태

3.1 증권시장의 구성

증권시장은 주식시장과 채권시장으로 구분할 수 있다. 주식시장과 채권시장은 다시 발행시장과 유통시장으로 나누어 〈표 3-9〉와 같이 구분될 수 있다.

유통시장에서 증권이 공정한 가격으로 활발하게 거래되어 유동성이 보장되면, 투자자들은 발행시장에서 처음으로 발행되는 증권의 모집에 적극적으로 참여하여 자본조달이 원활하게 이루어진다. 또한 발행시장에서 자본을 조달하려는 기업이나 정부 등 발행자에 의하여 증권이 원활하게 공급되지 못하면 유통시장은 거래상품의 부족으로 그 시장 기능을 충분히 발휘하지 못하게 된다. 따라서 이 두 시장은 그 기능이 상호보완적이어서 동시에 발전되어야 한다.

증권의 매매거래가 이루어지는 유통시장은 조직화된 시장과 조직화되지 않은 시장으로 구분할 수 있다. 조직화된 시장은 일정한 시설과 장소를 갖추고 일정한 매매원칙에 따라 계속적으로 매매거래가 이루어지는 시장을 말한다. 우리나라의 경우 한국거래소의 유가증권시장, 코스닥시장, 코넥스시장과 한국금융투자협회가 운영하는 K-OTC시장이 있다.[2]

표 3-9 증권시장의 구분

주식시장	발행시장
	유통시장
채권시장	발행시장
	유통시장

자자의 유형을 구성요소로 하여 대통령령으로 정하는 업무 단위의 전부나 일부를 선택하여 금융위원회에 하나의 금융투자업 등록을 하여야 한다.

[2] 한국거래소 외에 자본시장법 제78조에 규정된 '다자간매매체결회사'가 금융투자상품시장을 개설할 수 있다. 또한 같은 법 제117조의 3에서 16까지에 규정된 '온라인소액투자중개업자'도 규정의 절차에 따라 증권의 모집과 매매거래를 영위할 수 있다.

3.2 주식시장

(1) 거래소시장

1) 유가증권시장

유가증권시장은 한국거래소(Korea Exchange, KRX)의 상장절차에 따라 심사를 통과하여 거래가 허용되는 상장주식을 경쟁매매방식으로 투자자들 사이에 매매거래가 이루어지는 한국거래소 내의 주식매매시장을 말한다.

유가증권시장은 1956년 3월 은행, 증권회사, 보험회사가 공동출자하여 설립한 대한증권거래소가 그 시초이다. 그 후 1963년 4월 증권거래법 개정에 따라 한국증권거래소로 명칭이 변경되었다. 2005년 1월에는 정부의 증권선물시장 선진화 계획 등에 따라 증권거래소, 코스닥증권시장, 선물거래소가 통합되어 (주)한국증권선물거래소가 출범하였다.[3] 이때 종전의 증권거래소 시장은 유가증권시장으로 명칭이 변경되었다.

우리나라 한국거래소의 유가증권시장은 일정한 자격을 갖춘 회원(금융투자회사)들이 참여하는 회원제로 운영되고 있다. 유가증권시장은 공정한 거래를 형성시키기 위해서 일정한 규정하에 운영되며, 회원인 금융투자회사에게 거래를 행할 수 있는 구체적인 장소와 통신설비를 제공하고 있다.

증권거래소로서 한국거래소의 유가증권시장에서 거래되는 증권의 시장은 주식시장과 채무증권시장 이외에 상장지수 집합투자기구 집합투자증권시장, 상장지수 증권시장, 신주인수권증서시장, 신주인수권증권시장, 주식워런트 증권시장과 수익증권시장 등으로 구분되어 있다.[4]

2) 코스닥시장

코스닥(Korea Securities Dealers Automated Quotation, KOSDAQ)시장은 한국거래소가 개설, 운영하는 시장이다. 유가증권시장에 상장되지 않은 기업 중에서 성

[3] 2007년 8월에는 자본시장과 금융투자산업의 육성을 위해 증권거래법, 선물거래법, 한국증권선물거래소법 등이 폐지되고 자본시장법으로 통합(2009년 2월 시행)되면서 (주)한국증권선물거래소는 (주)한국거래소로 명칭이 변경되었다.

[4] 각 시장의 자세한 거래제도는 한국거래소 홈페이지 http://www.krx.co.kr/index.html 규정/법령/제도의 매매거래제도에 있다. 유가증권시장의 구분은 「유가증권시장 업무규정」 제4조에 명시되어 있다.

장성과 기술력이 있는 중소기업과 벤처기업 등을 일정한 심사요건을 거쳐 상장하도록 하고, 이러한 기업이 발행한 주식의 주문을 일정한 매매계약 체결원칙에 따라 코스닥시장에서 집중시켜 거래하고 있다.

코스닥시장은 미국의 나스닥(NASDAQ)을 벤치마킹하여 1996년 7월 1일 개설되었다. 현재 코스닥시장은 일정한 매매거래제도에 따라 전자거래시스템을 이용하여 경쟁매매가 이루어지고 있다.

코스닥시장은 ⓐ 성장기업 중심, ⓑ 유가증권시장에 대한 경쟁시장, ⓒ 시장의 유지를 위해 증권회사의 역할과 책임이 중시되며, ⓓ 유가증권시장의 주식에 비하여 고위험시장이므로 투자자의 자기책임이 강조되는 특징을 가지고 있다.

그리고 코스닥시장은 ⓐ 거래소시장에 상장하기 어려운 벤처기업, 유망 중소기업 등이 발행한 주식에 대하여 유동성을 부여하고, 재무구조를 개선할 수 있는 자기자본조달의 기회를 제공하고, ⓑ 투자자에게는 성장가능성이 높은 기업주식에 투자할 수 있는 기회를 부여하여 자금을 운용할 수 있는 시장이 되며, ⓒ 벤처기업의 주식을 등록, 매매거래하여 벤처산업의 육성에 기여하는 등의 기능을 한다.

3) 코넥스시장

코넥스(Korea New Exchange, KONEX)는 창업 초기의 중소, 벤처기업들이 자본시장을 통해 필요한 자금을 원활하게 조달할 수 있도록 개설된 중소기업 전용 주식시장을 말한다. 2013년에 설립되었다. 코스닥(KOSDAQ)에 비해 상장 조건과 공시부담을 크게 낮춘 시장으로 중소기업이 코넥스시장 상장 후 공신력과 성장성을 확보해 코스닥(KOSDAQ)시장으로 이전 상장하는 것을 목표로 하고 있다.

코넥스시장에서 지정자문인은 기업의 신규상장 및 상장유지를 지원하는 업무를 수행하며, 금융투자회사가 담당한다. 기업 발굴 및 상장 적격성 심사, 전문투자자 대상 주식 판매 및 주선 업무와 상장 후 제반 법규준수 자문, 공시 대리, 유동성 공급, 정보비대칭 해소 등의 역할을 한다.

코넥스시장에서 투자자는 설립 당시 벤처캐피탈과 기관투자자, 3억원 이상 예탁한 개인으로 제한되었다. 하지만 2015년 개인투자자의 기본예탁금이 1억, 2019년 3천만원으로 인하되었고, 2022년 5월 30일에는 삭제되었다. 현재는 기본예탁금 규제없이 개인투자자도 코넥스시장에서 자유롭게 투자가 가능하다.

(2) K-OTC시장

2000년 3월 한국금융투자협회는 유가증권시장이나 코스닥시장의 상장요건을 충족시키지 못하여 제도권시장에 진입하기 어려운 기업들이 발행하는 주식이나, 상장이 폐지된 주식에 대하여 유동성을 부여하는 시장으로 장중호가중개시스템(OTC Bulletin Board, OTCBB)을 개설하였다. 제3시장이라고도 불리는 이 시장은 2005년 7월 시장명칭이 프리보드(Free Board)로 변경되었다.

2014년 8월 한국금융투자협회는 프리보드시장을 확대 개편하여 K-OTC 시장을 개설하였다. K-OTC시장은 유가증권시장과 코스닥시장에 상장되지 않은 주식의 매매를 위해 운영되는 시장으로 비상장 주식의 유동성 부여, 벤처기업의 육성, 투자자에게 다양한 투자수단 제공 등의 기능을 하고 있다.[5]

(3) 주식 장외시장

일반적으로 장외시장(over-the-counter market, OTC market)은 거래제도에 의하여 구성된 조직적인 거래소가 아닌 다른 곳에서 주식이 매매되는 비조직적인 시장을 의미한다. 장외시장에서 거래되는 주식은 상장주식과 비상장주식을 모두 포함하며, 주로 거래단위(거래주식단위) 미만이 되는 단주가 금융투자회사의 창구를 통해 거래되고 있다.

장외시장의 범위 내에서 상장주식을 거래하는 시장은 3차시장(third market)이라 하고, 3차시장의 범위에서 기관투자자나 개인투자자가 주식을 직접 거래하는 시장을 4차시장(fourth market)이라고 구분하기도 한다.

이러한 장외시장의 기능적 특성은 조직화된 증권거래소의 기능을 보완하는 것이라고 할 수 있다. 첫째, 장외시장은 증권거래소의 개장전후의 기간에 증권의 매매거래를 가능케 함으로써 계속시장으로서의 증권거래소의 기능을 보완한다. 둘째, 증권거래소에서 거래단위 미만의 주식, 즉 단주(odd-lot)의 거래를 가능케 함과 동시에 증권거래소에서 결정되는 경쟁가격에 대하여 견제력을 행사한다. 셋째, 발행시장 및 유통시장의 기능을 확대시킴으로써 발행자의 자본조달을 용이하게 한다.

[5] K-OTC시장 홈페이지(http://www.k-otc.or.kr) 참조

3.3 채권시장

채권은 일반 채무증서와 달리 발행주체와 발행방법이 관련 법률에 의하여 정해져 있다. 국채의 경우에는 국회의 동의를 받아야 하고, 회사채의 경우에는 상법에 정한 일정한 절차를 거쳐야 발행이 가능하다.[6] 발행된 채권은 유통시장(secondary market)에서 자유롭게 매매가 이루어지면서 유동성을 확보할 수 있다. 채권 유통시장은 장외시장과 장내시장으로 구분된다. 현재 대부분의 채권거래는 장외시장에서 주로 금융투자회사의 단순중개를 통해 이루어지고 있다. 장내시장으로는 한국거래소 내에 일반채권시장과 국채전문유통시장이 개설되어 있다. 일반채권시장에서는 전환사채와 소액국공채의 장내거래가 의무화되어 있어 채권거래가 비교적 활성화되어 있다. 이와 같이 채권이 발행되고 유통되는 시장을 통칭하여 채권시장 또는 채무증권시장이라고 한다.

채권 발행자는 발행시장(primary market)을 통해 필요한 자금을 조달할 수 있으며, 채권 투자자는 채권을 발행시장에서 인수하거나 유통시장에서 매입할 수 있다. 채권 투자자는 이자소득 외에 자본이득을 기대할 수 있을 뿐만 아니라 필요한 경우에 시장에 채권을 매각하여 현금을 확보할 수도 있다.

[6] 국채, 지방채, 법률에 따라 직접 설립된 법인이 발행한 채권 등은 증권신고서의 제출 의무가 면제된다. 은행과 같이 채권을 수시로 발행해야 할 필요성이 있는 경우에는 발행할 때마다 증권신고서를 제출하는 대신 사전에 일괄신고서를 제출하고 발행시점에 일괄신고 추가서류를 제출함으로써 증권신고서 제출에 갈음할 수 있다. 그리고 사채의 경우 「상법」 제4장 제8절 사채 제469조 이하 조문을 참고할 것.

요약

금융시장의 의미

금융시장은 돈(money)을 거래하는 시장이다. 기본적인 거래 방법은 자금수요자가 금액, 이용기간과 그 이용대가 등 필요한 각종 내용을 명시한 증서, 즉 증권을 만들어 자금공급자에게 교부하고 자금을 조달한다. 그리고 발행된 증권은 그 유형에 따라 각각의 차별화된 금융시장에서 거래된다.

증권시장의 기능

증권시장은 시장에 참가하는 경제주체의 참가목적을 달성하게 해준다.

- 기업은 증권시장을 통하여 기업활동에 필요한 거액의 자본을 증권이라는 작은 금액의 자본으로 나누어 쉽게 조달한다.
- 일반투자자는 증권을 매입, 소유하여 기업이 달성한 이익의 분배에 참여하므로 증권시장은 일반투자자에게 투자기회를 제공한다.
- 정부는 국공채를 발행하여 정부의 각종 금융정책을 수행하기 위하여 금융환경조성과 경기순환을 조절하는 과정에서 증권시장은 중요한 역할을 담당한다.

자본시장법의 특징

자본시장에서의 규제개혁과 투자자보호 강화를 통해 금융혁신과 경쟁을 촉진하기 위하여 제정된 "자본시장과 금융투자업에 관한 법률"은 다음과 같은 기본적인 내용을 포함하고 있다.

ⓐ 금융투자상품의 포괄주의의 도입
ⓑ 기능별 규율체제로의 전환
ⓒ 금융투자업의 업무범위 확대
ⓓ 투자자보호제도의 선진화와 강화

자본시장법에 규정된 증권의 종류

- 전통적 증권
  - 채무증권: 지급청구권을 나타내는 것
  - 지분증권: 출자지분을 나타내는 것
  - 수익증권: 수익권을 나타내는 것
  - 증권예탁증권: 증권의 예탁을 받은 자가 발행하는 증권
- 투자계약증권(Investment Contract)
  공동사업에 금전을 투자하고 타인의 노력결과에 따라 손익을 귀속받는 계약
- 파생결합증권(Securitized Derivatives)
  기초자산의 가격 등의 변동과 연계되어 이익취득 혹은 손실회피 목적의 계약상의 권리

증권시장의 구성

증권은 먼저 발행시장과 유통시장으로 구분된다. 기업은 발행시장에서 증권을 발행하여 자본조달을 하고, 증권투자자들은 유통시장에서 증권을 거래하여 투자자금을 회수한다. 발행시장과 유통시장은 상호 보완적인 관계에 있다. 그리고 투자자들 사이에 증권의 매매거래가 이루어지는 유통시장은 조직화된 시장과 조직화되지 않은 시장으로 구분된다.

거래소시장의 구분

거래소시장은 조직화된 시장으로서 일정한 시설과 장소를 갖추고 일정한 매매원칙에 따라 계속적으로 매매거래가 이루어지는 시장이다. 우리나라의 경우 한국거래소의 유가증권시장, 코스닥시장, 코넥스시장, 파생상품시장과 한국금융투자협회가 운영하는 K-OTC시장이 있다.

한국거래소 유가증권시장

한국거래소의 유가증권시장에는 주식 및 채무증권시장 이외에 주식관련 증권시장으로서 상장지수집합투자기구 집합투자증권시장, 신주인수권증서시장, 신주인수권증권시장, 주식워런트증권시장과 수익증권시장 등으로 구성되어 있다.

인터넷에서 찾아 읽기

한국거래소의 유가증권시장 업무규정

- http://www.krx.co.kr/index.jsp

우리나라의 금융시장: 한국은행/조사·연구자료/간행물 읽기

- http://www.bok.or.kr

「상법」–국가법령정보센터에서 검색

- http://www.law.go.kr

금융투자협회의 자본시장통계 참고

- http://freesis.kofia.or.kr

연습문제

01 다음 용어를 설명하라.

❶ 금융시장　❷ 화폐시장
❸ 자본시장과 증권시장　❹ 파생증권시장
❺ 유가증권시장　❻ 코스닥시장
❼ 코넥스시장　❽ 프리보드

02 증권시장의 기능을 설명하라.

03 우리나라 증권시장의 발전과정을 시대별로 간략하게 설명하라.

04 자본시장과 금융투자업에 관한 법률의 특징을 설명하여라.

05 금융투자상품을 설명하고, 금융투자업을 구분하여라.

06 증권의 종류를 열거하고, 간략하게 각각을 설명하라.

07 주식 장외시장의 의의를 설명하라.

08 우리나라 자본시장 규모의 최근 변화추이를 조사하여 설명하시오.

Chapter 04

증권의 발행시장

제1절 증권발행방법과 발행시장구조

제2절 주식발행시장

제3절 채권발행시장

학습목표 이 장을 공부한 독자들은 다음 사항을 이해할 수 있어야 한다.

- 증권발행시장의 의의
- 직접발행과 간접발행의 구분
- 유상증자와 무상증자
- 공개모집발행과 비공개모집발행
- 기업공개의 의의
- 채권발행제도

자본조달자가 필요한 자금을 자본시장에서 조달하기 위해서 먼저 증권을 발행하여야 한다. 그리고 투자자가 발행된 증권을 최초로 매입하고 이 자금이 자본조달자에게 전달되는 과정이 마련되어 있어야 한다. 이 과정에 개입되는 시장을 증권발행시장이라고 한다. 증권발행시장은 자본조달자가 목표자금 조달액을 원활하게 조달할 때 그 근본적인 기능을 수행하고 발행시장의 목적이 달성된다고 할 수 있다.

이 장은 증권의 발행방법과 발행시장의 구조에 대하여 설명한다. 특히 발행기관이 개입하는 간접발행을 중심으로 설명한다. 이어서 주식의 발행과 채권의 발행시장에 대하여 구체적으로 설명한다. 독자들은 투자목적을 달성하기 위하여 증권의 발행시장과 발행방법을 잘 이해하는 것이 필수적이다.

제1절 증권발행방법과 발행시장구조

1.1 발행시장의 의의

증권의 발행시장(new-issue market)은 자본의 수요자인 발행주체, 즉 기업, 정부 또는 공공기관에 의하여 최초로 발행된 증권이 일반투자자 또는 기관투자자(institutional investor)에게 매각되어 자본이 투자자로부터 발행주체에게 이전되는 일체의 과정을 포함하는 시장을 말한다. 1차 시장(primary market)이라고도 한다. 발행시장은 원칙적으로 발행주체의 자본조달시장이다.

증권의 발행자는 자금사용의 목적에 따라 발행할 증권의 유형을 선택한다. 기업은 여러 가지 경영목적의 달성에 필요한 장기자금을 주식과 회사채를 발행하여 조달한다.[1] 정부와 공공기관은 국가의 경제운용과 공공목적의 사업에 필요한 장단기 자금을 국채, 공채, 지방채, 특수채 등을 발행하여 조달한다.

각각의 증권은 그 특성에 맞는 발행시장의 구조를 가지고 있다. 이러한 발행시장은 주식이 유·무상으로 주주에게 교부되거나, 국공채가 일시적 납부금을 대신하여 발행되는 경우의 증권교부시장을 포함한다. 전환증권의 전환권이 행사될 경우와 주식분할 또는 주식병합으로 인하여 기존의 증권이 새로 발행된 증권으로 상호 교환되는 경우에 형성되는 증권교환시장 등도 발행시장에 포함된다. 우리나라에서는 공기업을 민영화할 경우나 대주주가 소유주식을 일반투자자에게 매출할 때에도 발행시장을 이용하게 된다. 그러므로 발행시장은 증권을 처음으로 발행하여 투자자를 모집하고 매출하는 시장이라고 할 수 있다.

1.2 증권의 발행방법

증권의 발행은 발행인(발행주체)이 발행할 증권을 최초로 투자자에게 매각하기 위하여 투자의사가 있는 투자자를 모집하는 방법에 따라 공개모집발행과 비공

[1] 기업은 일시적으로 필요한 거액의 자금을 단기적으로 조달하기 위하여 단기증권인 기업어음(CP)을 발행하기도 한다. 이 장에서는 주식을 중심으로 이루어지는 발행시장을 주로 다룬다.

개모집발행으로 나눌 수 있다.[2] 발행위험과 발행사무를 누가 부담하느냐에 따라 직접발행과 간접발행으로 나눌 수 있다. 발행위험은 발행된 증권이 투자자에게 완전히 매각되지 않고 잔여증권이 존재할 수 있는 가능성을 말한다.

(1) 공개모집발행과 비공개모집발행

공개모집발행(public offering)은 흔히 공모발행 또는 모집발행이라고도 한다. 이 방법은 발행자가 발행가격 및 발행시점 등 균일한 조건으로 일반투자자에게 증권을 공개적으로 발행·모집하는 방법이다. 이 공모발행은 발행증권을 독점해서 매입하는 것을 방지하고 투자자를 분산시킨다는 점에 있어서는 바람직하지만 발행위험이 크고 사무절차도 복잡하다.

비공개모집발행은 직접모집발행(direct placement) 또는 사모발행(private placement)이라고도 한다. 발행자가 특정한 개인이나 보험회사, 은행, 투자신탁회사 등 기관투자자에게 증권을 발행하는 것을 말한다. 이 직접모집발행에 있어서는 발행자의 발행비용을 절감시키고 단기간에 모집할 수 있는 장점이 있으나 공모발행에 비하여 발행된 증권을 전부 매각할 수 있는 가능성은 낮아진다.

(2) 직접발행과 간접발행

직접발행은 발행자 자신이 발행위험 및 발행사무의 절차를 모두 담당하면서 일반투자자에게 증권을 발행하는 것을 말한다. 그러므로 직접발행의 방법은 증권발행의 비전문기관인 발행자가 대규모의 복잡한 증권발행의 사무를 직접 담당하기가 어렵고, 또 그로 인하여 발행위험도 높기 때문에 효율성이 낮은 증권발행방법이라고 할 수 있다.

간접발행은 자금조달자인 발행자를 대신하여 증권발행의 전문기관인 중개자가 모집, 매출 등 증권발행의 구체적인 업무를 담당하는 간접적인 증권발행방법이다. 은행, 금융투자회사, 종합금융회사 등 증권관계기관이 중개자의 역할을 담당

[2] 증권을 발행하여 자본조달을 하려는 발행인은 증권의 모집 또는 매출에 관한 신고서(증권신고서)를 금융위원회에 제출하여 수리된 이후에 모집 또는 매출을 할 수 있다. 증권신고서에는 모집 또는 매출에 관한 내용과 발행인의 미래 재무상태나 영업실적 등에 대한 예측 또는 전망에 관한 여러 사항이 기재 또는 표시되어야 한다.

표 4-1 간접발행의 방법

내용	위탁모집	잔액인수	총액인수
발행위험의 부담	발행자	발행기관 (잔액인수계약)	발행기관 (총액인수계약)
발행사무	발행기관	발행기관	발행기관
자금조달 완성시점	발행주식의 모집,매출완료시점	모집, 매출 후 잔액인수 완료시점	발행주식의 인수계약시점

한다.[3] 이들 기관을 발행기관이라고 한다. 발행기관의 인수비용이나 매출비용은 발행자가 부담한다.

간접발행은 누가 발행위험을 부담하느냐에 따라 ⓐ 위탁모집(offering on commitment), ⓑ 잔액인수(stand-by underwriting), ⓒ 총액인수(firm-commitment underwriting)의 방법으로 분류된다. 그 내용을 요약하면 〈표 4-1〉과 같다.

1.3 발행시장의 구조

발행시장은 발행자, 발행기관, 투자자로 이루어진다. [그림 4-1]에 나타난 것처럼 증권의 발행이 발행자와 투자자 사이에 직접 이루어지는 경우도 있긴 하지만, 대부분의 증권발행은 발행자와 투자자 사이에 전문기관인 발행기관이 개입되는 간접발행으로 이루어진다. 그 이유는 증권의 발행사무가 복잡하여 전문적인 발행기관의 도움이 필요할 뿐만 아니라, 조달자금의 규모도 거대하므로 발행기관의 참여가 증권발행을 용이하게 해주기 때문이다.

발행기관은 발행자와 투자자의 중간에서 발행사무와 발행위험을 담당하는 인수기관과 분매기관으로 분류된다. 인수기관은 발행증권을 발행자로부터 발행증권을 계약에 의하여 인수(매입)하여 이를 분매기관(소매기관)에 도매하는 기능을 담당하는 기관이다. 금융투자회사, 은행, 종합금융회사 등이 이에 속한다.[4] 증권의 인

[3] 금융투자업자의 유형과 업무내용에 대하여 「자본시장과 금융투자업에 관한 법률」 제2편을 참조 바람.

[4] 발행기관의 역할을 하는 금융투자업자는 투자매매업과 투자중개업을 영위하는 회사로서 일반적으로 '증권회사' 혹은 '금융투자회사'라는 상호를 사용하고 있다.

그림 4-1 발행시장의 구조

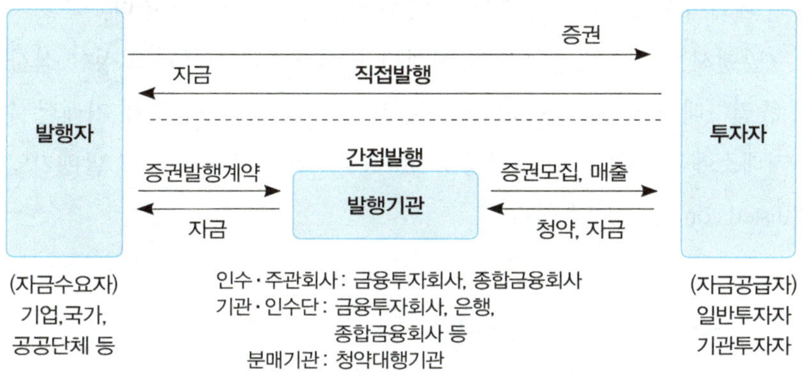

수에는 발행위험이 높기 때문에 인수기관은 인수단(underwriting syndicate)을 조직하는 경우가 일반적이다. 이때에는 발행자로부터 증권발행을 위탁받은 회사가 대표주관회사(lead underwriter)가 되어 증권의 발행조건 및 발행시기를 결정하며, 공동주관회사와 함께 간사단(underwriter)을 구성한다.

분매기관은 인수기관으로부터 취득한 증권을 일반투자자에게 직접 판매하는 기관으로 주로 금융투자회사, 은행 등이 이를 담당한다. 이 분매기관은 매출하지 못한 잔여증권이 있을 경우에도 이를 인수할 의무는 없다.[5]

제2절 주식발행시장

2.1 기업공개

기업공개(going public)는 신규발행주식을 일반투자자에게 공모발행하여 주식소유를 분산시키거나, 소수의 대주주에 의하여 폐쇄적으로 소유되던 기업의 주식

[5] 우리나라의 간접발행에 관한 자세한 내용은 금융투자협회(http://www.kofia.or.kr/index.do)의「증권 인수업무 등에 관한 규정」을 참조하기 바람.

을 다수의 일반투자자에게 분산, 매출하는 것을 의미한다. 그 결과 주식이 일반투자자에게 분산되어 있는 기업을 공개기업이라 한다. 소수의 주주집단에 의하여 주식이 폐쇄적으로 소유되고 있는 기업은 비공개기업이라고 한다.

발행시장을 통하여 주식이 공개된 공개기업의 주식은 일정한 심사과정을 거쳐 증권거래소에 상장(listing)되고, 투자자들은 이를 자유롭게 거래할 수 있다. 증권거래소에 상장된 주식을 상장주식(listed stock)이라 하고, 그 발행기업을 상장기업(listed company)이라 한다.[6]

2.2 유상증자와 무상증자

기존의 주식회사는 발행할 주식의 총수, 즉 수권주식수를 회사의 정관에 표시하고, 이 범위 내에서 이사회가 경영목적에따라 신주의 발행을 결의한다. 신주의 발행으로 자본금은 증가한다. 이때 유상증자는 신주를 발행하여 주주로부터 주식발행대금을 납입 받는다. 이 경우 기업의 총자기자본은 증가한다.

한편 무상증자는 총자기자본의 금액규모 내에서, 이익준비금과 자본준비금을 자본금으로 전입하여 자본금을 증가시키는 것을 말한다. 이때 자본금 증가에 상응

표 4-2 유상증자의 방법

구분	배정방법	내 용	인수방법
공모	구주주 배정	구주주에게 신주인수권 부여	발행사무의 위임
	제3자 배정	주주총회 결의나 정관에 의해 특정연고자(회사임원, 우리사주조합, 거래처 등)에게 신주인수권 부여	발행사무의 위임
	주주우선 배정	구주주 및 우리사주조합에 우선 청약권 부여 후 잔여분 일반공모	잔액인수
	일반공모	주주총회 결의나 정관에 의해 구주주의 신주인수권 배제 후 일반투자자대상 공모	총액인수, 위탁모집
사모	기업선택	비공개모집이므로 발행회사가 특정인 대상으로 직접모집	직접발행

[6] 한국거래소는 「유가증권상장규정」으로 상장 및 상장기업을 관리하고 있다. 한편 자본시장법에서는 증권시장에 상장된 증권을 발행한 법인을 '상장법인', 그 증권을 '상장증권'이라 하며, 증권시장에 상장된 주권을 발행한 법인을 '주권상장법인'으로 정의하여 사용하고 있다.

하는 만큼 주식을 발행하여 주주로부터 자금납입 없이 무상으로 배분한다. 주식배정은 기존 주주에게 하는 것이 원칙이다.

제3절 채권발행시장

3.1 채권발행의 의의[7]

채권이란 일반적으로 자금수요자인 정부, 공공기관, 기업 등이 불특정 다수의 투자자로부터 거액의 장기자금을 조달하기 위하여 정해진 이자와 만기에 원금의 지급을 약속하는 권리증서이다. 지급이자가 미리 확정된다는 의미에서 고정수익증권이라고도 하지만, 만기가 되기 전에 보유채권을 매각할 경우 그 시점의 시장이자율에 따라 채권가격이 결정되므로 주식처럼 자본이득(capital gain) 또는 손실(loss)이 발생할 수 있다. 또한 채권발행자의 재무상태에 따라 원금과 이자의 회수가 곤란해질 가능성도 있으므로 사실상 투자시점에서 채권투자의 투자수익이 확정된다고 할 수는 없다.

우리나라의 채권발행은 일반적인 채무증서와는 달리 〈표 4-3〉과 같이 발행주체와 그 발행한도가 관련 법률에 의하여 엄격히 제한되어 있다. 국채의 경우에는 국회의 동의, 회사채의 경우에는 증권신고서의 금융감독원 제출 등 일정한 절차를 거쳐야 발행이 가능하다.

이러한 절차를 거쳐 발행된 채권은 자본시장법에 의해 유통시장(secondary market)에서의 자유로운 매매거래가 제도적으로 뒷받침되므로 유동성이 확보된다. 따라서 채권발행자의 입장에서는 발행시장(primary market)을 통해 필요한 자금을 원활히 조달할 수 있다. 채권투자자 입장에서는 발행시장 또는 유통시장에서 매매하여 이자소득 및 자본이득 등을 기대할 수 있을 뿐만 아니라 필요할 경우 시장에서 매도하여 현금을 확보할 수도 있으므로 자산포트폴리오를 구성할 때 중요한 투자대상이 된다.

[7] 채권발행과 관련되는 내용은 '한국은행(2002), **우리나라의 금융시장**, 141-180', '2009.12 개정판, 172-241', '한국은행(2013), **한국의 금융시장**, p.173' 등을 부분 발췌 또는 참고하였다.

표 4-3 주요 채권의 발행기관, 근거법 및 발행한도

채권명	발행기관	발행 근거법	발행한도
국고채권	정부	국채법	국회동의를 받은 한도 이내
국민주택채권	정부	주택도시기금법	국회동의를 받은 한도 이내
재정증권	정부	국고금관리법	국회동의를 받은 한도 이내
통화안정증권	한국은행	한국은행 통화안정증권법	금융통화위원회가 설정하는 한도 이내
은행채	은행	은행법	자기자본의 5배 이내
회사채	주식회사	상법	없음[1)
산업금융채권	한국산업은행	한국산업은행법	자본금 및 적립금의 30배 이내
한국전력채권	한국전력공사	한국전력공사법	자본금 및 적립금의 2배 이내
예금보험기금채권 상환기금채권	예금보험공사	예금자보호법	국회동의[2)]를 받은 한도 이내
부실채권정리 기금채권	한국자산 관리공사	한국자산관리공사법[3)]	국회동의를 받은 한도 이내

주 : 1) 2012년 4월부터 발행한도가 폐지되었음.
2) 통상적으로 정부보증에 의해 발행되는데 이 경우에는 국회동의가 필요함.
3) 정식명칭은 '한국자산관리공사의 설립에 관한 법률'임.
자료 : 한국은행(2021), 한국의 금융시장, p.159.

3.2 국채발행제도

(1) 국채의 발행조건과 발행구조

국채는 국채법에 따라 기획재정부 장관이 중앙정부의 각 부처로부터 발행요청을 받아 발행계획안을 작성한 후 국회의 심의와 의결을 거쳐 발행한다. 국채발행규모는 국회의 동의를 받은 한도 내에서 정부가 결정한다. 국민주택채권을 제외한 모든 국채의 발행업무는 한국은행이 대행하고 있으며, 국채전문딜러를 대상으로 경쟁입찰을 실시한다.

현재 우리나라에서 발행되고 있는 국채는 〈표 4-4〉에서 보는 바와 같이 국고채권, 재정증권,[8] 국민주택채권, 보상채권 등 자금용도에 따라 4가지가 있다. 이

[8] 「국고금관리법」 제33조(재정증권의 발행 등)을 참고 바람. 같은 법 '제32조(자금의 조달) ① 국가는 국고금의 출납상 필요할 때에는 제33조에 따른 재정증권의 발행, 한국은행으로부터의 일시차입, 그 밖에 대통령령으로 정하는 방법으로 자금을 조달할 수 있다. ② 제1항에 따라 조달한 자

들 채권은 종목에 따라 발행방식 및 이자지급방식 등이 서로 다르다.

먼저 발행방식을 보면 국고채권과 재정증권은 경쟁입찰을 통해 발행된다. 국민주택채권은 인허가와 관련하여 의무적으로 매입토록 하는 첨가소화방식으로, 보상채권은 당사자 앞 교부방식으로 발행된다. 이자지급방식에서는 국고채권은 이자를 6개월마다 지급하는 이표채(coupon bond)이며 재정증권은 할인채이다. 국민주택채권과 보상채권은 원리금이 만기에 한번 상환되는 복리채이다.

또한 발행만기별로는 국고채권의 경우 2년, 3년, 5년, 10년, 20년, 30년 및 50년으로 되어 있다. 2021년 6월말 만기별 국고채 발행잔액은 각각 2년물 7조원(1%), 3년물 79조원(10%), 5년물 122조원(15%), 10년물 258조원(32%), 20년물 142조원(18%), 30년물 187조원(23%), 50년물 13조원(2%) 등이다.

표 4-4 국채의 종류 및 발행조건

구분	관련 법률	발행목적	발행조건			
			발행방법	표면금리	금리지급	만기
국고채권	국채법	회계, 기금에의 자금예탁	경쟁입찰	입찰시 결정	이표채 (매6개월)	2~50년
국고채권 (물가연동)	국채법	회계, 기금에의 자금예탁	경쟁입찰	입찰시 결정	이표채 (매6개월)	10년
재정증권	국고금관리법	재정부족자금 일시보전	경쟁입찰	낙찰 할인율	할인	1년 이내[1)]
국민주택 채권(1종)[2)]	주택도시기금법	국민주택건설 재원조달	첨가소화	연 1.00%[3)]	연단위 복리후급	5년
보상채권	공익사업을 위한 토지 등의 취득 및 보상에 관한 법률	용지보상비	교부발행	실세금리[4)]	연단위 복리후급	5년 이내[5)]

주 : 1) 실제로는 통상 3개월 이내로 발행
2) 국민주택채권 제2종은 2013년 5월 폐지, 제3종은 2006년 2월 폐지
3) 2021년 8월 기준
4) 시중은행 3년 만기 정기예금 금리
5) 실제로는 3년 만기로 발행

자료 : 한국은행(2021), 한국의 금융시장, p.173.

금은 그 회계연도의 세입으로 상환하여야 한다'고 명시되어 있다. 따라서 재정증권은 발행 당해 연도에 상환하는 것으로 규정되어 있어 단기증권으로 분류된다.

그림 4-2 국고채 발행구조

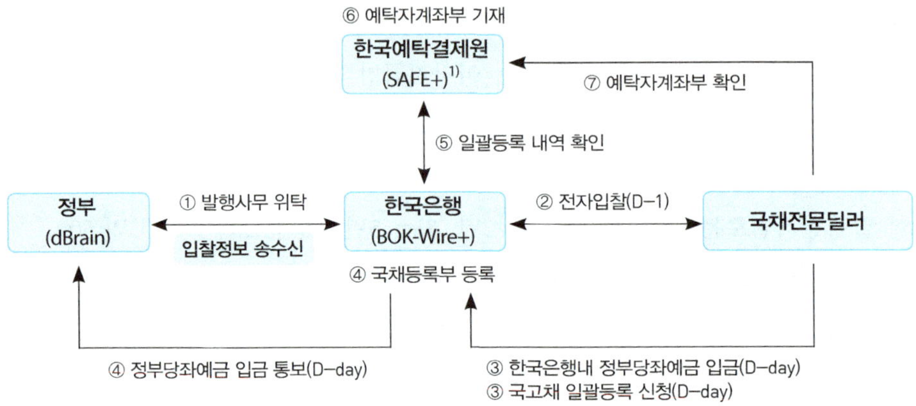

주 : 1) 증권대체 등을 처리하는 한국예탁결제원의 통합업무시스템
자료 : 한국은행 (2021), 한국의 금융시장, p.178.

현재 국민주택채권을 제외한 국채의 발행사무는 한국은행이 대행하고 있다.[9] 통상 낙찰금액 납입일 1영업일 전에 국채전문딜러를 대상 BOK-Wire[10]를 통해 경쟁입찰을 실시하여 발행하고 있다. 현재, 입찰은 월요일 오후 10 : 40~11 : 00까지 20분간 이루어진다. 결제는 입찰일 다음 영업일에 주로 이루어지며 BOK-Wire를 통해 인수자금이 입금되면 즉시 한국예탁결제원에 통보되어 계좌이체가 이루어짐으로써 발행절차가 완료된다. 국고채의 발행구조는 [그림 4-2]와 같다.

(2) 국채발행 주요 제도

1) 입찰방식

국고채 등의 국채는 경쟁입찰방식으로 발행된다. 금리결정방식은 2009년 9월 이후 단일금리결정방식(dutch auction)[11]에서 복수금리결정방식(conventional auc-

[9] 국민주택채권은 국민은행이 발행사무를 담당한다.

[10] 한국은행 전자이체시스템이라고 한다.

[11] 낙찰금액의 합계가 발행금액에 도달할 때까지 가장 낮은 수익률을 제시한 입찰자부터 낙찰자를 순차적으로 결정하고, 발행수익률은 낙찰자가 제시한 수익률 중 가장 높은 수익률을 모든 낙찰자에게 일률적으로 적용한다.

tion)[12] 요소를 가미한 차등가격 낙찰방식으로 변경되어 최고낙찰금리 이하 응찰금리를 0.04% 간격으로 그룹화한 뒤 그룹별로 각 그룹의 최고낙찰금리를 적용하고 있다.

2) 국채 통합발행제도

국채의 종목이 지나치게 많아서 종목당 발행금액이 작고, 유동성이 저하되는 문제점이 있었다. 이에 따라 2000년에 국채 통합발행제도를 도입하여 3년 이상 만기의 국고채와 외국환평형기금채권의 경우 3개월 범위 내에서 추가로 발행할 때에는 만기일과 액면이자율을 이전의 발행 국채와 동일하게 하여 발행하도록 하였다. 또한 2003년에는 국채 지표채권의 유동성을 높이기 위하여, 통합발행기간을 3개월에서 6개월로 확대하였다.

3) 국채전문딜러제도

국채전문딜러제도는 국채시장의 활성화를 위하여 국채의 인수와 유통실적이 우수한 금융기관을 선정하는 제도이다. 국채전문딜러(PD)는 국채발생시장에서 우선적인 입찰참여권, 비경쟁입찰참여자의 입찰대행, 그리고 국채인수 및 유통금융지원 등의 혜택을 부여받는 한편 국채발행시장에서 입찰에 참여하여 총발행 국채의 8% 이상을 인수하고, 국채전문유통시장에서 시장조성의무를 수행하는 기관이다.

3.3 회사채발행제도

(1) 회사채의 발행방법 및 조건

회사채는 기업이 상법에 따라 장기타인자본을 조달하기 위하여 발행하는 채무증권이다.[13] 회사채의 발행은 모집방법에 따라 공모발행(public issue)과 사모발행(private placement)으로 구분된다. 공모발행의 경우에는 인수기관이 총액을 인수

---

[12] 낙찰금액의 합계가 발행금액에 도달할 때까지 가장 낮은 수익률을 제시한 입찰자부터 순차적으로 낙찰자를 결정하고 발행수익률은 각자가 제시한 수익률을 적용한다.

[13] 회사채의 표현은 상법에 '사채'라 표현되어 있다. 간혹 사채(私債)와 혼돈의 우려가 있어 이 책에서는 경우에 따라 '회사채'(會社債)라 표현한다.

하는 방식[14]으로 발행되는 반면, 사모발행의 경우에는 발행기업이 최종매수자와 발행조건을 직접 협의하여 발행한다.

회사채의 발행금액은 이전에는 상법에 의해 회사가 발행당시 보유하고 있는 순자산액의 4배 이내로 제한되어 있었으나 현재는 발행한도를 규정하지 않고 있다. 회사채의 만기는 일반적으로 1, 2, 3, 5, 10년으로 발행되는데, 만기 3년의 회사채가 대부분을 차지하고 있다.

(2) 회사채 신용평가제도

신용평가기관이 부여하는 회사채 신용등급은 투자자에게 원리금 회수의 가능성 정도에 대한 정보를 제공함으로써 회사채 발행시 액면이자율의 결정에 영향을 미친다. 발행기업의 입장에서도 신용등급은 잠재적인 투자자를 확보할 수 있게 하여 주어 자금조달비용을 절감할 수 있게 하여 준다. 특히 우리나라의 경우에는 회사채의 만기가 짧기 때문에 신용등급은 회사채 발행에서 결정적인 역할을 한다.[15]

(3) 회사채의 발행절차

[그림 4-3]처럼 발행회사는 인수기관(주로 금융투자회사)을 선정하여 발행사무 일체를 위임하며 인수기관은 발행회사채를 총액인수한 후 매수자(은행, 집합투자업자, 보험회사 등 전문투자자)에게 그 날로 이 회사채를 매도한다. 매수자는 거래은행에게 매매체결내용을 통보하고 회사채 발행기업에게 대금을 지급하도록 지시한다. 발행기업은 매수기관의 거래은행으로부터 회사채발행자금을 거래 당일 수령한다. 한편 회사채의 인수도는 금융투자회사가 회사채를 매수자 명의로 한국예탁결제원에 개설된 계좌에 등록함으로써 완료된다.

---

[14] 인수기관은 투자매매업과 투자중개업의 인가를 받은 금융투자회사(주로 증권회사)와 증권금융회사, 은행 등이다.

[15] 자본시장법 제335조의 2부터 15까지 '신용평가회사'의 인가와 행위규칙 등이 규정되어 있다.

그림 4-3 회사채 발행구조

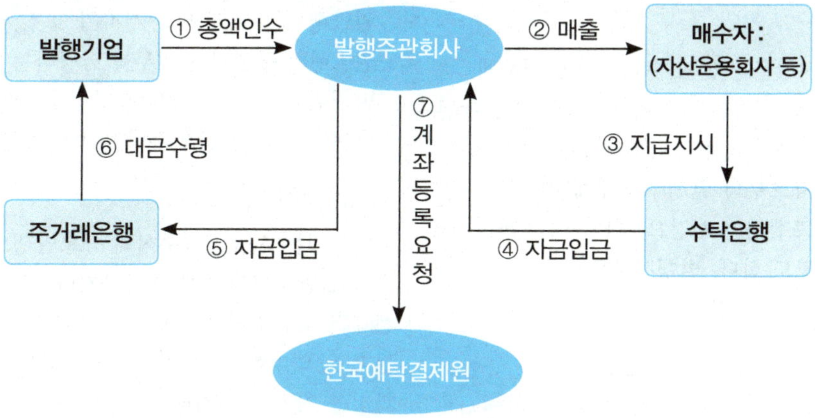

요약

증권발행시장의 의의

증권의 발행시장은 자본의 수요자인 발행주체, 즉 기업, 정부 또는 공공기관에 의하여 최초로 발행된 증권이 일반투자자 또는 기관투자자에게 매각되어 자본이 투자자로부터 발행주체에게 이전되는 일체의 과정을 포함하는 시장으로 1차 시장(primary market)이라고도 한다. 발행시장은 원칙적으로 발행주체의 자본조달시장이다.

공개모집발행과 비공개모집발행

- 공개모집발행 : 발행자가 발행가격 및 발행시점 등 균일한 조건으로 일반투자자에게 증권을 공개적으로 발행·모집하여 발행증권의 독점 매입을 방지하고 투자자를 분산시키는 장점이 있다.
- 비공개모집발행 : 사모발행이라고도 하며 발행자가 특정한 개인이나 기관투자자에게 증권을 발행하여 발행비용절감과 모집기간 단축이라는 장점이 있으나 공모발행에 비하여 발행증권의 전부 매각 가능성이 낮아진다.

직접발행과 간접발행의 구분

- 직접발행 : 자본조달자인 발행자 자신이 발행위험 및 발행사무 절차를 모두 담당하는 증권발행으로서 복잡한 증권발행 사무를 직접 담당하는 어려움을 감수해야하고 발행위험이 높다.
- 간접발행 : 자금조달자인 발행자를 대신하여 증권발행 전문기관인 중개자가 모집, 매출 등 증권발행의 구체적인 업무를 담당하는 방법으로서 발행위험의 부담 정도에 따라 ⓐ 위탁모집, ⓑ 잔액인수, ⓒ 총액인수의 방법으로 분류된다.

기업공개의 의의

기업공개는 신규발행주식의 공모발행으로 주식소유를 일반투자자에게 분산하거나, 소수 대주주의 폐쇄적 소유주식을 일반투자자에게 분산, 매출하는 것을 의미한다. 공개기업의 주식은 일정한 심사과정을 거쳐 증권거래소에 상장되고, 투자자들은 이 상장주식을 거래소에서 거래할 수 있게 된다.

유상증자와 무상증자

- 유상증자 : 수권주식수 내에서 신주를 발행하여 주주로부터 주식발행대금을 납입 받아 기업의 총자기자본을 증가시키는 것을 말한다.
- 무상증자 : 총자기자본의 금액규모 내의 이익준비금과 자본준비금을 자본금으로 전입시키기 위하여 자본금 증가분 만큼 신주를 발행하여 기존 주주에게 무상으로 배분하는 것을 말한다.

채권발행제도

채권은 자금수요자에 따라 정해진 법에 의하여 발행되고 있다. 국채는 국채법, 재정증권은 국고금관리법, 사채는 상법, 은행채는 은행법 그리고 공공기관은 각 관련법 등에 의하여 발행된다.

인터넷에서 찾아 읽기

금융투자협회 관련규정 찾아 읽기

- http://law.kofia.or.kr/service/main/main.do
  - 「증권 인수업무 등에 관한 규정」

법령정보센터에서 관련법 찾아 읽기

- http://www.law.go.kr
  - 「국채법」
  - 「국가재정법」
  - 「국고금관리법」
  - 「상법」
  - 「은행법」– 제33조(사채의 발행)
  - 「한국은행 통화안정증권법」
  - 「자본시장과 금융투자업에 관한 법률」–제2편 금융투자업자

한국은행/조사·연구자료/간행물 찾아 읽기

- http://www.bok.or.kr
  - '우리나라의 금융시장'

연습문제

01 다음 용어를 설명하라.

❶ 발행시장과 유통시장
❷ 발행자 또는 발행주체
❸ 공개모집발행
❹ 직접모집발행
❺ 발행위험
❻ 간접발행
❼ 발행기관
❽ 인수기관
❾ 잔액인수와 총액인수
❿ 위탁모집
⓫ 무상증자와 유상증자
⓬ 기업공개
⓭ 국공채발행제도
⓮ 회사채발행방법

02 기업은 자본시장에서 조달된 자본을 어떻게 이용하는지 설명하라.

03 기업의 목표자본을 조달할 수 없는 위험을 무엇이라고 하는가?

04 우리나라에서 기업공개를 추진하게 된 시대적 배경을 설명하라.

05 증권발행시장의 의의를 설명하라.

06 증권의 인수기관이 하는 역할을 설명하라.

07 국공채의 발행방법을 자세하게 설명하라.

08 회사채의 발행과정을 설명하라.

09 채권의 발행한도를 관련법에서 설정한 이유에 대하여 설명하라.

Chapter 05

증권의 유통시장

- 제1절 유통시장의 구조
- 제2절 상장제도
- 제3절 주식 유통시장
- 제4절 채권 유통시장

학습목표 이 장을 공부한 독자들은 다음 사항을 이해할 수 있어야 한다.

- ▶ 유통시장의 의의
- ▶ 상장제도
- ▶ 기업공시제도의 의의와 종류
- ▶ 거래소의 기능과 주요 구성
- ▶ 유가증권시장의 주요 매매거래제도
- ▶ 채권 유통시장의 구조

발행시장에서 발행된 증권이 투자자들 사이에 거래되어 증권의 유동성이 보장될 때 자본시장을 통한 자본조달이 원활하게 되고 증권투자가 투자기회로서의 역할을 충분히 할 수 있다.

증권의 유통시장은 증권의 유동성을 확보하기 위하여 체계적으로 제도화되어 있다. 독자들은 먼저 거래소의 구조를 공부하여 증권 유통시장에 관계하고 있는 여러 기관의 역할을 이해하여야 한다. 투자자들은 실제투자에서 이런 기관들을 잘 이용하여 투자성과를 달성하도록 하여야 한다.

증권의 유통시장은 증권의 공정한 매매를 통하여 투자자들이 효과적인 투자를 하여 투자목적을 달성할 수 있도록 도모하고, 나아가 증권시장의 효율성을 높일 수 있도록 운영되어야 한다.

거래소의 매매거래제도는 매우 정교하게 설계되어 있다. 복잡하다고 생각될 수 있지만, 주문과 가격제시의 과정은 투자자의 손익에 영향을 미치기 때문에 투자자가 잘 이해하고 있어야 한다.

제 1 절 유통시장의 구조

1.1 유통시장의 의미와 종류

증권의 유통시장(trading market, existing-issue market)은 발행시장을 통하여 발행된 증권이 투자자들 사이에서 다시 전매되는 증권시장으로 2차 시장(secondary market)이라고도 한다. 투자자는 자기가 소유하고 있는 주식이나 채권을 유통시장에서 매도하여 투자자금을 회수하거나 또는 다른 투자자들이 소유하고 있는 증권을 매수하는 곳이다.

유통시장에서 증권의 거래가 활발해지면 발행시장에서도 새로 발행되는 증권에 대한 시장수요가 증가하게 된다. 또 발행시장에서 많은 증권이 발행되면, 유통시장에서 거래할 증권의 수가 많아지므로 투자자의 투자기회가 확대된다. 따라서 유통시장과 발행시장의 관계는 상호보완적이라고 할 수 있다.

유통시장은 조직화된 증권거래소(securities exchange, stock exchange)와 장외시장(over-the-counter market, OTC market)으로 구분된다. 증권거래소는 지정된 일정한 건물에 위치하고 있으며, 증권의 계속적이고 조직적인 매매거래를 수행하는 제도를 기반으로 조직화된 시장이다.[1] 증권거래소에서 매매되는 증권은 미리 정해진 심사기준에 따라 거래가 허용된 상장증권(listed securities)이어야 한다. 상장증권은 경쟁매매가 원칙인 일정한 매매거래제도에 따라 거래가 이루어진다.[2]

장외시장이란 거래소시장 이외의 장소에서 증권거래가 이루어지는 시장을 말한다. 좁은 의미의 장외시장은 금융투자회사의 창구에서 고객과 금융투자회사, 금융투자회사와 금융투자회사 사이에 증권을 거래하는 시장(다른 말로는 점두시장)을 의미한다.

---

1 한국의 상설 거래소로는 '자본시장법 제7편 거래소 제373조'의 규정에 의해 설립된 한국거래소가 있다. 한국거래소 내에는 유가증권시장, 코스닥시장, 코넥스시장 등 3개의 증권시장이 개설되어 있다. 한편 자본시장법 제78조는 대체거래시스템(Alternative Trading System, ATS)으로서 '다자간매매체결회사'를 설립할 수 있게 하여 경쟁체제를 갖출 수 있도록 규정하고 있다. ATS는 시장규제와 상장기능을 제외하고 주식거래만 할 수 있는 시스템이다.

2 중소기업, 벤처기업 등의 주식이 상장되어 거래되는 '코스닥시장'은 유가증권시장의 구조와 매매거래제도가 유사하므로 시장의 특성에 대한 학습은 독자에게 미룬다.

1.2 유통시장의 구조와 증권관계기관

증권의 유통시장은 증권거래소와 장외시장으로 구분되고, 이들은 다시 증권의 종류에 따라 크게 주식시장과 채권시장으로 나누어진다. 우리나라 증권의 유통시장구조는 한국거래소를 중심으로 [그림 5-1]과 같이 표현할 수 있다.

(1) 한국거래소

한국거래소(Korea Exchange, KRX)는 유가증권의 공정한 가격의 형성과 안정 및 그 유통의 원활을 기하기 위하여 조직화된 시장이다. ⓐ 계속적 시장의 기능,

그림 5-1 한국거래소 유통구조와 증권관계기관

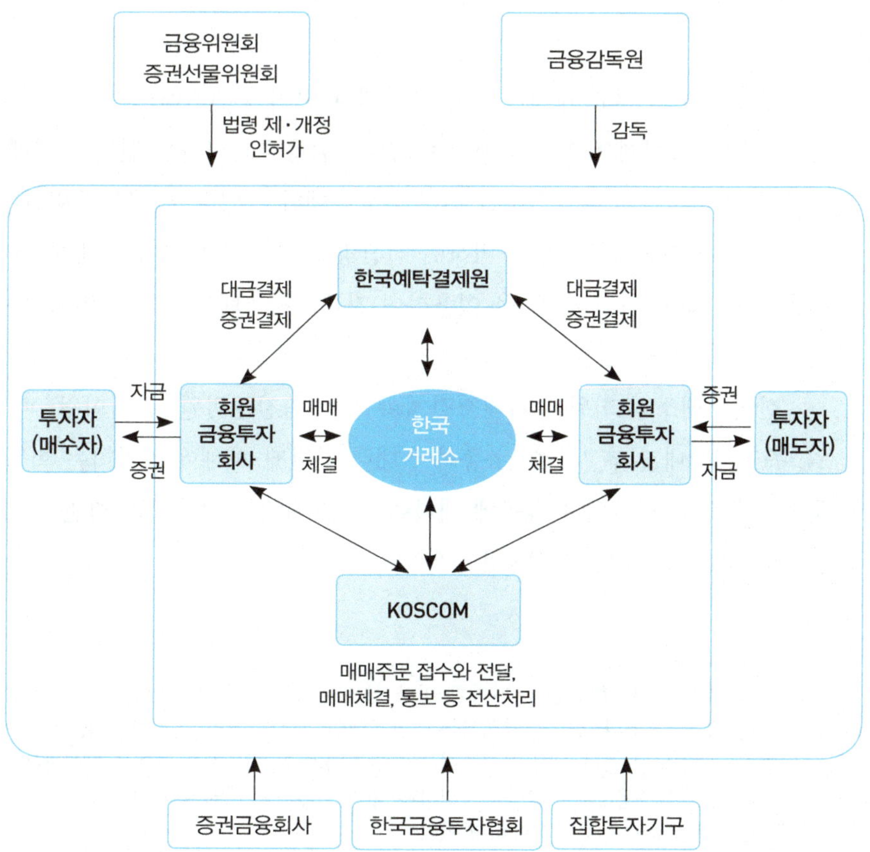

ⓑ 공정가격의 결정과 증권의 담보력 형성기능, ⓒ 증권발행자의 자본조달을 용이하게 수행토록 도와주는 기능, ⓓ 투자자에게 투자기회를 제공하는 등의 기능을 수행한다.

거래소는 회원 간의 매매체결을 위한 중개업무를 수행한다. 거래소회원인 금융투자회사는 거래소의 업무규정에 따라 정해진 시간, 즉 개장시간에 거래소의 전산시스템에 접속하여 상장증권의 매매거래에 공개적이며 계속적으로 참여한다. 투자자 자신은 거래소의 경쟁매매에 직접 참여할 수는 없고, 증권의 매매행위를 회원인 금융투자회사에 위임하여야 한다.

거래소는 상법상의 주식회사 형태로 유가증권시장의 개설업무, 유가증권의 매매거래에 관한 업무, 유가증권의 상장에 관한 업무, 상장법인의 공시에 관한 업무와 그 밖에 여러 가지 유가증권의 거래와 관련되는 업무를 수행한다.

(2) 회 원

거래소의 회원(member)인 금융투자회사[3]만이 증권거래소의 전산시스템에 접근하여 증권의 매매거래를 수행할 수 있다. 금융투자회사는 전국 각지에 많은 지점을 두고 투자자의 투자업무를 위탁받아 대행하고 있다. 금융투자회사는 매매거래를 위하여 회원시스템을 구비하여 전산망을 통하여 투자자의 매매거래 위탁을 받을 수 있으며, 회원시스템을 이용하여 거래소시스템에 호가를 입력하여 거래를 성사시키게 된다.[4]

한국거래소의 회원은 거래소결제회원, 매매전문회원, 증권회원, 파생상품회원, 증권시장내 일부 시장이나 종목에 대하여 결제·매매에 참가하는 회원, 파생상품시장내 일부 시장이나 종목에 대하여 결제·매매에 참가하는 회원 등이 있다(자본시장법 제387조 제2항 및 시행령 제359조).

[3] 현재 한국거래소의 회원은 '투자매매업'과 '투자중개업'의 인가를 받은 금융투자업자만이 그 자격을 가질 수 있다. 금융투자회사는 투자매매업, 투자중개업, 집합투자업, 투자자문업, 투자일임업, 신탁업 중 하나 이상 선택하여 금융위원회의 인가를 받아 영업을 수행하는 금융투자업자이다. 금융투자업자로서 금융투자회사는 증권, 선물, 자산운용, 투자신탁, 금융투자 등 자본시장법에서 규정된 상호를 사용하고 있다.

[4] 한국거래소 매매시스템은 KOSCOM(http://koscom.co.kr)이 제공하고 있다.

(3) 예탁결제원

증권시장의 성장과 발전으로 증권의 발행이 급증하고, 발행된 증권은 매매거래에 의하여 실물 이동이 많아 분실, 도난 등의 사고 위험이 크다. 또한 일일이 결제하는데도 어려움이 따른다.

이런 불편함을 해소하고 증권매매거래의 효율성을 높이기 위하여 많은 투자자들이 각자 소유하고 있는 증권을 금융투자회사, 은행 등 보관기관(custodian)에 맡기고, 고객계좌를 개설한다. 이들 보관기관은 고객이 맡긴 증권을 중앙예탁기관에 다시 맡기고, 예탁계좌를 개설한 후, 증권의 권리이전이나 담보권설정, 결제 등은 계좌상의 대체나 장부기입만으로 이루어지게 하는 제도를 활용하고 있다.

우리나라에서는 한국예탁결제원(Korea Securities Depository, KSD)이 증권 등의 집중예탁업무, 증권 등의 계좌간 대체업무, 증권시장에서 성립된 증권의 매매거래에 따른 증권의 인도와 대금지급에 관한 업무 등을 수행하고 있으며, 부수적으로 증권의 보호예수업무, 예탁증권 등의 담보관리에 관한 업무 등을 수행하고 있다.

(4) 증권금융

증권금융은 증권의 발행이나 증권의 유통에 관련하여 자금을 대출하거나 증권을 대여해 주는 것을 말한다. 증권금융의 업무는 그 내용에 따라 증권인수금융, 증권유통금융, 증권담보금융으로 구분할 수 있다. 우리나라에서는 한국증권금융회사가 이 세 가지 업무를 모두 담당한다.[5]

증권인수금융에는 인수기관이 인수한 증권을 담보로 삼아 증권금융기관이 인수기관에게 증권의 인수자금을 대출해 주는 방법과 증권금융기관이 직접 발행증권을 매입함으로써 결과적으로 증권발행자에게 자금을 공급해 주는 방법이 있다.

증권유통금융은 증권자금금융이라고도 한다. 이는 증권금융회사가 유통시장의 매매거래를 촉진하기 위하여 증권회사를 통하여 투자자에게 증권의 매수자금을 대출해 주거나 증권을 대여해 주는 것을 말한다. 그리고 투자자가 이 증권유통금융을 이용하여 증권을 매수하는 것을 신용거래라고 한다.

[5] 한국증권금융의 구체적인 업무내용은 자본시장법 제326조(업무)를 참고하라.

증권담보금융은 증권금융회사가 증권을 담보로 하여 일반투자자에게 직접 투자자금을 대출해 주는 것을 말한다. 이미 발행된 증권이 적절히 분산, 소유되어 있으면 이 증권담보금융이 증권유통금융과 함께 유통시장의 매매거래에 많은 영향을 미치게 된다.

(5) 집합투자기구

자본시장법에서 집합투자는 2인 이상에게 투자권유를 하여 모은 금전이나 여유자금을 투자자 또는 각 기금관리주체로부터 일상적인 운용지시를 받지 아니하면서 재산적 가치가 있는 투자대상자산을 취득·처분 등의 방법으로 운용하고, 그 결과를 투자자 또는 각 기금관리주체에게 배분하여 귀속시키는 것이라고 하고 있다. 그리고 집합투자를 수행하는 기구를 '집합투자기구'라고 하며, 이러한 집합투자기구에는 신탁형태의 집합투자기구(투자신탁), 회사형태의 집합투자기구(투자회사) 등이 있다. [6]

일반투자자는 그들의 투자자금이 영세하거나 투자정보에도 한계가 있으므로 효과적인 투자결정을 수행하기가 어려운 경우가 많다. 집합투자는 이러한 일반투자자를 위하여 전문적인 투자대행기관이 투자를 대행하여 주는 제도이다. 따라서 집합투자는 공동투자, 간접투자, 분산투자라는 특성을 가지고 있다.

투자신탁은 신탁계약에 의하여 위탁자(trustor), 수탁자(trustee), 수익자(beneficiary)로 구성되어 운영되는 제도이다. 위탁자(집합투자업자)는 투자신탁의 설정자인 투자신탁회사로서 재산을 운영한다.[7] 이 위탁자는 수익자인 일반투자자로부터 자금을 모아 그들에게 수익증권(beneficiary certificate)을 발행하고, 이 자금을 수탁자(신탁업자)에게 신탁하여 재산을 운영한다. 수탁자는 위탁자와의 신탁계약에 의하여 신탁재산에 관한 운영을 지시받아 관리한다. 수익자는 일반투자자이며, 위탁자에게 증권을 매입하여 신탁재산의 투자수익에 대한 일정률의 수

[6] 자본시장법 제9조(그 밖의 용어의 정의)의 18항을 참고하라.

[7] 우리나라에서 집합투자업(자산운용)을 영위하는 집합투자업자의 형태를 투자신탁(계약형)과 투자회사(회사형)로 구분하고 있다. 투자자에게 익숙한 용어인 '투자펀드'가 집합투자기구이다. 투자신탁과 투자회사는 주로 공모펀드이며, 투자유한회사, 투자합자회사, 조합형태의 집합투자기구인 투자조합과 투자익명조합은 사모펀드이다. 조합형태의 집합투자기구(자본시장법 제218조 내지 제228조)는 투자자금의 모집이 사모에 의해 이루어지고, 투자·운용의 결과를 조합원에게 분배하는 집합투자기구로 사모투자펀드, 헤지펀드, M&A펀드 등이 이에 속한다.

익을 분배받는다.

회사형 투자신탁은 자본시장법에서 투자회사로 정의하고 있다. 투자회사는 투자자의 투자자금을 주식의 형태로 모아 투자회사를 설립하고, 이 투자회사의 재산을 운용하여 그 수익을 주주에게 배분하는 것을 목적으로 설립된 집합투자기구를 의미한다. 일반투자자의 입장에서 궁극적으로 증권에 간접 투자한다는 의미에서 계약형 투자신탁과 유사하다. 그러나 그 방법이 주식회사를 설립하고, 투자자는 주식을 매입한다는 측면에서는 차이가 있다. 집합투자기구의 수익권으로서 발행되는 수익증권과 주식은 거래소에 상장되어 유통시장에서 매매거래될 수 있다.

(6) 투자자

일반적으로 투자자는 일반투자자와 전문투자자로 구분된다. 전문투자자란 금융투자상품에 관한 전문성 구비 여부, 소유자산규모 등에 비추어 투자에 따른 위험감수 능력이 있는 투자자이다. 저축 또는 기타의 방법으로 조성된 개인 또는 법인들의 자금을 증권시장에서 운용하는 법인형태의 투자자나, 자기자본이나 연금과 기금 등을 운용하는 법인형태의 투자자가 전문투자자로 분류된다. 따라서 전문투자자는 대량의 자금력을 동원하여 고도의 전문지식과 투자기법으로 투자하는 투자자로서 유통시장의 매매거래에 커다란 영향을 미치는 제도화된 투자기관이다.[8] 일반투자자는 전문투자자에 속하지 않는 개인투자자이다.

(7) 금융위원회

금융위원회는 금융시장 및 금융투자업에 관한 관리·감독업무를 수행하고 있다.[9] 금융에 관한 정책 및 제도에 관한 사항, 금융기관의 감독 및 검사·제재에 관한 사항, 금융기관의 설립, 합병, 전환, 영업의 양수·양도 및 경영 등의 인가·허

---

8 우리나라의 전문투자자에는 국가, 한국은행, 대통령으로 정하는 금융기관, 주권상장법인, 그리고 대통령령으로 정하는 예금보험공사, 한국자산관리공사, 한국예탁결제원, 거래소, 협회, 집합투자기구, 신용보증기금, 기술보증기금, 한국투자공사, 금융감독원, 기금 및 기금관리 · 운용법인, 공제사업자, 지방자치단체 등과 이에 준하는 외국인이 포함된다. 또한 금융투자상품의 잔고가 5억원 이상이며, 금융투자업자에 계좌를 개설해 1년이 지나는 등의 조건을 갖춘 개인은 전문투자자로 지정될 수 있다(자본시장법 제9조 제5항과 관련시행령).

9 2008년 2월 29일에 제정된 「금융위원회 설치 등에 관한 법률」에 금융위원회, 증권선물위원회 그리고 금융감독원 등의 설치, 구성, 임무 등이 규정되어 있다.

가에 관한 사항, 자본시장의 관리·감독 및 감시 등에 관한 사항이 주 업무이다. 또한 금융감독원과 자본시장 관계기관, 금융투자업자 등에 대한 지도·감독 기능도 담당하고 있다.

(8) 증권선물위원회

증권선물위원회는 금융위원회에 설치되어 있다. 자본시장(증권시장 및 선물시장)의 불공정거래조사, 기업회계의 기준 및 회계감리업무, 금융위원회로부터 위임받은 자본시장의 관리·감독 및 감시 등과 관련된 주요사항에 대한 사전심의, 자본시장의 관리·감독 및 감시 등을 위하여 금융위원회로부터 위임받은 업무 등을 수행한다. 증권선물위원회는 그 업무에 관하여 금융감독원을 지도·감독한다.

(9) 금융감독원

금융감독원은 금융위원회와 증권선물위원회의 지시를 받아 금융기관에 대한 검사·감독업무 등을 수행하기 위해 설립된 무자본 특수법인이다. 금융감독원은 금융기관의 업무 및 재산 상황에 대한 검사, 법령의 규정에 의한 제재, 금융위원회 및 증권선물위원회의 업무보좌 등을 수행하고 있다.

(10) 한국금융투자협회

한국금융투자협회는 금융투자업자들의 회원조직으로서 공공적 성격을 띤, 법에 의해 공인된 금융투자업에 대한 자율규제기관으로서 사단법인이다.[10] 한국금융투자협회는 회원 간의 건전한 영업질서유지 및 투자자보호를 위한 자율규제업무, 회원의 영업행위와 관련된 분쟁의 자율조정에 관한 업무, 투자권유자문인력, 조사분석인력과 투자운용인력 등 주요 직무종사자의 등록 및 관리에 관한 업무, 그리고 증권시장에 상장되지 아니한 주권의 장외매매에 관한 업무, 장외파생상품의 심의업무 등을 수행하고 있다.[11] 이 협회에서는 비상장주식의 매매거래를 위하여 자본시장법에 근거하여 조직화된 한국장외시장(Korea Over-The-Counter, K-OTC)을 운영하고 있다.[12]

10 자본시장법 제283조 제2항, 제4항 및 제286조 제1항 제2호를 참고하라.

11 자본시장법 제283조 제1항을 참고하라.

12 한국장외시장 홈페이지(http://www.K-otc.or.kr)를 참고하라.

제2절 상장제도

2.1 상장의 의미

투자자들이 지속적으로 관심을 가지고 증권을 매매 거래하는 곳이 증권시장이다. 증권시장에서 거래하는 증권은 그 종목이 풍부하고, 종목별 거래할 수 있는 수량도 충분히 많아야 한다. 또한 거래하는 증권은 가치가 있고 안정적이어야 투자자들이 안심하고 시장에 참여할 수 있다. 증권시장이 안정적으로 시장기능을 유지할 때, 기업은 자본조달이 쉬워지고 투자자는 투자기회를 충분히 가질 수 있다.

상장(listing)이란 일정한 요건을 구비한 특정 유가증권을 대상으로 거래소시장에서 거래될 수 있는 자격을 부여하는 것을 말한다. 매매거래의 대상물로 인정된 유가증권을 상장증권이라 한다. 상장되는 유가증권은 주권, 채무증권, 집합투자증권, 파생결합증권 등이 있다. 상장증권을 발행한 회사를 상장법인 또는 상장회사라고 한다. 상장법인은 대체적으로 우량회사로 인정받고 있다. 특히 주권이나 외국주식예탁증권이 상장된 회사를 주권상장법인이라고 한다.

거래소는 '상장규정'을 제정하여 증권시장에 상장할 증권의 심사와 상장증권의 관리를 하고 있다.

2.2 상장의 종류

상장은 다음과 같이 여섯 가지 형태로 구분되어 있다.

① 신규상장: 유가증권시장에 상장되지 않은 종목의 증권을 처음 상장하는 것
② 재상장: 유가증권시장에서 상장이 폐지된 보통주권 또는 채무증권을 다시 상장하거나 보통주권 상장법인의 분할, 분할합병, 합병으로 설립된 법인의 보통주권을 상장하는 것
③ 우회상장: 합병, 주식의 포괄적 교환, 영업 또는 자산의 양수, 현물출자 등과 관련하여 주권상장법인의 경영권이 변동되고 주권비상장법인의 지분증권이 상장되는 효과가 있는 것

④ 합병상장: 기업인수목적회사가 주권비상장법인과 합병함에 따라 새로이 발행한 주권을 상장하는 것

⑤ 추가상장: 상장법인이 자본금, 사채액, 신탁원본액 등의 증가에 따라 이미 상장되어 있는 증권과 같은 종목의 증권을 새로이 발행하여 이를 상장하는 것

⑥ 변경상장: 상장증권의 종류, 종목명, 액면금액, 수량 등을 변경 상장하는 것

2.3 상장업무

(1) 상장신청과 심사

증권은 상장신청인의 신청에 따라 상장한다. 보통주권의 신규상장신청인은 먼저 신규상장을 신청하기 전에 상장예비심사신청서와 첨부서류를 거래소에 제출하여 상장예비심사를 받아야 한다.

보통주권의 신규상장신청인이 거래소의 상장예비심사를 통과한 후에 해당 보통주권을 신규상장하려면 상장예비심사 결과를 통지받은 날부터 6개월 이내에 신규상장신청서와 첨부서류를 거래소에 제출해야 한다. 거래소는 상장신청인의 신청에 따라 상장예비심사나 상장심사를 한다. 심사기준을 통과하는 증권은 상장이 된다.

(2) 심사요건

심사요건에는 신규상장의 경우 형식적 심사요건과 질적 심사요건이 있다.

형식적 심사요건에는 영업활동기간(설립 후 3년경과 계속영업), 기업규모(상장예정 보통주식총수, 자본금), 주식분산(일반주주의 보통주식총수의 100분의 25 이상 소유, 일반주주의 수 700명 이상), 경영성과(매출액, 수익성), 감사의견(적정), 주식양도제한(제한 없을 것), 사외이사(사외이사 선임 의무충족), 감사위원회(감사위원회 설치 의무충족) 등이 있다.

거래소는 형식적 심사요건을 충족한 법인에 대하여 보통주권을 상장하는 것이 적합한지에 대하여 기업의 계속성(영업, 재무상황, 경영환경 등), 경영투명성(기업지배구조, 내부통제제도, 공시체제, 특수관계인과의 거래 등), 기업 경영의 안정성(지분 당사자간의 관계, 지분구조의 변동 내용 · 기간 등), 「상법」상 주식회사(법적 성격과 운영방식 측

면) 그리고 공익 실현과 투자자 보호 같은 질적인 심사요건을 종합적으로 고려하여 심사한다.

(3) 관리종목지정과 상장폐지

거래소는 상장기간 중에 정기보고서를 미제출하거나 상장시 충족되었던 요건에 미달하여 계속상장이 부적합하거나 기업내용의 변동으로 유가증권의 가치나 권리내용이 변화한 경우 등 일정한 요건을 정하여 관리종목으로 지정하거나 상장을 폐지하는 등 상장유가증권을 관리하고 있다.

거래소는 상장법인이 정기보고서 미제출(사업보고서, 반기보고서), 감사인 의견 미달(한정, 부적정, 의견거절 등) 자본잠식(현재 자본금의 100분의 50 이상 잠식), 주식분산 미달(일반주주의 수 200명 미만, 일반주주 소유주식 총수 유동주식수의 100분의 10 미만), 거래량 미달(월평균거래량 유동주식수의 100분의 1 미만), 지배구조 미달, 매출액 미달, 주가 미달, 시가총액 미달, 파산신청, 회생절차개시신청, 공시의무 위반 그리고 공익 실현과 투자자 보호를 위하여 관리종목으로 지정하는 것이 필요하다고 거래소가 인정하는 경우 등 이 중에서 하나라도 해당할 경우 관리종목으로 지정된다.

또한 거래소는 관리종목으로 지정하기 위한 각 요건의 기준을 더욱 강화하여 상장폐지요건으로 설정하고 이에 하나라도 해당하면 상장폐지를 하여 투자자의 피해를 방지한다.[13]

거래소는 상장규정에 따라 관리종목으로 지정되는 경우 1일간 매매거래를 정지시켜 투자자의 주의를 환기시키고, 공익 실현과 투자자 보호를 위하여 필요하다고 인정하는 경우 매매거래정지를 계속(예: 사업보고서 미제출로 관리종목 지정되는 경우에 해당 사업보고서 제출일까지)할 수 있다. 한편, 상장폐지가 결정되는 상장증권은 정리매매기간을 거쳐 증권시장에서 퇴출된다.

[13] 자세한 내용은 유가증권시장 상장규정 제47조(관리종목지정)와 제48조(상장폐지)를 참고하시오.

제3절 주식 유통시장

3.1 매매거래의 위탁

일반투자자가 거래소시장에서 증권을 매매하고자 할 때는 원하는 거래를 거래소의 회원인 금융투자회사에 위탁해야 한다. 왜냐하면 거래소에서는 회원자격을 가진 금융투자회사만이 수탁을 받은 고객의 주문을 거래소 시스템에 입력하여 증권의 매매거래에 참여할 수 있기 때문이다. 따라서 고객은 금융투자회사에게 증권의 매매거래를 위탁하기 위해서 매매거래계좌의 설정, 위탁의 방법, 위탁증거금, 위탁수수료 등과 같은 '매매거래계좌설정 약관'에 대하여 이해하고 있어야 한다.[14]

(1) 매매거래계좌의 설정

투자자는 금융투자회사와 매매거래 계좌설정 계약을 체결하고, 금융투자회사에 매매거래계좌를 설정하여 증권의 매매를 위탁하여야 한다.

(2) 매매거래의 위탁 방법

금융투자회사에 계좌를 설정한 고객인 투자자가 매매거래를 위탁하는 방법은 문서에 의한 방법, 전화, 전보, 모사전송, 전자우편 그 밖에 이와 유사한 방법('전화 등 방법'), 컴퓨터 그 밖에 이와 유사한 전자통신의 방법('전자통신방법')이 있다. 최근에는 인터넷을 통한 HTS(home trading system)와 무선통신을 이용하는 MTS(mobile trading system) 거래 등 전자통신방법이 일반화되고 있다.

(3) 위탁증거금의 납부

고객은 금융투자회사에 매매거래를 위탁했을 때에는 일정액의 위탁증거금(margin)을 납부하여야 한다. 위탁증거금은 매수의 경우에는 현금 또는 대용증권으로, 매도의 경우에는 해당 매도증권, 현금 또는 대용증권으로 납부할 수 있다.

[14] 한국거래소 '유가증권시장 업무규정' 제6장 매매거래의 수탁 제77조에서 제100조까지의 규정과 금융투자협회 법규정보시스템(http://law.kofia.or.kr)의 '금융투자회사의 약관운용에 관한 규정'과 표준약관 중 '매매거래계좌설정 약관'을 참고하라.

위탁증거금이 주문액에서 차지하는 비율을 징수율 또는 증거금률(margin requirement)이라고 한다. 이 증거금률은 시장상황에 따라 정책적으로 조정되는 경우가 많다.

(4) 위탁수수료의 징수

고객이 증권의 매매를 금융투자회사에 위탁하여 매매가 성립되었을 때에는 결제시에 위탁수수료를 금융투자회사에 지불하여야 한다. 위탁수수료는 금융투자회사가 자율적으로 정하도록 되어 있다. 위탁방법에 따라 위탁수수료가 차이가 나는데, 대체로 오프라인을 이용한 매매거래의 위탁수수료가 높다. 컴퓨터를 이용한 HTS, 자동응답시스템인 ARS, 스마트폰을 이용한 MTS 등 온라인을 이용하는 경우 위탁수수료가 낮게 책정되고 있다.[15]

(5) 신용거래

신용거래는 증거금거래(margin trading)라고도 한다. 신용거래는 고객인 투자자가 금융투자회사에 신용계좌를 개설하여 일정한 신용보증금을 예치한 후 금융투자회사에게서 자금을 융자받아 주식을 매수하거나 또는 주식을 차용하여 매각하는 것을 말한다. 신용거래에서 금융투자회사가 투자자에게 주식의 매수자금을 빌려주는 것은 신용거래융자 또는 대출(loan)이라고 하고, 반대로 매각할 주식을 빌려주는 것은 신용거래대주 또는 대주(stock loan)라고 한다. 그리고 금융투자회사는 신용거래의 융자와 대주를 할 때, 그 재원을 증권금융회사로부터 차입하는 경우와 자기 소유의 재원으로부터 조달하는 경우가 있는데 전자를 유통금융(margin loan)이라고 하고, 후자를 자기신용(broker's own loan)이라고 한다.[16]

신용거래는 매매대금의 일정률 이상을 신용거래 보증금으로 납부하여야 하는데 이를 신용거래 보증금률이라고 한다. 이 비율은 증권시장의 상황에 따라 정책적으로 변경할 수 있도록 되어 있다. 왜냐하면 신용거래제도는 투기를 조장할 수 있는 가

[15] 금융투자협회 전자공시서비스(http://dis.kofia.or.kr)의 '금융투자회사 공시'에 금융투자회사 수수료가 비교, 게재되어 있다.

[16] 금융투자협회 법규정보시스템(http://law.kofia.or.kr) 관계법규의 표준약관 중 '신용거래약관' 참조 바람. 현제 신용거래를 할 수 있는 증권은 주권(주권과 관련된 증권예탁증권을 포함한다) 및 상장지수집합투자증권으로 제한되어 있다.

능성을 가지고 있으므로, 이 보증금률을 적절히 조정함으로써 시장 경기를 안정시킬 수 있기 때문이다.

신용거래융자로 매입한 주권이나 신용거래대주로 매도한 대금은 금융투자회사가 담보로 받아 보관한다. 신용기간 동안 고객은 신용금액에 대하여 이자를 부담해야 한다.

(6) 사이버거래

1) 사이버거래의 의의

정보통신기술의 발달과 인터넷의 사용이 보편화되면서 전자상거래가 적용되는 분야는 나날이 다양해지고 있다. 회원이 투자자로부터 주문을 위탁받는 방법으로서 전자통신방법을 이용할 수 있게 됨에 따라 각 금융투자회사는 홈 트레이딩시스템(home trading system, HTS)을 개발하여 고객에게 활용하게 함으로써 인터넷을 통한 증권의 거래가 활발하게 되었다.

이제는 인터넷을 이용한 매매거래주문이 위탁매매주문의 대부분을 차지할 정도로 증가하여 금융투자회사의 수익구조에 큰 변화를 초래하였다. 그 변화 중 가장 핵심적인 것은 위탁매매수수료의 인하로 볼 수 있다. 이것은 금융투자회사들의 과거 위탁매매수수료에 의존하던 경영방식에서 다양한 수익을 창출할 수 있는 영업전략으로의 변화를 요구하는 것이다. 인터넷을 통한 증권거래는 기존 고객들이 과거에 주로 활용했던 전화주문 또는 객장을 방문하여 주문하던 시기보다 증권시장의 효율성을 훨씬 더 높일 수 있다는 점에서 의의가 있다.

2) 사이버거래시 수탁계약

전자통신방법에 의한 매매거래의 위탁은 전자통신의 장애, 타인에 의한 거래정보의 탈취, 고객의 신의위반 등 여러 가지 요인으로 문제가 발생할 여지가 있다.

이를 사전에 예방하기 위하여 회원이 전자통신방법으로 매매거래를 위탁받을 때에는 위탁자를 확인하고, 위탁주문의 내용을 기록, 유지할 수 있는 등 일정한 요건을 갖춘 시스템에 의하여야 하고, 위탁자와 미리 전자통신방법에 의한 수탁에 관한 계약을 체결하여야 한다.[17]

---

[17] 이들 내용은 업무규정 시행세칙 제109조(수탁의 방법) ⑤항에 7가지를 규정해 두고 있다.

3.2 시장구분과 거래시간

(1) 시장의 구분과 거래시간

증권시장은 거래소의 회원인 금융투자회사의 시장대리인이 모여서 증권을 매매거래하는 구체적인 장소인 거래소를 의미한다. 그러나 우리나라는 현재 거래소의 회원인 금융투자회사가 매매계약 체결의 중개업무를 하기 위하여 거래소가 운영하는 전산시스템인 '거래소시스템'에 온라인으로 연결하는 전산매매를 위주로 증권거래가 이루어지고 있다. 증권의 매매거래는 증권의 종류에 따라 거래되는 장소 또는 시스템이 구분되기도 하며, 거래시간에 따라 시장을 구분하기도 하므로 거래장소로만 이해해서는 곤란하다.

현재 유가증권시장은 매매대상증권에 따라 주식시장, 상장지수집합투자기구 집합투자증권시장, 상장지수증권시장, 신주인수권증서시장, 신주인수권증권시장, 주식워런트증권시장, 수익증권시장 및 채무증권시장으로 구분되어 있다.

주식시장 및 상장지수집합투자기구 집합투자증권시장, 상장지수증권시장은 개장일의 거래시간을 기준으로 정규시장과 시간외 시장으로 구분하여 거래가 이루진다. 그 내용은 〈표 5-1〉과 같다.

표 5-1 유가증권시장 매매거래시간

<table>
<tr><th>시장구분</th><th>매매시간</th><th>비고</th></tr>
<tr><td>장개시 전 시간외 시장</td><td>7:30 ~ 9:00</td><td rowspan="2">• 주식시장
• 상장지수집합투자기구 집합투자증권시장
• 상장지수증권시장</td></tr>
<tr><td>시간외 종가매매 및
시간외 경쟁대량매매</td><td>7:30 ~ 8:30</td></tr>
<tr><td>정규시장</td><td>9:00 ~ 15:30</td><td rowspan="2">구분된 7개의 모든 시장</td></tr>
<tr><td>장중경쟁대량매매</td><td>9:00 ~ 15:00</td></tr>
<tr><td>장종료 후 시간외 시장</td><td>15:40 ~ 18:00</td><td rowspan="2">• 주식시장
• 상장지수집합투자기구 집합투자증권시장
• 상장지수증권시장</td></tr>
<tr><td>시간외 종가매매
시간외 단일가매매</td><td>15:40 ~16:00
16:00 ~18:00</td></tr>
</table>

한국거래소의 유가증권시장과 코스닥시장의 정규시장은 오전 9시부터 오후 3시 30분까지 매매거래가 이루어진다. 그리고 장개시 전 1시간 및 장종료 후 2시간 20분 사이에는 시간외 매매가 이루어진다.[18]

정규시장에서는 단일가격에 의한 개별경쟁매매, 복수가격에 의한 개별경쟁매매를 위주로 거래가 이루어진다. 이 밖에 매매계약체결의 특례로서 장중대량경쟁매매, 장중대량매매, 장중바스켓매매 등의 거래도 있다.[19]

시간외 시장은 시간외 종가매매, 시간외 단일가매매, 시간외 경쟁대량매매, 시간외 대량매매 및 시간외 바스켓매매로 구분된다.

2025년 3월 4일부터는 한국 최초의 대체증권거래소가 개장하면서 오전 8시부터 오후 8시까지 총 12시간 동안 주식 거래가 가능해졌다.

(2) 휴 장

거래소가 개설하는 증권시장은 공휴일, 근로자의 날, 토요일 그리고 12월 31일에는 정규적으로 휴장한다. 따라서 어느 연도의 12월 31일이 토요일이라면, 12월 30일인 금요일을 휴장하고 12월 29일인 목요일이 그 연도의 마지막 거래일이 되는 셈이다. 이 외에도 거래소는 경제사정의 급변이나 급변이 예상되어 시장관리상 필요하다고 인정하는 날에는 휴장한다.

또한 거래소는 시장관리상 필요한 경우에는 시장의 전부 또는 일부를 정지시켜 거래를 중단할 수 있다. 이 경우에는 정지사유가 해소되면 지체없이 시장을 재개하여야 한다.

3.3 호가와 관리

(1) 호가와 호가단위

거래소에서 증권 매매거래를 원하는 계좌고객의 위탁을 받은 거래소 회원인 금융투자회사, 즉 증권회사는 증권을 매매거래하기 위하여 종목, 가격, 수량을 거래상

[18] 시간외 시장의 거래에서 정규시장 종가 이외의 가격으로 거래가 성립된 경우라도 다음 거래일 정규시장의 기준가격은 시간외 시장에서 결정된 가격과 관계없이 전일의 정규시장 종가가 된다.

[19] 상세한 내용은 이 장의 「3.4 (2)의 매매계약 체결의 특례」 부분을 참조.

대방에게 제시해야 하는데 이것을 호가라고 한다. 이때, 투자자와 회원은 시장에서 매매하고자 하는 종목의 기준수량에 대한 가격을 제시하여야 하는데, 이를 호가단위라고 한다. 이때 가격표시의 최소단위를 호가가격단위라 하고, 이 가격의 기준수량을 호가수량단위라 한다.

그리고 거래소에서 매매거래를 위하여 제시할 수 있는 최저단위의 수량을 매매수량단위라고 한다. 매매수량단위는 거래소에서 증권의 매매를 신속하고 원활하게 처리하기 위하여 정해 놓은 최소의 수량단위로 이를 거래단위라고도 한다. 특히 매매수량단위에 미달한 것은 단주(odd lot)라고 한다. 이 단주는 시간외 시장이나 장외시장에서 거래된다.

표 5-2 유가증권시장의 호가단위와 매매수량단위

호가가격단위	
가격/1주(1증권,1증서,1좌 포함)	단위
2,000원 미만	1원
2,000원 이상 5,000원 미만	5원
5,000원 이상 20,000원 미만	10원
20,000원 이상 50,000원 미만	50원
50,000원 이상 200,000원 미만	100원
200,000원 이상 500,000원 미만	500원
500,000원 이상	1,000원
2,000원 미만의 상장지수증권, 상장지수집합투자기구 집합투자증권	1원
2,000원 이상의 상장지수증권, 상장지수집합투자기구 집합투자증권	5원
주식워런트증권	5원

수량단위		
유가증권	호가수량	매매수량
주권	1주	1주
외국주식예탁증권	1증권	1증권
상장지수집합투자기구 집합투자증권*	1주(좌)	1주(좌)
상장지수증권	1증권	1증권
신주인수권증서	1증서	1증서
신주인수권증권	1증권	1증권
주식워런트증권	1증권	10증권
수익증권	1좌	1좌

주: * 상장지수집합투자기구 투자신탁수익증권의 경우에는 1좌

한편, 코스닥시장은 호가의 수량단위와 매매수량단위는 1주이다. 호가의 가격단위는 다음 〈표 5-3〉과 같다.

표 5-3 코스닥시장의 호가 가격단위

주권가격	호가 가격단위
2,000원 미만	1원
2,000원 이상 5,000원 미만	5원
5,000원 이상 20,000원 미만	10원
20,000원 이상 50,000원 미만	50원
50,000원 이상 200,000원 미만	100원
200,000원 이상 500,000원 미만	500원
500,000원 이상	1,000원

(2) 호가의 종류

일반적으로 위탁매매에 있어 호가가격을 지정하는 방법에 따라 호가의 종류는 〈표 5-4〉와 같이 구분된다. 호가의 종류는 곧 회원의 고객인 투자자가 매매거래를 회원에게 위탁하기 위하여 주문가격을 제시하는 방법과 같다. 회원인 금융투자회사는 고객의 주문내용을 거래소의 전산시스템에 입력하는 방법으로 호가하여야 한다.

유가증권시장에서 주권, 외국주식예탁증권, 상장지수집합투자기구 집합투자증권 및 상장지수증권은 모든 호가종류를 이용하여 호가할 수 있고, 신주인수권증서, 신주인수권증권, 주식워런트증권, 수익증권 및 채무증권은 지정가호가만 허용되고 있다.

일반적으로 호가는 호가접수 당일의 호가접수시간 내에서 호가가 접수된 때부터 매매거래가 성립될 때까지 효력이 있다.

표 5-4 호가의 유형

호가 유형	내 용
지정가호가	종목, 가격, 수량을 모두 지정하되, 최대의 매수가격이나 최저의 매도가격을 지정해 주는 호가
시장가호가	종목, 수량은 지정하되 가격은 지정하지 아니하는 호가, 현시점에서 가장 유리한 가격조건 또는 시장에서 형성되는 가격으로 매매하고자 하는 호가
조건부 지정가호가	지정가호가로 매매에 참여하다가 종가결정을 위한 호가접수시간 개시 전까지 전량이 체결되지 않는 경우, 미체결잔량이 자동으로 시장가호가로 전환되는 호가
최유리 지정가호가	종목 및 수량은 지정하되, 가격은 매도의 최유리 지정가호가의 경우 당해호가의 접수시점에서 가장 높은 매수호가의 가격이 되고, 매수의 최유리 지정가호가는 당해 접수시점에서 가장 낮은 매도호가의 가격으로 매매하고자 하는 호가
최우선 지정가호가	종목과 수량은 지정하되, 매도의 최우선 지정가호가의 경우 당해호가의 접수시점에서 가장 낮은 매도호가의 가격이 되고, 매수의 최우선 지정가호가의 경우 당해호가의 접수시점에서 가장 높은 매수호가의 가격으로 매매하고자 하는 호가
경쟁대량매매호가	경쟁대량매매거래 성립 후부터 장종료시까지 성립된 해당종목의 매매거래를 기준으로 산출한 거래량가중평균가격(총거래대금÷총거래량)

(3) 주문의 방법

일반적으로 금융투자회사의 고객, 즉 위탁자가 매매거래를 하기 위하여 금융투자회사에 매도 또는 매수의 의사표시를 하는 것을 주문이라고 한다.

증권의 매매거래와 관련하여 주문가격을 지정하는 다음과 같은 일반적인 방법들이 있다.

① 지정가주문(limit order)

고객이 최대의 매수가격이나 최저의 매도가격을 지정해 주는 주문으로서 종목, 가격 및 수량을 지정하여야 한다.

② 시장가주문(market order)

시장가격대로 매수하거나 매도를 요청하는 주문으로서 종목과 수량은 지정하지만 가격은 지정하지 않는다.

③ 재량주문(discretionary order)

매수가격 또는 매도가격을 고객이 지정한 후 금융투자회사가 이에 일정한 가격의 상하폭을 두어 재량껏 증권을 매매하도록 하는 주문이다.

④ 가격역지정주문(stop order, stop-loss order)

역지정가주문이라고도 하며, 주가가 미리 지정한 가격 이상으로 상승하면 증권을 매수하고, 반대로 지정가 이하로 하락하면 증권을 매도하도록 위탁하는 주문이다.

⑤ 시초가주문(opening order)

개장시 동시호가로 결정된 가격으로 증권을 매매하도록 하는 주문이다.

⑥ GTC주문(good-till-canceled order, GTC order)

오픈오더(open order)라고도 하며, 특별히 주문을 취소하지 않는 한 당일의 시세대로 계속해서 증권을 매매해 달라는 주문이다.

(4) 유가증권시장의 주문방법

우리나라에서는 지정가주문, 시장가주문, 조건부지정가주문, 최유리지정가주문, 최우선지정가주문, 목표가 주문과 경쟁대량매매주문 등 7가지가 있다. 또한 신고대량매매주문, 시간외 종가매매주문, 시간외 대량매매주문, 시간외 바스켓매매주문, 자기주식매매주문, 자기주식신탁매매주문, 시간외 대량자기주식매매주문, 시간외 대량자기주식 신탁매매주문 등이 있으며 종목별로 적용되는 주문방법에 차이를 두고 있다.

여기서 조건부지정가주문은 장종료시의 가격을 단일가격에 의한 개별경쟁매매의 방법으로 결정하는 경우, 정규시장에서 거래가 성립하지 않은 수량의 가격을 시장가호가로 전환할 것을 조건으로 하는 정규시장에서의 지정가주문이다.

최유리지정가주문은 종목 및 수량은 지정하되 가격은 매도주문의 경우 당해호가의 접수시점에서 가장 높은 매수호가의 가격(즉 호가시점에서 가장 높은 매도가격이 됨)과 매수호가가 없는 때에는 가장 낮은 매도호가의 가격보다 1호가 가격단위 낮은 가격을 매도주문가격으로 한다. 그리고 매수주문의 경우 호가 접수시점에서 가장 낮은 매도호가의 가격(호가시점에서 가장 낮은 매수가격)과 매도호가가 없는 때에는 가장 높은 매수호가의 가격보다 1호가 가격단위 높은 가격을 매수주문의 가격으로 자동으로 지정하는 주문이다. 매도주문과 매수주문시 다 같이 매도호가와 매수호가가 없는 경에는 직전의 가격으로 정해진다.

최우선지정가주문은 매도주문의 경우에는 매도호가 접수시점에서 가장 낮은 매도호가의 가격(이때 매도의 우선순위가 앞섬)이 되고, 매수주문의 경우에는 매수호가 접수시점에서 가장 높은 매수호가의 가격(이때 매수의 우선순위가 앞섬)이 자동으로 지정되는 주문이다. 매도호가와 매수호가가 없는 때에는 직전의 가격으로 정해진다.

따라서 거래소는 주문유형을 다양화하여 신속하게 투자자가 유리한 방향으로 주문을 체결시켜 증권시장의 유동성을 증대시키고 있다.

한편 지정가주문, 시장가주문, 최유리지정가주문 및 경쟁대량매매주문의 경우에는 첫째, 호가의 접수시점에서 호가한 수량 중 매매계약을 체결할 수 있는 수량에 대하여는 매매거래를 성립시키고, 매매계약이 체결되지 아니한 수량은 취소하는 조건(immediate or cancel, IOC조건)과, 둘째, 호가의 접수시점에서 호가한 수량의 전부에 대하여 매매계약을 체결할 수 있는 경우에는 매매거래를 성립시키고, 그렇지 못 할 경우에는 해당 주문수량의 전부를 취소하는 조건(fill or kill, FOK조건) 등을 부여하여 주문을 할 수 있다.[20]

(5) 호가의 관리

1) 프로그램매매호가의 제한

프로그램매매에는 지수차익거래와 비차익거래가 있다.

지수차익거래는 코스피200(KOSPI200) 구성종목의 주식집단과 코스피200에 대한 선물거래종목 또는 옵션거래종목 간의 가격차이를 이용하여 이익을 얻을 목적으로 주식집단과 선물거래종목 또는 옵션거래종목을 연계하여 거래하는 것을 말한다. 프로그램매매의 매수는 코스피200에 연동되는 주식집단의 매수와 동시에 또는 매수의 전·후에 코스피200에 대한 선물거래종목의 매도를 하는 거래이고, 프로그램매매의 매도는 주식집단의 매도와 동시에 선물거래종목의 매수를 하는 거래이다.

비차익거래는 동일인이 코스피200 구성종목 중 일정한 수 이상의 종목을 거래하는 것을 말한다.

코스피200을 기초자산으로 하는 선물거래 종목 중 직전매매거래일의 거래량이 가장 많은 종목의 가격이 기준가격 대비 5% 이상 상승 또는 하락한 상태가 1분간 지속되는 경우 유가증권시장에서 당해시점부터 5분간 접수된 프로그램매매의 매수호

20 주문의 내용에 대하여「유가증권시장업무규정 시행세칙」제108조를 참조하시오.

가 또는 매도호가의 효력을 정지시킨다. 이것은 프로그램매매가 유가증권시장의 가격에 주는 변동을 최소화하려는 의도이다.

2) 공매도호가의 제한

거래소의 회원인 증권회사는 소유하지 않은 상장증권의 매도, 차입한 상장증권으로 결제하고자 하는 매도(차입공매도)와 같은 공매도를 하거나 고객으로부터 위탁을 받아 호가할 수 없다. 그러나 차입공매도인 경우 증권시장의 안정성 및 공정한 가격형성을 위하여 별도규정에 따라 허용되고 있다.

한편, 증권시장에서 매수계약이 체결된 상장증권을 해당수량의 범위 내에서 결제일 전에 매도하는 경우, 전환사채, 교환사채, 신주인수권부사채 등의 권리행사, 유·무상증자, 주식배당 등으로 취득할 주식을 매도하는 경우로서 결제일까지 그 주식이 상장되어 결제가 가능한 경우와 그 밖에 결제를 이행하지 아니할 우려가 없는 경우에는 공매도로 보지 않는다.

차입공매도로 호가하는 일반적인 경우에는 직전의 가격 이하의 가격으로 호가할 수 없다. 이때 직전의 가격이 그 직전의 가격보다 높은 경우에는 직전의 가격으로 호가할 수 있다. 이것은 차입공매도로 인한 가격하락의 위험을 방지하고자 하는 의도이다.[21]

3) 호가의 가격제한폭

거래소는 증권의 공정한 가격형성과 급격한 시세변동에 따른 투자자의 피해를 방지하고 거래질서를 확립하기 위해 하루에 변동할 수 있는 증권가격의 상하폭을 일정한 범위로 제한하고 있다. 한국거래소에서는 가격제한폭으로 주식, 상장지수집합투자기구 집합투자증권, 상장지수펀드, 외국주식예탁증서, 수익증권의 경우 기준가격의 30%를 곱한 금액을 적용하고 있다.[22] 한편 상장규정에 의하여 일정기간 매매거

21 차입공매도의 경우 직전 가격 이하의 가격으로 호가할 수 있는 경우에 대하여 「유가증권시장업무규정」 제18조 ②항을 참조하시오.

22 기준가격은 가격제한폭을 정할 때의 기준이 되는 가격으로 일반적으로 정규시장의 경우 전일의 종가이다. 가격제한폭으로 계산된 값이 호가가격 단위 미만의 금액은 절사한다. 예를 들어, 기준가격, 즉 어제 종가가 23,550원인 어떤 주식의 오늘 가격제한폭은 23,550원×0.3=7,065원으로 계산되지만, 전일 종가가 23,550원인 경우 호가단위가 50원이므로 50원 미만인 15원이 절사된다. 따라서 오늘의 주식가격은 기준가격 23,550에서 가격제한폭인 7,050원 이내의 범위까지

래를 허용하는 종목인 '정리매매종목'의 경우에는 가격제한폭을 두지 않고 있다.

4) 유동성공급호가와 시장조성호가

유가증권시장에서 매수자와 매도자 사이에 적정한 가격과 원하는 매매수량, 그리고 원하는 시점에 증권의 거래가 이루어지는 것을 유동성이 높다고 한다. 증권의 유동성이 낮게 되면, 즉 거래가 활발하지 못하면 증권가격의 변동성이 커지고 시장참여자들은 만족하지 못하게 된다. 이러한 유동성저하를 해결하기 위하여 제도화된 호가가 유동성공급호가와 시장조성호가이다.

거래소의 회원인 증권회사가 증권상장법인과 유동성공급계약을 맺어 유동성공급업자(liquidity provider, LP)가 되고, 그 증권의 매수호가와 매도호가 사이의 차이, 즉 호가스프레드가 커서 거래가 이루어지지 않을 경우 증권회사가 일정한 규칙에 따라 제시하는 호가를 유동성공급호가라고 한다.[23]

한편, 시장에 유동성을 공급하기 위하여 거래소와 시장조성계약을 체결한 회원을 시장조성자(market maker)라고 한다. 시장조성자인 거래소의 회원인 증권회사는 거래소가 유동성을 평가하여 유동성이 낮다고 판단하는 종목, 즉 저유동성종목에 대해 일정한 규칙에 따라 매매거래가 이루어질 수 있도록 하는 호가, 즉 시장조성호가를 제출할 수 있다.

3.4 매매계약의 체결

(1) 매매계약의 체결원칙과 방법

거래소가 시장에서 유가증권 매매거래를 체결시키는 방법에는 경쟁매매, 경매매, 상대매매 방식이 있다. 우리나라에서는 경쟁매매를 채택하고 있다. 경쟁매매에는 매도수량과 매수수량이 합치되는 가격에서 매매가 성립되는 집단경쟁매매(격탁매매)와 개별경쟁매매(포스트매매)가 있다.

상하로 변동가능하다.

[23] "호가스프레드"라 함은 매도호가의 가격과 매수호가의 가격 차이를 말하며, "호가스프레드비율"이라 함은 매수호가의 가격에 대한 호가스프레드의 비율을 말한다.

표 5-5 개별경쟁매매의 호가 우선순위

호가 우선순위	내 용
① 가격우선의 원칙	낮은 가격의 매도호가는 높은 가격의 매도호가에 우선하고, 높은 가격의 매수호가는 낮은 가격의 매수호가에 우선한다. 다만, 시장가호가는 지정가호가에 가격적으로 우선하되, 매도시장가호가와 하한가의 매도지정가호가, 매수시장가호가와 상한가의 매수지정가호가는 각각 동일한 가격의 호가로 본다.
② 시간우선의 원칙	동일한 가격호가 간의 우선순위와 시장가호가 간의 우선순위는 호가가 행하여진 시간의 선후에 따라 먼저 접수된 호가가 뒤에 접수된 호가에 우선한다.
③ 동시호가의 우선순위	시가와 시장재개 후 또는 매매거래 재개 후 최초의 가격결정을 위한 참여호가 중에서 상한가 매수호가와 하한가 매도호가를 동시호가라고 한다. 동시호가에서의 우선순위는 위탁자우선 원칙을 적용하고, 위탁매매 호가 간 혹은 자기매매 호가 간에는 수량우선원칙을 적용한다.

1) 경쟁매매의 원칙

매매거래는 개별경쟁매매의 방법에 의한다. 개별경쟁매매는 단일가격에 의한 개별경쟁매매와 복수가격에 의한 개별경쟁매매로 구분된다. 거래소시장에서 매매체결시 적용되는 경쟁요소에는 가격, 시간, 수량이 있다. 개별경쟁매매에 있어서의 호가의 우선순위는 〈표 5-5〉와 같다.[24]

2) 단일가격에 의한 개별경쟁매매

정규시장의 시가결정, 시장이 임시로 정지되어 재개된 후 최초의 가격결정과 종목별 매매거래의 중단 후 매매거래가 재개된 후 최초의 가격결정, 그리고 정규시장 종료시의 가격결정을 위하여 일정시간 동안 참여한 호가는 단일가격에 의한 경쟁매매를 하게 된다.

이때 결정되는 단일가격은 기본적으로 높은 호가가격대의 매수수량과 낮은 호가가격대의 매도수량으로 가장 많이 매매계약이 체결될 수 있는 하나의 합치되는 가격이다. 결과적으로 합치한 단일가격으로 체결될 수 있는 매도호가의 합계수량과 매수호가의 합계수량은 서로 일치한다. 이때에도 가격우선, 시간우선과 동시호가의 우선순위에 따라 합치되는 호가 간에 매매거래가 성립된다.

[24] 한국거래소, 유가증권시장 업무규정, 제22조(경쟁매매의 원칙)을 참고하라.

3) 복수가격에 의한 개별경쟁매매

복수가격에 의한 개별경쟁매매는 단일가매매방식이 적용되는 시점 이외의 시간 동안에 거래소에 제출되는 주문에 의해서 체결 가능한 조건이 형성될 때마다 가격 및 시간우선의 원칙에 의하여 즉시 매매체결시키는 방식이다. 이 방식은 매매거래시간 중에 계속적으로 복수의 가격이 형성되기 때문에 접속매매라고도 한다.

이러한 접속매매는 단일가매매에 의해 시가가 결정된 직후부터 종가결정을 위한 호가접수시간 개시 전까지의 가격결정에 적용된다. 복수가격에 의한 개별경쟁매매에서는 가격우선과 시간우선의 원칙으로 계약이 체결된다.

(2) 매매계약체결의 특례

거래소는 매매거래에 있어서 한 회원만이 경합하는 경우에, 단일가격에 의한 개별경쟁매매와 복수가격에 의한 개별경쟁매매와는 다른 매매계약체결방법을 정해두고 있다. 이와 같은 매매계약체결의 특별한 예는 정규시장의 거래와 시간외 시장의 거래로 나누어 볼 수 있다.

정규시장에서는 장중경쟁대량매매(주권, 외국주식예탁증권, 상장지수집합투자기구 집합투자증권 및 상장지수증권에 한함), 장중대량매매, 장중바스켓매매 등이 있다.

시간외 시장에서는 시간외 종가매매, 시간외 단일가매매(장종료 후), 시간외 경쟁대량매매(장개시 전), 시간외 대량매매 그리고 시간외 바스켓매매 등이 있다. 이들 각각의 매매계약체결 방법을 다음 페이지 〈표 5-6〉에 요약해 두었다.

표 5-6 매매계약체결의 특례 요약

매매계약	매매거래 시간	가격	호가수량/ 매매수량	호가의 가격범위 가격제한폭
장중 경쟁대량매매	정규시장 9:00~15:00	거래량가중평균가격 (거래성립 후 장종료까지 해당종목 총거래대금/총거래량)	5억원/100주	–
장중 대량매매	정규시장 9:00~15:30	거래쌍방이 협의한 종목, 수량, 가격이 동일한 매도호가 매수호가	매매수량단위 5,000배 이상 또는 1억원 이상의 수량	호가 접수 전 정규시장 형성 최저가격과 최고 가격 이내의 가격
장중 바스켓매매	정규시장 9:00~15:30	거래쌍방이 협의한 바스켓구성 각각의 종목에 대하여 수량 및 가격이 동일한 매수 · 매도호가	바스켓구성종목수: 5종목 이상, 바스켓수량요건: 총 10억원 이상	–
시간외 종가매매	8:30~8:40 15:30~16:00	당일 종가(장종료 후) 전일 종가(장개시 전)	호가우선순위 → 시간우선	–
시간외 단일가매매	장종료 후 16:00~18:00	호가접수시간 개시시점부터 10분 경과 후 30초 내에서 접수된 호가	– 가격우선, – 지정가호가보다 시장가호가의 우선 – 동일가격시 시간우선	당일 종가기준 10% 높은 가격과 10% 낮은 가격 이내의 가격
시간외 경쟁대량매매	장개시 전 시간외시장 호가접수시간 8:00~9:00	정규시장개시부터 장종료시까지 해당종목 거래량가중평균가격, 종가	시간우선 5억원/100주	–
시간외 대량매매	장개시 전 8:00~9:00 장종료 후 15:40~18:00	거래쌍방이 협의한 종목, 수량, 가격이 동일한 매도호가 매수호가 /호가가격단위 1원	매매수량단위 5,000배 이상 또는 1억원 이상의 수량	당일의 가격제한폭 이내의 가격
시간외 바스켓매매	장개시 전 8:00~9:00 장종료 후 15:40~18:00	–	바스켓구성종목수: 5종목 이상, 바스켓수량요건: 총 10억원 이상	당일의 가격제한폭 이내의 가격

(3) 주권상장법인의 자기주식매매

회사는 자기의 명의와 계산으로 자기의 주식을 취득할 수 있다(상법 341조(자기주식의 취득)). 따라서 거래소에 주식을 상장한 상장법인은 이익배당을 할 수 있는 금액한도 내에서 증권시장에서 자기주식의 취득이 가능하다. 회원이 주권상장법인으로부터 자기주식매매거래를 위탁받을 경우에는 장개시전 호가와 매매거래시간중 호가 중 하나로 호가하여야 한다. 이때 장종료 30분 전 이후에는 호가할 수 없다.

표 5-7 주권상장법인의 자기주식매매 호가방법

호가구분		장개시전 호가	매매거래시간중 호가
호가가격	매수	당해종목의 전일종가와 전일종가기준 5% 높은 가격범위 이내의 가격	당해종목의 직전의 체결가격과 최우선매수호가의 가격 중 높은 가격으로부터 5호가가격단위 높은 가격을 상한으로 하고 5호가 가격단위 낮은 가격을 하한으로 하는 범위 이내의 가격
	매도	당해종목의 전일종가와 전일종가보다 2호가 가격단위 낮은 가격범위 이내의 가격	당해종목의 직전의 체결가격과 최우선매도호가의 가격 중 낮은 가격으로부터 5호가가격단위 높은 가격을 상한으로 하고 5호가 가격단위 낮은 가격을 하한으로 하는 범위 이내의 가격
호가수량		발행주식총수의 100분의 1에 해당하는 수량 이내에서 다음 중 많은 수량 이내 가. 금융위원회에 신고한 취득(또는 처분)예정 주식수의 100분의 10에 해당하는 수량 나. 취득(또는 처분)을 이사회에서 결의한 날의 전일을 기산일로 하여 소급한 1개월 간의 일평균거래량의 100분의 25에 해당하는 수량	
자기주식매매 신청서 제출		호가하는 날의 직전매매거래일(장종료 후부터 18시까지), 거래소에 제출	

(4) 매매거래의 관리

1) 거래소 주식시장의 매매거래중단

거래소는 가격이 급변할 경우 투자자에게 시장상황을 냉정하게 판단할 수 있는 시간을 제공하기 위해 일시적으로 매매거래를 중단할 수 있다. 이러한 제도를 일반적으로 서킷브레이크(circuit breakers)라고 한다.

① 거래소는 1차적으로 종합주가지수(KOSPI)가 직전 매매거래일의 최종 수치 보다 8% 이상 하락하여 1분간 지속되는 경우에 20분간 모든 종목의 매매거래를 중단, 즉 호가접수를 중단한 후에 재개한다.

② 1차의 매매거래중단과 재개 후에도 직전 매매거래일의 최종 수치보다 15% 이상 하락하여 1분간 지속되는 경우 또다시 20분간 모든 종목의 매매거래를 중단한 후에 재개한다.

③ 2차의 매매거래중단과 재개 후에도 직전 매매거래일의 최종수치보다 20% 이상 하락하여 1분간 지속되는 경우 매매거래를 중단한 후에 즉시 당일의 매매거래를 종결한다.

첫 번째와 두 번째의 매매거래중단은 당일 중 최초로 그 요건에 해당하는 경우에 적용하고, 장종료 40분 전 이후에는 중단하지 않는다. 세 번째의 경우가 장종료 40분 전 이후에 발생할 때에도 매매거래를 중단하고 거래를 종결시킨다.

2) 종목별 매매거래의 정지

거래소는 매매거래가 폭주하여 신속한 매매거래가 성립할 수 없다고 인정되는 종목, 투자유의채권종목으로 지정된 종목과 그 밖에 시장관리상 필요하다고 인정되는 종목의 경우 매매거래를 정지시킬 수 있다. 또한 당해 주권을 기초자산으로 하는 신주인수권증서, 신주인수권증권 및 주식워런트증권의 매매거래를 정지할 수 있다.

3) 종목별 매매계약체결방법의 변경

개별종목에 대한 가격안정화 장치로서, 주문실수, 수급 불균형 등에 의한 일시적 주가급변시 단기간의 냉각기간을 부여하여 시장참가자로 하여금 주가급변 상황에 대해 주의를 환기시킴으로써 가격급변을 완화하도록 하기 위한 규정을 두고 있다. 이런 제도를 종목별 변동성완화장치라고 한다.

거래소는 주권, 외국주식예탁증권, 상장지수집합투자기구 집합투자증권, 상장지수증권 및 수익증권의 호가에 따른 잠정적인 체결가격이 정규시장의 매매거래시간 및 시간외 시장(시간외 단일가매매에 한한다)의 매매거래시간 중에 해당 호가 제출시점의 직전의 가격을 기준으로 일정한 비율 이상 상승 또는 하락(예, KOSPI200의 주권종목 3%, 그 밖의 주권종목 6%)하는 경우 해당 종목의 매매계약체결방법을 단일가격에 의한 개별경쟁매매로 변경하거나 단일가매매참여호가의 범위를 연장하는 등 매매계약체결방법을 변경할 수 있다.

이 밖에 거래소는 전산장애가 발생하거나 일부 종목의 호가폭주로 거래소 시스템의 장애가 예상되는 경우 호가접수정지, 매매거래중단 등의 조치를 취하게 된다. 또한 거래소는 매매계약체결의 중개업무를 하는 과정에서 착오가 발생하거나 회원이 호가를 하는 과정에서 착오가 발생한 경우에는 매매계약체결내용을 정정할 수 있다.

그리고 거래소는 정규시장의 매매거래시간 중 개별경쟁매매의 방법으로 거래된 주권, 외국주식예탁증권, 상장지수집합투자기구 집합투자증권, 상장지수증권, 주식워런트증권 및 수익증권과 관련하여 회원 또는 위탁자의 착오로 인하여 본래의 의사와 다르게 성립된 거래 중 결제가 곤란하고 시장에 혼란을 줄 우려가 있다고 인정하는 대규모착오매매에 대하여 회원의 신청이 있는 경우에는 이를 구제할 수 있다. 다만, 시장상황의 급변, 그 밖에 시장관리상 필요하다고 인정하는 경우에는 제외한다.

3.5 매매거래의 결제

(1) 매매거래의 종류

상거래활동에서 거래는 계약(contract)과 결제(clearing)로 구분된다. 계약은 거래대상, 수량 그리고 가격을 정하여 거래하기로 매수자와 매도자가 약속하는 것을 말한다. 결제는 계약에 따른 대금과 물건을 서로 주고받아 거래를 완성시키는 행위이다.

일반적으로 증권의 매매거래는 거래대금의 결제방법에 따라 실물결제거래와 차금결제거래로 나눌 수 있다. 그리고 체결된 거래를 결제하는 시기에 따라 즉시거래, 선물거래, 보통거래로 나눌 수 있다.

실물결제거래는 결제시점에 체결된 거래의 증권과 현금을 실제로 교환하여 거래를 종결하는 방법이다. 차금결제거래는 계약시점과 결제시점 사이에 상당한 시간차이가 있어, 결제일 전에 계약한 증권을 반대매매거래계약을 하여 결제시점에 실물의 인수도 없이 매수 · 매도의 거래대금의 차액만 결제하는 방법이다.

즉시거래는 매매거래의 계약과 결제가 동시에 이루어는 거래로서 현물거래(spot trade) 또는 현금거래(cash trade)라고도 한다. 선물거래(future transaction)는 매매계약이 체결된 후 일정한 기간이 경과하여 계약한 증권과 거래대금을 주고받아 결제가 이루어지는 거래를 말한다. 계약체결의 시기와 인수도결제의 시기 사이에 전매 또는 환매가 인정되는데, 이를 청산거래(clearing transaction)라고 한다. 이 선물거래에는 실물결제의 방법과 차금결제의 방법이 있다.

보통거래(regular way transaction)는 즉시거래와 선물거래의 중간 형태이다. 이는 매매계약을 체결한 날로부터 3거래일째 되는 날에 실물결제거래가 이루어지는 거래를 말한다. 투자자는 결제시점 이전에 증권을 매도할 수 있으며, 결제대금을 받기 이전에 결제대금을 차용하여 다른 증권을 매수할 수도 있다.

우리나라의 거래소에서는 현재 당일결제거래, 익일결제거래와 보통거래를 제도화하여 거래를 종결시키고 있다. 일반적으로 상장유가증권의 경우 보통거래를 위주로 매매거래를 한다. 채권의 경우에는 당일결제거래 또는 익일결제거래를 하고 있다.

(2) 청산과 결제

매매계약이 체결되면 매도인은 매수인에게 증권을 인도하고, 매수인은 매도인에게 거래대금을 지불하여 결제되어야 한다. 먼저 거래상대방에 대한 결제증권과 결제대금을 확정하는 것을 청산(clearing)이라 하고, 실제로 증권과 대금을 인수도하여 거래를 종결시키는 것을 결제(settlement)라고 한다. 우리나라 증권매매거래의 결제과정에는 거래소, 결제회원, 한국예탁결제원 그리고 한국은행 등이 참여한다.

먼저, 거래일 영업이 종료되면, 결제회원인 증권회사는 장종료시점을 중심으로 산출한 거래증거금을 거래소에 납부하여야 한다.

거래소는 결제회원을 대신하여 거래 상대방 결제회원에게 납부할 대금과 인도할 증권을 등의 채무를 중간에서 인수하여 청산, 결제하게 하는 결제기구의 역할을 한다.

거래소는 매매거래 성립 후 결제회원의 채무의 기초가 되는 매매거래를 확인하여 거래상대방에 대한 채무를 인수한다. 결제회원은 거래상대방 회원에 대한 채무는 면제되고, 대신 거래소에 동일한 채무를 부담해야 한다.

거래소는 회원의 채무인수를 한 후 주권 등의 매매거래, 국채전문유통시장의 매매거래, 환매조건부채권매매거래와 채무증권의 매매거래 등의 차감대상별로 거래소와 회원이 같은 날에 발생한 대금에 대한 채무를 상호 부담하거나 같은 종목의 증권에 대한 채무를 상호 부담하는 경우에는 대금간 및 같은 종목의 증권 간에 차감한다. 차감 후 남은 종목의 수량 및 대금의 금액을 거래소와 회원 간에 수수해야 하는 결제증권 및 결제대금으로 확정한다.

거래소는 확정된 결제증권 및 결제대금의 내역(결제내역)을 전산시스템을 통하여 회원, 한국예탁결제원 및 한국은행에 통지한다. 결제회원은 통지받은 결제내역에 따라 증권 또는 대금을 결제일의 오후 4시(당일결제거래의 경우 오후 4시 30분)까지 거래소에 납부하여야 하고, 거래소는 결제회원에게 증권을 인도하거나 대금을 지급한다.

구체적으로 거래소와 결제회원 간의 증권 및 대금의 수수는 '확정된 결제증권의 수수를 위한 계좌로서 예탁결제원에 개설된 거래소계좌를 대신하는 예탁결제원계좌'인 증권결제계좌와 '확정된 결제대금의 수수를 위한 계좌로서 한국은행 또는 은행에 개설된 거래소계좌를 대신하는 예탁결제원계좌'인 대금결제계좌 간에 대체 또는 이체하는 방법으로 한다. 이와 같이 증권의 인수도를 계좌간 대체기록으로 대신하는 것을 대체결제제도라고 한다.

우리나라는 채권을 제외한 주권 등의 증권은 거래일 포함하여 3일째에 결제하는 보통거래를 하며, 채권은 익일결제거래와 당일결제거래를 한다. 보통거래와 익일결제거래의 결제시한은 결제일 오전 9시부터 오후 4시까지이며, 당일결제거래는 오후 3시 30분부터 4시 30분까지이다.

한편, 회원인 증권회사는 결제일에 위탁자인 고객에게 회원이 정한 시간까지 위탁자의 매수대금 혹은 매도증권을 납부하여 결제하도록 한다.

그림 5-2 매매계약의 청산과 결제과정

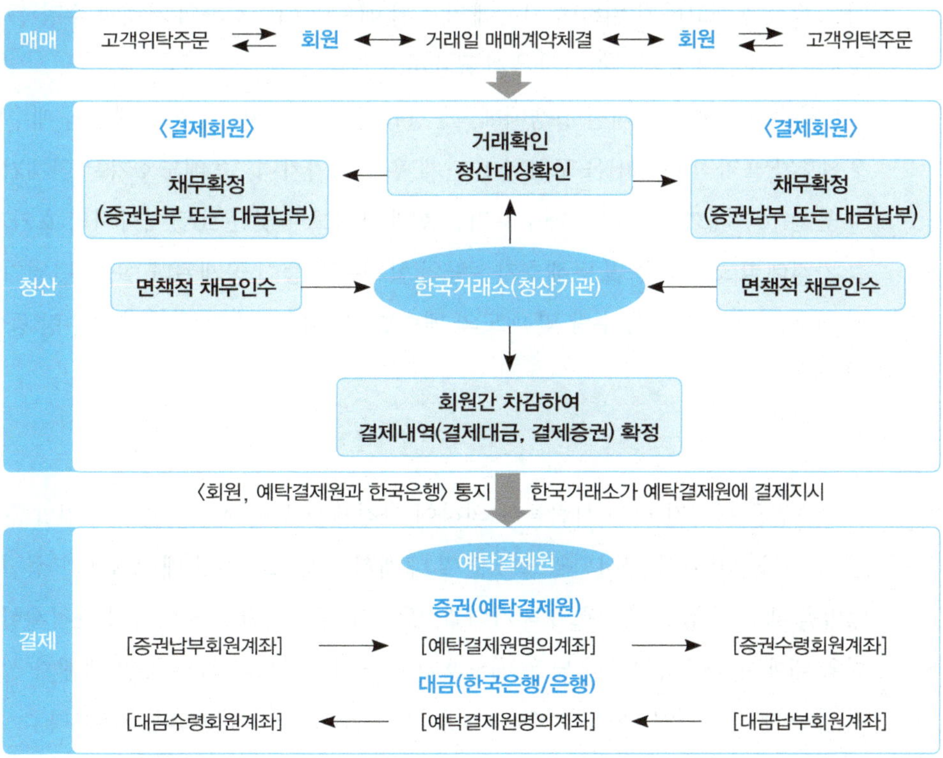

3.6 시장관리

(1) 시세의 공표

거래소는 증권시장에서 거래와 관련되는 시세정보를 공표하고 투자자보호를 위하여 투자판단에 참고가 되는 정보를 공표할 수 있다.

시세와 관련되는 정보로서, 현재가 · 시가최고가 · 최저가 및 종가, 거래량 및 거래대금, 전일종가 또는 기준가격, 배당락, 권리락, 분배락, 이자락 등이 있다. 거래당일에 변동하는 시장가격 중에서 시가(beginning price)는 최초로 형성된 가격, 최고가(high price)는 가장 높게 형성된 가격, 최저가(low price)는 가장 낮게 형성된 가격, 그리고 종가(closing price)는 최후로 형성된 가격을 의미하며, 종가는 당일의 시장가격을 대표한다.

1) 호가정보의 공개

거래소는 투자자의 투자판단, 증권회사의 서비스 제고 및 시장의 가격발견기능의 효율성을 제고하기 위하여 시장에 제출된 매도와 매수호가의 가격과 수량 등 호가정보를 실시간으로 시장참가자에게 공개하고 있다.

복수가격에 의한 개별 경쟁매매, 즉 정규시간 접속매매의 경우 매도와 매수별 최우선호가의 가격(현재가)을 포함한 10단계 우선 호가가격, 즉 매도호가는 현재가격보다 높은 10단계까지 그리고 매수호가는 현재가격보다 낮은 10단계까지의 호가가격, 그 가격대별 호가수량 및 당해호가수량의 합계수량 등이 공개된다. 또한 단일가매매의 경우 예상체결가격, 수량 및 매도와 매수별 3단계우선호가의 가격과 수량 등이 공개된다.

2) 기　세

증권을 사고자 하는 사람들에 의하여 가격제한폭 내에서 기준가격(전일 종가)보다 높은 매수호가가 제시되었으나 당일 매매거래 종료시까지 매매거래가 성립되지 않았을 때 가장 높은 매수호가의 가격과, 팔고자 하는 사람들에 의하여 가격제한폭의 범위 내에서 기준가격보다 낮은 매도호가가 제시되었으나 하루 종일 매매가 성립되지 않을 때 가장 낮은 매도호가의 가격을 기세(quotation or quote)라고 부른다.

예를 들어, 전일 종가가 10,000원이었다면 당일의 가격제한폭은 3,000원이므로 상한가는 13,000원, 하한가는 7,000원이 된다. 그런데 당일에 상한가로 사자는 사람 또는 하한가로 팔자는 사람이 있었으나 매매가 전혀 성립되지 않았다면 이를 기세라고 한다.

3) 배당락

주식에는 기업에 대하여 배당을 청구할 수 있는 권리가 부여되어 있다. 기업이 배당을 지급하기 위한 주주의 권리확정일 이후에 주식을 매입하여 소유하는 주주에게는 현재 배당을 받을 권리가 없어진다. 따라서 지급될 배당금액만큼 주가는 떨어지고, 이 하락한 주가를 배당락 주가라고 한다.

4) 권리락

기업이 유상 혹은 무상 증자를 하는 경우에 기존의 주식에는 신주인수권이 부여된다. 증자를 수행하기 위한 신주배정일 이후에 주식을 매입하는 경우 신주인수권은 소멸된다. 이때 신주인수권의 가치만큼 주가가 하락하며, 이 하락한 주가를 권리락 주가라고 한다.

(2) 투자 참고사항의 공표

투자 참고사항으로 공표하는 내용은 장중대량매매, 장중바스켓매매, 시간외 대량매매 또는 시간외 바스켓매매가 이루어진 종목, 주권상장법인의 자기주식매매(자기주식신탁매매 포함)가 이루어진 종목, 일일 상장주식회전율이 상위 20위 이내인 종목 그리고 그 밖에 투자판단에 참고가 된다고 인정되는 사항 등이다.

(3) 단기과열종목의 지정과 해제

거래소는 관리종목이거나 상장주식수가 10만 주 이하인 주권과 외국주식예탁증권에 대하여 유통주식수가 매우 적은 데에도 불구하고 주가상승률, 거래회전율 및 주가변동성 등이 과다할 경우 단기과열종목으로 지정하여 체결방식을 30분 단일가매매로 변경하여 거래함으로써 투자자의 주의를 환기시키고 주의를 촉구한다.

이 밖에 거래소는 투자자의 주의환기가 필요하다고 인정되는 상장채무증권에 대하여 '투자유의채권종목'으로 지정하거나 시장감시위원회가 매매거래 중지를 요청한 '투자위험종목'에 대하여 매매거래의 중지, 매매계약체결방법의 변경 등 필요한 조치를 할 수 있다.

3.7 시장감시제도

(1) 불공정거래

금융활동에는 금융투자업자나 투자자들이 법규를 준수하지 않거나 정보를 왜곡하거나 풍문을 이용하는 등 불공정하게 거래하는 행위가 발생하여 거래질서를 문란하게 하여 선의의 투자자에게 피해를 줄 수도 있다.

이러한 불공정거래행위에는 내부자의 단기매매차익 추구거래, 미공개중요정보의 이용, 시세조종행위, 부정거래행위, 시장질서교란행위 등이 있다.

한국거래소는「자본시장과 금융투자업에 관한 법률」(자본시장법)의 제402조(시장감시위원회)에 따라 '시장감시위원회'를 설치하고, 제403조(시장감시규정)에 따라 시장감시, 이상거래의 심리, 회원에 대한 감리 및 연계감시와 그 결과에 따른 회원 및 그 임직원에 대한 징계, 불공정거래 예방 등을 위한 활동 등에 관하여 필요한 사항을 규정하는 '시장감시규정'을 제정하여 투자자보호를 위한 예방활동과 그 처리활동을 하고 있다.

(2) 불공정거래의 예방활동

시장감시위원회는 시장감시규정에 따라 '자본시장법'에서 정한 증권시장의 거래에 참여하는 투자자로서 일반투자자, 상장법인 임직원 그리고 금융기관(투자자)에 대한 규제행위와 한국거래소가 정한 회원인 증권회사가 증권의 매매거래에 참여하여 준수할 사항에 대하여 불공정한 거래행위를 감시하고, 조사 · 분석하여 여러 가지 예방조치를 하고 있다.

먼저 '자본시장법'에서 규정한 행위에는 일반투자자, 상장법인 임직원, 금융기관(투자자) 등의 시세조종, 미공개정보이용, 단기매매차익, 주요보고의무위반 등에 관한 사항이 있다. 또한 한국거래소의 회원인 금융투자회사에 대한 업무관련 규정준수 사항은 회원의 금지행위(위탁자 주문정보를 이용 등), 공정거래질서 저해행위(시가,

종가시세 과도 관여), 불공정거래 예방을 위한 회원보고의무 위반(상장법인 임직원 및 주요주주 자사주거래 보고 등), 업무관련규정 위반 행위(매매거래 수탁 및 결제 관련 준수사항 위반 등) 등이다.

(3) 시장경보제도

시장감시위원회는 매매거래에서 투기적이거나 불공정거래의 개연성이 있는 증권종목에 대하여 그 종목의 가격이나 거래량의 뚜렷한 변동이 있는 이상거래를 심리하여 투자유의안내, '투자주의종목'의 지정과 공표, '투자경고종목'의 지정과 공표, 그리고 '투자위험종목'의 지정과 공표 등을 하고 있다. 이와 같이 투자자에게 거래소의 매매거래와 관련한 주의 및 경고사항을 안내하는 것을 경보제도라고 한다.

시장감시규정에 따라 시장감시위원회는 소수거래자에 의하여 증권의 가격이 비교적 단기간에 급등하는 종목은 '투자주의종목'으로 지정, 공표한다.

단기간에 증권가격이 급등하거나 투자주의 종목으로 반복 지정되는 종목은 '투자경고종목'으로 지정 공표된다.

투자경고종목으로 지정된 이후에도 지속적으로 주가가 급등하는 경우에는 해당종목을 '투자위험종목'으로 지정, 공표한다. 이때 투자자는 해당종목의 투자시 매우 주의하여야 한다.

투자위험종목으로 지정된 후에도 가격이 급등하는 경우에는 시장감시위원회가 해당 종목의 매매거래정지나 중단을 거래소에 요청할 수 있다. 매매거래의 폭주와 관련하여 매매거래가 중단된 경우에는 호가상황 및 매매거래 상황을 감안하여 매매거래를 재개할 수 있다.[25]

---

[25] 한국거래소, 시장감시규정, 제5조의2(투자주의종목의 지정 · 공표 등)와 제5조의3(투자경고종목 및 투자위험종목의 지정 · 공표 등)을 참고하고, 자세한 지정기준은 시행세칙을 참고하라.

3.8 기업공시제도

(1) 기업공시제도의 의의

기업공시제도(corporate disclosure system)는 기업의 중요 정보인 경영실적, 재무상태, 합병, 증자 등을 이해관계자들에게 정기적이고 또한 수시로 공개하도록 하여, 투자자 스스로 자유로운 판단과 자기의 책임 아래 투자결정을 하도록 하는 제도이다. 이 제도의 성공핵심은 기업이 기업정보를 충분히 공개할 수 있어야 한다.

따라서 상법과 자본시장법은 주식회사와 주권상장법인에 대하여 필요한 기업내용을 공시하도록 규정하고 있다. 자본시장법 제159조와 제163조 등에 따르면 주권상장법인은 사업보고서를 사업연도 경과 90일 이내에 금융위원회와 거래소에 제출하여야 한다. 금융위원회와 거래소는 사업보고서 등을 3년간 일정장소에 비치하고 인터넷 홈페이지 등을 이용하여 공시하여야 한다.[26]

자본시장법에 의한 공시규정은 크게 발행시장공시와 유통시장공시로 구분될 수 있다. 발행시장의 공시사항은 증권신고서, 투자설명서, 증권발행실적보고서 등이 있다. 그리고 증권의 유통과 관련된 공시는 정기공시, 수시공시, 주요사항보고서, 기타 공시 등이 있다.

자본시장법 제391조(공시규정)에 의거하여 거래소는 주권등상장법인에 대하여 기업내용 등의 신고 · 공시 관리를 위하여 '공시규정'을 정하여야 한다.

(2) 유가증권시장의 상장법인 공시종류

유가증권공시규정에 주권상장법인이 공시해야 할 의무가 있는 공시사항은 주요경영사항의 신고공시, 조회공시, 공정공시 등이 있다. 주요경영사항 외에 투자판단에 중대한 영향을 미칠 수 있거나 투자자에게 알릴 필요가 있다고 판단되는 사항이 발생하거나 결정이 있는 때에는 그 내용을 거래소에 신고하는 자율공시도 있다.

1) 주요경영사항의 신고 · 공시

상장법인은 경영활동과 관련된 사항으로 주요 투자 의사결정에 영향을 미치는

---

[26] 금융감독원 전자공시시스템(http://dart.fss.or.kr)과 한국거래소 전자공시(KIND, Korea Investor's Network for Disclosure System) 홈페이지(http://kind.krx.co.kr)를 참조하라.

사실 또는 결정내용을 즉시 신고하고 공시하도록 하여 투자자에게 합리적인 투자판단 자료를 제공하고, 내부정보를 이용한 증권매매거래를 예방하여 증권시장의 공정한 거래질서를 확립하기 위한 제도이다. 유가증권공시규정(제7조~제8조)에 해당하는 사항에 대한 이사회의 결의 또는 대표이사 그 밖에 사실상의 권한이 있는 임원 · 주요주주 등의 결정이 있는 경우 그 내용을 그 사유 발생일 당일 또는 다음 날까지 거래소에 신고하여야 한다.[27]

2) 조회공시

조회공시제도는 증권의 공정한 거래와 투자자보호를 위하여 풍문의 사실 여부 확인과 기업이 발행한 주식의 가격과 거래량에 현저한 변동이 있는 경우에 중요한 정보의 유무에 대한 공시를 거래소가 요구하고, 상장기업은 이에 응해 직접 공시하는 제도이다.[28]

3) 공정공시

기업이 증권시장을 통해 공시되지 않은 중요정보를 기관투자자 등 특정인에게 선별적으로 제공하고자 하는 경우 모든 시장참가자들이 동일한 정보를 알 수 있도록 그 특정인에게 제공하기 전에 증권시장을 통해 공시하는 제도이다. 공정공시 대상정보에는 장래 사업계획 또는 경영계획, 매출액 및 이익 전망, 영업실적 등이 포함된다.[29]

4) 사업보고서의 제출

주권상장법인은 사업보고서를 법정기한인 사업연도 경과 후 90일 이내에 금융위원회와 거래소에 제출하여야 한다.

5) 자율공시

상장법인은 회사의 경영 · 재산, 주가 및 거래량에 영향을 미칠 수 있다고 인정되는 사항과 관련된 풍문 또는 보도 등에 대하여 해명을 하고자 할 경우에 그 내용을 거

[27] 유가증권시장공시규정 제7조~제8조 참조.

[28] 유가증권시장공시규정 제7조 내지 제10조, 제12조, 제13조, 제28조 참조.

[29] 유가증권시장공시규정 제12조~제17조 참조.

래소에 신고할 수 있다. 주요경영사항 외에 투자자에게 알릴 필요가 있다고 판단되는 사항이 발생하거나 결정이 되는 때 그 내용을 사유발생일 다음날까지 거래소에 자진하여 신고할 수 있다.[30]

(3) 불성실공시

'유가증권시장 공시규정'에 따르면, 공시해야 할 사항을 신고 기한 내에 신고하지 않거나 허위로 신고하는 '공시불이행', 이미 공시한 내용을 전면취소하거나 부인하는 '공시번복', 공시의 주요 내용을 변경하는 '공시변경' 등을 '불성실공시'라고 한다.

이러한 경우 거래소는 주권상장법인을 불성실공시법인으로 지정하고 불성실공시법인 지정 등의 사실 공표, 법인의 공시책임자 및 공시담당자에 대하여 불성실공시 예방을 위한 교육실시, 공시책임자 등의 교체요구, 개선계획서 및 이행보고서 제출요구 등을 실행한다.

(4) 상장법인의 관리

거래소는 조회공시에 응하지 않거나 불성실공시법인으로 지정된 경우, 그리고 풍문 또는 보도 등과 관련하여 가격 또는 거래량이 급변하거나 급변이 예상되는 경우가 발생하면 해당 주권상장법인이 발행한 주권 등에 대하여 매매거래를 정지할 수 있다.

또한 거래소는 상장법인의 공시의무사항 외에도 기업설명회 관련자료, 내부정보 등 투자자의 판단에 영향을 미치는 기업의 정보를 공정성과 객관성을 유지할 수 있도록 규정으로 관리하고 있다.

30 유가증권시장공시규정 제12조~제17조 참조.

제4절 채권 유통시장

4.1 채권 유통시장의 의의

채권 유통시장은 이미 발행된 채권이 투자자간에 매매되는 시장이다. 예전에 채권투자자는 만기까지 보유하는 장기투자자가 대부분이므로 고도로 발달된 유통시장의 필요성이 크지 않았다. 유통시장이 발전하고 시장이자율의 변동성이 증가하면서 채권투자의 매력이 부각되었고, 이에 따라 개인투자자들도 채권을 자산의 운용수단으로 이용하게 되었다.

채권의 유통시장은 채권의 유동성을 부여하고, 투자자에게 원금의 회수와 투자수익의 실현을 가능하게 하며, 공정한 가격을 형성하여 채권의 담보력을 높여준다. 유통시장이 기능을 제대로 발휘하기 위해서는 채권발행물량이 많아야 하고, 발행된 채권이 불특정 다수 투자자에 의해 분산 보유되어 채권의 거래자가 많아야 한다. 그 외에도 채권매매 거래제도가 확립되어 채권매매에 제약이 없어야 한다.

4.2 채권 유통시장의 유형

채권 유통시장은 〈표 5-8〉과 같이 다수의 매수와 매도주문이 한 곳에 집중되어 경쟁매매를 통해 채권의 매매가 이루어지는 거래소시장과 거래소 이외에서 거래가 이루어지는 장외시장으로 구분된다. 거래소시장은 상장된 채권을 대상으로 표준화된 거래방식으로 거래가 이루어지는 조직적인 시장으로, 일반채권시장과 국채전문유통시장으로 구분할 수 있다.

(1) 거래소시장

1) 일반채권시장

거래소시장에서의 채권거래는 거래소라는 구체적인 장소에서 집단적으로 이루어진다. 매매거래의 대상이 되는 채권은 상장종목에 한정된다. 또한 채권의 거래조건이 규격화되어 있고 거래시간도 한정되어 있다.

일반채권시장은 불특정 다수의 일반투자자가 참여할 수 있는 시장으로 국채

표 5-8 채권 유통시장의 구조

구분	거래소시장		장외시장	
	일반채권시장	국채전문 유통시장	증권회사 단순중개	IDB 중개[1)]
거래참가기관	거래소 정회원[2)]	국채전문딜러, 국채딜러	제한없음	기관투자자, 기금, 자산운용회사, 뮤추얼 펀드 등
거래중개기관	한국거래소	한국거래소	증권회사	IDB
주요거래종목	국민주택채권 주식관련사채	국고채권, 통화안정증권, 예금보험기금채권	모든 채권	모든 채권
매매방식	경쟁매매 (자동매매시스템)	경쟁매매 (자동매매시스템)	상대매매	사실상 상대매매[3)]
매매시간	09 : 00～15 : 30	09 : 00～15 : 30	제한 없음 (통상 08 : 30～16 : 30)	제한 없음 (통상 08 : 30～16 : 30)
결제시점	당일결제	익일결제	익일결제에서 최대 30일	익일결제에서 최대 30일
최소매매단위	일반채권 1,000원 단기사채 1억원	10억원	제한 없음 (통상 100억)	제한 없음 (통상 100억)

주 : 1) 2003년 2월 증권거래법시행령 개정으로 IDB(inter-dealer broker)의 중개기관이 기관투자자로 확대됨에 따라 사실상 금융투자회사와 동일하게 채권을 중개하고 있음

2) 일반투자자의 경우 금융투자회사를 통한 위탁매매거래가 가능

3) 당초 브로커의 개입 없이 전산스크린에 의한 완전자동매매시스템을 이용한 거래형태를 지향하였으나 현재는 금융투자회사와 동일하게 단순중개하는 형태로 운용

자료 : 한국은행(2021), 한국의 금융시장, p.185를 수정·보완한 것임

전문유통시장에서 따로 거래가 이루어지는 국고채, 통화안정증권, 예금보험기금채권 등을 제외한 국채, 지방채, 전환사채(CB), 신주인수권부사채(BW), 교환사채(EB), 일반사채권 등 모든 상장채권이 거래대상이 된다.

① 거래시간 및 호가

일반채권시장에서의 매매거래시간은 공휴일과 토요일을 제외하고 09 : 00부터 15 : 30까지이다. 가격호가방식은 지정가호가제를 채택하고 있으며, 호가접수시간은 08 : 00부터 15 : 30까지이다. 호가가격, 호가수량 및 매매수량 단위는 주식관련사채, 일반채권, 외화표시채권에 따라 〈표 5-9〉와 같이 구분되며 가격제한폭은 없다.

표 5-9 일반채권시장에서의 호가

구분	주식관련사채	일반채권	외화표시채권
호가가격단위	1원	1원	1포인트
호가수량단위	액면 1만원	액면 1만원	1만 포인트
매매수량단위	1,000원	1,000원	1만 포인트

② 매매체결

일반채권시장은 2000년부터 전산매매에 의한 완전자동 매매체결방식을 채택하고 있다. 매매체결방식은 단일가격에 의한 개별경쟁매매방식과 복수가격에 의한 개별경쟁매매방식을 채택하고 있다.

단일가격에 의한 개별경쟁매매방식은 일정시간 동안 매도·매수호가를 접수하여 가격 및 시간우선원칙에 따라 우선하는 호가 간에 하나의 가격으로 매매체결을 시키는 방식으로 최초의 가격결정시 또는 시장재개나 매매거래 재개 후 최초의 가격결정시(재개시점부터 10분간 접수된 호가)에 적용되는 방식이다. 단일가매매에 참여한 호가는 가격우선 및 시간우선원칙에 따라 우선하는 호가 간에 전량을 체결하고, 동일가격대의 호가 간에는 수량배분을 하지 않는다.[31]

복수가격에 의한 개별경쟁매매방식은 매도호가와 매수호가의 경합에 의하여 가장 낮은 매도호가와 가장 높은 매수호가가 합치되는 경우 먼저 접수된 호가(선행호가)의 가격으로 매매체결하며, 합치되는 호가 간에는 경쟁매매원칙(가격우선 및 시간우선)을 적용하여 매매가 체결되는 방식이다.

③ 결 제

일반채권시장에서의 결제는 당일결제거래만 허용되고 있다. 투자자는 금융투자회사에 결제일의 16 : 00까지 매도증권이나 매수대금을 납부해야 한다. 그리고, 결제회원인 금융투자회사는 결제일의 16 : 30까지 매매거래의 종류별로 매도증권

31 매매체결은 합치가격에 미달하는 매도호가와 합치가격을 초과하는 매수호가의 전 수량, 그리고 합치가격에 해당하는 경우 매도호가 또는 매수호가의 어느 일방의 전 수량, 혹은 타방의 호가수량 중 당해 종목의 매매수량단위 이상의 수량이 합치하는 가격으로 정하고, 매매거래는 호가의 우선순위에 따라 합치되는 호가 간에 성립시킨다.

과 매수대금을 각각 차감하여 거래소 결제기구에 납부해야 한다. 그리고 외화표시 채권의 결제는 외국환관리규정에 의해서 지정, 고시하는 결제일의 기준환율에 따라 원화로 환산한 금액으로 결제해야 한다.

2) 국채전문유통시장

국채전문유통시장은 일반적으로 국채전문딜러(primary dealer, PD)를 포함하여 시장조성활동을 담당하는 일부의 금융기관들만 참여하는 시장이다. 이 시장은 대량거래를 통하여 국채의 가격이 결정되기 때문에 지표금리를 형성하는 중심이 되며, 국채의 유동성을 높이는 역할을 한다. 국채전문유통시장의 주요 거래제도는 〈표 5-10〉과 같다.

국채 전문유통시장에서의 거래체결방식은 거래소가 운영하는 국채자동매매시스템을 통하여 시장참가자들이 종목별로 매수호가와 매도호가를 입력하면 거래조건이 맞는 주문들 간에 자동적으로 매매가 체결되도록 되어 있다. 그러나 국채전문딜러들이 실제로 거래가 가능한 매수호가와 매도호가를 실시간으로 제시하지 않음에 따라 국채자동매매시스템을 통한 가격발견기능이 불가능해지고, 거래가 부진해지는 등의 문제가 노출되었다. 이러한 문제를 해결하기 위하여 2002년부터 국채전문딜러의 국고채 지표채권의 거래는 거래소에서만 하도록 제한되었고, 전문딜러의 국채거래량 중에서 40% 이상은 국채전문유통시장을 이용하도록 하였다.

표 5-10 국채전문유통시장의 주요거래방식

주요거래방식	내 용
거래대상종목	지표종목, 비지표종목, 통화안정증권, 예금보험기금채권
매매거래시간	09 : 00~15 : 30
호가	호가의 가격단위: 잔존만기 10년 이상 1원, 2년 이상 10년 미만 0.5원, 2년 미만 0.1원 호가수량단위: 액면 1만원 매매수량단위: 10억원
매매체결	복수가격에 의한 개별경쟁매매방식을 채택
결제방식	다자간 차감결제 및 집중결제방식을 채택 결제주기는 익일결제(T+1)이며, 결제시한은 결제일의 16 : 00

3) 환매조건부채권 매매

거래소는 국고채권 및 외국환평형기금채권, 통화안정증권, 예금보험기금증권, 미상환액면총액이 2,000억원 이상이면서 신용평가등급이 AA 이상인 사채권과 특수채증권을 대상으로 환매조건부채권을 매매거래하고 있다.

환매조건부채권은 거래대상채권을 환매일에 다시 살 것(환매수)을 조건으로 매도하거나 환매도할 것을 조건으로 매수하는 매매거래이다. 매매거래는 매매계약에 의하여 이루어지고, 거래기간(매매대금을 결제한 날부터 환매일까지의 기간) 중의 연이자율로 표시되는 환매이자율로 호가한다.

따라서 복수가격에 의한 개별경쟁매매에서 높은 환매이자율 매도호가는 낮은 환매이자율 매도호가에 우선하고, 낮은 환매이자율 매수호가는 높은 환매이자율 매수호가에 우선한다.[32]

4) 소액국공채 유통시장

소액채권은 일반 국민들이 법령에 의하여 의무적으로 매입해야 하는 채권으로서 거래소의 매매거래일을 기준으로 당월 및 전월에 발행된 채권이고, 1인당 호가수량이 5,000만원 이하인 채권을 말한다. 제1종 국민주택채권, 서울도시철도채권, 지역개발공채, 지방도시철도채권 등이 소액채권에 해당된다.

소액국공채는 첨가매출되는 국공채로서 환금성을 확보하고, 이를 매입하게 되는 채권소유자의 자금부담을 줄여주기 위하여 장내거래가 의무화되어 있다. 이 시장의 직접 참가자는 거래소의 회원으로 제한되지만, 일반투자자들은 거래소의 회원회사에 위탁계좌를 개설하여 시장에 참여할 수 있다.

① 소액채권 자기매매 신고제도

소액채권에 대하여 시장집중 매매방식을 적용하고 있지만, 소액채권의 매매가격이 시장가격 이상인 경우와 거래소 매매거래시간 이후, 즉 장이 종료된 이후인 경우에 시장 외에서 자기매매를 할 수 있다. 이 때 회원은 거래내용을 거래소시스템에 입력하는 방법으로 신고하고, 신고시장가격을 기준가격으로 하여 시장 외에서 자기매매를 할 수 있다.

신고시장가격은 전일 장종료 후 소액채권전담회원(24개사 이내)이 신고한 가격

[32] 유가증권시장규정 제60조부터 제71조까지의 조문내용을 참고하라.

중 가격이 높은 순으로 전체 소액채권전담회원수의 10%와 낮은 순으로 20%를 제외한 가격을 단순산술평균한 가격이다. 신고시장가격은 익일의 장 종료 시까지 매매거래에 적용되므로 개인은 이 가격으로 보유하고 있는 소액국공채를 매도할 수 있다.

② 소액채권 매수전담회원제도

거래소는 소액채권의 매매거래를 원활하게 하기 위하여 회원사 중에서 의무적으로 매수호가를 제시하는 제도를 운영하고 있다. 이를 소액채권 매수전담회원제도라고 한다.

③ 소액채권시장에 적용되는 특별매매제도

소액채권에 대해서는 개인의 첨가소화 국공채의 단발성 매매를 처리하기 위하여 별도의 계좌설정 없이 회원사 명의의 소액채권전용공동계좌를 통하여 매매할 수 있도록 하고 있다. 그리고 서울도시철도채권, 지역개발공채, 지방도시철도공채를 발행월이 동일한 채권에 대하여 하나의 종류로 묶어서 매수호가를 제출할 수 있도록 하고 있다.

소액채권시장에서의 매매수량단위는 1,000원이며, 장종료 20분 전부터 장종료 시까지의 매매거래는 신고시장수익률에 의한 단일가격으로 매매거래를 체결한다.

(2) 장외시장

채권거래는 주로 금융투자회사(IDB 포함)를 중개기관으로 하여 장외에서 이루어진다. 이는 채권의 종목이 다양하고 거래조건이 표준화되어 있지 않기 때문이다. 금융투자회사는 거래를 원하는 투자자들의 주문을 받은 후에 반대거래를 원하는 상대방을 찾아 거래를 중개하므로 매수호가나 매도호가를 미리 제시하지 않고, 고객의 거래요청에 반드시 응해야 할 의무도 없다. 그리고 시장조성에 따른 채권보유의 위험을 부담해야 할 필요도 없다.

장외거래는 매매시간의 제약이 없지만 통상적으로 은행의 영업시간 내에서 거래가 이루어지며, 거래단위는 관행적으로 100억원이다. 일단 거래가 체결되면 매수자는 거래은행에 매도자 앞으로 매입대금 지급을 지시하고, 매도자는 금융투자회사를 통하여 증권예탁결제원에 계좌이체를 요청한다. 자금과 채권의 결제는 통상적으로 거래가 체결된 다음 거래일에 이루어진다.

요약

유통시장의 의의

증권의 유통시장은 증권이 투자자들 사이에서 다시 전매되는 시장이다. 유통시장에서 증권거래가 활발해지면 증권의 발행도 촉진되어 자본조달이 원활하게 된다. 유통시장은 상장증권이 거래되는 거래소시장과 장외시장으로 구분된다.

거래소의 기능과 주요 구성

일반적으로 거래소는 ⓐ 계속적 시장의 기능, ⓑ 공정가격의 결정과 증권의 담보력 형성기능, ⓒ 증권발행자의 자본조달 기능, ⓓ 투자자에 대한 투자기회 제공의 기능 등을 수행한다. 그리고 거래소는 다음과 같은 기본적인 구성을 갖추고 있다.

- 회원 : 투자자의 매매거래 위탁을 받아 회원시스템을 이용하여 거래소 시스템에 호가를 입력하여 거래를 중개하는 주식회사 형태의 회사
- 예탁결제원 : 유가증권을 예탁받아 보관하고, 예탁계좌 개설 후, 증권 권리이전, 담보권설정, 결제 등을 계좌상의 대체나 장부기입으로 수행하여 거래결제를 보증하는기관
- 증권금융 : 증권발행, 증권유통에 관련한 금융활동을 의미하는 것으로 증권인수금융, 증권유통금융, 증권담보금융이 있다.
- 기타 : 전산매매시스템(KOSCOM), 집합투자기구, 증권선물위원회, 기관투자자, 금융감독원, 금융투자협회 등

상장제도

거래소에서 제시하는 기업규모, 재무내용, 유통성, 건전성 및 공익과 투자자보호에 관한 상장요건을 충족하는 특정 증권을 대상으로 거래소시장에서 거래될 수 있는 자격을 부여하는 제도이다. 상장증권은 주권, 채권, 신주인수권증권, 수익증권 등이 있다.

유가증권시장의 주요 매매거래제도

- 매매거래의 수탁 : 회원은 거래소 거래를 위해 투자자의 거래주문을 위탁을 받아 수행(거래계좌설정, 종목, 가격, 수량 등의 결정)
- 주문유형 : 지정가주문, 시장가주문, 시초가주문 등 다양
- 매매계약의 체결 : 단일가격 경쟁매매, 복수가격 경쟁매매(접속매매)
- 매매거래의 결제 : 보통거래(체결 후 3일째), 예탁결제원의 대체결제
- 신용거래 : 신용계좌 개설 후 증권 매수자금 융자 또는 매도주식 대주

기업공시제도의 의의와 종류

경영실적, 재무상태, 합병, 증자 등의 중요기업정보의 공시로 책임투자를 유도하기 위한 제도이다. 주요경영사항의 신고, 조회공시, 정정공시, 자율공시 등이 있다.

채권유통시장의 구조

발행된 채권이 투자자 간에 매매되는 시장으로서 거래소시장과 장외시장이 있다.

- 거래소시장 : 일반채권시장, 국채전문유통시장, 소액국공채 유통시장
- 장외시장 : 금융투자회사 단순중개, IDB 중개

인터넷에서 찾아 읽기

한국거래소 홈페이지 : 각 시장의 거래제도 찾아 읽기

- http://www.krx.co.kr
  - 「유가증권시장 업무규정」 등
  - 코스닥시장의 매매거래제도
  - 채권시장의 매매거래제도

「자본시장과 금융투자업에 관한 법률」

- http://www.law.go.kr
  - 한국거래소, 증권금융회사 등 관련기관 명시조항 참조

한국거래소의 매매체결시스템-KOSCOM에 위탁

- http://koscom.co.kr
  - 각종 거래결과 자료 등 검색

금융투자협회 홈페이지

- http://www.kofia.or.kr

금융위원회 홈페이지

- http://www.fsc.go.kr

금융감독원 홈페이지

- http://www.fss.or.kr

연습문제

01 다음 용어를 설명하라.

❶ 유통시장 ❷ 코스닥시장
❸ 3차 시장과 4차 시장 ❹ 단주
❺ 회원 ❻ 집합투자증권
❼ 호가단위와 매매수량단위 ❽ 지정가주문, GTC주문, 가격역지정주문
❾ 조건부 지정가주문 ❿ 보통거래
⓫ 신용거래 ⓬ 융자와 대주
⓭ 최유리 지정가주문 ⓮ 가격제한폭

⑮ 상한가와 하한가 ⑯ 관리종목
⑰ 기업공시제도 ⑱ 일반채권시장

02 증권의 위탁매매에 있어 주문방법을 설명하라.

03 코스닥시장의 특징과 기능을 설명하라.

04 유가증권시장에서 ETF의 실제거래종목을 알아보고, 그 내용을 상세히 설명하라.

05 어떤 주식이 정규시장에서 거래가 형성되었고, 이어진 시간외 시장에서 단일가 매매로 거래가 발생하였다. 이 경우 다음 거래일의 기준가격은 어느 시장의 어떤 가격이 되는가?

06 거래소의 주요 목적과 기능은 무엇인가?

07 가격제한폭을 설정하는 이유를 설명하고, 유가증권시장과 코스닥시장은 가격제한폭을 현재 몇 %로 정하고 있는지 조사해보라.

08 주식의 발행시장과 유통시장의 상호관계를 시장의 발전적인 입장에서 논하라.

09 증권회사에서 자금을 융자받아 주식을 살 수도 있고 주식을 빌려서 매도할 수도 있다. 이런 거래를 무엇이라고 하며, 그 절차를 설명하라.

10 보통거래로서 오늘 주식을 매입하였다. 언제 결제가 되는가?

11 유가증권시장에서 거래할 수 있는 주식의 최소 단위는 가격수준에 따라 어떻게 정해지는가?

12 투자자가 종목, 수량과 가격을 정하여 주문하는 것을 무엇이라 하는가?

13 기업공시의 종류와 그 내용을 설명하라.

14 투자자로서 주식을 매매하는 거래를 하기 위한 절차를 설명하라.

15 거래소시장의 채권거래에 대하여 설명하라.

Chapter 06

주가정보의 이해

- 제1절 주식시세표의 정보
- 제2절 주가평균과 주가지수
- 제3절 증권시장의 지표

학습목표 이 장을 공부한 독자들은 다음 사항을 이해할 수 있어야 한다.

- ▶ 주식시세표의 주요 정보
- ▶ 주가평균
- ▶ 증권시장의 주요 지표
- ▶ 주가지표의 필요성
- ▶ 주가지수의 종류
- ▶ 주요 채권시장지표

증권투자의 목표를 달성하기 위해서 증권시장에서 거래되는 여러 가지 증권종목 중 가치가 있는 증권을 선택하고 이 증권을 어느 시점에 매입하는가가 매우 중요하다. 증권시장에서 개별증권의 가격은 시장 전체의 가격동향에 영향을 미치고 또한 개별증권은 시장 전체의 가격흐름에 의해 영향을 받는다.

독자들은 기본적으로 증권시장에서 제공하는 개별증권들의 가격을 비롯한 여러 가지 거래정보들을 이해하여야 한다. 또한 독자들은 시장 전체의 가격동향을 파악할 수 있는 증권에 관한 지표로서 주가평균, 주가지수 그리고 채권지수들에 대하여 구체적으로 이해하고 있어야 한다. 왜냐하면, 증권지표들이 산정되는 과정에 대한 구체적인 이해는 이들 정보를 활용하는 데 도움을 주기 때문이다.

또한 독자들은 세계의 주요 지표들에 대하여 관심을 가져야 한다. 해외 증권시장의 동향과 우리나라 증권시장의 동향과의 관계가 점차 밀접하게 형성되고 있으며, 우리나라 증권의 해외시장 상장, 해외펀드 등 해외증권투자가 점점 늘어나고 있어 해외 증권지표의 이해 역시 투자목표 달성에 매우 중요하다.

제1절 주식시세표의 정보

1.1 주식시세표의 의의

주식의 가격은 각종 기업경영성과와 시장정보에 영향을 받아서 연속적으로 변동하고 있다. 투자자는 매일 매일 변동하는 주식시장의 가격정보와 거래관련정보들을 이해하고 이를 이용할 줄 알아야 한다. 특히 정보산업의 발달로 주식시장의 각종 정보들은 정보발생과 동시에 실시간으로 제공되고 있다. 따라서 정보를 정확하고 신속하게 분석하여, 그 결과를 매매거래에 적용시키는 능력은 투자성과를 향상시키는 중요한 열쇠이다.

증권의 거래와 관련되는 정보를 생산하여 가공하고, 이를 제공하는 곳은 매우 다양하다. TV, 라디오 등의 경제뉴스와 경제관련 해설프로그램, 신문과 경제전문지 등의 주식관련 기사와 해설, 그리고 각종 연구소와 증권관련 기관들이 개설한 인터넷 홈페이지 등이 증권거래 관련 정보들을 제공하고 있다. 현재 대부분의 정보제공 매체와 연구소들은 인터넷을 통하여 각종 정보들을 실시간으로 제공하고 있다.

신문에 제공되는 주가와 거래관련 정보들을 중심으로 그 의미를 알아보도록 하자.

1.2 주식시세표의 정보

매일 아침 배달되는 신문의 주식시세표는 투자자가 반드시 읽어보아야 할 부분이다. 신문마다 그 형태가 약간의 차이가 있지만 제공되는 정보의 종류는 비슷하다.

일간신문에 게재되는 주식시세표는 대체적으로 일반종목, 투·융자회사, 상장지수펀드(ETF), 우량기업, 벤처기업, 신성장기업, 외국기업, KDR(예탁증서)·SPAC, 투자주의환기종목, 관리종목 등으로 나누어 구성되어 있다.

일반종목은 업종별로 구분되어 있다. 각 업종별로 분류된 기업들의 보통주가 발표되며 우선주나 신주가 있을 경우에는 보통주 다음에 1우, 1신 등으로 표기한다. 단, 관리대상종목은 업종별로 분류하지 않고 있다.

일반적으로 일간신문에는 유가증권시장의 주식시세표 이외에 코스닥시장, 파생상품시장의 선물시세 등 우리나라의 거래소에서 거래되는 각종 증권들의 거래정보들을 매일 게재하고 있다.

각 신문사마다 시세표를 표기하는 방식은 다소 다르지만 주식시세표에는 주가집계 당시의 현재가격뿐만 아니라 일정기간 동안의 최고가와 최저가, 전일종가, 시가, 하루 중 최고가와 최저가, 거래량 등이 발표된다. 주식시세표에 게재되는 정보의 의미를 자세히 알아보자.

아래의 [그림 6-1]은 매일경제신문의 특정 일자에 게재된 유가증권시장의 주식시세표이다.[1]

그림 6-1 주식시세표의 예

종목명(코드번호)		종 가	등 락	거래량	고 가	저 가	120일 최 고	120일 최 저
일반종목								
어업·광업								
동원	003580	5490	▲ 110	574	5560	5300	6200	4290
동원산업	006040	266000	▽ 500	75	270000	265000	380500	247000
동원수산	030720	8880	▽ 420	14380	9440	8840	16550	8130
사조산업	007160	71500	▲ 3100	5080	71900	68400	114000	56200
사조오양	006090	14800	▽ 450	11875	15500	14800	24350	11500
신라교역	004970 C	16350	▲ 50	1665	16450	16100	23550	15200
음식료품								
CJ씨푸드	011150 C	3540	▽ 45	14948	3610	3520	5400	3240
1우	011155 C	15150	0	263	15450	14950	26100	15150
CJ제일제	097950	422500	▲ 26000	14010	426000	400500	446500	334000
1우	097955	247500	▲ 15000	1097	247500	233000	258000	203000
KT&G	033780	107000	▽ 500	13447	108500	106500	118500	99100
MH에탄올	023150 C	8370	▲ 400	2802	8390	8000	15250	7770
고려산업	002140 D	1955	▲ 40	5890	2045	1915	2650	1915
남양유업	003920	743000	▲ 8000	42	750000	737000	864000	701000
1우	003925	273000	0	0	273000	273000	310000	258000
농심	004370 ㉠	466500	0	3252	472000	453500	466500	305500
대상	001680 D	35550	▲ 800	26012	35750	34650	41750	28900
1우	001685 D	15050	▲ 350	349	15100	14700	18900	12700
3우U	001689 D	33000	▲ 200	40	33500	32950	37300	27500
대한제당	001790 E	22300	▲ 1100	3669	22350	21300	29550	19850
1우	001795 E	11900	▲ 150	223	11900	11600	16900	11300

자료: 매일경제신문에서 발췌

[1] 2018년 7월 현재 매일경제신문의 주식시세표는 더욱 단순화되어, 종목명, 종가, 등락, 거래량의 정보만 제시되고 있다.

(1) 주식종목정보

1) 종목과 종목코드

보통주만을 발행한 기업은 기업명이 곧 종목명이 된다. 우선주, 신주 등의 발행이 있을 경우에는 보통주의 기업명 끝에 우(혹은 1우), 신(혹은 1신) 등으로 종목명을 표기한다. 그리고 개별종목에 6자리의 숫자인 특정한 코드를 부여하여 검색과 분류를 편리하게 하고 있다. 그리고 우선주에 B 또는 U를 표시하는 것은 신형우선주를 의미한다.

2) 액면가

주식의 1주당 액면가는 최소 100원으로서 기업의 정관에 표시되어야 한다. 각 종목의 액면가를 표시하기 위하여 A(100원), B(200원), C(500원), D(1,000원), E(2,500원), 그리고 무표시(5,000원)로 코드번호 뒤에 표시하고 있다.

3) 우선주의 표시

우선주는 발행시 보통주와 달리 배당률이 정해져 있어 채권의 이자율에 가까운 고정소득을 발생시키는 증권이다. 일반적으로 우선주에는 의결권이 부여되지 않는다. 우선주의 발행시 배당률을 포함하여 권리 내용이 달라지면 기존의 우선주와는 구분되어야 한다. 따라서 1우, 2우 등으로 종목 구분이 된다. 또한 신형우선주는 기존의 우선주에 비하여 높은 배당률을 지급하고 있다.

4) 권리락

주식회사가 증자를 하는 경우에 새로 발행하는 주식을 인수받을 권리를 확정하기 위하여 신주배정일을 정하는데, 이때 그 기준일의 다음날 이후에 결제되는 주권에는 신주인수권이 없어지는 것을 권리락(ex-rights)이라고 한다. 주식이 권리락되면 신주인수권이 없어진 상태의 새로운 이론적인 주식가격이 형성된다. 이때 권리락 내용(배정비율, 발행가(유상증자, 무상증자) 등)에 따라 권리락 당일에 해당종목의 주가는 표면상 하락한다. 주식시세표에는 권리락을 ★로 표시하고 있다.

5) 배당락

배당기준일이 경과하여 배당금을 받을 권리가 없어지는 것을 배당락이라고 한다. 배당락(ex-dividend)이 되면 배당금만큼 주가를 하락시켜 주가가 합리적으로 형성되도록 관리한다. 주식시세표에는 배당락을 ☆로 표시하고 있다.

6) 투자주의 등

거래소는 주가와 거래량이 일정기간 내에 급변하는 등 투자자보호를 위하여 투자판단에 참고가 될 수 있는 정보를 공표한다. 거래소가 회원인 금융투자회사에게 통보해야 하는 정보로서 신규상장, 신주상장, 변경상장, 상장폐지종목, 투자주의종목, 투자경고종목, 투자위험종목, 매매거래정지종목 등이 있다. 매일경제신문은 주식시세표의 종목명 다음에 '투자주의'를 표시할 경우 ○, '투자경고'인 경우 ◉, 그리고 '투자위험'인 경우 ●으로 표시하고 있다.

(2) 주가 및 거래량 정보

1) 시 세

① 시가(개장가)

거래당일의 개장가격을 의미한다. 오전 8시부터 호가를 접수하여 매입과 매도주문 수량의 균형이 가장 잘 이루어지도록 단일가격에 의한 개별경쟁매매로 체결된 가격이다.

② 고가 및 저가

당일 거래시간중 형성된 가격 중에서 최고가격과 최저가격을 나타낸다. 고가와 저가의 차이가 많이 나는 주식은 주가의 일일변동성(volatility)이 크다는 것을 의미한다. [그림 6-1]에서 CJ제일제당의 최고가는 426,000원이고, 최저가는 400,500원이다. 하루 중 변동폭은 25,500원임을 알 수 있다.

③ 종 가

하루 중에 마지막으로 거래가 이루어진 가격을 종가라고 한다. 신문사에 따라 종가 대신 주가집계시의 현재가(석간인 경우 혹은 실시간 정보제공의 경우)를 나타내는 경우가 있으며, 이때는 반드시 몇 시 현재의 주가임을 시세표 상단에 명시하고 있다. CJ제일제당의 경우 종가는 422,500원이다. 그리고 이 종가는 다음 거래일의 가격제한폭을 정하는 기준가격이 된다.

2) 등 락

주가의 등락은 현재가격이 전일의 종가와 비교하여 얼마나 상승하고, 하락하였는지를 수치로 나타낸 것이다. 상승한 경우에는 상승금액과 금액의 앞에 흑색의 삼각형(▲)으로 표시되며, 하락한 경우에는 하락금액과 백색의 역삼각형(▽)으로 표시된다. 만약 상승 혹은 하락한 금액이 일일가격제한폭과 동일한 경우에는 상한가 혹은 하한가라고 하고, 흑색의 상향화살표(⬆)와 백색의 하향화살표(⇩)로 표시한다. [그림 6-1]에는 상한가로 종가를 기록한 종목은 나타나 있지 않다.

한국거래소의 상장종목인 경우 일일가격제한폭은 전일의 종가를 기준으로 현재 상하 30%로 정해져 있다. CJ제일제당의 경우 전일 종가는 오늘 상승한 것으로 나타난 등락금액 26,000원을 오늘 종가에 차감하여 396,500원임을 알 수 있다. 따라서 당일에는 396,500원을 기준으로 118,950원(=396,500원×0.30)이 많은 515,450원까지 상승할 수 있었다.

3) 120일 고가와 저가

현재부터 거래가 있은 날을 거슬러 계산하여 120거래일(장중 120일 이라고도 함)전부터 현재시점까지 6개월(이전 120거래일) 동안에 각 주식이 달성한 최고 및 최저가격을 나타내고 있다. 현재의 주가가 최근 6개월 동안의 주가수준의 범위에서 어느 가격대 수준에 있는지를 살펴보기 위한 것이다.

음식료품업에 속하는 CJ제일제당의 보통주는 최근 6개월 동안 446,500원이 최고가이며 최저가는 334,000원이어서 주가가 비교적 안정되어 있음을 알 수 있다. 각 신문사에 따라 최고·최저가를 측정하는 기간이 다르며 연중(최근 52주), 반기중, 분기중, 월중 등 다양하다.

4) 월간(20일)등락

현재의 종가와 20거래일 전의 종가를 비교하여 그 차이를 월간등락이라고 하며 대략 한 달 전의 가격수준과 비교하기 위한 것이다.

5) 신고가(신저가)

최근 52주 중 거래된 가격 중 시세발표일 당일의 종가가 최고가(최저가)를 달성했을 때 이를 신고가(신저가)라고 한다. 이때 H기호는 신고가를 그리고 L기호는 신저가를 의미한다.

6) 기 세

주식을 매입 혹은 매도하기 위하여 주문한 가격(호가)으로 매매계약이 시장종료시까지 성립되지 않은 호가를 말한다. 전일종가를 기준으로 매도주문일 경우에는 가장 낮은 호가를, 매입주문일 경우에는 가장 높은 호가를 기세(quotation)가격이라고 한다. 시세표에는×로 표시한다. 따라서 기세가격일 경우는 거래체결 없이 매수 혹은 매도가격만 결정되는 경우이다.

7) 거래량

거래량은 거래당일 매입 혹은 매도된 총주식수를 표시한다. [그림 6-1]에 나타난 거래량의 단위는 10주이므로, CJ제일제당의 경우 당일 총거래량은 140,100주이다.

제2절 주가평균과 주가지수

2.1 주가지표의 필요성

우리는 언론매체를 통하여 매일 매일의 주가지수와 개별종목의 주가를 접하게 된다. 기본적으로 주식투자자는 투자하고 있거나 투자하려는 주식의 주가 움직임에 관심을 갖게 되지만, 주식시장 전체의 주가동향을 파악하는 것도 매우 중요하다. 주식시장 전체적인 주가의 흐름은 개별주식의 주가형성에 많은 영향을 미칠 수 있기 때문이다.

우리나라의 유가증권시장은 2025년 12월 26일 현재 846개의 상장회사가 957개의 상장종목으로 총 635억 4,926만 9천 주를 상장하여 거래하고 있다. 당일의 시가총액은 3,390조 7,916억원에 달한다. 이렇게 많은 상장종목의 주가를 필요할 때마다 파악해서 주식시장의 전체적인 흐름을 판단하는 것은 불가능한 일이다. 따라서 개별주식의 가격과 같이 주식시장의 전체적인 주가를 나타내 줄 수 있는 어떤 간편한 수치가 필요하다.

개별주식의 다양한 움직임을 한눈에 알아볼 수 있도록 통계적 방법을 이용하여 산출한 것을 주가지표라고 한다. 주가지표는 주식시장 전체의 주가 움직임을 하나의 수치로 나타내 주며, 주식시장에서 일어나는 주가변동의 정도나 주가수준을 쉽고 간편하게 파악할 수 있게 하는 주식시장의 체온계라고 할 수 있다.

주가지표는 그 분류방법에 따라 연속성이 있는 것과 없는 것, 가중치가 있는 것과 없는 것으로 분류할 수 있다. 또한 분류목적에 따라 시장의 전체적인 주가수준을 파악하기 위한 지표와 주가수준의 전체적인 변동을 파악하기 위한 지표로 분류할 수도 있다.

일반적으로 주가평균은 거래일의 주가수준을 금액으로 나타낼 뿐이기 때문에 연속성이 없고 장기적인 주가 움직임이나 등락의 정도를 비율로 관찰하기 곤란하다. 이에 비하여 연속성을 유지하면서 어떤 시점의 주가수준을 기준으로 해서 주가수준의 등락을 쉽게 비교하고, 장기적인 추세변화까지도 함께 파악해 볼 수 있도록 작성된 것이 주가지수 내지 수정주가평균이다.

이와 같이 같은 종류의 지표인 경우에도 산출방법에 따라 나름대로의 독특한 특징이 있기 때문에 시장의 전체적인 흐름을 파악하기 위해서는 그 사용목적에 맞는 지표를 선택하여 이용할 수 있는 안목이 필요하다.

2.2 표본의 추출과 가중방법

(1) 표본의 추출

주가평균이나 주가지수의 산출은 주식시장에서 거래되는 모든 상장주식, 즉 모집단(population)을 대상으로 하는 것이 이상적이다. 그러나 시장지표는 지표의 이용목적 또는 계산편의에 따라 일정 수의 표본을 선정, 추출하여 그 표본으로부터 산출되는 것이 보통이다. 표본으로 산출한 지표의 대표적인 예로서 미국의 다우존스공업주가평균(Dow Jones Industrial Average, DJIA)을 들 수 있다. 이 지표는 뉴욕증권거래소(New York Stock Exchange, NYSE)와 나스닥증권거래소(NASDAQ)에 상장된 주식 중 30개 종목을 대상으로 산출한 것이다.

표본을 이용하여 산출한 지표가 합리성을 갖기 위해서는 표본이 모집단을 충분히 대표할 수 있어야 한다. 즉 표본을 구성하고 있는 주식종목의 특성이 모집단을 구성하고 있는 주식종목의 특성과 큰 차이가 없어야 한다. 만약 모집단을 구성하는 주식의 분포특성과 표본을 구성하는 주식의 분포특성 사이에 적지 않은 차이가 발생하게 되면, 제각기 다르게 변동하는 개별주가의 양상이 전체시장에 미치는 영향을 표본의 지표가 적절히 표현할 수 없기 때문이다.

컴퓨터가 급속도로 발전한 현대에 있어서는 계산의 복잡성과 경제적 비용 때문에 소규모의 표본으로부터 지표를 산출한다는 것은 크게 의미가 없어졌다. 계산속도와 경제성만 고려한다면 오늘의 대형컴퓨터가 모집단의 자료를 큰 어려움 없이 처리할 수 있기 때문이다. 따라서 우리나라에서도 1983년 1월 4일부터는 종합주가지수(KOSPI)를 상장주식의 전 종목을 대상으로 산출하고 있다.

(2) 가중방법

1) 시장가치가중방법

개별주식은 거래일마다 그 주가와 거래량에 따라 주식시장에 대한 영향력이 다르게 나타난다. 따라서 개별주식의 주가, 거래량 그리고 발행주식수 등을 주가평균과 주가지수의 산출시점에 어떻게 반영할 것인가 하는 문제가 발생한다. 개별주식의 영향력을 조정하기 위하여 주가와 거래량 또는 발행주식수를 이용한 가중방법을 시장가치가중방법(market value weighting)이라고 한다.

예를 들면, 삼성전자의 종합주가지수계산에 대한 가중치는 삼성전자 주식의 총시장가치(=주가×상장주식수)를 상장주식 전 종목의 시장가치 합계로 나눈 값이다.

2) 동일가치가중방법

동일가치가중방법(equal weighting)은 시장지표의 산출에 채용되는 종목을 그 시장가치에 상관없이 모두 동일비중을 부여하는 방법이다. 즉 개별주식의 가격 이외의 다른 요소에 대해서는 시장영향력이 동일한 것으로 취급하는 것이다. 따라서 소규모 기업의 가중치가 대기업의 가중치와 동일하게 부여됨으로써 대기업의 시장영향력이 무시되는 경향이 있다. 그러나 투자자가 모든 주식을 동일하게 취급하여 무작위로 주식을 선택하는 경우에 이용할 수 있는 시장지표의 계산에는 적절한 방법일 수도 있다.

2.3 주가평균

주가평균(stock price average)은 한 시점에서 형성된 주식가격의 평균치이다. 이 주가평균은 산출방법에 따라 단순주가평균(simple price average), 가중주가평균(weighted price average), 수정주가평균(adjusted price average)의 세 가지로 구분할 수 있다.

(1) 단순주가평균

단순주가평균(simple price average)은 특정한 시점에 채용된 종목의 주가합계(종가합계)를 채용종목수로 나눈 주가의 산술평균을 말한다. 다음의 (6−1)식에 의하여 산출된다.

$$\text{단순주가평균}(SA) = \frac{\text{대상종목의 주가합계}}{\text{대상종목수}} = \frac{P_{1t} + P_{2t} + \cdots + P_{Nt}}{N} \qquad (6-1)$$

단, P_{1t}, P_{2t}, $\cdots = t$시점의 주가
$N =$ 대상종목수

이 단순주가평균은 계산방법이 단순할 뿐만 아니라 이해하기가 쉽다는 장점이 있다. 그러나 이것은 각 채용종목의 비중을 동일하게 취급하고 있으므로, 상대적으로 주가가 매우 크거나 작은 주식이 채용종목에 포함되어 있을 경우에는 적합한 시장지표라고 할 수 없다. 더욱이 채용종목 중에 증자에 의한 권리락,[2] 주식분할, 채용종목의 변경 등이 발생했을 때에는 전일의 주가평균과 당일의 주가평균 사이에 연속성을 찾을 수 없다.

[2] 기업이 추가자본이 필요할 때 자본금을 증가시키는 것을 증자라고 한다. 증자에는 주주의 출자에 의하여 자본금을 증가시키는 유상증자와 형식적인 자본금의 증가인 무상증자가 있다. 증자에 의하여 교부받은 신주는 구주가 가지고 있는 배당을 지급받을 수 있는 권리 등이 없는 경우가 있는데 이를 권리락(ex-rights)이라 한다. 권리락주식의 가격은 권리부(rights-on) 주식의 가격보다 낮다.

(2) 가중주가평균

가중주가평균(weighted price average)은 전체의 상장주식수나 주식의 거래량을 가중치로 하여 산출한 주가평균으로, 채용하고 있는 각 주식의 상대적 비중을 주식시장 전체의 가격수준에 반영시키고 있다. 이 가중주가평균은 다음의 두 식에 의하여 산출된다.

$$\text{가중주가평균}(WA_1)=\frac{\text{대상종목의 시가총액 합계}}{\text{대상종목의 상장주식수 합계}} \tag{6-2}$$

$$=\frac{P_{1t}\times Q_{1t}+P_{2t}\times Q_{2t}+\cdots+P_{Nt}\times Q_{Nt}}{Q_{1t}+Q_{2t}+\cdots+Q_{Nt}}$$

단, WA_1 = 가중주가평균
$P_{1t}, P_{2t}, \cdots = t$시점의 주가
$Q_{1t}, Q_{2t}, \cdots = t$시점의 발행주식수
N = 상장종목수

$$\text{가중주가평균}(WA_2)=\frac{\text{대상종목의 거래금액 합계}}{\text{대상종목의 거래량 합계계}} \tag{6-2a}$$

$$=\frac{P_{1t}\times q_{1t}+P_{2t}\times q_{2t}+\cdots+P_{Nt}\times q_{Nt}}{q_{1t}+q_{2t}+\cdots+q_{Nt}}$$

단, WA_2 = 가중주가평균
$P_{1t}, P_{2t}, \cdots = t$시점의 주가
$q_{1t}, q_{2t}, \cdots = t$시점의 개별주식의 거래량
N = 상장종목수

(6-2)식에서는 증권시장에 상장된 각 종목의 시가총액(=주가×상장주식수)의 합계를 각 종목별 주식수의 합계로 나누어 가중주가평균을 산출한다. 이 주가평균에서는 상장주식수가 상대적으로 많은 주식의 주가가 그렇지 못한 주식의 주가에 비하여 큰 비중을 차지하고 있다. 이 가중주가평균도 단순주가평균과 마찬가지로 권리락 등에 의하여 발생하는 주가의 불연속성을 수정하지 못하는 결점이 있다.

(6-2a)식에서는 총거래액(=주가×거래량)을 총거래량으로 나누어 가중주가평균을 구한다. 이것은 주당 평균매매가격을 나타내고 있으므로, 실제 거래된 종목이 고주가인가 또는 저주가인가를 표현해 준다.

예제 6-1

주가평균의 계산에 A주식과 B주식을 채용한다. 10월 9일 두 주식의 시장거래내역은 다음과 같다.

A, B주식의 시장거래내역

구분	10월 9일		
	주가	거래량	상장주식수
A주식	20,000원	20	100
B주식	30,000원	5	30

① 10월 9일의 단순주가평균은 얼마인가?

$$SA = \frac{20,000 + 30,000}{2} = 25,000(\text{원})$$

② 가중주가평균은 얼마인가?

ⓐ 상장주식수가중방법

$$WA_1 = \frac{20,000 \times 100 + 30,000 \times 30}{100 + 30} = 22,308(\text{원})$$

ⓑ 거래량가중방법

$$WA_2 = \frac{20,000 \times 20 + 30,000 \times 5}{20 + 5} = 22,000(\text{원})$$

(3) 수정주가평균

주가평균 채용종목의 유·무상증자로 인한 권리락과 주식분할 등은 주식시장의 거래와 상관없이 주가를 변동시켜 과거와 현재의 주가평균의 일관된 연속성이 상실된다. 수정주가평균(adjusted price average)은 연속성을 유지시켜 장기적인 주가수준을 나타낼 수 있도록 수정한 시장지표이다.

이 수정주가평균은 채용종목의 주가합계를 수정제수(adjusted divisor)로 나눈 것으로 다음의 (6-3)식에 의하여 산출한다.

$$수정주가평균(ADA) = \frac{채용종목\ 주가합계}{수정제수} \tag{6-3}$$

$$= \frac{P_{1t} + P_{2t} + \cdots + P_{NT}}{D}$$

단, ADA=수정주가평균
P_{1t}, P_{2t}, $\cdots$=t시점의 주식가격
D=수정제수
N=채용종목

이 식에서 수정제수 D는 주가평균을 맨 처음 산출하였을 때는 채용 종목수가 된다. 수정제수의 수정방법은 주가변동의 원인에 따라 다소 차이가 있긴 하지만 일반적으로 다음의 (6−3a)식에 의하여 변동하는 신수정제수를 산출한다.

$$신수정제수 = 수정제수 \times \frac{수정\ 후\ 채용종목의\ 주가합계}{수정\ 전\ 채용종목의\ 주가합계} \tag{6-3a}$$

이 수정제수는 유·무상증자가 늘어나고 금액이 많아질수록 작아지는 경향이 있다. 그리고 수정주가평균은 채용종목의 주가변동을 수정하여 주가의 평균적 성장을 강조하고 있으므로 주가지수와 함께 주가의 장기적 성장성을 파악하는 데에 도움이 된다. 수정주가평균의 대표적인 예는 다우존스 주가평균이다.

그러나 수정주가평균에는 다음과 같은 문제점이 있다. 첫째, 이 주가평균은 모든 채용종목에 동등한 가중치를 부여하고 있으므로 주가변동폭이 큰 종목의 주가변동에 많은 영향을 받는다. 예를 들어, 채용종목이 10개라고 할 경우, 9개 종목의 주가가 100원씩 하락하였더라도 1개 종목의 주가가 900원 상승하였다면 평균주가에는 아무런 변동이 발생하지 않는다. 둘째, 채용종목의 선택에 어려움이 있다. 일정시점을 기준으로 하여 채용종목을 선택한 다음 이 종목들을 계속 고수한다면 주가평균이 증권시장의 변화에 대응할 수 없게 된다. 그렇다고 채용종목의 선택기준을 자주 변경하면 주가평균의 연속성이 결여되게 된다.

예제 6-2

[예 6-1]의 A주식과 B주식에 대하여 수정주가평균을 계산해보자. 두 주식의 연속된 이틀간의 시장거래내역은 다음과 같다. B주식은 10월 9일 거래 이후 구주 1주를 신주 2주로 주식분할을 결정하였다.

A, B주식의 시장거래내역

구분	10월 9일			10월 10일		
	주가	거래량	상장주식수	주가	거래량	상장주식수
A주식	20,000원	20	100	21,000원	30	100
B주식	30,000원	5	30	16,500원	10	60

① 10월 10일의 신수정제수는 얼마인가?

B주식의 주식분할 후 1주당 주가 : 15,000원

$$10월\ 9일\ 주가평균 : 25,000(원) = \frac{20,000+30,000}{2} = \frac{20,000+15,000}{D}$$

$$신수정제수 : D = 2\times\frac{35,000}{50,000} = 2\times0.7 = 1.4$$

② 10월 10일 거래 후 수정주가평균은 얼마인가?

$$ADA = \frac{21,000+16,500}{1.4} = 26,786(원)$$

2.4 주가지수

주가지수(price index)는 한 시점의 시장주가수준을 기준으로 정해 놓고, 이에 대하여 비교시점의 시장주가수준을 비교한 지표이다. 즉 주가지수는 기준시점의 주가수준을 100으로 할 경우 비교시점의 주가수준이 얼마인가를 나타내고 있다. 주가지수는 산출방법에 따라 다음과 같은 종류로 분류할 수 있다.

(1) 단순주가지수

단순주가지수(simple stock price index)는 각 채용종목에 대하여 비교시점의 주가를 기준시점의 주가로 나누어 개별적인 주가지수를 산출한 다음, 이들 지수를 산술평균한 것으로 동일가중지수(equally weighted index)라고도 한다. 이 주가지수는 다음의 (6-4)식에 의하여 산출한다.

$$SI_t = \frac{1}{n}\sum_{i=1}^{n}\frac{P_{it}}{P_{i0}} \times 100 \qquad (6-4)$$

단, SI_t = t시점의 단순주가지수
P_{i0} = 기준시점의 i주식 가격
P_{it} = t시점의 i주식가격
n = 채용종목수

(2) 주가평균의 지수

1) 단순주가평균지수

단순주가평균지수(simple stock price average index)는 비교시점의 단순주가평균(simple stock price average)을 기준시점의 단순주가평균으로 나누어 산출한 주가지수이다. 이 주가지수는 채용종목의 가격변동에만 영향을 받기 때문에 가격가중지수(price weighted index)라고도 한다. 그 산출식은 다음의 (6-5)식과 같다.

$$SPI_t = \frac{\left(\sum_{i=1}^{n} P_{it}\right)/n_t}{\left(\sum_{i=1}^{n} P_{i0}\right)/n_0} \times 100 \qquad (6-5)$$

단, SPI_t = t시점에서의 단순주가평균지수
P_{it} = t시점의 i주식 가격
P_{i0} = 기준시점의 i주식 가격
n_t = t시점의 채용종목수
n_0 = 기준시점의 채용종목수

이 주가지수는 이해하기 쉬운 장점은 가지고 있으나, 지수의 합리성에는 다소 문제가 있다. 첫째, 채용종목에 포함되어 있는 주식의 분할, 유·무상증자, 주식배당 등으로 주가의 연속성이 단절되고 있을 때에는 이 주가지수가 합리적이라고 할 수 없다. 둘째, 주가의 규모가 이 지수의 형성에 과대하게 영향을 미친다는 것이다. 예를 들어, 높은 주가와 낮은 주가가 같은 비율로 상승할 경우, 전자가 상대적으로 더 큰 영향을 주가지수에 미친다.

2) 다우존스 주가지수

다우존스 주가지수는 비교시점의 수정주가평균을 기준시점의 수정주가평균으로 나누어 산출한 주가지수이다. 이를 수정주가평균지수(adjusted stock price average index)라고도 한다. 다음의 (6–6)식에 의하여 산출한다.

$$API_t = \frac{ADA_t}{ADA_0} \times 100 \qquad (6-6)$$

단, API_t=t시점의 다우존스 주가지수
ADA_t=t시점의 수정주가평균〈(6–3)식을 참고〉
ADA_0=기준시점의 수정주가평균〈(6–3)식을 참고〉

이 주가지수를 이상적으로 산출하기 위해서는 상장주식 전체를 채용종목으로 하는 것이 옳으나, 계산의 편의상 표본을 추출하여 채용종목으로 삼는 경우가 많다. 그러나 이 경우에는 개별종목의 상대적 중요도와 주가동향, 그리고 산업구조 등을 고려하여 표본이 시장전체의 동향을 대표할 수 있도록 선택되어야 한다. 1982년 말까지의 우리나라 종합주가지수는 이 다우존스 주가지수의 산출법에 의하여 구해진 지수이다.

(3) 시가총액 주가지수

시가총액 주가지수는 비교시점의 시가총액을 기준시점의 시가총액으로 나누어 산출한 주가지수이다. 시가총액은 채용종목의 각 주가에 주식수를 곱한 값의 합계를 의미한다. 이 시가총액 주가지수는 주식수를 가중치로 삼고 있으므로 가중주가지수라고도 한다. 그리고 채용종목의 가중치 선택에 있어서는 거래량을 사용하는 경우가 있긴 하지만 일반적으로 전상장주식수를 사용한다.

이 주가지수는 산출과정에서 기준시점의 가중치를 기초로 할 것이냐 아니면 비교시점의 가중치를 기초로 할 것이냐에 따라 라스페이레스 주가지수와 파셰 주가지수로 분류한다.

1) 라스페이레스 주가지수

라스페이레스 주가지수(Laspeyres' Price Index)는 기준시점의 상장주식수 $\left(\sum_{i=1}^{n} Q_{i0}\right)$를 가중치로 하여 기준시점의 시가총액과 비교시점의 시가총액을 구한 다음, 비교시점의 시가총액을 기준시점의 시가총액으로 나누어 산출한 주가지수이다. 다음의 (6-7)식으로 나타낼 수 있다.

$$LI_t = \frac{\sum_{i=1}^{n} P_{it} Q_{i0}}{\sum_{i=1}^{n} P_{i0} Q_{i0}} \times 100 \qquad (6-7)$$

단, LI_t = t시점의 라스페이레스식 주가지수
P_{it} = t시점에서 i주식의 가격
P_{i0} = 기준시점에서 i주식의 가격
Q_{i0} = 기준시점에서 i주식수(가중치)
n = 기준시점에서 채용종목수

이 주가지수의 산출방법에서는 일단 기준시점의 가중치가 결정되면 각 시점마다 가중치를 변경할 필요가 없다. 따라서 채용종목을 자주 바꾸지 않는 일반경제지수의 작성에 있어서는 이 지수산출의 방법을 이용하는 경우가 많다. 그러나 주가지수의 산출에 이 방법을 적용하면 주식분할 등 동일한 채용종목의 주식수에 변동이 발생할 경우 주가지수의 조정이 어려운 문제점이 발생한다. 현재 이 주가지수의 산출방법은 독일의 프랑크푸르트 증권거래소의 주가지수를 제외하고는 별로 이용되지 않고 있다.

2) 파셰 주가지수

파셰 주가지수(Paasche's Price Index)는 비교시점의 상장주식수 $\left(\sum_{i=1}^{n} Q_{it}\right)$를 기준시점과 비교시점의 가중치로 사용하여 두 시점의 시가총액을 구한 다음, 비교시점의 시가총액을 기준시점의 시가총액으로 나누어 산출한 주가지수이다. 다음의 (6-8)식으로 표현할 수 있다.

$$PI_t = \frac{\sum_{i=1}^{n} P_{it} Q_{it}}{\sum_{i=1}^{n} P_{i0} Q_{it}} \times 100 \qquad (6-8)$$

단, PI_t = t시점의 파셰 주가지수
P_{it} = t시점의 i주식가격
P_{i0} = 기준시점의 i주식가격
Q_{it} = t시점의 i주식수
n = t시점에서의 채용종목수

이 주가지수는 지표의 연속성이 결여된 다우존스 주가지수의 결점을 보완하고 있다고 할 수 있다. 이 주가지수는 비교시점의 주가변동을 중시하여 가중치를 선택하고 있기 때문에 필요하면 각 시점마다 가중치를 변동시킴으로써 주가 구조의 변동에 충분히 대응할 수 있다. 또 채용종목의 범위를 상장주식 전체로 하고 있으므로, 소수 종목의 주가변동이 주가지수 전체를 왜곡시키는 모순을 제거해 준다.

따라서 여러 나라의 증권시장에서 이 주가지수를 사용하고 있다. 예를 들면, 1983년 1월 4일 이후 우리나라의 종합주가지수, 미국의 Standard & Poor's 500 Index, 뉴욕증권시장지수(New York Stock Exchange Composite Index), 동경증권거래소주가지수(TOPIX) 등은 이 지수에 해당한다.

예제 6-3

주식시장에서 거래되는 주식은 A주식과 B주식 두 개이다. 기준시점(1월 4일)과 비교시점인 현재의 시장거래내역은 다음과 같다.

A, B주식의 시장거래내역

구분	1월 4일(기준시점)			현재		
	주가	거래량	상장주식수	주가	거래량	상장주식수
A주식	20,000원	20	100	27,800원	30	150
B주식	30,000원	5	30	34,500원	10	60

① 현재의 단순주가지수는 얼마인가?

$$SI_t = \frac{1}{2}\left[\frac{27,800}{20,000}\times 100 + \frac{34,500}{30,000}\times 100\right] = \frac{139+115}{2} = 127$$

② 현재의 단순주가평균지수는 얼마인가?

$$SPI_t = \frac{\dfrac{27,800+34,500}{2}}{\dfrac{20,000+30,000}{2}}\times 100 = \frac{31,150}{25,000}\times 100 = 124.6$$

③ 시가총액 파셰 주가지수는 얼마인가?

$$PI_t = \frac{27,800\times 150 + 34,500\times 60}{20,000\times 150 + 30,000\times 60}\times 100 = \frac{6,240,000}{4,800,000}\times 100 = 130$$

파셰 주가지수는 산출과정에서 상장주식수를 가중치로 삼고 있으므로, 몇몇 종목의 발행주식수가 주식시장에서 지나치게 큰 비중을 차지하고 있는 경우, 이들 종목의 주가변동이 주가지수에 미치는 영향이 너무 크게 작용한다. 따라서 이 주가지수도 주식시장의 변동상황을 완전하게 반영한다고는 할 수 없다.

제3절 증권시장의 지표

증권시장의 지표는 시장의 동향을 민감하게 표현하고, 미래의 경제상황을 반영하는 수치적 지표이다. 따라서 일반투자자나 기관투자자가 투자결정을 할 경우나 정책입안기관이 증권시장에 관한 정책을 수립할 경우에는 항상 증권시장의 지표를 이용한다. 증권시장의 지표는 크게 주식시장지표와 채권시장지표로 구분해 볼 수 있다.

3.1 주식시장지표

주식시장의 대표적 지표는 주가지수라고 할 수 있다. 주가지수는 주식시장에서 형성되는 여러 개의 개별주가를 총괄하여 기준시점의 주가(혹은 시가총액)에 대비하여 비교시점의 주가(혹은 시가총액)를 백분율로 표시한 지수(index number)이다. 상장주식의 표본을 광범위하게 확대하여 주식시장의 움직임을 전반적으로 나타낼 수 있도록 산출한 주가지수를 종합주가지수(composite index)라고 한다. 주가지수는 개별 포트폴리오의 성과를 평가하는 기준이 될 수 있고, 총체적인 주가변동에 영향을 미치는 요인을 살피기 위해 체계적 위험을 산출하는 데 사용되고 있다.

(1) 한국의 주가지수[3]

1) KOSPI

한국종합주가지수(Korea Composite Stock Price Index, KOSPI)는 한국 주식시장 전체의 움직임을 나타내는 대표적인 주가지수이다. KOPSI는 주가에 발행주식수를 가중한 시가총액식 주가지수이다. KOSPI는 1980년 1월 4일의 시가총액을 분모로 하고, 산출시점의 시가총액을 분자로 하여 지수화한 것이다. KOSPI는 한국거래소에 상장된 모든 주식을 대상으로 산출되며, KOSPI의 보조지수로 산업별 지수, 제조업지수, 시가총액규모별 지수 등이 있다.

$$KOSPI = \frac{\text{비교시점의 시가총액}}{\text{기준시점의 시가총액}} \times 100$$

2) KOSPI 200

KOSPI 200지수는 전체 상장종목 중에서 200종목만으로 산출하는 주가지수이다. 선물 및 옵션거래에 적합하도록 유가증권시장에 상장된 전체 종목 중에서 시장대표성, 업종대표성 및 유동성 등을 감안하여 선정된 200종목을 구성종목으로 하고 있다. 유동주식수를 가중한 시가총액 방식으로 주가지수를 산출한다. KOSPI 200의 기준일은 1990년 1월 3일이며, 기준지수는 100이다.

3) KOSPI 100 및 KOSPI 50

KOSPI 100지수와 KOSPI 50지수는 KOSPI 200의 종목 중에서 시가총액과 유동성이 큰 대표종목 100종목과 50종목을 구성종목으로 한다. 지수의 산출방식은 KOSPI 산출방식(시가총액)과 동일하다. 기준일은 2000년 1월 4일이고, 기준지수는 1,000이다.

---

[3] 여기서 언급된 지수 외에도 한국거래소에는 특수목적으로 개발된 지수로서 코스피 200 변동성지수(V-KOSPI 200), 코스피 200 선물지수(F-KOSPI 200), 코스피 200 선물 인버스지수(F-KOSPI 200 Inverse), 코스피 200 레버리지지수(KOSPI 200 Leverage), 코스피 200 커버드콜지수(C-KOSPI 200), 코스피 200 프로텍티브풋지수(P-KOSPI 200), 한국배당주가지수(KODI), 기업지배구조지수(KOGI), 사회책임투자지수(KRX SRI), 환경책임투자지수(KRX SRI Eco) 등이 발표되고 있다. 구체적인 내용은 한국거래소 홈페이지(http://www.krx.co.kr)를 참조하기 바란다.

4) KOSPI 200 섹터지수

KOSPI 200 섹터지수는 KOSPI 200지수 구성종목을 8개 산업군별로 재분류하여 산출하는 주가지수이다. KOSPI 200 섹터지수는 ETF, 펀드 등 상품의 추적대상 지수로 활용되고 있다. 2008년 1월 2일을 1,000포인트로 하여 2011년 4월 1일부터 산출하여 발표하고 있다.

5) KOSDAQ 종합지수

코스닥시장의 주가지수인 코스닥종합지수(KOSDAQ Composite Index)는 코스닥시장 상장기업의 주가에 주식수를 가중한 시가총액식 주가지수이다. 1996년 7월 1일을 1,000으로 하여 산출하고 있다.[4] KOSDAQ 종합지수의 보조지수로 소속부지수, 산업별 지수, 시가총액규모별 지수 등이 있다.

(2) 주요국의 주가지수

1) 다우존스산업평균지수

다우존스산업평균지수(Dow-Jones Industrial Average, DJIA)는 미국 주식시장의 전체 동향을 표시할 때 주로 사용되는 대표적인 지표이다. 이 지표는 뉴욕증권거래소(New York Stock Exchange, NYSE)와 나스닥증권거래소(NASDAQ)에 상장된 우량주식 30개 종목을 선택하여 시장가격을 평균하여 산출한다.

2) S&P 500지수

S&P 500지수는 미국의 스탠다드 앤 푸어사(Standard & Poor's Corporation)가 발표하는 주가지수로서, 뉴욕증권거래소와 나스닥증권거래소에 상장되어 있는 500개 우량기업을 표본으로 시가총액방식으로 산출한다.

3) 나스닥지수

나스닥(National Association of Securities Dealers Automated Quotation, NASDAQ)은 뉴욕증권거래소와 같이 특정 장소에서 거래가 이뤄지는 증권시장이 아니라 컴퓨터 통신망을 통해 거래 당사자에게 장외시장의 호가를 자동적으로 제공, 거래가

[4] 2004년 1월 26일부터 기준단위를 100에서 1,000으로 변경하여 산출하고 있다.

이뤄지도록 하는 일종의 자동시세통보시스템이다. 나스닥지수란 벤처·중소기업들의 주식을 장외에서 거래하는 나스닥시장의 종합주가지수를 말한다. 나스닥지수는 1971년 2월 5일이 기준시점이고, 기준지수는 100이다. 지수는 나스닥시장의 모든 보통주를 시가총액에 따라 가중치를 부여하여 산출한다.

4) Nikkei 225지수

Nikkei 225지수는 일본경제신문사가 도쿄증권거래소의 프라임(Prime) 시장에 상장된 주식 중에서 유동성이 높은 225개 종목을 대상으로 수정주가평균을 산출한 것이다. 지수가 아닌 가격으로 발표가 된다. 기준시점은 1949년 5월 16일로 당시 50엔을 기준주가 평균으로 한다. 싱가포르 국제상업거래소(SIMEX)와 오사카증권거래소 등에서 주가지수 선물, 옵션의 거래 대상이 되기도 한다.

5) FTSE 100지수

영국의 파이낸셜타임스(FT)와 런던국제증권거래소(LSE)가 공동으로 1984년 1월부터 산출하여 발표하고 있는 영국의 대표적인 지수이다. LSE에 상장된 100개의 우량주를 대상으로, 1983년 12월 31일을 1,000으로 하여 시가총액방식으로 산출한다.

6) DAX지수

DAX지수(Deutscher Aktien Index, German stock index)는 프랑크푸르트증권거래소에 상장된 주식 중 유동성과 시가총액 기준 상위 40개 우량기업을 대상으로 구성된 종합주가지수이다. DAX지수의 기준일은 1987년 12월 30일이고, 이 날의 지수를 1,000으로 하여 1988년 7월 1일부터 발표가 시작되었다.

7) CAC 40지수

CAC 40지수는 파리증권거래소에 상장된 40개의 우량 주식으로 구성되어 있는 프랑스의 대표적인 주가지수이다. 지수는 1987년 12월 31일의 시가총액을 1,000포인트하여 산출된다. 산출 방식은 부분 시가총액식이다.

8) 유로스톡스 50지수

유로스톡스 50지수(Euro Stoxx 50 Index)는 독일, 네덜란드, 프랑스 등 유럽 12개국의 증시에 상장된 기업 중에서 50개의 우량기업을 선정하여 만든 주가지수이다. 국가별 분포를 보면 프랑스, 독일, 스페인 기업이 대다수를 차지하고 있다. 업종별로는 은행업종의 비중이 가장 높고, 화학업종과 보험업종이 그 뒤를 잇고 있다.

9) 항셍지수

홍콩증권거래소에 상장된 우량주를 표본으로 홍콩의 항셍(Hang Seng)은행에 의해 산출되어 발표되는 주가지수이다. 과거 33개 종목으로 시작하였으나, 지수의 대표성 강화를 위해 2021년부터 구성 종목을 확대하기 시작했다. 현재는 88개 종목(2025년 12월 기준)이며, 최종적으로 100개의 종목까지 확대하는 것을 목표로 하고 있다. 지수는 1964년 7월 31일의 시가총액을 100포인트로 해서 산출된다.

10) 홍콩 H지수

홍콩 H지수는 홍콩거래소에 상장되어 있는 50개의 중국기업 종목으로 구성되어 있는 지수이다. H지수는 특히 우량주로 구성되어 있고, 외국인 투자자의 비중이 높다. 업종별로는 에너지, 소재 관련주의 비중이 높다.

홍콩 국적으로 중국에서 사업하는 기업은 레드칩지수로 산출되고, 홍콩 H지수와 레드칩지수를 합한 차이나 엔터프라이즈지수도 사용되고 있다. 홍콩 H주식에는 페트로차이나, 차이나텔레콤, 칭따오맥주 등이 편입되어 있다.

11) 상하이종합지수

상하이종합지수는 중국의 대표적인 증권거래소인 상하이증권거래소에서 발표하는 종합주가지수이다. 상하이증권거래소에 상장된 A주(내국인 및 허가를 받은 외국인 기관투자자 투자 전용)와 B주(내국인 및 외국인 투자 대상)를 모두 포함하여 시가총액식으로 산출한다. 1990년 12월 19일의 상하이증권거래소 시가총액을 100으로 하여 산정한다.

12) MSCI지수

MSCI(Morgan Stanley Capital International)지수는 미국 모건스탠리증권의 자회사인 캐피털 인터내셔널에서 발표하는 주가지수이다. MSCI지수는 각국의 주식시장 시가총액의 60%를 반영하는 종목을 선정하여 이들 종목의 유동주식 시가총액을 합산하여 산출한다.

MSCI지수는 글로벌펀드의 투자기준이 되는 대표적인 지표로, 특히 미국계 펀드의 운용에 주요 기준으로 사용되는 지수다. 외국투자기관들이 해외투자시 각국별 투자 비중을 결정하는 기준으로 사용하기 때문에 MSCI지수에서 특정국가의 비중이 높아지면 외국인 투자가 확대될 가능성이 그만큼 커지게 된다. MSCI지수는 크게 보면 미국, 유럽 등 선진국 중심의 세계지수(World Index)와 아시아, 중남미 등의 신흥시장지수(Emerging Markets Index)가 있다.

3.2 채권시장지표

(1) 한국의 채권지표

1) KRX 채권지수

KRX 채권지수는 한국거래소에 상장된 모든 종목을 대상으로 민간 채권가격평가 3사[5]의 평균가격을 이용해 산출한 채권지수이다. 옵션부 채권이나 ELS를 제외하고 신용등급 BBB− 이상인 6,500여 종목을 포함하여 지수를 산정한다. 기준일인 2006년 3월 1일의 평균가격을 100포인트하여 지수를 산출한다.

2) 국고채프라임지수

국고채프라임지수는 국채전문유통시장에서 거래되는 국고채를 대상으로 실시간 산출하는 채권지수이다. 국채전문유통시장의 3, 5, 10년물 중에서 거래량이 가장 많은 최근월물(지표물)과 직전월물 등 6종목을 대상으로 산출한다. 국고채프라임지수는 2006년 3월 1일을 100포인트로 하여 산출한다.

[5] KIS채권평가, 한국채권평가, NICE채권평가를 의미한다.

3) KTB Index

KTB(Korea Treasury Bond) Index는 한국거래소와 KIS채권평가가 공동으로 국채 상장지수펀드(ETF)의 투자를 위한 척도로 개발한 벤치마크 지수이다. 한국거래소 국채전문유통시장의 실시간 가격 및 호가 정보를 바탕으로 발표되는 실시간 국채지수이다. 이 지수는 2009년 6월 1일을 10,000포인트로 기준하여 산출된다.

(2) 미국의 채권지표

미국에서는 수십 개의 채권지수가 개발되어 있다. 그중에서 가장 널리 사용되는 채권지수는 살로먼브라더스 채권지수(Salomon Brothers Investment Grade Bond Index)와 메릴린치 채권시장지수(Merrill Lynch Market Index) 등이 있다. 편입채권은 국채, 회사채, 지방채, 양키본드 등이다. 이들 채권지수에 편입된 회사채의 신용등급은 BBB 이상이며, 잔존만기는 보통 1년 이상이고, 거래량도 5천만 달러 이상인 종목이다.

요약

주식시세표의 주요정보

거래소는 거래일에 증권시장에서 거래한 주가, 거래량 등을 증권시장지(한국거래소)에 게재하고 각 일간지와 경제신문은 주식시세란에 이들 정보를 게재하고 있다.

- 시 세

  거래일에 형성된 가격 중 시가(시작가격), 고가(거래당일 최고가), 저가(거래당일 최저가) 그리고 종가(거래일 마지막 거래가격) 등 게재

- 등 락

  상한가(전일 종가보다 15% 상승 가격)와 하한가(전일 종가보다 15% 하락 가격), 전일종가에 비하여 상승 및 하락 표시

- 20일 고가와 저가

  거래일 포함하여 이전 20 거래일 중의 최고가와 최저가 표시

- 기 세

  거래일중 하한가의 매도가격 또는 상한가 매수가격으로 주문되었으나, 거래가 성립되지 않을 경우 이 가격을 당일 거래가격으로 인정

주가지표와 그 산출

주식시장에 상장된 수많은 상장종목의 주가를 개별적으로 파악하여 주식시장의 전체적인 흐름을 판단하는 것은 불가능하다. 따라서 개별주식의 다양한 가격움직임을 한눈에 알아볼 수 있도록 전체적인 주가동향을 나타내 줄 수 있는 어떤 간편한 수치를 통계적 방법을 이용하여 산출한 것이 주가지표이다.

주가지표에는 주가평균과 주가지수가 있으며, 지표산출에 이용되는 개별증권의 가격, 거래량 그리고 발행주식수 등을 고려하는 시장가치 가중방법과 거래일의 가격만을 이용하는 동일가치 가중방법이 있다.

주가평균

- 단순주가평균

$$\text{단순주가평균}(SA) = \frac{\text{대상종목의 주가합계}}{\text{대상종목수}} = \frac{P_{1t}+P_{2t}+\ldots+P_{Nt}}{N}$$

단, $P_{1t}, P_{2t}, \cdots = t$시점의 주가
$N =$ 대상종목수

- 가중주가평균

$$\text{가중주가평균}(WA_1) = \frac{\text{대상종목의 시가총액 합계}}{\text{대상종목의 상장주식수 합계}} = \frac{P_{1t}\times Q_{1t}+P_{2t}\times Q_{2t}+\cdots+P_{Nt}\times Q_{Nt}}{Q_{1t}+Q_{2t}+\cdots+Q_{Nt}}$$

단, $P_{1t}, P_{2t}, \cdots = t$시점의 주가
$Q_{1t}, Q_{2t}, \cdots = t$시점의 발행주식수

- 수정주가평균

$$\text{수정주가평균}(ADA) = \frac{\text{채용종목 주가합계}}{\text{수정제수}} = \frac{P_{1t}+P_{2t}+\cdots+P_{NT}}{D}$$

단, $P_{1t}, P_{2t}, \cdots = t$시점의 주식가격
$D =$ 수정제수
$N =$ 채용종목

주요 주가지수

- 단순주가지수

$$SI_t = \frac{1}{n}\sum_{i=1}^{n}\frac{P_{it}}{P_{i0}}\times 100$$

단, $SI_t = t$시점의 단순주가지수
$P_{i0} =$ 기준시점의 i주식 가격
$P_{it} = t$시점의 i주식가격
$n =$ 채용종목수

- 시가총액식지수

ⓐ 라이페이레스식 주가지수

$$LI_t = \frac{\sum_{i=1}^{n} P_{it}Q_{i0}}{\sum_{i=1}^{n} P_{i0}Q_{i0}} \times 100$$

단, P_{it}=t시점에서 i주식의 가격
P_{i0}=기준시점에서 i주식의 가격
Q_{i0}=기준시점에서 i주식수(가중치)
n=기준시점에서 채용종목수

ⓑ 파셰 주가지수

$$PI_t = \frac{\sum_{i=1}^{n} P_{it}Q_{it}}{\sum_{i=1}^{n} P_{i0}Q_{it}} \times 100$$

단, P_{it}=t시점의 i주식가격
P_{i0}=기준시점의 i주식가격
Q_{it}=t시점의 i주식수
n=t시점에서의 채용종목수

주식시장의 주요 지표

- 한국의 주요 주가지수

한국거래소에서 발표하는 주가지수 중 대표적인 주가지수로서 유가증권시장 전체 상장종목의 시가총액을 이용한 한국종합주가지수(KOSPI)와 옵션과 선물거래 등 파생상품거래대상 지수로서 유가증권시장 상장종목 중 주요 200개 종목을 이용한 KOSPI 200이 있다. 한국거래소는 이 밖에 산업별, 규모별, 시장별 주가지수 등 투자자들의 주가지수 활용편의를 위하여 다양한 지수를 개발하여 발표하고 있다.

- 다우존스산업평균지수(DJIA)

미국주식시장의 전체동향을 나타내 주는 대표적인 지표로서 뉴욕증권거래소와 나스닥증권거래소에 상장된 30개 종목을 채택하여 수정주가평균으로 산출한다.

- S&P 500지수

미국의 스탠다드 앤 푸어사(Standard & Poor's Corporation)가 뉴욕증권거래소와 나스닥증권거래소의 500개 우량기업을 표본으로 시가총액방식으로 산출한다.

- Nikkei 225지수

일본경제신문사가 도쿄증권거래소 프라임시장에 상장된 주식 중 225개 종목을 대상으로 수정주가평균으로 산출하여 가격으로 발표한다.

- FTSE 100지수

영국의 파이낸셜타임스(FT)와 런던국제증권거래소(LSE)가 1984년 1월부터 산출, 발표하고 있는 영국의 대표적인 지수로서, LSE의 100개 상장 우량주를 시가총액방식으로 산출한다.

주요 채권시장지표

- KRX 채권지수

한국거래소에 상장된 모든 종목을 대상으로 민간 채권가격평가 3사의 평균가격을 이용해 산출한 채권지수이다. 기준일인 2006년 3월 1일의 평균가격을 100포인트로 하여 지수를 산출한다.

- 국고채프라임지수

국채전문유통시장의 3, 5, 10년물 중에서 거래량이 가장 많은 최근월물(지표물)과 직전월물 등 6종목의 국고채를 대상으로 실시간 산출한다. 국고채프라임지수는 2006년 3월 1일 100포인트이다.

- KTB(Korea Treasury Bond) Index

한국거래소와 KIS채권평가가 공동으로 국채 상장지수펀드(ETF)의 투자척도로 개발한 벤치마크 지수이다. 한국거래소 국채전문유통시장의 실시간 가격 및 호가 정보를 바탕으로 발표되는 국채지수이며, 2009년 6월 1일을 10,000포인트로 기준하여 산출된다.

- 미국의 채권지표

미국에서는 수십 개의 채권지수가 개발되어 있는데 가장 널리 사용되는 채권지수는 살로먼브라더스 채권지수(Salomon Brothers Investment Grade Bond Index)와 메릴린치 채권시장지수(Merrill Lynch Market Index)가 있다.

인터넷에서 찾아 읽기

한국거래소

- http://www.krx.co.kr/index.html
  - 정보센터 : 증권시장지 찾아 읽기
  - 지수 : 지수안내 및 각종 지수현황 찾아 읽기
  - 일간신문들의 주식시세표 읽어보고 그 차이를 알아보자.
  - 경제신문의 홈페이지에서 증권관련 섹션 참고

KRX자본시장통계포털

- https://data.krx.co.kr/contents/MDC/MGZN/publication/MDCMGZN001.cmd?menuId=MDCMGZN015
  한국거래소가 발표하는 모든 지수 소개 및 산출방법 (로그인 필요)

다우존스 주가지수 홈페이지

- https://www.spglobal.com/spdji/en/

S&P 홈페이지에서 주가지수 페이지 검색

- http://www2.standardandpoors.com

나스닥 홈페이지

- http://www.nasdaq.com

* 세계의 각 증권거래소는 자신의 홈페이지에 주가지수의 계산 방법과 주가지수의 추세를 자세하게 소개하고 있다.

인베스팅닷컴: 세계 주요 지수

- https://kr.investing.com/indices/major-indices

금융투자협회 : 자본시장통계의 주식 및 채권거래 찾아 읽기

- http://freesis.kofia.or.kr

연습문제

01 다음 용어를 설명하라.

❶ 증권시장지표
❷ 주식시세표
❸ 시장가치가중방법
❹ 동일가치가중방법
❺ Standard and Poor's Corporation
❻ 주가평균의 종류
❼ 수정주가평균
❽ 수정제수

⑨ 시가총액식 주가지수
⑩ KOSPI와 KOSPI 200
⑪ 다우존스공업주가평균
⑫ 스탠다드 푸어 500지수, 나스닥지수
⑬ 채권지수

02 주가지수가 증권시장의 분석 및 시장관리에 중요한 척도가 되는 이유를 제시하라.

03 오늘 주식시세표의 정보를 이용하여 어제의 종가를 알기 위한 방법을 설명하라.

04 특정 기준일까지 주식을 소유한 주주만 배당을 받을 권리가 있다. 이 기준일 이후의 주식가격은 예상되는 배당금액만큼 하락할 것이다. 이러한 주가를 무엇이라고 하는가?

05 가중주가평균과 수정주가평균의 산출식을 제시하고, 두 주가평균의 장단점을 비교하라.

06 다우존스 주가평균은 어떤 장단점이 있는가? 또 이 주가평균의 단점을 보완하는 증권시장지표에 관하여 설명하라.

07 시가총액식 주가지수의 종류를 산출방법에 따라 분류하고, 그 차이점을 간단히 설명하라.

08 우리나라 주가지수의 변화과정을 찾아 설명하라.

09 우리나라 종합주가지수의 산출기준일은 언제이고, 기준지수는 얼마인가?

10 만약 오늘 KOSPI가 2,000이라고 한다면 이것은 기준일과 비교하여 평균적으로 주가수준이 몇 배 증가하였다고 할 수 있는가?

11 시가총액 규모별 주가지수를 어떤 상황에 활용하는 것이 좋은지를 설명하라.

12 한국거래소의 주가지수 중 파생상품의 거래대상이 되는 지수를 파악하고, 어떤 파생상품이 거래되고 있는지 그 내용을 설명하라.

13 한국거래소의 주요 주가지수 3개 정도를 5년 전부터 월간 또는 연간 자료를 조사하여 그 추이를 설명하라.

SECURITIES MARKET

02

PART 02

증권가치에 대한 이해

Chapter 07

수익률과 위험

제1절 수익률

제2절 위 험

학습목표 이 장을 공부한 독자들은 다음 사항을 이해할 수 있어야 한다.

- ▶ 투자수익의 구성요소와 수익률
- ▶ 주식의 수익률
- ▶ 수익률확률분포와 위험
- ▶ 채권의 수익률
- ▶ 연평균수익률의 의의

증권투자결과는 투자증권의 특성과 투자기간 등에 의하여 다르게 나타난다. 다양한 투자대상의 투자결과를 수익률로 표현하는 것이 투자목표를 설정하거나 투자성과를 평가하는 데 매우 유용하다.

독자들은 수익률의 기본적인 개념과 측정방법을 먼저 이해하여야 한다. 더욱 구체적으로 주식의 수익률과 채권의 수익률의 종류와 그 내용을 파악하여야 한다. 투자자의 투자목적과 선택한 투자증권의 특성에 따라 투자기간이 다양하므로 증권의 수익률은 연평균수익률로 계산되어야 한다. 따라서 독자들은 연평균수익률이 기하평균으로 계산되는 과정을 이해하고 있어야 한다.

한편 증권의 수익률은 투자시점에서 미래 투자기간의 상태에 따라 여러 가지의 결과로 예측되어진다. 다시 말해 미래 상태의 발생확률에 따라 수익률은 확률적 분포를 가진다. 이들 확률분포를 알게 되면, 통계적 방법을 이용하여 기대수익률과 표준편차 등을 계산할 수 있다.

수익률의 표준편차 혹은 분산을 수익률의 위험이라고 한다. 독자들은 수익률과 위험의 개념을 이해해야 하고, 이를 증권의 가치평가와 투자 관리에 활용할 수 있어야 한다.

제1절 수익률

1.1 수익률의 개념

투자의 대상으로는 채권, 주식, 부동산, 상품 등을 들 수 있다고 하였다. 이러한 자산에 투자를 하게 되면 투자자는 투자의 보수로서 현금흐름, 즉 수익(return)을 기대하게 되고, 또 그 수익이 투자가치를 초과하여 이익이 발생되기를 바란다.

투자의 수익은 그 구성요소를 둘로 나눌 수가 있다. 첫째는 기간적 수익(periodic income)이고, 둘째는 투자자산의 가치변동이다. 투자의 기간적 수익은 투자자산의 종류에 따라 차이가 있긴 하지만, 투자기간 중 투자의 보수로서 발생되는 정기적 또는 비정기적 현금유입을 의미한다. 예를 들어, 채권의 이자, 주식의 배당금, 부동산의 임차료 등 투자기간 중에 발생하는 현금흐름은 기간적 수익에 속한다.

그리고 투자자산의 가치변동은 자본이득(capital gain) 또는 자본손실(capital loss)로 나타나는데, 이것은 투자자산의 투자기말 매각가격에서 투자기초 매입가격을 뺀 차액을 말한다. 그 차액이 정(+)의 값을 가지면 자본이득이고, 반대로 부(−)의 값을 가지면 자본손실이 된다.

투자기간 중의 수익은 투자대상과 투자규모에 따라서 차이가 나게 된다. 또한 투자기간의 장단에 따라서 수익의 크기가 다르게 된다. 투자의 성과를 투자규모, 투자기간과 관계없이 투자효율의 측면에서 공정하게 서로 비교하기 위해서 우리는 수익률이라는 개념을 사용한다.

수익률(rate of return, yield)은 일반적으로 투자로 인하여 발생하는 모든 현금흐름, 즉 투자기간 중 총수익을 투자시점에서 평가한 투자자산의 가치로 나눈 비율로서 다음과 같이 계산할 수 있다.

$$\text{수익률} = \frac{\text{투자기간 중 총수익}}{\text{투자자산 매입가격(혹은 투자금액)}}$$

이 수익률을 좀 더 구체적인 개념으로 표현하면, 내부수익률(internal rate of return, IRR)이라고 할 수 있다. 다시 말해서 투자로 인하여 발생되는 모든 현금지출의 현가와 현금유입의 현가가 완전히 일치되도록 해주는 할인율의 수준이 현실적으로 존재할 수 있는데, 이 할인율을 수익률이라고 한다.[1] 그러나 수익률은 투자의 수익성을 평가하기 위한 지수이기 때문에, 투자의 대상이 무엇인가 또는 각 투자대상의 수익성을 어느 측면에서 평가할 것이냐에 따라서 그 종류와 측정방법이 달라질 수도 있다.

또 수익률의 표현에는 사전수익률(ex ante yield)과 사후수익률(ex post yield)을 구분하는 경우가 많다. 사전수익률은 역사적 자료(historical data)나 모든 기초자료를 이용하여 투자를 행사하기 이전에 추정한 수익률로서 흔히 평균수익률을 지칭하는 경우가 많다. 그러므로 기대수익률(expected rate of return)은 사전수익률이 된다.

이에 반하여 사후수익률은 이미 실현된 투자의 성과를 기초로 하여 산출한 실제수익률(realized rate of return)이며, 사후에 산출한 내부수익률이 이에 속한다. 예를 들어, 기간적 수익이 없는 어느 증권을 1,000원에 매입하여 1년 후에 1,100원에 매각하였다면 이 증권의 사후수익률은 10%가 된다.

1.2 수익률의 종류

앞에서 설명한 수익률은 투자대상을 하나로 묶어서 그 개념을 아주 단순화한 것이었다. 그러나 수익률은 투자대상과 수익성분석의 초점을 어디에 두느냐에 따라 여러 종류로 분류될 수 있다. 이제 투자대상을 편의상 채권과 주식으로 나누고, 이들 수익률의 종류와 산출방법을 제시하면 다음과 같다.

(1) 채권의 수익률

투자결정에서 이용되고 있는 채권의 수익률에는 ① 쿠폰이자율(coupon interest rate), ② 경상수익률(current yield), ③ 만기수익률(yield to maturity)의 세 종류를 들 수 있다.

---

[1] 이 수익률은 여러 가지 용어로 표현되고 있다. 예를 들면, 수익률이 yield, interest rate of return, rate of return, return on investment, present-value return on investment, time-adjusted rate of return, marginal efficiency of capital로 표현되고 있지만, 이들은 동일한 개념이다. H. Bierman, Jr. and S. Smidt(1980), *The Capital Budgeting Decision : Economic Analysis of Investment Projects*, New York, N. Y. : Macmillan Publishing Co., Inc., p.30 참조.

액면이자율은 채권자에게 지불할 이자를 채권의 액면가를 기준으로 약정해 놓은 확정이자율이다. 일반적으로 채권의 이자율이라고 하면 이 액면이자율을 의미하는 경우가 많다. 명목이자율(nominal interest rate), 명목수익률(nominal yield), 표면금리, 또는 쿠폰이자율이라고도 한다.

경상수익률은 채권을 매입할 때 발생한 현재의 수익, 즉 액면이자(coupon interest)를 채권의 시가(current price)인 투자가치로 나눈 비율을 말한다. 예를 들어, 액면이자율이 10%이고 액면가가 10만원인 채권을 현재 98,500원에 매입한다면, 이 채권의 경상수익률은 10.15%(=10,000원/98,500원)가 된다.

이 경상수익률은 채권의 액면가가 시가와 동일한 경우에는 액면이자율과 일치한다. 그러나 채권의 시가는 시장이자율(market interest rate)과 채권에 대한 수요와 공급의 상황에 따라 달라질 수 있으므로 경상수익률은 매우 탄력적이다.

끝으로 채권의 만기수익률은 채권을 매입하여 만기(maturity)까지 보유할 경우에 환산한 연평균수익률로서 액면가에 대한 백분율로 표현한다. 이 만기수익률은 내부수익률(internal rate of return, IRR)을 의미한다.

그리고 이 만기수익률은 채권의 매입가격이 ⓐ 액면가격, ⓑ 할인가격(discount price), ⓒ 할증가격(price with premium) 중 어느 것에 해당하느냐에 따라 달라진다. 첫째, 매입가격이 액면가격과 동일할 경우에는 만기수익률이 액면이자율과 일치한다. 둘째, 매입가격이 액면가격 이하일 경우(할인가격)에는 만기수익률이 액면이자율보다 높다. 셋째, 매입가격이 액면가격 이상(할증가격)일 경우에는 만기수익률이 액면이자율보다 낮다.

(2) 주식의 수익률

보통주의 수익률은 투자자의 측면에서 보면 투자자산의 수익성을 측정하는 지표가 되기도 하지만, 기업의 측면에서는 주식의 가치를 평가하는 주요한 변수이므로 기업가치와 밀접한 관련을 가지고 있다.

보통주의 수익률은 수익성을 어느 측면에서 고려할 것이냐에 따라 다음과 같이 여러 종류로 구분될 수 있다.

첫째는 배당수익률(dividend yield)이다. 이것은 기말의 주당배당액(dividend per share, D_1)을 주가(current market price per share, P_0)로 나누거나(=D_1/P_0) 또는

총배당액을 자기자본의 가치로 나눈 비율이다. 이 배당수익률은 투자의 초점을 배당에 맞추고 있다는 점에서 특징이 있다. 다시 말해서 기업의 배당정책이 변동하지 않고, 주주가 소유주식을 기말까지 보유하고 있을 때에는 배당수익률이 보통주 수익성을 측정하는 지수가 될 수 있다.

둘째는 투자수익률(earnings yield)이다.[2] 이것은 주당이익(*EPS*)을 주가로 나누거나(=EPS_1/P_0, *EPR*), 기업의 당기순이익을 자기자본의 가치로 나눈 비율이다. 기업의 배당정책에서 주당이익을 모두 배당금으로 지급할 때에는 배당수익률이 투자수익률과 일치하지만, 대개는 주당이익의 일부가 유보되므로 배당수익률은 투자수익률보다 낮은 경향이 있다.

그리고 투자수익률의 역수를 주가수익비율(price earings ratio, *PER*)이라고 하는데, 이 주가수익비율은 화폐 한 단위, 즉 1원의 수익을 얻기 위해서는 얼마를 투자해야 하는가를 표현하는 배수이다. 예를 들어, 시가가 800원인 주식의 기말 주당이익이 100원이라고 한다면 *EPR*은 12.5%(=100원/800원)이고, *PER*은 8배(=800원/100원)가 된다.

이 두 비율은 발행기업의 수익전망을 예측하거나 기업상호간의 수익성을 비교하는 데에 이용된다. 그리고 주가 또는 기업가치를 평가할 때에는 *EPR*이 자본환원율(capitalization rate)로 이용된다.

셋째는 보통주의 수익률을 배당수익률과 성장률의 합으로 표현하는 방법이다. 이 수익률은 기업이 계속기업이고, 보통주의 배당금은 일정하게 성장한다는 가정하에 고든(M. J. Gordon)이 도출한 주가모형을 변형한 것으로 (7-1)의 식으로 표현된다.

$$k_e = \frac{D_1}{P_0} + g \tag{7-1}$$

단, k_e=보통주의 수익률
D_1=1기말 예상배당액
P_0=현재의 주가
D_1/P_0=배당수익률
g=성장률

[2] 이 투자수익률은 Return on Investment(ROI)라고도 한다. 그러나 이 경우에는 return on investment가 ⓐ 총자본순이익률, ⓑ 자기자본순이익률, ⓒ 내부수익률(internal rate of return) 등 사용자에 따라 각기 그 의미를 달리하므로 먼저 그 개념을 명확히 하여야 한다.

그러나 성장률이 일정하지 않을 경우에는 매기마다 (7−1a)식에 의하여 보통주 수익률을 산출하게 되는데, 이것은 다음에 설명할 투자기간 수익률과 동일하다.

$$k_e = \frac{(P_1 - P_0) + D_1}{P_0} \tag{7-1a}$$

넷째는 자본자산가격결정모형(capital asset pricing model, CAPM)을 이용하여 보통주의 수익률을 추정하는 방법이다. 이 모형은 체계적 위험을 표현하는 베타계수(b)로 보통주의 수익률을 추정하는 것으로, 다음의 (7−2)식에 의하여 산출한다.[3]

$$k_e = R_f + b(k_M - R_f) \tag{7-2}$$

단, k_e = 보통주의 수익률
R_f = 무위험 수익률
k_M = 주가지수의 수익률 또는 시장포트폴리오의 수익률
b = 베타계수

이 모형에서 $b(k_M - R_f)$는 증권시장에서 보통주의 위험수준에 따라 달리 나타나는 위험프리미엄이다. 시장포트폴리오의 수익률 k_M과 무위험수익률 R_f에 변동이 없다고 가정한다면 보통주의 위험프리미엄은 체계적 위험을 표현하는 베타계수의 수준에 따라 달라진다. 다시 말해서 베타계수의 값이 큰 보통주의 수익률은 높고, 반대로 베타계수의 값이 작은 보통주의 수익률은 낮아진다.

(3) 투자기간 수익률

앞에서 설명한 채권과 주식의 수익률은 제각기 측정의 초점을 달리하고 있으므로 이들을 모든 자산에 대한 일반적인 수익성 지수로 이용하는 데 다소 한계가 있다. 이러한 한계점을 보완해 주는 수익률로서 투자기간 수익률(holding period yield, holding period return) 또는 보유기간 수익률을 들 수 있다.

한 자산에 투자하여 얻을 수 있는 수익은 ⓐ 투자기간 중에 발생한 현금유입,

[3] 베타계수는 시장주가지수의 수익률 또는 시장포트폴리오의 수익률로서 보통주의 수익률을 추정한 단순회귀모형의 회귀계수이다. 이 회귀선모형은 증권특성선(security's characteristic line)이라고 한다.

즉 기간적 현금흐름과 ⓑ 투자기간 중 변동된 투자자산의 가치로 구분할 수 있다고 하였다. 그러므로 투자기간 수익률은 일정기간 동안 자산에 투자하여 발생되는 두 가지 형태의 수익을 합계한 다음, 이를 투자기초의 자산가치로 나눈 비율이다. 따라서 채권과 주식의 투자기간 수익률을 (7−3)식과 같이 산출할 수 있다.

$$\text{투자기간 수익률} = \frac{\text{투자기간 중 현금유입액} + \text{투자기간 중 변동된 자산가치}}{\text{기초 투자액}} \quad (7-3)$$

$$k_{hb} = \frac{C_t + \Delta P}{P_t}$$

$$= \frac{C_t}{P_t} + \frac{\Delta P}{P_t}$$

$$= \text{채권의 쿠폰이자율} + \text{채권가격의 변동률}$$

단, k_{hb} = 채권의 투자기간 수익률
C_t = t투자기간 중 채권의 명목이자
ΔP = t투자기간 중 채권가격의 변동액
P_t = t기초 채권의 가격

$$k_{he} = \frac{D_t + \Delta P}{P_t}$$

$$= \frac{D_t}{P_t} + \frac{\Delta P}{P_t}$$

단, k_{he} = 주식의 투자기간 수익률
D_t = t기간 중 주당배당액
ΔP = t기간 중의 주가의 변동액
P_t = t기초 주가

이러한 투자기간 수익률은 다른 수익률에 비하여 여러 가지 특징을 가지고 있다.

첫째, 대부분의 수익률은 그 표현단위가 일반적으로 연리이지만, 투자기간 수익률은 측정기간에 구애받지 않는다. 이 수익률은 투자기간을 측정기간으로 하여 산출한 수익률이므로 그 활용범위가 매우 높다. 바꾸어 말하면, 이 수익률은 월수익률, 분기수익률, 연수익률 등 필요에 따라 어느 기간에도 적용할 수 있으므로 증권특성선 또는 자본자산가격결정모형의 추정에 많이 이용되고 있다.

예제 7-1

어느 투자자가 액면가가 10만원이고 쿠폰이자율이 10%인 한국기업의 채권을 98,000원에 매입하여 8개월 후에 10만 5천원에 매각하였는데, 투자기간 중에 1년의 이자를 받았다면 투자기간 수익률은 17.34%가 된다.

$$
\begin{aligned}
k_{hb} &= \frac{C_t}{P_t} + \frac{\Delta P}{P_t} \\
&= \frac{(0.1)(100,000)}{98,000} + \frac{(105,000-98,000)}{98,000} \\
&= 0.1020 + 0.0714 \\
&= 0.1734 \text{ 또는 } 17.34\ \%
\end{aligned}
$$

예제 7-2

어느 투자자가 대한기업의 보통주를 8,000원에 매입하여 10개월 후에, 10,000원에 매각하였는데, 그 기간 중에 주당배당금을 1,000원 받았다면 이 주식의 투자기간 수익률은 다음과 같이 37.5%가 된다.

$$
\begin{aligned}
k_{he} &= \frac{D_t}{P_t} + \frac{\Delta P}{P_t} \\
&= \frac{10,000}{8,000} + \frac{(10,000-8,000)}{8,000} \\
&= 0.125 + 0.25 \\
&= 0.375 \text{ 또는 } 37.5\%
\end{aligned}
$$

둘째, 투자기간 수익률은 동일기간에서 여러 자산의 수익성을, 또는 동일자산에 대하여 과거, 현재, 미래의 수익성을 비교할 수 있는 장점이 있다.

셋째, 주식의 경우 투자기간 수익률은 투자기간 중에 발생한 배당수익과 자산가치의 변동액을 하나의 현금흐름으로 합산하여 산출해 낸 총수익률(total rate of return)이다. 그러나 투자자의 배당소득과 매매차익(자본이득)에 적용하는 세율은 반드시 일치하지 않는 경우가 있으므로, 투자결정에 이 투자기간 수익률을 획일적인 지표로 이용하는 데는 다소 한계가 있을 수 있다.

1.3 연평균수익률의 개념과 계산

투자기간 수익률은 투자기간의 장단에 상관없이 투자기간을 1기간으로 계산한 수익률이다. 그래서 투자기간 수익률을 이용하여 투자기간이 다른 투자의 성과를 서로 비교하기에는 일관성이 없다. 따라서 이러한 일관성을 확보하기 위해서 우리는 수익률 기간에 대해 별도의 전제를 달지 않는 경우 연평균수익률로 사용하고 있다.

수익률에서 사용하고 있는 연평균수익률은 단순한 연간수익률의 산술평균이 아니라 기하평균수익률이다.[4] 이를 다음의 예를 이용하여 살펴보자.

A투자자가 한국회사의 주식을 10,000원에 매입하였는데, 1년 뒤에 주가가 16,000원으로 상승하였고, 2년 뒤에는 8,000원으로 하락하였다고 하자. 그리고 이 2년 동안 한국회사는 배당을 전혀 지급하지 않았다고 한다.

연간수익률을 계산해보면 다음과 같다.

$$1\text{년째 수익률}: \frac{16,000-10,000}{10,000}=0.6(\text{혹은 } 60\%)$$

$$2\text{년째 수익률}: \frac{8,000-16,000}{16,000}=-0.5(\text{혹은 } -50\%)$$

그리고 2년을 1기간으로 하는 투자기간 수익률은 다음과 같다.

$$\frac{8,000-10,000}{10,000}=-0.2(\text{혹은 } -20\%)$$

이제 각기 다른 연간수익률을 이용하여 산술평균을 계산하면 다음과 같이 5%가 된다.

$$\frac{0.6+(-0.5)}{2}=0.05(\text{혹은 } 5\%)$$

[4] 화폐의 시간적 가치의 개념인 연간복리를 이용하므로 산술평균은 부적절하고 기하평균을 사용하여야 한다.

이것은 실제로 투자기말에 2,000원의 자본손실이 발생하였기 때문에 투자기간 중 −20%의 손실이 난 것을 생각하면, 연평균 5%의 수익률을 올렸다는 것은 모순이다.

이제 현재 10,000원을 투자하여 2년 뒤에 8,000원이 되는 과정을 1년간씩 나누어 다음과 같이 생각해보자.

$$(10,000+10,000\times0.6)+(10,000+10,000\times0.6)\times(-0.5)$$
$$=16,000-8,000=8,000(\text{원})$$

이 식에서 동일한 연평균수익률을 r이라 하고 이를 위 식에 적용하여 다시 써보자.

$$(10,000+10,000\times0.6)+(10,000+10,000\times0.6)\times(-0.5)$$
$$=(10,000+10,000\times r)+(10,000+10,000\times r)\times r$$

그리고 위 식의 양변을 투자원금 10,000원으로 나누고 순서대로 정리하면 다음과 같다.

$$(1+0.6)+(1+0.6)\times(-0.5)=(1+r)+(1+r)\times r$$
$$(1+0.6)(1-0.5)=(1+r)(1+r)$$
$$(1+r)^2=(1+0.6)(1-0.5)$$
$$r=[(1+0.6)(1-0.5)]^{\frac{1}{2}}-1$$
$$r=0.8\sqrt{-1}=-0.1056(\text{또는}-10.56\%)$$

앞에서 계산한 5%의 산술평균과 달리 연평균수익률로써 기하평균은 −10.56%로 계산되었다. 다시 이 연평균수익률을 이용하여 2년 뒤의 주가를 계산하면 다음과 같다.

$$10,000(1-0.1056)+10,000(1-0.1056)(-0.1056)$$
$$=10,000(1-0.1056)^2$$
$$=8,000(\text{원})$$

따라서 기하평균수익률로 계산한 연평균수익률을 이용하여 투자기간에 맞추어 투자기말가치를 계산한 결과 실제의 투자기간말 가치와 동일하다. 이제부터 여러분들은 일반적으로 수익률이라고 할 경우 연간수익률을 의미하고 그 계산구조는 기하평균임을 잘 알고 있어야 할 것이다.[5]

1.4 수익률의 확률분포

이처럼 수익률은 투자대상과 수익성 측정의 초점에 따라 여러 종류로 분류할 수 있다고 하였다. 이제 이러한 수익률을 일괄하여 단순히 수익률이라고 할 경우, 수익률의 확률분포와 기대수익률은 서로 어떤 관계가 있는 것일까?

미래의 현상은 불확실하기 때문에 투자자가 미래의 수익률을 명확하게 예측하기는 어렵다. 그러나 수익률변동에 대하여 확률분포를 적용한다면 비교적 근사한 미래의 수익률을 찾아낼 수 있다.

확률분포는 객관적 확률분포(objective probability distribution)와 주관적 확률분포(subjective probability distribution)로 구분해서 생각할 수 있다. 객관적 확률분포는 객관적인 자료를 기초로 하여 측정되고, 주관적 확률분포는 개인의 주관적인 판단에 의하여 결정된다. 물론 주관적인 판단에도 여러 가지 관련된 상황이 고려되는 것은 사실이며, 확률분포도 역사적 자료가 여러 기간에 걸쳐 안정되어 있지 못할 경우에는 미래의 수익률을 예측하는 데에 크게 도움을 주지 못하는 약점이 있다.

주관적 확률과 객관적 확률 중 어떠한 확률분포를 이용하든지 간에 미래의 수익률을 예측할 때에는 주로 확률분포를 이용하게 된다. 기대수익률(expected rate of return)은 바로 이러한 확률분포를 이용하여 측정한 미래의 수익률을 말한다. 다시 말해서 개별자산의 경우 미래에 발생할 예상수익률을 그에 해당하는 확률에 곱하여 합산하면 가중평균수익률(weighted average rate of return)이 산출되는데, 이것을 기대수익률이라고 하며 (7-4)식에 의하여 산출된다.

$$\bar{k} = \sum_{i=1}^{N} k_i p_i \qquad (7\text{-}4)$$

단, $\bar{k}$ = 기대수익률, 가중평균수익률
k_i = i번째 발생할 예상수익률
p_i = k_i가 발생할 확률, 가중치

5 투자기간이 1년 미만인 경우도 1년으로 환산하여 연평균수익률을 사용하여야 한다.

그리고 포트폴리오의 기대수익률은 포트폴리오를 구성하고 있는 개별증권의 수익률을 알고 있으면 이들 수익률을 가중평균한 값이 된다. 따라서 포트폴리오를 구성하고 있는 개별증권의 가중치가 변동하게 되면 포트폴리오의 기대수익률도 변동하게 되며, 이 기대수익률은 다음의 (7-5)식에 의하여 산출된다.

$$\bar{k}_p = \sum_{i=1}^{N} x_i \bar{k}_i \tag{7-5}$$

단, $\bar{k}_p$ = 포트폴리오의 기대수익률
$\bar{k}_i$ = i 증권의 (기대)수익률
x_i = i 증권의 비중(가중치)
$\sum_{i=1}^{N} x_i = 1.0$

예제 7-3

현재 A회사와 B회사의 보통주에 투자하여 1년 후에 발생하게 될 각 예상수익률과 그 확률이 다음과 같다면 이 두 기업 주식의 기대수익률은 (7-4)식에 의하여 아래와 같이 각기 8%와 20%가 된다.

수익률의 확률분포

예상 수익률	확률	예상수익률	확률
0.38	0.05	0.90	0.10
0.23	0.20	0.50	0.25
0.08	0.50	0.20	0.30
−0.07	0.20	−0.10	0.25
−0.22	0.05	−0.50	0.10

A회사의 기대수익률 : $\bar{k} = \sum_{i=1}^{5} k_i p_i$

$$= (0.38)(0.05) + (0.23)(0.20) + (0.08)(0.50) + (-0.07)(0.20) + (-0.22)(0.05)$$

$= 0.08$ 또는 8%

B회사의 기대수익률 : $\bar{k} = \sum_{i=1}^{5} k_i p_i$

$$= (0.90)(0.10) + (0.50)(0.25) + (0.20)(0.30) + (-0.10)(0.25) + (-0.50)(0.10)$$

$= 0.20$ 또는 20%

예제 7-4

주식 A, B, C의 기대수익률이 각각 20%, 15%, 10%이고, 이 3개 주식이 각기 30%, 40%, 30%의 비중을 차지하는 포트폴리오를 구성하고 있다고 하자. 이때 포트폴리오의 기대수익률은 15%가 된다.

$$\begin{aligned}\bar{k}_p &= \sum_{i=1}^{3} x_i \bar{k}_i \\ &= x_1\bar{k}_A + x_2\bar{k}_B + x_3\bar{k}_C \\ &= (0.3)(20\%) + (0.4)(15\%) + (0.3)(10\%) \\ &= 0.15 \text{ 또는 } 15\%\end{aligned}$$

제2절 위 험

2.1 위험의 개념

미래에 실현될 수익률을 예측할 때에 흔히 미래상황을 확실성(certainty), 위험(risk), 불확실성(uncertainty)으로 구분하는 경우가 많다.

확실성은 미래의 예상수익률이 조금의 오차도 없이 정확하게 실현되는 상황을 의미한다. 엄격하게 말하면 현실세계에서 이러한 확실성이 존재한다고 단정하기는 어렵다. 그러나 이론적으로는 확실성하에서의 투자결정을 충분히 고려할 수 있다.

위험은 미래의 수익률이 기대수익률에 미달하거나 투자손실로 나타날 수 있는 가능성 내지 그러한 수익률의 변동성(variability)을 의미한다. 일반적으로 과거의 자료를 기초로 산출한 수익률의 확률분포를 이용하여 이 위험을 측정한다.

불확실성은 미래수익률의 예측에 있어서 판단의 기초로 삼을 자료나 모든 상황이 충분히 형성되지 않은 상태이다. 그러므로 불확실성하에서 미래 수익률을 예측할 때에는 부득이 주관적 확률에 의존하게 된다. 그러나 위험과 불확실성은 객관적 확률이거나 주관적 확률이거나 결국 확률을 이용하여 미래의 수익률을 예측한다는 점에서는 동일하다. 특히 실제의 의사결정에 영향을 주는 두 확률의 한계

수준에서는 별로 차이가 없다. 그러므로 앞으로는 이 두 개념을 일괄하여 위험으로 사용하기로 한다.[6]

자산을 보유하게 되면 수익이 발생한다. 특히 투자자가 자본자산(capital assets)[7]에 투자를 할 때에는 일정한 수준의 수익을 기대하게 된다. 그러나 미래의 수익, 즉 투자자의 기대수익은 기대수준에 미달하거나 손실로 나타날 수도 있다. 투자에서 사용하고 있는 위험은 이러한 투자손실의 가능성 또는 그 확률을 의미한다.

자산은 위험의 유무에 따라서 무위험자산(riskless assets)과 위험자산(risky assets)으로 구분할 수 있다. 무위험자산은 정기예금이나 국공채와 같이 명확한 투자수익이 발생하는 자산을 의미한다. 위험자산은 사채와 주식과 같이 투자수익이 변동할 수 있는 자산을 의미한다. 엄밀한 의미에서는 국공채도 위험을 내포하고 있으나, 다른 자산에 비하여 투자수익이 비교적 명확하므로 무위험자산으로 분류한다.

2.2 위험의 측정방법

기대수익률과 위험을 구체적으로 어떻게 측정할 것인가? 일반적인 측정방법은 미래의 수익률에 확률분포를 곱하여 위험의 측정치로 삼는다. 다시 말해서 미래의 각 예상수익률에 확률을 곱하여 가중평균치(weighted average)를 산출하고, 이 가중평균치를 기대수익률이라고 한다.

수익률의 확률분포가 기대치에 밀집되어 있을 때에는 수익률의 편차가 작기 때문에 위험이 낮다고 하며, 그 반대의 경우에는 위험이 높다고 한다. 그리고 이 확률분포를 정규확률분포(normal probability distribution)로 가정하면, 투자위험은 당연히 이 확률분포의 표준편차나 분산(variance)으로 측정할 수 있다.

따라서 기대수익률과 위험은 다음의 식으로 산출한다.

---

[6] 사이몬(H. A. Simon)의 정형적, 비정형적 의사결정에는 객관적 확률(objective probability)과 주관적 또는 개성적 확률(subjective or personalitic probability)을 구분해서 사용하고 있다. 객관적 확률은 고전적 확률의 개념으로서, 반복시행을 통하여 선험적으로 명확히 도출될 수 있는 확률이며, 주로 균등분포(uniform distribution)를 가정하여 상대도수(relative frequency)를 이용한다. 주관적 또는 개성적 확률은 특정한 사상의 확률을 합리적으로 개인의 판단에 의존하고 있다. 이는 비반복적인 미래사상에 대하여 합리적으로 할당된 가중치를 확률로 삼는다.

[7] 자본자산(capital assets)은 수명이 1년 이상의 자산으로 기업의 통상적인 영업활동에서 거래되지 않는다. 자본자산의 전형적인 예로서 증권을 들 수 있다.

$$\bar{k}=\sum_{i=1}^{N} k_i p_i \tag{7-4}$$

단, $\bar{k}$=기대수익률, 가중평균수익률
k_i=i번째 발생할 예상수익률
p_i=k_i가 발생할 확률, 가중치

$$\sigma=\sqrt{\sigma^2}=\sqrt{\sum_{i=1}^{N}(k_i-\bar{k})^2 p_i} \tag{7-6}$$

단, σ=수익률의 표준편차, 위험

(7−6)식에서 위험은 표준편차(σ) 대신에 분산(σ^2)으로 표현한다. 수익률의 확률분포가 기대치를 중심으로 대칭분포 또는 정규분포(normal distribution)를 가질 때는 표준편차나 분산을 위험의 척도로 사용하는 것이 문제가 되지 않는다.[8]

예제 7-5

미래의 투자환경변동에 따른 대한기업의 예상수익률과 확률이 아래와 같다면, 기대수익률과 위험은 다음과 같이 20%와 54.22%로 측정된다.

대한기업의 예상수익률과 확률

투자환경	예상수익률	확률
호전	90%	0.3
보통	20	0.4
악화	−50	0.3

기대수익률 : $\bar{k}=\sum_{i=1}^{N} k_i p_i$

$=(0.9)(0.3)+(0.2)(0.4)+(-0.5)(0.3)$

$=0.2$ 또는 20%

위험 : $\sigma=\sqrt{\sigma^2}=\sqrt{\sum_{i=1}^{N}(k_i-\bar{k})^2 p_i}$

$=\sqrt{(0.9-0.2)^2(0.3)+(0.2-0.2)^2(0.4)+(-0.5-0.2)^2(0.30)}$

$=\sqrt{0.294}=0.5422$ 또는 54.22%

[8] H. Markowitz는 위험을 기대치에 미달하는 반분산(semi-variance) 대신에 분산을 사용하고 있으나 위험의 정확한 표현은 반분산이다.

그림 7-1 비대칭확률분포

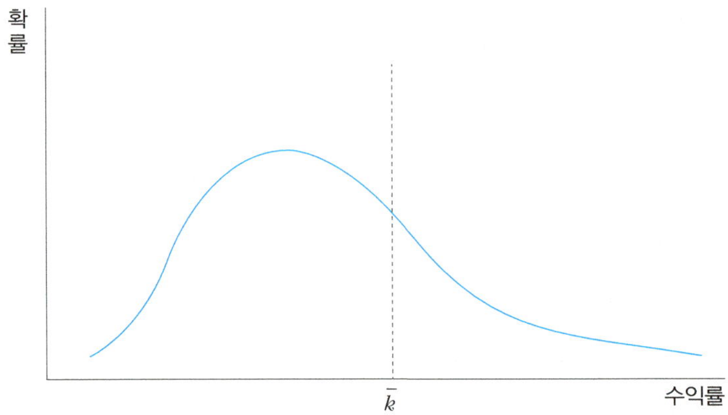

그러나 확률분포가 비대칭(skewness)일 때에는 비대칭성을 고려하여 위험을 조정하여야 한다. 예를 들어, [그림 7-1]에서는 기대수익률($\bar{k}$)에 미달하는 위험의 영역, 즉 $\bar{k}$의 좌측 면적이 우측보다 크기 때문에 단순히 표준편차만으로 위험을 나타내기보다는 이러한 비대칭성을 조정하여야 한다.

그러나 현실적으로 한계수준의 투자결정에서는 투자안의 비대칭분포와 정규분포 사이에 큰 차이가 없으므로 표준편차를 그대로 위험의 측정치로 사용하는 것이 일반적이다.

투자규모가 서로 다른 여러 투자안의 위험을 비교할 때는 단순히 표준편차나 분산의 측정치만을 사용하는 것은 적절치 못한 경우가 있다. 투자규모가 서로 다른 투자안들의 위험을 비교할 때에는 (7-7)식으로 기대치에 대한 표준편차의 비율, 즉 분산계수(coefficient of variation)를 산출하여 표준편차나 분산과 함께 위험의 척도로 이용하는 것이 바람직하다.

$$CV = \frac{\sigma}{\bar{k}} \quad (7\text{-}7)$$

단, CV=분산계수

표 7-1 한국기업의 예상수익률과 확률

투자환경	예상수익률(k_i)	확률(p_i)
호전	120%	0.3
보통	40	0.4
악화	-40	0.3

예를 들어, 한국기업의 경우 미래의 투자환경변동에 따라 예상되는 수익률과 확률이 〈표 7-1〉과 같고, 이에 따라 기대수익률과 표준편차가 각각 40%와 61.96%라고 하자.

$$\text{기대수익률}: \bar{k} = \sum_{i=1}^{N} k_i p_i$$
$$= (1.2)(0.3) + (0.4)(0.4) + (-0.4)(0.3)$$
$$= 0.4 \text{ 또는 } 40\%$$

$$\text{위험}: \sigma = \sqrt{\sigma^2} = \sqrt{\sum_{i=1}^{N} (k_i - \bar{k})^2 p_i}$$
$$= \sqrt{(1.2-0.4)^2(0.3) + (0.4-0.4)^2(0.4) + (-0.4-0.4)^2(0.30)}$$
$$= \sqrt{0.384} = 0.6196 \text{ 또는 } 61.96\%$$

이제 한국기업의 위험을 (예 7-5)의 대한기업의 위험과 비교해 보자. 단순히 표준편차만을 위험의 척도로 삼을 경우에는 표준편차가 큰 한국기업의 위험이 높다고 할 수 있다. 그러나 분산계수의 경우에서는 다음과 같이 대한기업의 위험(CV_H=2.711)이 한국기업의 위험(CV_K=1.549)보다 큰 것으로 나타난다.

$$\text{분산계수(대한기업)} = CV_H = \frac{\sigma}{\bar{k}} = 2.711$$

$$\text{분산계수(한국기업)} = CV_K = \frac{\sigma}{\bar{k}} = 1.549$$

따라서 이 두 기업의 표준편차와 분산계수의 크고 작은 관계는 아래 〈표

7-2〉와 같이 정반대로 나타난다.

이상과 같이 전개한 수익성의 척도는 기대수익률인 비율의 개념이었다. 그러나 수익성의 척도를 기대수익률 대신에 수익금액, 즉 현금흐름으로 사용하여도 비율과 금액(amount)이라는 차이를 제외하고는 동일한 결과가 나타난다.

표 7-2 표준편차와 분산계수의 비교

	대한기업	한국기업
기대수익률($\bar{k}$)	20%	40%
표준편차(σ)	54.22% 소	61.96% 대
분산계수(CV)	2.711 대	1.549 소

요약

투자수익의 구성요소와 수익률

- **투자수익의 구성요소**

  투자수익을 구성요소는 기간적 수익(periodic income)과 투자자산의 가치변동의 두 가지이다. 투자의 기간적 수익은 투자기간 중 투자의 보수로서 발생되는 정기적 또는 비정기적 현금유입을 의미한다. 그리고 투자자산의 가치변동은 자본이득(capital gain) 또는 자본손실(capital loss)로서 투자자산의 투자기말 매도가격에서 투자기초 매입가격을 뺀 차액이다.

- **수익률**

  수익률은 투자의 결과로 발생하는 모든 현금흐름, 즉 투자기간 중 총수익을 투자시점에서 평가한 투자자산의 가치로 나눈 비율로 계산한다.

$$\text{수익률} = \frac{\text{투자기간 중 총 수익}}{\text{투자자산 매입가격(혹은 투자금액)}}$$

채권의 수익률

채권의 수익은 액면이자율의 형태로 결정되는 이자와 만기상환 금액 또는 만기 내에 현금화할 경우 채권시장에서 거래되는 가격에 의한 기간적 수익이 있다.

ⓐ 쿠폰이자율 또는 액면이자율 : 채권자에게 지불할 이자를 채권의 액면가를 기준으로 약정해 놓은 확정이자율

ⓑ 경상수익률 : 액면이자를 채권의 시가인 투자가치로 나눈 비율

ⓒ 만기수익률 : 채권을 매입하여 만기까지 보유할 경우에 계산한 연평균수익률로서 내부수익률(IRR)을 의미한다.

주식의 수익률

- **배당수익률**

  기말의 주당배당액을 주가로 나누거나($=D_1/P_0$) 또는 총배당액을 자기자본의 가치로 나눈 비율

- **투자수익률**

  주당이익을 주가로 나누거나($=EPS_1/P_0$, EPR), 기업의 당기순이익을 자기자본의 가치로 나눈 비율, 투자수익률의 역수는 주가수익비율(PER)이다.

- **배당수익률과 성장률의 합 : 고든의 주가모형에서 도출**

$$k_e = \frac{D_1}{P_0} + g$$

단, k_e = 보통주의 수익률
D_1 = 1기말 예상배당액
P_0 = 현재의 주가
D_1/P_0 = 배당수익률
g = 성장률

또는 $k_e = \frac{(P_1 - P_0) + D_1}{P_0}$ (성장률이 일정치 않을 경우)

- **자본자산가격결정모형(CAPM)**

$$k_e = R_f + b(k_M - R_f)$$

단, k_e = 보통주의 수익률
R_f = 무위험수익률
k_M = 주가지수의 수익률
b = 베타계수

연평균수익률의 의의

투자수익률의 성과비교에 일관성을 확보하기 위해서 연평균수익률이 사용되고 있다. 연평균수익률

은 단순한 연간수익률의 산술평균이 아니라 기하평균수익률로서 계산된다.

수익률 확률분포, 기대수익률과 위험

- 수익률 확률분포

  개별 투자증권은 미래의 각 상태에 따라서 수익률이 다르게 발생할 것으로 예상된다. 미래상태의 개별증권 수익률은 미래상태의 발생가능성에 따라 그 가중치가 달라진다. 따라서 미래상태의 발생확률과 그 상태의 발생수익률의 분포를 수익률 확률분포라고 한다.

- 기대수익률

$$\bar{k} = \sum_{i=1}^{N} k_i p_i$$

단, $\bar{k}$=기대수익률
k_i=i상태 예상수익률
p_i=k_i가 발생할 확률

- 투자증권의 위험 : 수익률의 표준편차로 측정

$$\sigma = \sqrt{\sigma^2} = \sqrt{\sum_{i=1}^{N} (k_i - \bar{k})^2 p_i}$$

단, σ=수익률의 표준편차, 위험

인터넷에서 찾아 읽기

증권의 위험에 대한 의미와 실제적 상황 이해

(투자관련 각종 분석과 칼럼 및 투자의견 찾아 읽기)

- 한경 글로벌마켓
  https://www.hankyung.com/globalmarket/
- 동아경제
  https://dongaeconomy.com/

* 금융관련 연구소, 증권회사 홈페이지 등 수익률 관련정보 검색 활용

다양한 증권용어, 투자학습자료 제공 등

- https://www.investopedia.com

연습문제

01 다음의 용어를 설명하라

❶ 만기수익률
❷ 경상수익률
❸ 연평균수익률
❹ 내부수익률
❺ 배당수익률
❻ 투자기간 수익률
❼ 기하평균
❽ 불확실성
❾ 위험
❿ 분산계수

02 개별증권의 위험을 설명하고, 위험의 측정방법을 설명하라.

03 액면가가 100만원이고, 액면이자율이 연 12%인 채권이 10년 후에 만기가 된다고 하자. 이 채권을 시가가 각각 80만원, 100만원, 120만원일 때 매입하였다가 5년 후에 100만원에 매각하였다면, 이 채권의 투자기간 수익률은 각각 얼마인가?

04 어느 투자자가 한국기업의 보통주를 16,500원에 100주를 매입하여 8개월 후에 18,000원에 모두 매각하였다. 이 주식의 투자기간 수익률은 몇 %인가?

05 A증권을 1월 초에 매입하여 3년간 투자하였는데 매년 연도 초의 주가를 기초로 투자기말의 배당과 주가를 확인하여 1년간의 수익률을 계산한 결과가 다음과 같다. A증권의 연평균수익률을 계산하라.

제1차년도 수익률=15%
제2차년도 수익률=8%
제3차년도 수익률=4%

Chapter 08

증권의 가치

학습목표 이 장을 공부한 독자들은 다음 사항을 이해할 수 있어야 한다.

- 화폐의 시간적 가치 개념
- 유효이자율
- 채권수익률의 구분
- 주식의 가치평가모형
- 종가와 현가계산 방법
- 연속형 종가와 현가
- 채권의 가치평가모형

투자자들은 자기의 투자목표를 달성하기 위해서 기본적으로 증권의 가치를 평가하고 평가된 가치에 기초하여 선택한 증권을 매입하거나 매도하는 등의 투자활동을 하여야 한다. 또한 기술적으로 매입과 매도의 시기를 잘 선택하여 투자하면, 투자의 수익률을 최대화할 수가 있다.

증권투자의 수익은 투자기간 중에 이산적으로 발생하는 것이 대부분이다. 증권의 가치를 이해하기 위해서 화폐의 시간가치의 개념을 정립하고 그 계산방법을 활용할 수 있어야 한다. 독자들은 기본적인 가치개념으로서 종가와 현가의 개념을 확실히 이해하면, 이를 응용하여 다양한 현금흐름의 가치계산을 할 수 있다.

독자들은 화폐의 시간가치를 이용하여, 구체적으로 채권의 가치평가와 주식의 가치평가를 위한 모형을 설정하고 가치평가에 영향을 미치는 요소들을 학습하여 투자목적 달성을 위한 증권선택에 활용할 수 있어야 한다.

제1절 화폐의 시간적 가치

1.1 종가와 현가계산

(1) 종 가

현재 10,000원을 5년간 연이자율 10%로 정기예금을 한다고 하자. 이때 1년에 한번만 이자계산을 한다고 가정하자. 이 정기예금에서 5년 뒤에 얼마를 찾을 수 있을까? 우선 처음 1년간 이자가 1,000원이라는 것을 금방 알 수 있을 것이다. 그리고 2년째에는 원금 10,000원과 처음 연도의 이자 1,000원이 합쳐진 11,000원이 원금이 되어 이자가 1,100원이 붙게 된다. 이런 이자계산의 과정은 일상생활에서 흔히 접하는 일이기 때문에 쉽게 이해될 것이다.

이처럼 일정한 금액이 일정기간 동안 복리로 증식된 화폐가치를 복리합계(compound value), 미래가치(future value) 혹은 종가(terminal value or ending value)라고 한다. 그 계산법을 복리계산법, 미래가치계산법 혹은 종가계산법이라고 한다.

그리고 복리계산에서는 일반적으로 기간별로 재투자가 실시되기 때문에 이산복리계산(discrete compounding)이 사용된다. n년 후 종가의 계산은 다음과 같은 공식이 된다.

$$n\text{년 후 종가} = \text{원금}(1+\text{이자율})^n \qquad (8\text{-}1)$$

$$P_n = P_0(1+k)^n$$

단, P_n = n년 후 종가
P_0 = 원금
k = 연간 이자율
n = 기간

그래서 10,000원의 5년 후 가치는 다음과 같이 약 16,105원이 된다.

$$5\text{년 후 종가} = 10{,}000(1+0.1)^5 = 16{,}105(\text{원})$$

(2) 현 가

5년 뒤에 16,105원을 받을 수 있는 정기예금에 저축하려고 한다. 연간 10%의 이자율에 만족한 투자자는 현재 얼마를 저축하면 적절한 금액이 될까? 이러한 미래금액에 대한 적절한 현재금액은 종가에 대한 상대개념으로 현재가치 또는 현가(present value)라고 한다.

종가와 현가는 모두 화폐의 시간적 가치(time value of money)를 표현하고 있으나, 종가는 화폐가치의 표현시점이 미래, 즉 n기 말임에 비해, 현가는 미래의 화폐가치를 일정한 이자율 k로 할인하여 현시점에서 표현한 것이다. 따라서 현가는 종가의 산식 (8−1)식으로부터 도출할 수 있다,

$$\text{원금} = \frac{n\text{년 후 종가}}{(1+\text{이자율})^n} \tag{8-2}$$

$$P_0 = \frac{P_n}{(1+k)^n}$$

단, $P_n = n$년 후 종가
$P_0 =$ 원금
$k =$ 연간 이자율
$n =$ 기간

(8−2)식을 이용하여 현재의 저축금액을 계산하면 다음과 같다.

$$\text{원금} = \frac{16,105}{(1+0.1)^5} = \frac{16,105}{1.6105} = 10,000(\text{원})$$

따라서 16,105원은 현재의 가치로 10,000원이 된다. 즉 10%의 이자율 혹은 할인율로서 현재의 10,000원과 5년 뒤의 16,105원은 화폐가치가 동일하다고 할 수 있다.

1.2 연금의 종가와 현가

(1) 연금의 종가

연금(annuity)은 일정기간(n기간) 동안 지속적으로 매기에 발생하거나 지불하는 고정된 금액을 의미한다. 연금은 지불시기에 따라 정규연금(regular annuity) 또는 기말불연금(ordinary annuity)과 기초불연금(annuity due)으로 나눌 수 있다. 그리

고 연금지불기간이 유한인가 혹은 무한인가에 따라 유한연금과 무한연금 또는 영구연금(perpetual annuity)으로 구별할 수 있다. 그러나 일반적으로 연금이라 할 때는 기말불연금인 동시에 유한연금을 말한다.

어느 투자자가 매년 연말에 10,000원씩 5년을 저축할 경우에 5년 말에 얼마를 찾을 수 있을까? 또 매년 나누어서 저축하지 않고 지금 현재 한번만 저축하여 5년 뒤에 똑같은 금액을 찾으려면 얼마를 저축하여야 할까? 이 투자자는 연간 10%의 이자율에 만족한다고 하자.

이 예는 기말불, 유한연금의 형태이다. 연금의 종가는 종가계산식을 하나씩 따로 적용하여 그 합계 금액을 산출하여 계산할 수 있다. 그렇게 계산된 연금의 종가는 61,051원이 된다.

1년말 저축 10,000원의 5년말가치 : $10,000(1+0.1)^4=14,641$
2년말 저축 10,000원의 5년말가치 : $10,000(1+0.1)^3=13,310$
3년말 저축 10,000원의 5년말가치 : $10,000(1+0.1)^2=12,100$
4년말 저축 10,000원의 5년말가치 : $10,000(1+0.1)^1=11,000$
5년말 저축 10,000원의 5년말가치 : $10,000(1+0.1)^0=10,000$
합계=61,051

이와 같은 기말불연금의 종가(compound value for annuity)는 다음과 같은 수식으로 정리하여 나타낼 수 있다.

$$\begin{aligned} S_n &= R(1+k)^{n-1}+R(1+k)^{n-2}+\cdots+R(1+k)^1+R(1+k)^0 \\ &= R\sum_{t=1}^{n}(1+k)^{t-1} \\ &= R\left[\frac{(1+k)^n-1}{k}\right] \end{aligned} \qquad (8-3)$$

단, S_n=기말불연금의 종가
R=연금

(8-3)식에서 $\frac{(1+k)^n-1}{k}$을 연금의 종가계수라 한다.

그리고 기초불연금은 기말불연금이 1기씩 앞당겨 지급한 것과 같으므로 기초불연금의 종가는 기말불연금의 종가에 $(1+k)$를 곱한 다음의 식으로 산출한다.

$$S_n = R\left[\frac{(1+k)^n - 1}{k}\right](1+k) \qquad (8\text{-}3a)$$

(2) 연금의 현가

연금은 현가로 나타낼 수도 있다. 즉 특정기간 동안 연말에 연금을 불입하였을 경우에 이를 모두 현가로 계산하여 합계금액을 계산할 수 있다.

연금의 현가(present value of annuity)는 두 가지 방법으로 계산할 수 있다. 첫째는 연금의 종가를 현가로 환산하는 방법이고, 둘째는 매년 말의 연금을 하나씩 현가로 환산하여 이들을 합계하는 방법이다. 일반적으로는 두 번째 방법을 택하고 있다.

앞의 저축자가 현재시점에서 단 한 번 얼마의 금액을 저축하면 되는지를 계산해보자. 이 경우에도 역시 이자율(할인율)은 10%이다. 두 번째 방법을 이용하면 다음과 같이 37,907.8원을 저축하면 된다.

1년말 저축 10,000원의 현재가치 : $10{,}000/(1+0.1)^1 = 9{,}090.9$
2년말 저축 10,000원의 현재가치 : $10{,}000/(1+0.1)^2 = 8{,}264.5$
3년말 저축 10,000원의 현재가치 : $10{,}000/(1+0.1)^3 = 7{,}513.1$
4년말 저축 10,000원의 현재가치 : $10{,}000/(1+0.1)^4 = 6{,}830.1$
5년말 저축 10,000원의 현재가치 : $10{,}000/(1+0.1)^5 = 6{,}209.2$

합계 = 37,907.8

이와 같은 연금의 현가계산을 수식으로 나타내면 다음과 같다.

$$\begin{aligned} A_0 &= R\frac{1}{(1+k)^1} + R\frac{1}{(1+k)^2} + \cdots + R\frac{1}{(1+k)^n} \\ &= R\sum_{t=1}^{n}\frac{1}{(1+k)^t} \\ &= R\left[\frac{1}{k} - \frac{1}{k(1+k)^n}\right] \end{aligned} \qquad (8\text{-}4)$$

단, A_0 = 기말불연금의 현가
R = 연금

(8-4)식에서 $\left[\frac{1}{k}-\frac{1}{k(1+k)^n}\right]$을 연금의 현가계수라고 한다.

그리고 기초불연금의 현가는 기말불연금의 현가에 $(1+k)$를 곱한 (8-4a)식으로 계산된다.

$$A_0=R\left[\frac{1}{k}-\frac{1}{k(1+k)^n}\right](1+k) \qquad (8-4a)$$

한편, 연금의 현가를 계산할 때 연금의 종가를 이용하는 경우 다음과 같이 계산할 수 있다. 그 결과는 따로 현가를 계산하여 합산한 것과 차이가 없다.

$$\text{5년말 연금의 종가 61,051원의 현재가치}: \frac{61,051}{(1+0.1)^5}=37,907.8$$

(3) 불규칙한 현금흐름과 종가 및 현가계산

연금의 종가와 현가계산에 있어서 현금흐름(연금)이 매년 일정한 경우를 가정하였다. 그러나 주식투자에서 배당의 불규칙성, 시설투자에 따른 수익의 불규칙성 등 일상적인 투자활동에서 현금흐름은 매기간 일정치 않은 경우가 많다.

이처럼 불규칙한 현금흐름의 종가 및 현가계산은 수식 (8-3)과 (8-4) 등을 사용할 수 없고, 기간별로 현금흐름을 따로 분리하여 하나씩 종가와 현가를 산출한 후 이들을 합계하면 된다.

1.3 이자지급기간과 유효이자율

10,000원을 1회 저축예금을 하여 10년 뒤에 찾기로 하였다. 이자율은 20%라고 하자. 이때 이자를 1년에 1회 계산하는 예금과 1년에 2회 한번에 10%씩 이자를 계산하는 예금 중 어느 것이 투자자에게 유리할까?

먼저 1년 1회의 경우를 살펴보자. 1년 뒤에는 원금 10,000원과 이자 2,000원을 합하여 12,000원이 된다. 그리고 10년 뒤에는 10개 기간 동안 복리계산한 종가로서 다음과 같이 61,917원으로 계산된다.

$$P_{10}=10,000(1+0.2)^{10}=10,000\times 6.1917=61,917(\text{원})$$

6개월에 한번씩 1년 2회의 이자를 지급하는 경우에 이자지급시마다 적용되는 이자율은 연이자율 20%의 반이 되는 10%가 된다. 이 이자율을 이자지급단위기간의 유효이자율(effective interest rate per period)이라고 한다.

6개월 뒤에는 원금 10,000원과 이자 1,000원이 합쳐져 11,000원이 되고, 이것은 다시 6개월이 지난 뒤에는 이자 1,100원이 더해져 12,100원이 된다. 따라서 1년 2회의 이자지급시에는 실질적인 연간이자율이 1년 1회의 이자지급시 21%와 동일하다. 이것을 연유효이자율(effective annual interest rate)이라고 한다.

따라서 반년의 유효이자율 10%로 20개 기간 동안 복리계산한 종가를 계산해 보면 다음과 같이 67,275원이 된다.

$$P_{10\times 2}=10,000\left(1+\frac{0.2}{2}\right)^{10\times 2}=10,000\times 6.7275=67,275(\text{원})$$

종가계산은 이자를 1년에 1회 지급하는 것으로 복리계산을 하는 것이 가장 기본적이다. 그러나 이자를 1년에 여러 번 지급하면 할수록 연유효이자율은 높아진다. 그 이유는 동일한 투자기간에서는 복리계산으로 인한 이자의 재투자 횟수가 빈번할수록 그만큼 이자의 증식현상이 강하게 나타나기 때문이다.

1.4 연속형 종가와 현가

현재까지 살펴본 종가와 현가는 1년 혹은 반년 등 일정한 단위기간을 기초로 산출한 것이었다. 즉 복리계산과 할인계산은 모두 이산형 현금흐름(discrete cash flow)을 전제로 하였다. 그러나 종가는 연속형 복리계산방법(continuous compounding)에 의하여, 그리고 현가는 연속형 할인방법(continuous discounting)에 의하여 계산할 수 있다.

반년 단위기간으로 복리계산한 종가는 1년의 단위기간으로 복리계산한 종가보다 크다는 것이 이미 확인되었다. 다시 말해서 이자지급 횟수가 많아질수록 종가는 높아졌다. 따라서 복리계산에서 이자지급 횟수를 무한대로 하여 연속적으로 계산하면 가장 높은 종가가 산출된다.

연속형 종가 P_t는 다음의 식으로 계산할 수 있다.

$$P_t = P_0 e^{gt} \quad (8-5)$$

단, P_t=연속형 종가
P_0=원금
e=자연대수 값(2.718⋯)
g=성장률(이자율)
t=기간(연단위)

예를 들어, 이자율 20%이고, 원금 10,000원의 10년뒤 연속형 종가는 다음과 같이 73,875원으로 계산된다.

$$P_{10} = 10,000 \times 2.718^{0.2\times10} = 10,000 \times 7.3875 = 73,875(\text{원})$$

한편 연속형 현가계산은 (8−5)식을 변형하여 다음과 같이 수식 (8−6)으로 나타낼 수 있다.

$$P_0 = \frac{P_t}{e^{kt}} = P_t e^{-kt} \quad (8-6)$$

단, P_t=미래가치
P_0=연속형 현재가치
e=자연대수 값(2.718⋯)
k=할인율(이자율)
t=기간(연단위)

연속형 종가와 같은 예를 이용하여 연속형 현가를 계산하면 다음과 같이 10,000원이 된다.

$$P_0 = \frac{73,875}{2.718^{0.2\times10}} = \frac{73,875}{7.3875} = 10,000(\text{원})$$

1.5 무한연금의 종가와 현가

무한연금은 지급기간이 영구적이므로 종가는 당연히 무한대가 되어 계산할 수가 없다. 무한연금의 현가는 유한연금의 현가식 (8−4)식으로부터 기간 n을 무한대로 두어 유도하면 다음과 같이 간단한 식이 된다.

$$S_0 = \frac{R}{k} \quad (8-7)$$

예제 8-1

할인율이 8%로서 일정할 때 매년 연금을 100만원씩 영구히 지급하는 무한연금의 현가는 얼마일까? 그리고 인플레이션을 고려하여 이 연금을 매년 6%씩 인상하여 지급한다면 그 현가는 얼마일까?

① 무한연금의 현가

$$S_0 = \frac{R}{k} = \frac{1{,}000{,}000}{0.08} = 12{,}500{,}000(\text{원})$$

② 6%씩 인상되는 경우

$$S_0 = \frac{R_1}{k-g} = \frac{1{,}000{,}000}{0.08-0.06} = 50{,}000{,}000(\text{원})$$

그리고 무한연금의 특수한 형태로서 기초의 연금(R)이 매기간 일정한 성장률 g로 영구적으로 성장하는 일정성장 무한연금을 들 수 있다. 이 경우에 연금의 성장률 g가 할인율 k보다 작다고 하면($k>g$), 일정성장 무한연금의 현가는 다음과 같다.

$$S_0 = \frac{R_1}{k-g} \tag{8-8}$$

제2절 채권의 가치평가

2.1 가치평가의 과정

제1절에서 우리는 화폐의 시간적 가치를 이해하였다. 일상적인 투자활동에서 우리가 기대하는 것은 투자의 결과로서 미래에 발생할 투자수익, 즉 현금흐름이다. 이 현금흐름은 미래에 시점을 달리하면서 발생하고, 그 크기도 투자시점인 현재 확정되는 경우도 있지만 불확정적이어서 예측할 수밖에 없는 경우도 있다. 따라서 현금흐름은 불확실성이라는 측면에서 그 질이 다르고, 현재가치로 환산하였

을 때 미래의 금액이 동일한 경우라도 그 불확실성의 차이에 따라 현가에서 차이가 난다.

가치평가를 하기 위해서 먼저 평가 대상인 증권에서 얻게 될 현금흐름을 미래의 발생시점과 그 규모에 대해 예측하여 확정하여야 한다. 그리고 이 현금흐름을 투자자의 요구수익률로 할인하여 계산하면 이것이 곧 증권의 가치이다. 그래서 증권의 가치평가는 연금의 현가계산 과정을 이용한다고 이해하면 된다.

2.2 채권의 수익률

이자율은 흔히 화폐의 가격(price of money)이라고도 한다. 이자율은 이에 영향을 주는 모든 조건이 일정하다고 가정할 경우, 시장에서 자금의 수요와 공급의 균형점에서 결정되는데 이를 균형이자율(equilibrium interest rate)이라고 한다.

그리고 이 균형이자율이 채권시장에서 형성되었을 때는 채권의 시장이자율이라고 한다. 이것은 채권의 만기수익률(yield to maturity)을 의미한다. 채권의 만기수익률은 투자자가 채권을 만기까지 보유할 때 얻어지는 수익률로서, 일반적으로 투자자의 요구수익률(required rate of return)과 같다.

투자자의 요구수익률은 투자자산의 위험이 크면 클수록 높아지는 특징이 있다. 채권의 요구수익률을 다시 위험을 기준으로 분리하면, 무위험수익률과 위험프리미엄으로 구분할 수 있다. 즉 (8–9)식과 같이 나타낼 수 있다.

$$R = R_f + RP \qquad (8\text{–}9)$$

단, R=채권의 요구수익률
R_f=무위험수익률
RP=위험프리미엄

(8–9)식에서 무위험수익률 또는 무위험이자율은 일반적으로 위험이 거의 없는 국공채의 수익률을 의미하며, ⓐ 소비의 시간선호성(time preference of consumption)과 ⓑ 자금의 기회비용과 함수관계에 있다.

그리고 채권의 위험프리미엄은 (8–10)식과 같이 여러 가지 위험에 대한 프리미엄의 합으로 구성된다.

$$RP = IP + INP + MP + DP + LP + CP \quad (8\text{-}10)$$

단, IP=이자율위험 프리미엄
INP=인플레이션위험 프리미엄
MP=만기위험 프리미엄
DP=채무불이행위험 프리미엄
LP=유동성위험 프리미엄
CP=수의상환위험 프리미엄

이자율위험 프리미엄(interest risk premium)은 채권투자를 할 때 투자자가 이자율위험(interest risk)을 방어하기 위하여 요구하는 프리미엄이다. 이자율위험은 시장이자율이 상승하면 채권의 가치가 하락하고, 그래서 채권의 보유기간 수익률이 하락하게 되는 위험을 말한다.

인플레이션위험 프리미엄(inflation risk premium)은 투자기간 중에 인플레이션으로 인해 채권의 명목이자소득 또는 만기의 명목액면가의 구매력이 감소하는 위험에 대한 프리미엄을 의미한다.

만기위험 프리미엄(maturity risk premium)은 채권의 만기가 길어지면 그 기간 중에 시장이자율이 상승하여 채권의 실질수익률이 하락할 가능성이 높아지는 만기위험(maturity risk)에 대한 프리미엄을 말한다.

채무불이행위험 프리미엄(default risk premium)은 채권의 발행자가 이자와 만기의 액면가를 지급하지 못하거나 지연시킬 가능성(채무불이행위험)에 대해 요구하는 프리미엄을 의미한다.

수의상환위험 프리미엄(callability risk premium)은 채권의 만기가 도래하기 이전에 채권발행자가 채권을 조기상환함으로써 투자자가 부담하게 되는 손실가능성에 대한 프리미엄이다. 채권발행자는 채권발행 당시의 이자율보다 시장이자율이 하락하여 차환발행하는 것이 자신에게 유리한 상황이 되면 채권의 조기상환을 추진할 수 있다. 이와 같이 조기상환 선택권이 행사되는 경우에는 채권투자자에게 불리하게 된다.

유동성위험 프리미엄(liquidity risk premium)은 채권의 유동성이 낮아, 채권투자자가 원하는 시점에 원하는 양만큼의 채권을 가격에 심한 충격을 주지 않고 거래할 수 없을 가능성에 대한 프리미엄이다.

2.3 채권의 가치평가모형

채권(bond)은 국가, 공공기관, 회사 등이 장기자금을 집단적, 대량적으로 조달하기 위하여 발행하는 채무표시의 증권이다. 채권이 갖추어야 할 기본적인 속성은 액면가(face value or par value), 이자율과 만기이다. 따라서 채권의 현금흐름은 약속된 매기의 이자금액과 만기시점에 상환할 금액인 액면가이다. 그러나 이런 약속된 현금흐름은 채권발행자의 능력과 시장환경에 따라 위험이 다르게 나타나고, 투자자들은 이 위험을 요구수익률로 환산하여 채권의 가치를 정한다.

채권의 가치평가모형을 수식으로 나타내면 (8-11)식과 같다.

$$V_b = \frac{I}{(1+k_b)^1} + \frac{I}{(1+k_b)^2} + \cdots + \frac{I}{(1+k_b)^{n-1}} + \frac{F}{(1+k_b)^n} \qquad (8-11)$$

단, V_b = 채권의 가치
I = 채권의 이자
i = 채권의 액면이자율(coupon rate)
k_b = 채권의 시장이자율(요구수익률)
F = 채권의 액면가
n = 채권의 상환기간(연)

다음의 〈예제 8-2〉를 살펴보자.

〈예제 8-2〉에서 보는 것과 같이 가을주식회사의 사채에 대하여 위험을 가장 크게 느끼는 C투자자는 위험을 보상받기 위하여 28%의 수익률을 요구한다. 따라서 C투자자는 가을주식회사의 사채의 가치를 94,394원으로 가장 낮게 평가하고 있음을 알 수 있다.

채권의 시장가치는 시장이자율(k_b)의 변동에 따라 수시로 달라진다. 이러한 채권가치의 변동은 시장이자율과 액면이자율의 관계에서 다음과 같이 나타난다.

첫째, 시장이자율(k_b)이 액면이자율(i)과 동일할 때는 채권의 가치는 액면가와 동일하다.[1] 둘째, 시장이자율이 액면이자율보다 낮을 때에는 채권에 프리미엄이 가산되어 채권의 가치가 액면가보다 높게 평가된다. 왜냐하면, (8-11)식에서 i와

[1] (8-11)식에서 $k_b = i$라 놓으면 $V_b = \sum_{t=1}^{n} \frac{iF}{(1+i)^t} + \frac{F}{(1+i)^n}$이 된다. 이에 연금의 현가계수를 대입하면 $V_b = iF\left[\frac{(1+i)^n - 1}{i(1+i)^n}\right] + F\frac{1}{(1+i)^n} = F\left[\frac{(1+i)^n - 1 + 1}{(1+i)^n}\right] = F$가 된다.

예제 8-2

가을주식회사는 상환기간 3년, 액면이자율이 연리 25%이고, 액면가 10만원인 사채를 발행하였다고 하자. 투자자인 A, B, C의 요구수익률이 각각 25%, 22%, 28%라고 할 때, 각 투자자는 가을사의 사채를 얼마로 평가하는지 알아보자.

연간 이자금액 : 25,000원, 만기 상환금액 : 100,000원

① A투자자의 평가 : 요구수익률(k_b)이 25%일 때

$$V_A=\frac{25,000}{(1+0.25)^1}+\frac{25,000}{(1+0.25)^2}+\frac{25,000}{(1+0.25)^3}+\frac{100,000}{(1+0.25)^3}$$
$$=25,000(1.9520)+100,000(0.5120)$$
$$=100,000(\text{원})$$

② B투자자의 평가 : 요구수익률(k_b)이 22%일 때

$$V_B=\frac{25,000}{(1+0.22)^1}+\frac{25,000}{(1+0.22)^2}+\frac{25,000}{(1+0.22)^3}+\frac{100,000}{(1+0.22)^3}$$
$$=25,000(2.0422)+100,000(0.55071)$$
$$=106,126(\text{원})$$

③ C투자자의 평가 : 요구수익률(k_b)이 28%일 때

$$V_C=\frac{25,000}{(1+0.28)^1}+\frac{25,000}{(1+0.28)^2}+\frac{25,000}{(1+0.28)^3}+\frac{100,000}{(1+0.28)^3}$$
$$=25,000(1.8684)+100,000(0.47684)$$
$$=94,394(\text{원})$$

F는 고정되어 있는데, 자본환원율인 k_b가 작아지면 제1항과 제2항에서 분모의 값이 작아지므로 채권의 가치 V_b는 결국 증가한다. 셋째, 시장이자율이 액면이자율보다 높을 때에는 채권의 가치는 할인되어 액면가보다 낮게 평가된다.

그러므로 채권의 가치는 시장이자율의 변동에 따라 명확히 영향을 받는다. 바꾸어 말하면 채권의 가치, 액면이자율, 시장이자율의 관계에서 액면이자율과 액면가는 고정되어 있기 때문에 자본환원율인 시장이자율의 변동이 채권의 시장가치에 영향을 준다.

표 8-1 시장이자율, 액면이자율, 채권의 가치, 액면가의 관계

시장이자율		액면이자율		채권의 가치		액면가
k_b	$=$	i	$\leftrightarrow$	V_b	$=$	F
k_b	$<$	i	$\leftrightarrow$	V_b	$>$	F
k_b	$>$	i	$\leftrightarrow$	V_b	$<$	F

2.4 채권의 이자율위험

채권의 가치는 이자율위험(interest rate risk)에 크게 영향을 받는다. 이자율위험은 시장이자율의 변동이 채권가치에 미치는 위험이기 때문에, 채권의 상환기간이 길수록 시장이자율의 변동이 채권에 미치는 영향은 커지게 된다.

예를 들면, 액면이자율이 10%인 경우, 채권의 만기 및 시장이자율이 변동함에 따라 달리 산출되는 채권의 가치는 〈표 8-2〉와 같으며, 이것을 그래프에 표시하면 [그림 8-1]과 같다.

〈표 8-2〉와 [그림 8-1]에서 보면 시장이자율이 4%에서 12%로 변동함에 따라 만기가 1년인 단기채권의 가치는 그 차이가 76원(=1,058원-982원)으로 매우 작지만, 만기가 25년인 장기채권의 경우는 그 차이가 1,094원(=1,937원-843원)으로 매우 크게 나타나고 있다. 따라서 시장이자율의 변동에 따라 채권의 시장가치는 채권의 만기기간에 따라 달라진다는 것을 알 수 있다.

표 8-2 시장이자율, 상환기간의 차이에 의한 액면가 1,000원, 액면이자율 10%인 채권의 가치 (단위: 원)

시장 이자율(%)	상환기간(연)					
	1	5	10	15	20	25
4	1,058	1,267	1,487	1,667	1,858	1,937
6	1,038	1,168	1,294	1,388	1,459	1,511
8	1,019	1,080	1,134	1,171	1,196	1,214
10	1,000	1,000	1,000	1,000	1,000	1,000
12	982	928	887	864	851	843

그림 8-1 시장이자율과 상환기간의 변동이 액면이자율 10%인 채권의 가치에 미치는 영향

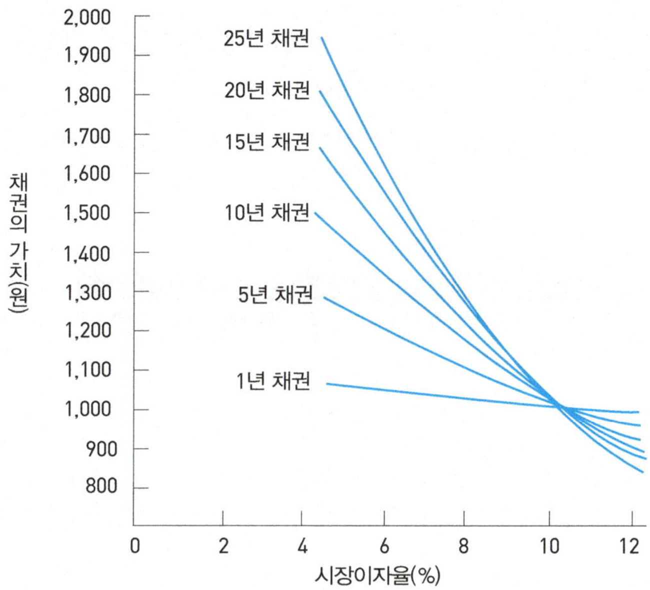

2.5 채권의 만기수익률

채권의 시장가격으로 채권을 구입하여 만기까지 보유할 경우 얻을 수 있는 연간평균수익률을 만기수익률이라고 한다. 이 채권수익률은 채권투자의 내부수익률(internal rate of return, IRR)이며 동시에 채권의 시장요구수익률이다. 채권의 만기수익률은 마이크로소프트(Microsoft)사의 엑셀(Excel) 프로그램을 이용하면 〈예제 8-3〉과 같이 쉽게 계산할 수 있다.[2]

[2] 마이크로소프트 엑셀 프로그램에 대한 자세한 사용방법은 프로그램의 도움말을 이용하면 된다.

예제 8-3

Excel 프로그램을 이용한 만기수익률의 계산

액면가 100,000원, 액면이자율 7%, 연 1회 이자지급, 만기 3년이 남은 채권의 현재 시장가격이 90,000원이라고 하자. 이 채권의 만기수익률은 얼마인가?

1. Excel 프로그램을 실행하여 이 채권의 기간별 현금흐름을 행 혹은 열의 연속된 셀에 입력한다.

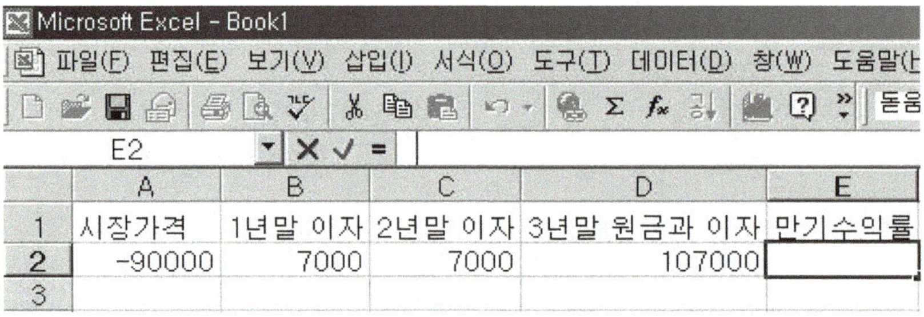

2. 계산된 결과를 입력할 셀(E2)에 커서를 두고, 「삽입」 메뉴에서 함수 혹은 함수마법사 f_x를 클릭한다. 그리고 나타나는 팝업 창(window)에서 재무함수–IRR을 선택한다. 그러면, IRR을 계산할 수 있는 새로운 창이 나타난다.

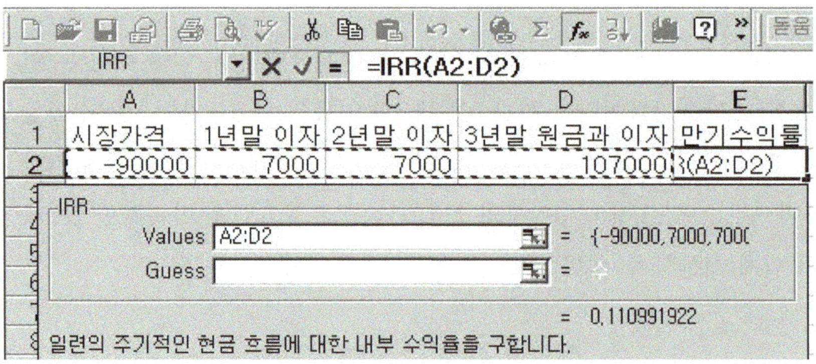

3. 위의 표에서 보는 것처럼 Values의 창에 채권의 현금흐름이 입력된 셀의 주소(A2 : D2)를 지정하면 0.11099의 내부수익률, 즉 채권의 만기수익률이 계산되고 Enter 키를 치면, IRR계산 창은 사라지고 결과 값은 E2셀에 입력된다.

제3절 주식의 가치평가

주식의 가치나 가격 결정에 직·간접적으로 영향을 미치는 요인은 무수히 많다. 특히 전반적인 경제현상, 산업 및 기업의 특성, 투자자가 기대하는 현금흐름, 기대현금흐름에 대한 여러 가지 형태의 위험 등의 변수들은 주식의 가격결정에 적지 않은 영향을 미치고 있다. 이곳에서는 현금흐름을 기초로 하여 보통주의 가치를 평가하는 방법을 설명한다.

보통주의 가치평가는 보통주의 투자로 인하여 발생하는 일체의 현금흐름을 적정할인율(appropriate discount rate) 또는 투자자의 최저요구수익률(minimum required rate of return)로 할인하여 현가(present value)로 산출하는 것을 의미한다.

보통주의 가치평가모형에서도 채권의 가치평가모형과 마찬가지로 현금흐름을 정기적인 현금흐름(배당)과 투자기말의 현금흐름(주가)으로 구분할 수가 있다.

주식은 채권과 달리 만기가 없으므로 정기적 현금흐름인 배당을 무한기간 동안 예측하여 가치평가를 할 수도 있으며, 또한 주식을 실질적으로 보유할 기간 동안의 배당과 예상보유기간 말의 주가를 기초로 가치평가를 할 수 있다.[3] 이 두 가지 가치평가의 결과는 물론 동일하다.

3.1 무한투자기간의 주식가치평가

앞 절에서 설명한 채권의 가치평가는 액면이자율, 채권의 만기, 그리고 액면가가 고정되어 있기 때문에 현금흐름의 파악이 용이하여 비교적 쉽게 이해할 수 있다. 그러나 보통주의 가치평가는 채권의 가치평가처럼 관련변수가 확정되어 있는 것이 아니기 때문에 어려운 점이 있다.

[3] 보통주의 가치평가에서 정기적인 현금흐름을 ⓐ 현금유입(cash inflow)과 현금유출(cash outflow)의 차이인 순현금흐름, ⓑ 이익의 흐름(stream-of-earnings), ⓒ 배당금 중 어느 것을 사용하는 것이 합당한가에 대한 논쟁이 학계에서 오랫동안 계속되어 왔다. 이에 대하여 밀러·모딜리아니(Merton H. Miller and Franco Modigliani)는 세금과 거래비용을 고려하지 않고 기업을 영구적인 계속기업으로 볼 경우, 이 세 가지 현금흐름은 결과적으로 동일한 의미라고 하였다. 그러나 일반적으로는 정기적인 현금흐름으로 고든(M. J. Cordon)이 보통주의 가치평가모형에서 이용하고 있는 배당금을 타당한 것으로 인정하고 있다.

첫째, 보통주의 배당금은 확정된 채권의 이자와는 달리 매기마다 변동될 수 있기 때문에 확정소득으로 취급하기에는 어려운 점이 있다. 둘째, 보통주에는 만기나 만기의 액면가가 없고, 투자자의 투자기간말 시장가격은 가치평가의 현재시점에서 얼마가 될지 예측하기 어렵다.

보통주의 가치는 기업을 영속적인 계속기업(going concern)이라는 측면에서 볼 경우 (8−12)식과 같이 발생시점별 배당금액을 요구수익률로 할인하여 평가할 수 있다.

$$PV=\frac{D_1}{(1+k_e)^1}+\frac{D_2}{(1+k_e)^2}+\cdots+\frac{D_\infty}{(1+k_e)^\infty}+\frac{P_\infty}{(1+k_e)^\infty} \quad (8-12)$$

단, PV=보통주의 가치, 내재적 가치, 이론가격
D_t=t기의 주당 배당액
k_e=투자자의 최저요구수익률
P_∞=무한한 미래시점에서의 주가

이 식에서 마지막 항은 무한한 미래시점에서의 주가(P_∞)를 현가로 산출한 것이므로 0에 접근한다. 따라서 (8−12)식은 마지막 항이 제거된 (8−12a)식으로 표현할 수 있다.

$$PV=\frac{D_1}{(1+k_e)^1}+\frac{D_2}{(1+k_e)^2}+\cdots+\frac{D_\infty}{(1+k_e)^\infty} \quad (8-12a)$$

위의 두 식에서 보통주의 가치(PV)는 시장이 균형상태에 있게 되면 주가(P_0)와 동일해진다. 그리고 (8−12a)식에서 할인율(k_e)은 투자기간 동안 항상 일정한 것으로 가정한다. 그러나 배당금은 매기마다 일정하거나 또는 변동할 수 있다고 가정한다.

배당금이 항상 일정할 경우에는 (8−12a)식을 (8−12b)식과 같이 단순한 형태로 변형시킬 수 있다.

$$PV=\frac{D}{k_e}\left(=\frac{\text{일정배당금}}{\text{요구수익률(할인율)}}\right) \quad (8-12b)$$

3.2 유한투자기간의 주식가치평가

이론적인 면에서는 기업을 영속적인 계속기업으로 볼 수 있다. 그러나 투자자의 입장에서는 보통주를 매수하여 이를 무한한 미래의 시점까지 보유한다는 것은 현실적으로 불가능하다. 일정한 투자기간이 경과하고 나면 보유주식을 다시 매도하는 것이 일반적이다. 그러므로 특정한 투자기간을 기초로 하여 보통주의 가치를 평가할 필요가 있다. 이를 수식으로 나타내면 다음식과 같다.

$$PV = \frac{D_1}{(1+k_e)^1} + \frac{D_2}{(1+k_e)^2} + \cdots + \frac{D_n}{(1+k_e)^n} + \frac{P_n}{(1+k_e)^n} \qquad (8-13)$$

단, PV=보통주의 가치, 내재적 가치, 이론가격
D_t=t기의 주당 배당액
P_n=n기의 예상주가
n=투자기간의 연수
k_e=투자자의 최저요구수익률

(8−13)식에서 n시점의 주가 P_n은 또다시 n시점 이후의 무한배당흐름을 n시점으로 현재가치화한 것이므로 P_n의 평가식을 (8−13)식에 적용하면 결국 (8−12)식과 동일하게 된다.

3.3 보통주의 과소평가와 과대평가

투자자가 일정기간 동안 어느 보통주에 투자하고자 할 때에는 그 주식의 가격이 시장에서 적정수준으로 평가된 것인가를 판단하여야 한다. 그 판단기준으로는 ⓐ 보통주의 내재적 가치(PV)를 시장가격(P_0)과 비교하는 방법과 ⓑ 이 주식에 대한 투자자의 최저요구수익률(k_e)과 투자기간(보유기간) 수익률(k_{hs})과 비교하는 방법이 있다.

보통주의 투자기간 수익률은 채권의 만기수익률 계산과 유사하고 그 계산식은 (8−14)식과 같다.

$$P_0 = \frac{D_1}{(1+k_{hs})^1} + \frac{D_2}{(1+k_{hs})^2} + \cdots + \frac{D_n}{(1+k_{hs})^n} + \frac{P_n}{(1+k_{hs})^n} \qquad (8-14)$$

단, P_0=보통주의 시장가격
D_t=t기간의 예상수익률
P_n=기말의 주가
k_{hs}=유한한 투자기간 중의 보통주수익률
n=투자기간의 연수

(8-14)식에서 알 수 있는 것과 같이 매입시점인 현재의 주가가 높으면 보유기간 수익률은 떨어지고, 현재의 주가가 낮으면 보유기간 수익률은 올라간다. 그래서 일반적으로 투자자는 가능하면 주식을 낮은 가격으로 매입하여 보유기간 수익률(k_{hs})을 높이려고 노력한다.

투자결정에서 보통주를 평가할 때에는 일반적으로 ⓐ 예상배당액, ⓑ 투자기간, ⓒ 투자기말의 주가는 일단 정해져 있는 것으로 간주한다. 이 경우에 투자를 결정하는 방법은 다음의 세 가지로 구분할 수가 있다.

첫째는 보통주의 내재가치가 시장가격과 동일하거나($PV=P_0$), 투자자의 최저요구수익률이 투자기간 수익률과 동일한 경우($k_e=k_{hs}$)이다. 이때에는 보통주의 가

예제 8-4

신라주식에 대한 화랑군의 최저요구수익률이 10%이고 주당 예상배당액이 매년 일정하게 1,200원이라고 하자. 화랑군은 이 보통주를 3년말에 매도하고자 할 때에 12,000원을 받을 수 있다고 예상한다.

① 3년간 보유할 경우의 보통주가치평가

$$PV=\frac{1,200}{(1+0.1)^1}+\frac{1,200}{(1+0.1)^2}+\frac{1,200}{(1+0.1)^3}+\frac{12,000}{(1+0.1)^3}=12,000(\text{원})$$

② 화랑군의 3년말 주가의 예상은 적정한가?

배당이 매년 일정하므로, 다음과 같이 계산되어 화랑군은 주가를 적정하게 예상하였다.

$$P_3=\frac{1,200}{0.1}=12,000(\text{원})$$

③ 무한기간 동안 보유할 경우의 보통주가치평가

$$PV=\frac{1,200}{0.1}=12,000(\text{원})$$

표 8-3 주식가격 및 수익률 상황에 따른 투자전략

가격 상황	수익률 상황	투자전략
$PV=P_0$	$k_e=k_{hs}$	매수·매도 필요 없음
$PV>P_0$	$k_e<k_{hs}$	매수
$PV<P_0$	$k_e>k_{hs}$	매도

격이 시장에서 적정수준으로 평가된 것이므로 특별히 이 주식을 매수하거나 매도할 필요가 없다.

둘째는 보통주의 내재가치가 시장가격보다 높거나($PV>P_0$), 투자자의 최저요구수익률이 투자기간 수익률보다 낮은 경우($k_e<k_{hs}$)이다. 이때에는 보통주의 가격이 시장에서 과소평가되어 있는 상황이므로 이 주식을 매수하는 것이 바람직하다.

셋째는 둘째의 경우와 정반대되는 현상($PV<P_0$; $k_e>k_{hs}$)이 발생하는 경우이다. 이때에는 보통주의 가격이 시장에서 과대평가된 것이므로 보유주식을 매도하는 것이 바람직하다.

3.4 성장률과 보통주의 가치

(1) 배당성향과 성장률

보통주의 가치평가에서 주요 변수인 주당배당액은 주당이익(earning per share, EPS)으로부터 지급된다. 그리고 주당배당액은 총배당액을 발행주식수로 나눈 값이며, 주당이익은 법인세를 차감한 이후의 이익 또는 순이익을 발행주식수로 나눈 값이다. 총배당액은 순이익에서 사내유보이익(retained earnings)을 차감한 금액이다.[4]

기업이익 또는 주당이익은 기업의 영업성과에 따라 매년 변동한다. 그러나 일단 이론을 단순화하기 위하여 이익이 일정성장(constant growth)한다고 가정하면, 어느 특정한 투자기말의 주당이익(E_N)은 (8−15)식과 같이 산출할 수 있다.

[4] 이곳에서 배당은 현금배당을 의미한다.

예제 8-5

현재의 주당이익이 1,000원이고, 이익성장률이 매년 일정하게 8%라고 하면, 1년말, 2년말, 5년말의 주당이익은 다음과 같이 산출된다.

$$EPS_1 = EPS_0(1+g) = 1{,}000(1+0.08) = 1{,}080(\text{원})$$
$$EPS_2 = EPS_1(1+g)^2 = 1{,}000(1+0.08)^2 = 1{,}166.4(\text{원})$$
$$EPS_5 = EPS_0(1+g)^5 = 1{,}000(1+0.08)^5 = 1{,}469.3(\text{원})$$

$$EPS_N = EPS_{N-1}(1+g) = EPS_0(1+g)^N \quad (8-15)$$

단, EPS_N = N기말의 주당이익
EPS_0 = 현재의 주당이익
g = 일정한 성장률
N = 투자년수

배당성향(dividend payout ratio)은 순이익에서 총배당액이 차지하는 비율 또는 주당이익에서 주당배당액이 차지하는 비율을 의미하며, 배당지급률이라고도 한다. 배당성향은 1에서 유보율(retention rate)을 차감한 것이며, 주당이익(EPS)에 이 배당성향을 곱하면 (8-16)식과 같이 주당배당액(D)이 산출된다.

$$D_N = (1-b)EPS_N \quad (8-16)$$

단, D_N = N기의 주당배당액
b = 유보율
$1-b$ = 배당성향
EPS_N = N기의 주당이익

이처럼 배당은 배당성향을 주당이익에 곱한 값과 동일하므로, 보통주의 가치평가모형에서는 양자의 관계를 호환적으로 사용하여 모형을 변형시킬 수 있다.

(2) 성장률의 변동과 보통주의 가치평가

보통주가 무한한 미래기간 동안 일정성장을 하는 평가모형은 (8-17)식과 같이 단순화시킬 수 있다.

$$PV = \frac{D_1}{(k_e - g)} \quad (8-17)$$

(8−17)식에서 배당의 성장률의 값을 여러 가지로 가정할 수 있다. 이에 따라 성장률의 종류를 무(無)성장, 부(負)성장, 거대성장으로 구분하기도 한다.

예제 8-6

어느 보통주의 1기말 주당배당액이 1,000원이 될 것이며, 이 주식에 대한 투자자의 최저요구수익률이 14%라고 하자. 다음의 각 경우에 보통주가치를 평가하라.

① 배당의 성장률이 매년 일정하게 10%인 경우,

$$PV=\frac{D_1}{(k_e-g)}=\frac{1,000}{0.14-0.10}=25,000(\text{원})$$

② 배당의 성장률이 0%인 경우,

$$PV=\frac{D_1}{(k_e-g)}=\frac{1,000}{0.14}=7,142.9(\text{원})$$

② 배당의 성장률이 −3%인 경우,

$$PV=\frac{D_1}{(k_e-g)}=\frac{1,000}{0.14-(-0.03)}=\frac{1,000}{0.17}=5,882.4(\text{원})$$

요약

화폐의 시간적 가치 개념

현재시점과 미래시점의 동일한 금액은 그 금액의 발생이 확실한 경우라고 하더라도, 특정 시점에서 평가할 경우 그 금액은 서로 다르다. 이유는 화폐의 발생시점이 달라서, 그 사용에 따르는 효용가치가 달라지기 때문이다. 미래금액은 현재의 동일 금액에 비하여 효용가치가 떨어지므로 미래금액의 현재 효용가치는 감소하게 된다. 이와 같이 화폐의 발생시점의 차이에 따라 평가되는 가치를 화폐의 시간적 가치라고 한다.

종가와 현재가치 계산법

- 종가 계산공식

$$n\text{년 후 종가} = \text{원금}(1+\text{이자율})^n$$

$$P_n = P_0(1+k)^n$$

단, P_n = n년 후 종가
P_0 = 원금
k = 연간 이자율
n = 기간

- 현재가치 계산공식

$$\text{현재가치} = \frac{n\text{년 후 종가}}{(1+\text{이자율})^n}$$

$$P_0 = \frac{P_n}{(1+k)^n}$$

단, P_0 = 현재가치
P_n = n년 후 종가
k = 연간 이자율
n = 기간

- 연금과 가치계산

연금은 일정기간 동안 지속적으로 매기에 발생하거나 지불하는 일정한 금액으로서, 매기의 기말에 발생하는 정규연금 또는 기말불연금과 기초에 발생하는 기초불연금으로 나누어진다. 투자의 결과로 발생하는 수익은 그 금액이 매기에 동일하거나 또는 금액이 매번 달라지는 연금의 형태로 발생한다.

연금의 종가와 현재가치의 계산은 연금의 발생시점별 종가와 현재가치를 따로 계산하여 이들을 합산하면 된다.

유효이자율

일반적으로 증권의 약정서에 기재되는 이자율은 연간이자율로 표현되는데 이자지급은 1년 중 2회 이상인 경우가 있다. 이 때 지급된 이자는 복리계산되므로 지급된 이자의 종가합계는 1년 1회의 이자지급액보다 더 크다. 연중 여러 번 지급되어 계산된 이자의 복리합계를 1년 1회의 지급이자율로 환산한 경우의 이자율을 유효이자율이라고 한다. 같은 연간이자율이라 하더라도 이자지급횟수가 많을수록 유효이자율은 높아진다.

연속형 종가와 현가

연간 이자지급의 횟수가 무한대로 증가하는 것처럼, 현금흐름이 매 순간 발생할 수도 있다. 이런 현금흐름을 연속형 현금흐름이라고 한다. 이때 특정 시점의 실제지급 이자금액은 매우 적을 것이다. 그러나 이 금액은 가치계산의 특정시점까지 무한대로 복리계산 또는 할인계산되어진다.

- 연속형 종가(P_t)계산법

$$P_t = P_0\, e^{gt}$$

단, P_0 = 원금
e = 자연대수 값(2.718⋯)
g = 성장률(이자율)
t = 기간(연)

- 연속형 현가(P_0)계산법

$$P_0 = \frac{P_t}{e^{kt}} = P_t e^{-kt}$$

단, P_t=미래가치
e=자연대수 값(2.718…)
k=할인율
t=기간(연)

채권수익률의 구분

채권의 요구수익률은 위험기준으로 무위험수익률과 위험프리미엄으로 구분된다.

$$R = R_f + RP$$

단, R=채권의 요구수익률
R_f=무위험수익률
RP=위험프리미엄

무위험수익률은 ⓐ 소비의 시간선호성과, ⓑ 자금의 기회비용과 함수관계에 있다. 그리고 채권의 위험프리미엄은 여러 가지 위험에 대한 프리미엄의 합으로 구성되는데, 이자율위험 프리미엄(*IP*), 인플레이션위험 프리미엄(*INP*), 만기위험 프리미엄(*MP*), 채무불이행위험 프리미엄(*DP*), 유동성위험 프리미엄(*LP*) 그리고 수의상환위험 프리미엄(*CP*) 등이 있다.

채권의 가치평가모형

- 채권가치(V_b)평가모형

$$V_b = \frac{I}{(1+k_b)^1} + \frac{I}{(1+k_b)^2} + \cdots + \frac{I}{(1+k_b)^n} + \frac{F}{(1+k_b)^n}$$

단, I=채권의 이자
k_b=채권의 시장이자율(요구수익률)
F=채권의 액면가
n=채권의 상환기간(연)

- 채권의 이자율위험

시장이자율은 자본시장의 여건에 따라 변동한다. 이미 발행된 채권은 시장이자율의 변동에 따라 그 가치가 달라진다. 시장이자율이 채권가치에 미치는 영향을 이자율위험이라고 한다. 채권의 액면이자율과 만기 등의 차이에 따라 시장이자율의 변동이 채권가치에 미치는 영향은 달라진다.

주식의 가치평가모형

- 가치평가 기본모형

$$PV = \frac{D_1}{(1+k_e)^1} + \frac{D_2}{(1+k_e)^2} + \cdots + \frac{D_\infty}{(1+k_e)^\infty} + \frac{P_\infty}{(1+k_e)^\infty}$$

단, PV=보통주의 가치, 이론가격
D_t=t기의 주당 배당액
k_e=투자자의 최저요구수익률
P_∞=무한한 미래시점에서의 주가

- 성장률모형

배당의 성장률(g)이 일정하다고 가정할 경우의 주식가치평가모형

$$PV = \frac{D_1}{(k_e - g)}$$

인터넷에서 찾아 읽기

한국신용평가주식회사 홈페이지/신용등급

- http://www.kisrating.com
  – 기업가치평가

무디스의 홈페이지

- http://www.moodys.com/cust/default.asp

S&P의 홈페이지

- http://www.standardandpoors.com/home/en/us

연습문제

01 다음용어를 설명하여라.

❶ 현가와 종가 ❷ 연금의 종가와 현가
❸ 복리계산 ❹ 유효이자율
❺ 화폐의 시간적 가치 ❻ 요구수익률
❼ 시장이자율 ❽ 만기수익률
❾ 위험프리미엄 ❿ 무한투자기간
⓫ 배당성향 ⓬ 주당이익
⓭ 성장률 ⓮ 과대평가와 과소평가

02 A군은 앞으로 5년간 연말에 200,000원씩 지불하기로 하고 TV 한 대를 구입했다. 아래의 할인율(연리)로 계산하면 이 TV의 가치는 얼마인가?

❶ 2% ❷ 10 % ❸ 20%

03 천성사는 최신식 인쇄기계의 매입을 고려중이다. 이 기계를 사용하면 아래와 같이 이익이 증가하게 된다. 이 기계의 내용연수는 6년이고, 잔존가치는 없는 것으로 한다.

기간	1(연말)	2	3	4	5	6
이익의 증가	10,000(원)	20,000	30,000	40,000	50,000	60,000

(1) 연리 10%의 할인율로 계산하면 이익의 총현가는 얼마인가?
(2) 이 기계의 값이 100,000원일 경우, 과연 이 기계를 사용하는 것이 유익할 것인가?

04 10년 전에 김화랑에게 10년간 10%의 연이자율로 200,000원을 빌려주었다. 그 당시에 이자와 원금을 만기에 일시 상환하는 조건을 달았다. 연속형 복리계산으로 계산한다면 현재 얼마를 되돌려 받아야 할 것인가? 그리고 반년 1기로 복리계산하면 얼마를 받아야 할 것인가?

05 다음 각 항목에 대해서 이자율을 계산하라.

(1) 현재 500,000원을 빌려주고 3년 뒤에 596,000원을 지급받기로 되어 있다.

(2) 현재 500,000원을 투자하여 3년간에 걸쳐 매년 200,000원을 지급받기로 되어 있다.

(3) 현재 1,400,000원을 투자하여 제8기 말에 2,590,000원을 되돌려 받을 것이다.

(4) 현재 1,400,000원을 빌려주고 8년에 걸쳐 매년 282,000원을 지급받을 것이다.

06 채권의 적정할인율을 결정하는 요소를 전부 설명하시오.

07 채권의 액면이자율, 액면가, 만기가 일정하다고 가정하는 경우, 채권투자자인 귀하는 다음과 같은 상황에서 어떠한 투자 의사결정을 내릴 것인가? 그 이유도 함께 설명하시오.

(1) 적정할인율이 만기수익률보다 높은 경우

(2) 채권의 내재가치가 시장가격보다 높은 경우

08 액면가격이 100,000원, 만기가 4년 그리고 이자는 매 6개월마다 6,000원씩 지급하는 채권이 있다. 이 채권과 동일 위험의 채권에 대하여 적용되는 요구수익률은 연 14%이다.

(1) 이 채권의 액면이자율은 얼마인가?

(2) 이 채권의 현재가치가 얼마면 적당할까?

09 백양전자의 채권은 현재 만기가 4년 남아 있고 이자는 1년에 한 번씩 지급하고 있다. 이 채권의 액면가격은 100,000원이고 액면이자율은 8%이다. 이 채권의 현재 시장가격이 82,500원이라고 할 때 이 채권의 만기수익률은 얼마인가? 만약 시장가격이 101,700원이라고 할 때 만기수익률은 얼마인가?

10 백양제과는 만기가 10년이고 액면가격이 100,000원이며 액면이자율이 12%인 채권을 발행하였다. 이 채권은 1년에 2번씩 이자가 지급되며 발행 당시 시장이자율은 12%이었다.

(1) 이 채권이 발행된 후 시장이자율이 8%로 하락하였다고 가정할 경우, 이 채권의 가격을 구하라.

(2) 이 채권이 발행된 후 시장이자율이 14%로 상승하였다고 가정할 경우, 이 채권의 가격을 구하라.

(3) 이 채권이 발행된 후 시장이자율이 12%로 계속 유지되었다고 가정할 경우, 이 채권의 가격을 구하라.

11 영구적 투자기간의 보통주 가치평가모형과 유한한 투자기간의 보통주 가치평가모형은 논리적으로 동일한 모형이다. 그 이유를 설명하라.

12 S주식은 현재 시가가 10,000원이다. 앞으로 5년 동안 이 주식의 연간 배당액은 400원이 될 것이며 5년 말 주가는 13,000원으로 예상된다.

(1) 요구수익률이 12%라고 한다면, 이 주식의 가치는 얼마일까?

(2) 현재의 시가대로 이 주식을 매수한다면 5년간 보유기간 수익률은 얼마가 될까?

(3) 이 주식에 대한 투자판단을 하고 그 이유를 밝혀라.

13 한강기업은 개인용 컴퓨터를 전문적으로 생산하는 회사이다. 이 기업은 매년 12월 말에 배당을 지급하며, 올 연말의 배당은 주당 1,000원으로 예상되고 있다. 한편 이 기업의 배당은 매년 4%씩 증가하고 있으며, 이러한 증가율은 앞으로도 계속될 전망이다. 한강기업의 주주요구수익률이 12%라고 할 때, 한강기업 주식의 적절한 가격을 구하라.

Chapter 09

포트폴리오이론과 자본자산가격결정모형

학습목표 이 장을 공부한 독자들은 다음 사항을 이해할 수 있어야 한다.

- 포트폴리오의 기대수익률
- 체계적 위험과 베타계수의 의미
- 최적포트폴리오의 선택과정
- 자본자산가격결정모형과 활용
- 포트폴리오의 구성목적과 위험
- 포트폴리오의 위험 결정요인
- 자본시장선

현대투자는 개별증권에 대한 투자보다는 2개 이상의 증권으로 포트폴리오를 구성하여 위험을 관리하는 데 중점을 두고 있다. 포트폴리오를 구성하게 되면 두 개 증권의 수익률 상관관계에 의하여 개별증권의 비체계적인 위험이 서로 상쇄되어 포트폴리오의 위험은 개별증권의 위험의 단순한 합보다 작아진다.

이 장에서 독자들은 포트폴리오이론에 기초하여 투자자의 효용을 최대화하는 포트폴리오 선택 과정을 잘 이해하고 있어야 한다. 또한 독자들은 시장참가자들의 효용을 최대화시켜 주는 효율적 포트폴리오가 형성되는 논리를 학습하여 자본시장선을 도출할 수 있어야 한다.

균형시장에서 형성되는 자본시장선은 포트폴리오의 기대수익률이 무위험수익률과 포트폴리오의 위험에 대한 프리미엄의 합으로 구성되는 공식이다. 이를 기초로 개별증권의 수익률은 자본자산가격결정모형(CAPM)으로 도출된다. 독자들은 자본자산가격결정모형의 기본개념을 이해하고 이를 가치평가에 잘 활용할 수 있어야 한다.

제1절 포트폴리오이론

1.1 포트폴리오의 기대수익률

화랑 군은 100만원의 주식투자자금을 삼성주식에 50만원을 투자하고 그리고 현대주식에 나머지 50만원을 투자하였다. 삼성주식의 연평균기대수익률은 5%이고, 현대주식의 연평균기대수익률은 8%이다. 이때 화랑 군의 기대수익률은 얼마일까?

화랑 군은 100만원을 투자하여 삼성주식에서 25,000원(=500,000원×0.05)과 현대주식에서 40,000원(=500,000원×0.08)을 합하여 총 65,000원의 수익을 기대할 수 있다. 따라서 6.5%(=65,000원/1,000,000원)의 기대수익률을 얻을 수 있다.

위의 예처럼 투자자금을 한 종목의 투자대상에 전부 투자하지 않고, 두 개 이상의 투자대상에 나누어 투자한 결과를 포트폴리오(portfolio)라고 한다. 그래서 화랑 군은 삼성주식과 현대주식으로 포트폴리오를 구성하고 있는 것이다.

은행, 보험회사, 투자신탁회사 등의 기관투자자(institutional investor)는 증권을 자본자산으로 보유할 때는 수익성과 위험을 고려하여 여러 종목의 증권에 분산투자하는 것이 일반적이다.[1] 포트폴리오는 여러 종목으로 구성되는 증권의 집단 혹은 자산의 집합을 의미한다. 이것을 수익과 위험을 중심으로 관리하는 것을 포트폴리오 관리라고 한다.

포트폴리오이론은 1952년에 발표된 마코위츠(Harry Markowitz)의 포트폴리오 선택이론을 효시로 하여 수많은 학자들이 다양한 연구를 수행하여 왔다.[2]

포트폴리오의 기대수익률은 본문의 예와 〈예제 9-1〉에서 계산해 본 것처럼 포트폴리오를 구성하고 있는 각 개별증권의 수익률을 그 증권에 투자한 비율(투자가중치)과 곱하여 이들을 합계한 값이다. 따라서 포트폴리오를 구성하는 개별증권의 가중치(투자비율)가 변동하게 되면 포트폴리오의 기대수익률도 변동하므로 포

[1] 기업은 경영활동의 기본목적과 이 목적을 성취하기 위하여 구체적인 영업활동을 수행한다. 영업활동을 수행하기 위하여 필요한 기본자산을 자본자산이라고 한다. 제조업의 경우 토지, 공장건물, 기계설비, 원재료 등이 자본자산을 형성한다. 기관투자자의 경우 증권투자가 기본영업활동이므로 그 영업이익은 증권투자에서 발생하는 수익이다. 따라서 기관투자자가 이익을 얻기 위하여 투자하여 보유하고 있는 증권은 자본자산이다.

[2] H. Markowitz(1952), "Portfolio Selection," *Journal of Finance*, 7(1), 77-91.

예제 9-1

A, B, C 3개 주식의 기대수익률($\bar{k}_i$)이 각각 20%, 15%, 10%이고, 이들 주식이 각각 30%, 40%, 30%의 투자가치비중(x_i)을 차지하는 포트폴리오를 구성하면 포트폴리오의 기대수익률($\bar{k}_p$)은 얼마일까?

$$\bar{k}_p = x_A\bar{k}_A + x_B\bar{k}_B + x_C\bar{k}_C$$
$$= (0.3)(20\%) + (0.4)(15\%) + (0.3)(10\%)$$
$$= 0.15 \text{ 또는 } 15\%$$

트폴리오의 구성에서 개별증권의 선택과 개별증권이 차지하는 비중을 결정하는 것이 매우 중요하다.

1.2 포트폴리오의 위험

(1) 포트폴리오 구성목적과 분산투자

투자자가 포트폴리오를 구성하는 이유는 투자위험을 축소할 수 있고, 유동성 관리에 있어서도 융통성을 발휘할 수 있기 때문이다. 투자대상을 여러 종목으로 분산시키면 포트폴리오의 기대수익률(k_p)은 감소시키지 않고 위험을 축소시킬 수 있다. 포트폴리오를 구성하면, 투자한 증권들이 모두 동시에 가격이 하락하여 손실을 입을 가능성이 낮아진다. 이러한 때에 현금이 필요하면 가격이 하락하지 않은 종목을 매각하여 현금사용의 필요에 적절히 대응할 수도 있다.

그러나 이러한 위험축소의 효과는 포트폴리오를 구성하는 각 개별증권의 수익률이 완전히 동일한 방향과 동일한 변동폭으로 움직이지 않는다는 조건이 성립될 때에만 발생한다.

왜냐하면 각 종목의 수익률이 완전한 정(+)의 상관관계를 유지할 때에는 포트폴리오의 위험축소현상은 전혀 발생하지 않기 때문이다. 따라서 각 종목의 수익률이 서로 완전한 정(+)의 상관관계를 유지하지 않는다면, 투자의 다양화(diversification) 내지 분산투자는 항상 위험을 축소시키는 게 된다.[3]

[3] 각 종목의 수익률이 서로 완전 정의 상관($\rho = +1.0$)이면 포트폴리오의 위험(σ_p)을 전혀 축소시킬 수 없지만, 적어도 $\rho < +1.0$이면 σ_p가 축소된다.

표 9-1 다양화와 위험의 축소

증권 종목의 수	포트폴리오 수익률의 표준편차(%)
1	7.0
2	5.0
3	4.8
4	4.6
5	4.6
10	4.2
15	4.0
20	3.9

포트폴리오의 위험이 축소되는 현상은 포트폴리오를 구성하고 있는 종목의 수를 증가시킬 때 더욱 잘 나타난다. 한 예로서 웨그너와 라우(W. H. Wagner and S. C. Lau)는 뉴욕증권거래소(New York Stock Exchange, NYSE)의 상장주식에서 200종목을 선택하여 이들을 6개 등급으로 나눈 다음, 그중 A^+등급에 속하는 증권을 1종목에서 20종목까지 차례대로 증가시켜 가면서 포트폴리오를 구성하여 보았다.[4]

이 연구에서 증권의 종목수가 증가하면 포트폴리오의 위험인 표준편차는 〈표 9-1〉과 같이 점차 감소한다는 것이 밝혀졌다. 특히 포트폴리오를 구성하는 종목수가 10개를 넘어서게 되면 종목수를 계속 증가시켜도 위험은 근소한 비율로 감소한다. 그리고 포트폴리오의 위험은 일정한 수준(즉, 체계적 위험) 이하로는 축소되지 않는다.

〈표 9-1〉에 나타난 포트폴리오 위험의 축소현상을 그래프에 나타낸 것이 [그림 9-1]이다. 이 그림에서 분산투자로 인하여 포트폴리오의 위험은 축소될 수 있는 부분과, 축소되지 않는 부분으로 나누어진다.

이 두 부분의 위험 중에서 전자는 비체계적 위험(unsystematic risk), 다양화가능위험(diversifiable risk), 잔여위험(residual risk) 또는 고유위험(unique risk)이라 하고, 후자는 체계적 위험(systematic risk), 다양화불능위험(non-diversifiable risk), 또

[4] W. H. Wagner and S. C. Lau(1971), "The Effects of Diversification on Risk," *Financial Analysis Journal*, 27(6), 48–53.

그림 9-1 체계적 위험과 비체계적 위험

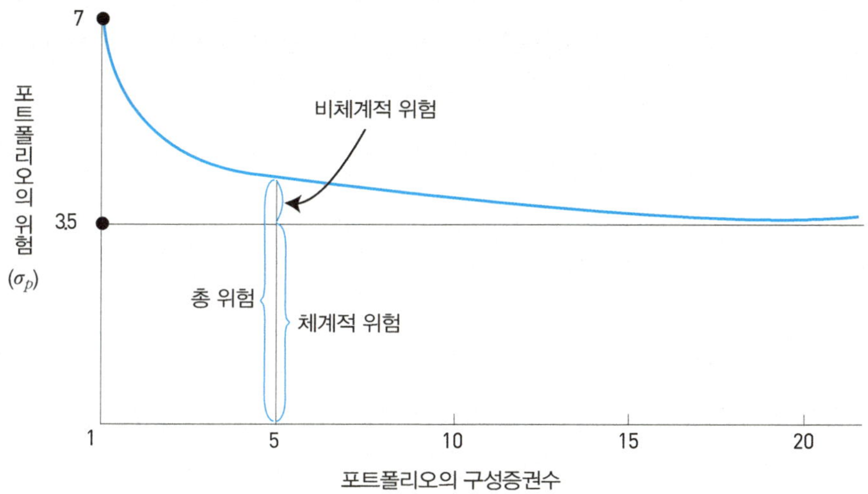

는 시장위험(market related risk)이라고 한다.

그리고 포트폴리오를 구성하는 증권의 종목수를 계속 증가시켜 다양화가 광범위하게 실현되면, 비체계적 위험은 계속 축소되어 결국 0에 접근하므로 포트폴리오의 총위험은 체계적 위험 내지 시장위험의 수준에 근접하게 된다. 따라서 충분히 다양화된 포트폴리오의 위험은 시장지수[5]의 변동성과도 거의 일치하게 된다.

(2) 체계적 위험과 베타계수

1) 개별증권의 베타계수

어느 투자자가 삼성주식의 주가가 종합주가지수와 어떤 방향으로 어느 정도의 관계를 가지고 변동하는지를 알고 싶다고 한다. 다시 말해 종합주가지수가 연간 10% 상승할 것이라고 하는데 삼성주식은 몇 % 변동할 것인지 궁금해 한다고 하자.

[5] 이곳에서 시장지수(market index)라고 하는 것은 주가지수를 의미한다.

샤프(William F. Sharpe)는 (9-1)식과 같이 시장포트폴리오의 수익률[6]을 독립변수로 하고 개별증권의 수익률을 종속변수로 하여 증권특성선(security's characteristic line, SCL)을 추정하였다. (9-1)식은 단순회귀선이라는 통계모형이다. (9-1)식의 기울기를 회귀계수(regression coefficient) 또는 베타계수(beta coefficient : β)라고 한다.[7]

$$k_j = \alpha_j + \beta_j k_M + e_j \tag{9-1}$$

단, k_j = j증권의 기대수익률
α_j = 알파계수, 절편
β_j = 베타계수, 회귀계수
k_M = 시장포트폴리오의 수익률
e_j = j증권수익률의 추정오차

(9-1)식은 오차항을 가지고 있으며, 실제의 과거 관찰된 수익률자료를 이용하여 이 오차항의 제곱합을 최소화하는 방식으로 절편과 기울기를 추정한다.[8]

예를 들어, 과거 20년간 관찰된 백양주식의 연간수익률과 종합주가지수 수익률을 가지고 추정한 직선식이 다음과 같다고 하자.

$$\text{삼성주식 수익률} = 0.03 + 1.8 \times \text{종합주가지수 수익률}$$

표 9-2 우리나라 주요 기업의 베타계수

기업명	베타계수			
	2000년*	2010년*	2020년*	2025년*
삼성전자	1.40	1.22	1.01	1.18
SK하이닉스	1.50	1.18	1.11	1.99
현대자동차	1.04	1.01	1.27	0.89
POSCO	0.70	1.12	0.97	0.90
유한양행	0.69	0.63	0.59	0.57

* 각 연도별 전체 거래일의 일일수익률을 사용하여 측정 (자료 : 한국거래소 Data Marketplace)

[6] 시장포트폴리오의 수익률은 일반적으로 시장지수 또는 종합주가지수의 수익률로 대체하고 있다.

[7] William F. Sharpe(1964), "Capital Asset Prices : A Theory of Market Equilibrium Under Conditions Risk," *Journal of Finance*, 19(3), 425-532.

[8] 회귀모형을 추정하는 과정은 이 교재에서 생략한다. 관심이 있는 학생은 통계학의 교재를 참고하면 된다.

종합주가지수의 상승률이 10%이면, 삼성주식의 주가상승률, 즉 수익률은 21%(0.03+1.8×0.1=0.21)라고 할 수 있다. 여기서 삼성주식의 베타계수는 1.8이다. 따라서 삼성주식의 수익률은 종합주가지수가 상승하거나 하락하는 비율의 1.8배만큼 변동할 것이다.

베타계수는 시장민감도지수(market sensitivity index)라고도 한다. 그 이유는 베타계수가 시장포트폴리오 수익률에 대한 개별증권 수익률의 상대적 변동성(relative volatility)을 나타내고 있기 때문이다. 즉 이 베타계수는 시장포트폴리오의 수익률이 한 단위 변동할 때 개별증권 수익률이 변동하는 정도를 나타낸다.

체계적인 위험의 측정지수로 흔히 베타계수를 사용하고 있다. 베타계수는 이론적으로 +, 0, −의 값을 가질 수 있다. 그러나 특정한 경우를 제외하고는 개별증권의 수익률이 변동하는 추세는 시장포트폴리오 수익률의 변동추세와 같은 방향으로 움직이고 있으므로 베타계수는 정의 값($+\beta$)을 갖는 것이 대부분이다.

따라서 (9−1)식에서 베타계수인 β_j의 값이 1.0인 경우에는 시장포트폴리오 수익률의 변동상황과 개별증권 기대수익률의 변동상황이 완전히 일치한다. 즉 k_M이 10% 증가하면 k_j도 10% 증가한다.

베타계수의 값이 1.0보다 클 경우에는 시장포트폴리오 수익률의 변동이 개별증권의 수익률에 미치는 효과는 베타계수가 1.0인 경우에 비하여 높게 나타난다. 즉 k_M이 10% 증가하면 k_j는 10%보다 크게 증가한다.

또 베타계수가 1.0보다 작을 경우에는 이러한 현상이 반대로 나타난다. 즉 k_M이 10% 증가하면 k_j는 10% 이하로 증가한다는 것이다.

그러므로 개별증권의 베타계수를 기준으로 하여 〈표 9−3〉과 같이 증권을 세 가지로 구분하기도 한다.

표 9-3 베타계수와 증권의 특성

베타계수(절댓값)	증권의 특성
$\beta>1.0$	공격적 증권
$\beta=1.0$	중립적 증권
$\beta<1.0$	방어적 증권

2) 포트폴리오의 베타계수

포트폴리오의 베타계수는 포트폴리오를 구성하는 개별증권의 베타계수를 증권에 투자한 비중을 곱하여 합계한 가중평균치로서 산출된다. 예를 들어, 화랑 군이 삼성주식과 현대주식에 각각 50%씩 투자하고 있고, 삼성주식의 베타계수가 1.8, 현대주식의 베타계수가 1.2라고 하면 화랑 군의 투자 포트폴리오의 베타계수는 1.5(=1.8×0.5+1.2×0.5)가 된다.

1.3 포트폴리오 위험의 변화

포트폴리오의 위험은 측정방법에 따라 두 가지로 분류할 수 있다.

첫째는, 한번 포트폴리오가 구성되고 나면 이 포트폴리오는 마치 한 종목의 개별증권처럼 간주되어, 오직 경기변동이나 다른 외부환경의 변화에 의하여 발생하는 위험만이 존재하게 된다. 이러한 위험의 측정방법은 개별증권의 위험을 측정하는 방법과 동일하다. 그러므로 이 위험은 시장환경이 변화하지 않는 한 일정하다.

둘째는 포트폴리오를 구성하기 위하여 선택하는 증권에 따라 달리 나타나는 포트폴리오의 위험이다. 이 위험은 다양화에 의하여 변동하기 때문에 최소의 위험을 가지는 포트폴리오의 구성을 가능하게 한다. 이 경우에 시장환경은 고정된 것으로 간주한다. 따라서 포트폴리오의 위험은 포트폴리오를 구성하는 ⓐ 개별증권의 비중, ⓑ 개별증권 수익률의 표준편차, ⓒ 개별증권 수익률 상호간의 공분산(covariance)(또는 상관계수) 등의 세 가지 요인에 의해 영향을 받는다. 이 세 가지 요인 중에서 어느 한 요인 혹은 그 이상의 요인이 변동하게 되면 포트폴리오의 위험은 변화하게 된다.

표 9-4 상관계수와 위험의 축소

두 증권 간의 상관계수(ρ)	포트폴리오의 위험
$\rho = +1.0$	위험축소 불가능
$-1.0 < \rho < 1.0$	위험축소 가능하고 최소의 위험을 갖는 투자비율을 결정할 수 있음
$\rho = -1.0$	위험을 0까지 제거 가능하고 그 투자비율을 결정할 수 있음

포트폴리오의 위험에 영향을 미치는 세 가지 요인 중에서 위험을 축소 또는 제거하는 효과는 증권 간의 상관관계 때문에 발생한다. 두 증권 사이의 상관계수는 −1.0과 1.0 사이의 값을 가진다.

두 개의 증권으로 구성된 포트폴리오의 위험변화내용과 두 증권의 상관계수의 크기와의 관계를 〈표 9−4〉로 요약할 수 있다.

따라서 투자위험을 관리할 목적으로 포트폴리오를 구성하기 위해서 증권들의 상관계수가 0에 가깝거나 혹은 0 이하의 증권들을 포트폴리오에 포함시키면, 포트폴리오의 위험을 만족할 만한 수준으로 축소시킬 수 있다.

1.4 효율적 포트폴리오

증권시장에는 많은 투자대상이 있다. 주식과 채권 등 여러 가지 투자대상이 제각기 다른 위험과 기대수익률을 가지고 투자가능 포트폴리오(feasible or attainable portfolio)[9]를 구성하고 있다. 그러면 투자자는 이들 중에서 어떤 방법으로 자기에게 가장 알맞은 포트폴리오를 선택할 것인가?

그림 9-2 투자가능 포트폴리오의 위험과 기대수익률

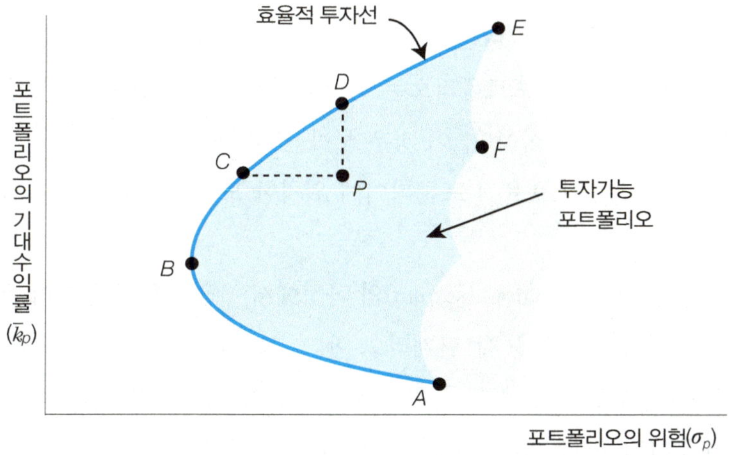

[9] 투자가능 포트폴리오를 투자기회집단(opportunity set)이라고도 한다.

마코위츠는 포트폴리오의 선택과정이 우월성원리(dominance principle) 또는 지배원리와 분리정리(separation theorem)에 따라 이루어진다고 한다.

우월성원리는 모든 투자가능 포트폴리오의 위험과 기대수익률의 관계에서 상대적으로 최소의 위험과 최대의 기대수익률을 갖는 포트폴리오, 즉 효율적 포트폴리오(efficient portfolio)를 선택하는 원리이다. 동일한 위험수준에 있는 모든 포트폴리오 중에서 최대의 기대수익률을 갖는 포트폴리오가 가장 우월하고, 동일한 기대수익률을 갖는 포트폴리오 중에서 최소의 위험을 가진 포트폴리오가 가장 우월하다는 것이다.

예를 들어, [그림 9-2]에서 횡축에 포트폴리오의 위험인 표준편차(σ_p)를 그리고 종축에 포트폴리오의 기대수익률(k_p)을 나타낼 경우, 실제로 투자가능한 모든 포트폴리오가 면적 *ABCDEF*에 포함된다고 하자.

이 면적 내에 있는 포트폴리오 중에서 임의로 *P*포트폴리오를 선정하고 이것을 곡선 *BCDE*상에 있는 *C*포트폴리오 또는 *D*포트폴리오와 비교해 보자.

*C*포트폴리오는 *P*포트폴리오에 비하여 기대수익률은 동일하지만 상대적으로 낮은 위험을 가지고 있고, *D*포트폴리오는 *P*포트폴리오에 비하여 위험은 동일하지만 상대적으로 높은 기대수익률을 나타낸다. 따라서 *C*포트폴리오와 *D*포트폴리오는 *P*포트폴리오보다 우월한 투자가능 포트폴리오이다.

마찬가지 방법으로 곡선 *BCDE*상에 존재하는 모든 포트폴리오는 면적 *ABCDEF*에 속해 있는 다른 포트폴리오보다 우월하다. 다시 말하면, 곡선 *BCDE*의 우하향에 위치하는 포트폴리오는 위험과 수익률의 관계에서 이 선상에 있는 포트폴리오보다 비효율적이다. 이 경우에 곡선 *BCDE*를 효율적 프론티어(efficient frontier)라고 하고, 이 효율적 프론티어에 위치한 모든 포트폴리오를 효율적 포트폴리오라고 한다.

분리정리(separation theorem)의 과정에서 우월성원리에 따라 효율적 포트폴리오를 선정하는 과정을 제1단계라고 한다. 그러나 분리정리의 초점은 제2단계로서 투자자가 최적포트폴리오를 최종적으로 선택하는 과정을 의미하는데, 위험과 수익의 무차별곡선을 먼저 이해하여야 한다.

1.5 위험과 수익의 무차별곡선

위험과 수익에 대한 투자자의 선호태도는 제각기 다르다. 개인의 투자태도는 위험과 수익의 무차별곡선(risk-return indifference curve)으로 표현하고 있다. 투자자의 무차별곡선은 위험과 수익의 관계에서 효용이 동일한, 즉 효용이 무차별(indifferent)한 포트폴리오가 위치한 점들을 모두 연결한 선이다.

위험선호형인 공격적 투자자(aggressive investor)의 무차별곡선은 일정한 위험의 증가에 대하여 수익의 증가현상이 체감하는 현상을 나타낸다. 위험회피형인 방어적 투자자(defensive investor)의 무차별곡선은 일정한 위험의 증가에 대하여 수익의 증가현상이 체증하는 현상을 나타내며, 투자자는 일반적으로 위험회피형이다. 그리고 위험중립형 투자자의 무차별곡선은 위험의 증가에 대하여 일정한 비례로 수익이 증가되는 현상을 나타낸다.

그리고 투자자는 제각기 고유한 위험과 수익의 무차별곡선에 의존하여 투자결정을 수행한다. 일단 투자자의 무차별곡선의 형태에 변동이 생기면 위험과 투자자의 기대수익률도 변동하게 된다.

〈표 9-5〉는 두 투자자의 무차별곡선의 형태에 따라 포트폴리오의 위험프리미엄과 기대수익률이 달라지는 현상을 표현하고 있다.

이 두 투자자는 다 같이 5%의 무위험수익률(riskless rate of return)에 각각 300과 500의 효용을 가지고 만족하고 있다고 하자.[10] 이제 이 증권이 위험의 측정치인 수익률의 표준편차(σ_p)가 3%로 증가하고 수익률이 그대로 5%라고 하면, 이전보다

표 9-5 동일한 효용을 갖는 위험과 수익률

투자자 A(효용 : 300)			투자자 B(효용 : 500)		
위험(σ_p)	기대수익률($\bar{k}_p$)	위험프리미엄	위험(σ_p)	기대수익률($\bar{k}_p$)	위험프리미엄
0.0	5.0	0.0	0.0	5.0	0.0
3.0	6.0	1.0	3.0	7.5	2.5
6.0	8.0	3.0	6.0	12.0	7.0

10 여기서 효용은 기수적 효용으로서 개인에게만 적용되는 만족의 크기를 나타내는 추상적인 값으로서 B가 A보다 100만큼 더 큰 만족을 가진다고 단순히 말할 수 있는 것은 아니다.

높아진 위험 때문에 불만이 생겨 A투자자는 300의 효용을 얻지 못할 것이다. 따라서 이전의 만족인 300을 얻기 위하여 가격을 낮추어 6%의 기대수익률($\bar{k}_p$)을 요구한다. 그리고 B투자자는 더 높은 7.5%의 기대수익률이 주어지면 원래의 만족(500)을 얻을 것이라고 한다. 다시 위험이 6%로 증가하면, 위험의 증가로 인한 불만족을 보상하기 위하여 기대수익률도 동시에 증가한다. 이 표에서 나타난 것처럼 위험의 변화에 따른 두 투자자의 기대수익률은 위험에 대한 태도의 차이 때문에 일치하지 않는다.[11] A투자자에 비하여 B투자자가 동일한 위험의 증가에 대하여 더 높은 기대수익률을 요구하므로 더 위험회피적이라고 할 수 있다.

A투자자에게 위험과 수익률이 각각 (0%, 5%), (3%, 6%) (6%, 8%)인 투자대상은 만족이 300으로서 차이가 없다. 또한 B투자자는 위험과 수익률이 각각 (0%, 5%), (3%, 7.5%) (6%, 12%)인 투자대상은 만족이 500으로서 차이가 없다. 이와 같이 만족이 동일한 위험과 수익률의 조합을 그래프로 나타낸 것을 효용의 무차별곡

그림 9-3 위험과 기대수익률의 무차별곡선

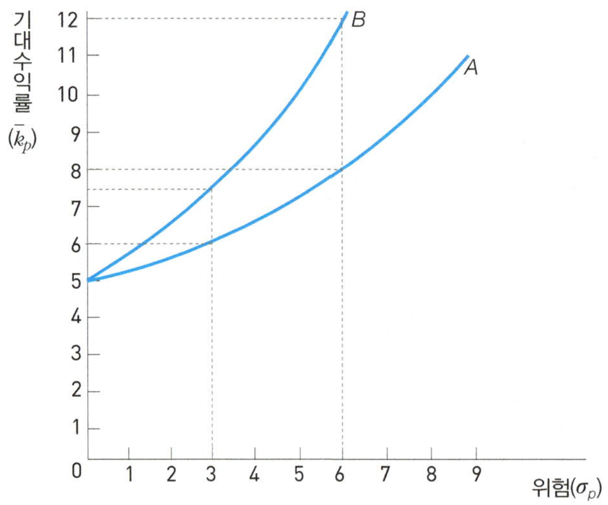

[11] 기대수익률(위험수익률)은 무위험수익률과 위험프리미엄의 합으로 구성되며, 무위험수익률은 무위험 실질수익률과 기대인플레이션율로 구성된다. 즉 기대수익률=무위험수익률+위험프리미엄=무위험 실질수익률+기대인플레이션율+위험프리미엄이 된다.

선이라고 한다.

〈표 9-5〉를 그래프로 나타내면 [그림 9-3]과 같고 두 투자자 사이의 무차별곡선의 기울기는 위험회피 정도를 나타낸다고 할 수 있다.

1.6 최적포트폴리오의 선택

(1) 위험증권으로만 포트폴리오가 구성된 경우

최적포트폴리오의 선택은 분리정리의 제2단계에 의해 이루어진다. 분리정리의 제2단계는 개인의 무차별곡선과 효율적 프론티어의 접점을 찾는 과정이다. 그러므로 이 접점, 즉 투자대상인 효율적 프론티어와 개인의 투자태도인 무차별곡선의 접점에서 구성되는 포트폴리오는 객관성과 주관성을 동시에 만족시키는 최적포트폴리오이다. 왜냐하면, 객관적인 투자대상인 효율적 프론티어와 주관적인 무차별곡선이 합일점에 도달하지 않으면 실질적인 투자행동이 이루어지지 않기 때문이다.

[그림 9-4]에서, *C*투자자는 *P*포트폴리오를, 그리고 *R*투자자는 *R*포트폴리오를 택함으로써 그들의 효용을 극대화할 것이다. 왜냐하면, *C*투자자의 입장에서는,

그림 9-4 최적포트폴리오의 선택

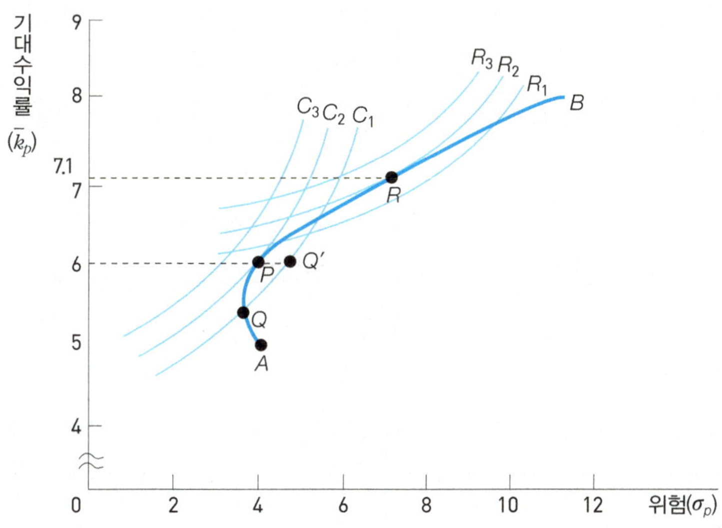

Q포트폴리오의 효용은 동일한 C_1 무차별곡선상에 있는 Q' 포트폴리오의 효용과 동일하다. 또 P포트폴리오와 Q' 포트폴리오의 관계에서 보면, P는 Q'보다 우월할 뿐만 아니라, P가 속한 무차별곡선 C_2의 효용은 Q와 Q'가 접한 무차별곡선 C_1보다 높다.

(2) 위험증권과 무위험증권으로 구성된 경우

[그림 9-4]에서는 투자대상을 단순히 위험자산만으로 구성하였고, 투자자의 무차별곡선과 효율적 프론티어의 접점에서 최적포트폴리오가 구성된다고 하였다. 그러나 투자자가 무위험자산을 포트폴리오에 포함시킨다면, [그림 9-5]와 같이 최적포트폴리오의 선택방법이 달라진다.

[그림 9-5]에서 무위험수익률은 R_f이다. 그리고 면적 $ANMBC$는 위험자산으로 구성된 투자가능 포트폴리오의 집합이며, I_1, I_2, I_3는 개인투자자의 위험과 수익의 트레이드오프(trade-off) 곡선인 무차별곡선이다.

무위험수익률인 R_f에서 위험자산의 효율적 프론티어 AB에 접선을 그어 그 접점을 M이라 하면, 직선 R_fM선상에 위치한 모든 포트폴리오는 무위험자산과 위험자산으로 구성된다. 그리고 M점에서 다시 R_fM선을 연장하여 이를 R_fMZ라고 하면, 이 직선을 자본시장선(capital market line, CML)이라고 한다.

위험자산의 효율적 프론티어 AB와 무차별곡선 I_1의 접점인 N포트폴리오는 마코위츠의 최적포트폴리오이다. 그러나 포트폴리오가 무위험자산을 포함하고 있을 경우에는 최적포트폴리오의 선택방법이 달라진다.

왜냐하면, R_fM선상의 모든 포트폴리오는 무위험자산과 효율적 위험자산 또는 포트폴리오(M)가 결합되어 구성된 포트폴리오이므로, 만약 투자자의 무차별곡선이 R_fM선과 접점을 이루게 되면, 이 접점에서의 포트폴리오는 마코위츠의 최적포트폴리오와는 다른 새로운 포트폴리오를 형성한다. 그리고 M점을 제외하고는 이들 접점에서의 모든 포트폴리오는 마코위츠의 최적포트폴리오보다 높은 효용을 나타내기 때문이다.

예를 들어, [그림 9-5]에서 N포트폴리오와 P포트폴리오를 비교해보면, P포트폴리오에 접하는 무차별곡선 I_2의 효용은 N포트폴리오에 접한 무차별곡선 I_1의 효용보다 높기 때문이다. 그러므로 R_fM선상의 모든 포트폴리오는 곡선 AM상의

그림 9-5 무위험자산과 시장포트폴리오의 결합

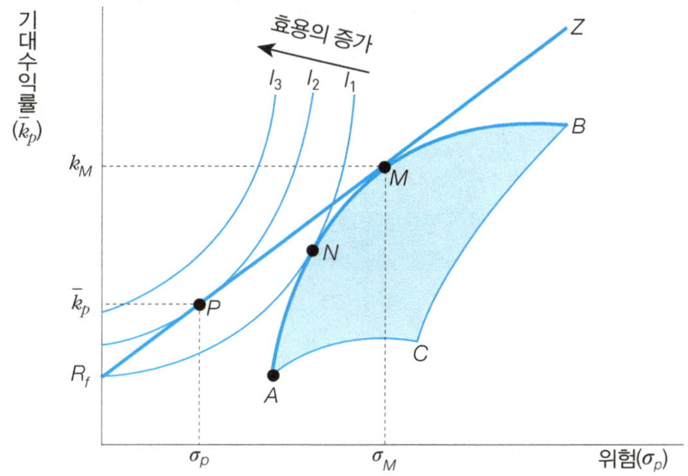

포트폴리오보다 우월(dominating)하고, 또 직선 *MZ*상의 모든 포트폴리오는 곡선 *MB*상의 포트폴리오보다 우월하다. 그러나 투자자의 무차별곡선이 *M*점에서 접점을 취할 때만은 투자자의 포트폴리오가 위험자산만으로 구성된 경우로서, 마코위츠의 이론에서와 동일한 최적포트폴리오를 구성하는 결과가 된다.

따라서 *M*포트폴리오를 제외하고는 자본시장선 R_fMZ상의 모든 포트폴리오는 곡선 *ANMB*의 어떤 포트폴리오보다도 우월한 효율적 포트폴리오를 구성한다.

비교적 높은 위험회피형 투자자는 투자자금을 위험자산과 무위험자산에 나누어 투자한 [그림 9-5]의 R_fM선상에 놓인 포트폴리오를 선택할 것이고, 또 비교적 낮은 위험회피형 투자자는 무위험이자율로 차입한 자금과 자신의 원래투자자금을 합쳐서 *MZ*선상에 놓인 포트폴리오를 최적포트폴리오로 선택할 것이다.

그리고 [그림 9-5]에서 *M*포트폴리오는 시장포트폴리오라고 한다. 위험자산 또는 위험증권 포트폴리오와 무위험자산이 결합하여 포트폴리오를 구성할 때 시장이 균형상태에 도달하게 되면, *M*포트폴리오는 시장의 모든 위험증권을 포함하는 시장포트폴리오가 된다.

이 *M*포트폴리오는 위험증권의 효율적 프론티어에 존재하는 다른 어떠한 포트폴리오보다 평균–분산의 기준에서 우월하다. 그리고 시장에 참여하는 모든 투자자가 소유하고 있는 증권에 대하여 전혀 종목변경을 원하지 않을 정도로 시장이 균형상태를 이루고 있으면, 모든 투자자는 지배원리에 따라 시장포트폴리오인 M 포트폴리오에 투자하는 결과가 된다.

제2절 자본자산가격결정모형

2.1 단일지수모형

마코위츠의 분산–공분산모형(variance-covariance model)은 이론적으로 매우 합리적이다. 그리고 포트폴리오를 구성하고 있는 개별증권의 수가 적을 때에는 이 모형의 활용도가 매우 높다. 그러나 많은 종목의 증권으로 포트폴리오를 구성할 때는 이 분산–공분산모형의 값을 산출함에 있어 투입자료(input data)가 너무 방대하다는 약점이 있다.

이와 같은 마코위츠모형의 한계점을 보완한 것이 샤프(William F. Sharpe)의 단일지수모형(single index model)이다. 샤프는 증권수익률의 변동이 시장상황의 변동과 밀접한 상관성을 갖는 것으로 가정하고, 단일지수모형에서 증권수익률을 앞에서 본 (9–1)식과 같이 시장지수(market index)와의 회귀관계로 표현하고 있다. (9–1)식은 시장모형(market model)이라고도 한다. 이 모형을 실제자료로 추정한 직선관계식은 다음과 같다.

$$E(k_j) = \alpha_j + \beta_j E(k_M) \qquad (9-2)$$

2.2 자본시장선

투자자가 무위험이자율로 차입 또는 대출할 수 있는 무위험자산(risk-free asset)이 무한히 존재하고, 이 무위험자산을 위험증권(risky securities)의 포트폴리오에 결합시켜 포트폴리오를 구성할 때는 효율적 프론티어가 [그림 9–5]의 R_fML선

그림 9-6 자본시장선

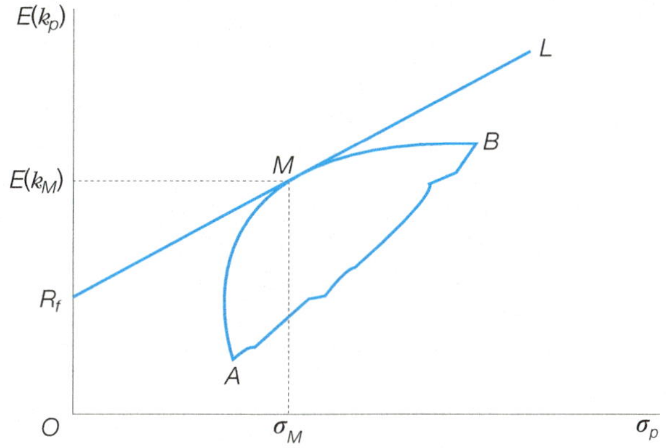

으로 표현되며, 이것을 자본시장선이라 한다.

[그림 9-5]에서 y축과 x축은 포트폴리오의 기대수익률 $E(k_p)$과 표준편차 σ_p의 공간을 나타내고 있다. 곡선 AB는 지배원리 또는 우월성원리에 의한 위험자산(예: 주식)의 효율적 프론티어이며, 자본시장선 R_fL선은 위험자산의 효율적 프론티어와 M점에서 접점을 이룬다.

이 자본시장선은 위험자산의 효율적 포트폴리오와 무위험자산을 결합하여 포트폴리오를 구성할 때 평균-분산의 기준에서 포트폴리오의 기대수익률을 산출하는 모형이다. 그리고 이 그림에서 위험자산 포트폴리오의 효율적 프론티어에 위치하는 M포트폴리오는 시장포트폴리오(market portfolio)이다.

이 M포트폴리오는 위험증권의 효율적 프론티어에 존재하는 다른 어떠한 포트폴리오보다 평균-분산의 기준에서 우월하다. 그리고 M포트폴리오 중에서 i개별증권이 차지하는 비중 w_i는 다음과 같이 산출된다.

$$w_i = \frac{i\text{증권의 시장가치}}{\text{시장의 전체증권에 대한 시장가치}} \tag{9-3}$$

그러므로 시장이 균형상태에 있다고 가정하면, 평균-분산의 기준에서 볼 때 [그림 9-6]의 R_fM선상에 위치한 포트폴리오는 AM선상에 위치한 포트폴리오보다 우월하며, ML선상에 위치한 포트폴리오는 MB선상에 위치한 포트폴리오보다 우월하다. 자본시장선인 직선 R_fML은 균형시장하에서의 포트폴리오 기대수익률을 (9−4)식과 같이 표현한다.

$$E(k_p) = R_f + \left[\frac{E(k_M) - R_f}{\sigma_M} \right] \sigma_p \tag{9-4}$$

단, $E(k_p)$ = 자본시장선상에 위치한 포트폴리오의 기대수익률
R_f = 무위험이자율(대출 또는 차입이자율)
$E(k_M)$ = M시장포트폴리오의 기대수익률
σ_M = M시장포트폴리오 수익률의 표준편차
σ_p = 자본시장선상에 위치한 포트폴리오 수익률의 표준편차

포트폴리오 기대수익률 = 무위험수익률 + 위험프리미엄
= 무위험수익률 + 위험의 시장가격 × 위험크기

이 (9−4)식에서 제1항인 무위험이자율 R_f는 확실성하에서 화폐의 시간적 가치이며, 제2항의 기울기 $[E(k_M) - R_f]/\sigma_M$은 자본시장선상에 위치한 모든 효율적 포트폴리오에 대한 위험의 시장가격(market price of risk)으로 포트폴리오의 위험 한 단위에 대한 수익률의 크기를, 그리고 σ_p는 포트폴리오의 위험단위를 나타낸다. 그러므로 포트폴리오의 위험의 시장가격에 위험의 크기를 곱한 제2항은 위험프리

예제 9-2

무위험이자율이 10%인 자본시장선에서 M시장포트폴리오의 기대수익률과 표준편차가 각각 20%와 0.2라고 한다.

① 이 자본시장선상에 있는 포트폴리오의 위험의 시장가격은 얼마인가?

$$\frac{E(k_M) - R_f}{\sigma_M} = \frac{(0.2) - (0.1)}{0.2} = 0.5$$

② 화랑 군이 구성하고 있는 포트폴리오의 표준편차가 0.24라고 한다. 화랑 군의 기대수익률은 얼마인가?

포트폴리오 기대수익률 = 무위험수익률 + 위험프리미엄
= 0.1 + 0.5 × 0.24 = 0.22(또는 22%)

미엄(risk premium)이 된다.

따라서 자본시장선상에 위치한 포트폴리오의 기대수익률은 ⓐ 확실성하의 무위험수익률과 ⓑ 위험프리미엄의 합으로 구성된다.

2.3 자본자산가격결정모형

(1) 자본자산가격결정모형의 의미

마코위츠의 분산-공분산모형의 한계점을 보완한 것이 샤프(William F. Sharpe)의 단일지수모형 또는 증권특성선의 모형이라고 하였다. 이 모형에서 체계적 위험의 측정치인 베타계수의 개념이 등장하였다.

그리고 자본시장선(capital market line)은 앞에서 무위험자산과 위험자산의 효율적 프론티어선상에 있는 시장포트폴리오가 결합되어 구성되는 포트폴리오의 기대수익률을 포트폴리오의 위험으로 추정하는 모형이라고 하였다.

자본자산가격결정모형(capital asset pricing model, CAPM)은 샤프(William F. Sharpe), 린트너(John Lintner), 모신(Jan Mossin) 등에 의하여 개발된 모형으로, 평균-분산의 기준 위에서 도출된 마코위츠와 토빈의 포트폴리오 선택모형을 기초로 하여 개별증권의 수익률을 체계적 위험의 지수인 베타계수로 설명하고 있다.[12]

즉 i증권의 수익률을 추정하는 자본자산가격결정모형(CAPM)은 다음과 같이 표현된다.

$$E(k_i) = R_f + [E(k_M) - R_f]\beta_i \qquad (9\text{-}5)$$

단, $E(k_i)$ = i증권의 기대수익률
R_f = 무위험수익률
$E(k_M)$ = 시장포트폴리오의 기대수익률
β_i = i증권의 베타계수

12 William F. Sharpe(1964), "Capital Asset Prices : A Theory of Market Equilibrium Under Conditions of Risk," *Journal of Finance*, 19(3), 425–442; John Lintner(1965a), "The Valuation of Risk Assets and the Selection of Risky Investments in Stock Portfolios and Capital Budgets," *Review of Economics and Statistics*, 47(1), 13–37; John Lintner(1965b), "Security Prices and Maximal Gains from Diversification," *Journal of Finance*, 20(4), 587–616; Jan Mossin(1966), "Equilibrium in a Capital Asset Market," *Econometrica*, 34(4), 768–783.

예제 9-3

무위험이자율이 10%이고 M시장포트폴리오의 기대수익률이 20%이다.

① CAPM상에서 위험의 시장가격은 얼마인가?

$$E(k_M)-R_f=0.2-0.1=0.1$$

② 화랑 군이 보유하고 있는 삼성주식의 베타계수가 1.2이다. 화랑 군이 삼성주식에서 얻을 수 있는 기대수익률은 얼마인가?

삼성주식 기대수익률=무위험수익률+위험프리미엄

=0.1+0.1×1.2=0.22(또는 22%)

다시 말해서 CAPM에서 i증권의 기대수익률은 무위험수익률 R_f와 위험프리미엄 $[E(k_M)-R_f]\beta_i$의 합으로 결정된다는 것이다. 여기에서 위험자산의 균형포트폴리오, 즉 시장포트폴리오의 수익률과 무위험수익률의 차이인 $[E(k_M)-R_f]$는 위험의 시장가격(market price of risk)이라고 하며, 이 위험의 시장가격을 체계적 위험의 지수(단위)인 베타계수에 곱한 값을 i증권의 위험프리미엄이라고 한다.

(2) 증권시장선의 성격

자본자산가격결정모형을 그래프로 표현할 때는 대체로 증권시장선(security market line, SML)이라고 하지만, 양자는 흔히 같이 사용되고 있다. 이론적으로는 개별증권(주로 위험자산인 주식을 의미함)의 기대수익률은 체계적 위험지수인 베타계수와의 관계에서 평균적으로 증권시장선 위에 위치하게 된다.

그러나 현실의 증권시장에서는 개별증권의 시장가격이 투자자에 의하여 과소평가(underpriced) 또는 과대평가(overpriced)되어 이들의 기대수익률이 증권시장선을 벗어나 결정되는 경우가 있다.

예를 들어, [그림 9-7]에서 U증권과 O증권이 있다고 하자. U증권의 기대수익률 $E(k_U)$는 증권시장선을 이탈하여 동일한 체계적 위험(β_A)을 가지고 있고 증권시장선상에 위치한 A증권의 기대수익률 $E(k_A)$보다 높게 나타나고 있다. 그 이유는 U증권의 기대수익은 변화하지 않는데 시장에서 형성된 이 증권의 가격은 동일한 위

그림 9-7 증권시장선과 증권의 가치평가

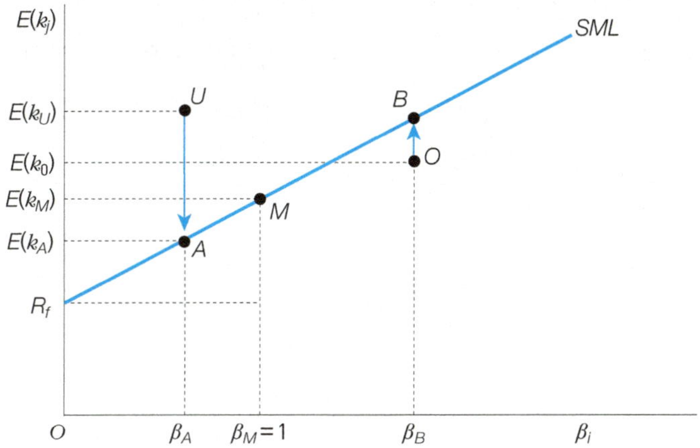

험(β_A)을 가진 A증권의 가격에 비하여 낮기 때문이다.[13]

이 경우에는 상대적으로 가격이 낮은 U증권의 수요가 증가할 것이므로 이 증권의 가격이 상승하게 되고, 이에 따라 U증권의 기대수익률 $E(k_U)$는 증권시장선상에 있는 A증권의 기대수익률 $E(k_A)$에 접근하게 되어 수요와 공급의 균형가격이 형성된다.

또 시장가격이 과대평가된 O증권의 경우에는 모든 현상이 U증권과 반대로 나타난다. 따라서 균형상태에 도달하면 모든 증권의 기대수익률이 결국 증권시장선에 위치하게 된다는 것이다.

2.4 CAPM의 현실성

자본자산가격결정모형(CAPM)은 여러 가지 기본가정 위에서 도출된다. 현실의 자본시장에서 이러한 기본가정이 정확하게 적용될 수 있다면, 자본자산가격결정모형은 자본시장의 움직임을 완전하게 설명할 수 있을 것이다.

---

[13] 이곳에서 기대수익률은 기대이익을 현재의 가격으로 나눈 비율로 이해한다. 그러므로 현재의 증권가격이 낮게 평가(과소평가)되면 기대수익률은 상승한다.

그러나 이 가정들은 이론의 도출을 위하여 현실세계를 너무 단순화하고 있으므로 현실적으로 이 모형이 자본자산의 가격결정을 충분히 설명한다고 단정하기 어렵다. 다시 말해서, 자본자산가격결정모형이 전제로 하고 있는 몇 가지 기본적인 가정이 비현실적이기 때문에 이 모형 자체가 실용성이 없다는 의미는 아니지만, 적어도 이러한 비현실적인 가정들을 하나씩 현실에 적합하도록 완화 또는 수정시킴으로써 모형을 확장해 나갈 필요가 있으며 이런 노력의 결과 많은 이론적인 성과들이 나타나고 있다.[14]

[14] 현대투자이론에 대하여 깊은 관심을 가지고 있는 학생은 투자론의 교재를 참고하면 충분한 지식을 쌓을 수 있을 것이다.

요약

포트폴리오의 기대수익률

포트폴리오의 기대수익률은 포트폴리오에 포함되는 각 개별증권의 기대수익률을 그 증권에 투자한 비율(투자가중치)과 곱하여 이들을 합계한 값이다. 포트폴리오의 기대수익률은 포트폴리오에 포함되는 개별증권의 선택과 개별증권이 포트폴리오에서 차지하는 비중에 따라 결정된다.

포트폴리오의 구성목적과 위험

포트폴리오를 구성하는 이유 중에서 투자위험의 측면에서 살펴보면 개별증권에 대한 투자보다 투자위험을 축소하여 관리할 수 있다는 장점이 크다. 또한 다양한 종목에 대한 투자이므로 투자자는 투자자산의 유동성관리에 있어서도 융통성을 발휘할 수 있다.

포트폴리오의 위험은 개별종목의 수익률이 서로 완전한 정(+)의 상관관계를 유지하지 않는다면, 투자의 다양화 내지 분산투자에 의해 위험을 축소시킬 수 있다.

체계적 위험과 베타계수의 의미

개별증권 수익률의 변동성에 영향을 미치는 요인은 기업고유의 활동으로 인한 비체계적인 위험과 시장 전체의 증권에 공통된 영향을 미치는 위험으로서 체계적 위험이 있다. 체계적인 위험은 포트폴리오를 구성하여도 상관관계에 의하여 축소될 수 없는 위험이다. 체계적인 위험은 아래의 회귀모형으로 측정되어지는 회귀계수이다.

$$k_j = \alpha_j + \beta_j k_M + e_j$$

개별증권 수익률이 시장수익률에 대하여 베타계수만큼 반응하여 결정되는 관계식이므로, 베타계수를 개별증권의 시장민감도지수라고도 하며 체계적인 위험의 지수라고도 한다.

포트폴리오의 위험 결정요인

포트폴리오의 위험은 ⓐ 포트폴리오를 구성하는 개별증권의 비중, ⓑ 개별증권 수익률의 표준편차, ⓒ 개별증권 수익률 상호간의 공분산(또는 상관계수) 등의 세 가지 요인에 의해 영향을 받는다.

최적포트폴리오의 선택과정

개별증권과 포트폴리오로 구성되는 모든 자산은 수익률과 위험(표준편차)으로 구별되고, 투자자들은 이들 투자대상 중에서 ⓐ 우월성 원리 또는 지배원리를 이용하여 효율적인 투자선을 구별해 내고, ⓑ 무차별곡선을 효율적 투자선에 접선시켜 투자자 자신의 효용을 최대화해 주는 한 개의 최적포트폴리오를 선택한다. 이와 같이 두 단계의 최적포트폴리오 선택과정을 분리정리라고 한다.

자본시장선

균형시장에서 효율적 투자선은 무위험자산과 시장포트폴리오를 이용한 자본시장선으로 도출되는데 다음 공식과 같다.

$$E(k_p) = R_f + \left[\frac{E(k_M) - R_f}{\sigma_M}\right]\sigma_p$$

포트폴리오 기대수익률
=무위험수익률+위험프리미엄
=무위험수익률+위험의 시장가격×위험크기

자본자산가격결정모형과 활용

균형시장에서 개별증권의 기대수익률은 다음 모형으로 측정된다. 이를 증권시장선 또는 CAPM이라고 한다.

$$E(k_i) = R_f + [E(k_M) - R_f]\beta_i$$

개별증권의 기대수익률은 증권의 가치를 평가할 때 개별증권의 현금흐름을 할인하는 할인율로 사용된다. 증권시장의 실제거래가격이 평가된 균형가치와 차이가 날 경우 차익거래를 통하여 가격이 조정되어 개별증권의 기대수익률은 위의 공식과 같은 수익률을 유지하게 된다.

인터넷에서 찾아 읽기

금융투자협회 전자공시시스템

- http://dis.kofia.or.kr/index/index.html
  – 각종펀드 구성과 그 수익률 비교 등 찾아 읽기

NICE평가정보

- http://www.kisonline.co.kr
  – 상장, 코스닥기업 분석정보 제공

삼성증권 홈페이지

- http://www.samsungpop.com
  – 투자정보/상장기업분석 제공

* 한국거래소와 증권회사 홈페이지의 투자관련 학습정보 찾아 읽기

연습문제

01 다음의 용어를 설명하라.

❶ 체계적 위험과 비체계적 위험
❷ 투자의 다양화효과
❸ 베타계수
❹ 증권특성선
❺ 시장위험프리미엄
❻ 우월성원리 또는 지배원리
❼ 효율적 포트폴리오
❽ 최적포트폴리오
❾ 상관계수
❿ 분리의 정리 또는 분리이론
⓫ 효율적 프론티어
⓬ 무차별곡선
⓭ 자본자산가격결정모형
⓮ 자본시장선

02 포트폴리오 투자의 장점 두 가지를 설명하시오.

03 포트폴리오의 위험에 영향을 주는 요인을 설명하라.

04 본문의 〈표 9-5〉에서 현재 위험과 수익률이 각각 (0, 5%)인 자산이 시장환경의 변화로 (0, 7%)가 되었다면, A투자자의 효용은 어떻게 변할까? 그리고 새로운 무차별곡선은 이전의 무차별곡선과 어떤 관계를 가질까?

05 무위험수익률이 3%이고, 2013년도 종합주가지수의 수익률이 12%로 기대된다고 할 경우 본문의 <표 9-2>에 있는 각 기업의 2013년도 12월의 기대수익률을 추정하여라.

06 증권시장선을 이용하여 증권의 과대평가 혹은 과소평가되는 상황을 설명하라.

07 자본시장선과 증권시장선의 차이를 설명하시오.

08 투자자를 위험태도에 따라 세 가지로 분류하여 설명하시오.

Chapter 10

증권시장의 효율성

학습목표 이 장을 공부한 독자들은 다음 사항을 이해할 수 있어야 한다.

- ▶ 효율적 시장과 효율성의 구분
- ▶ 효율적 자본시장 가설
- ▶ 자본시장의 이상현상

증권의 가격은 일반 소비재화와 달리 유통시장에서 매순간 수요와 공급에 의하여 다르게 결정된다. 증권의 가치는 증권이 발생시킬 미래 현금흐름의 현재가치이다. 기업경영에 영향을 미치는 경제를 비롯한 여러 가지 다양한 여건들이 시시각각 변화하면서 미래 현금흐름의 발생에 영향을 미친다. 현금흐름에 영향을 미치는 정보에 따라 증권의 가격이 변동하는 것이다.

증권의 가격에 영향을 미치는 모든 정보가 현재의 그 가격에 반영되는 시장을 효율적 시장이라고 한다. 독자들은 증권시장의 효율성의 의미를 이해하여야 한다.

그리고 독자들은 증권의 가격에 영향을 미치는 정보의 내용수준에 따라 구분되는 약형 효율적 시장가설, 준강형 효율적 시장가설, 그리고 강형 효율적 시장가설에 대하여 이해하고 있어야 한다.

한편 증권시장은 효율적이긴 하지만, 현실적으로 효율적이라고 할 수 없는 현상들이 나타나고 있는데 이들을 이상현상(anomalies)이라 한다. 이상현상에 대한 이해 역시 투자자들의 목적달성을 위해 필수적이다.

제1절 증권시장과 효율성

1.1 증권가격의 변화와 시장효율성

자본시장에서 거래되고 있는 증권의 가격은 일반소비상품의 가격결정과 같이 증권에 대한 수요와 공급의 상황에 영향을 받는다. 그러나 증권의 시장가격은 시장 전반적인 수요공급의 상황에 따라 결정된 가격이 일정기간 동안 유지되는 일반 상품의 가격과 다르게 결정된다.

시시각각으로 발생하는 기업가치에 영향을 미치는 여러 가지 정보에 기초하여 증권의 매수자와 매도자는 거래희망가격을 제시한다. [그림 10-1]처럼 증권매

그림 10-1 호가표의 예

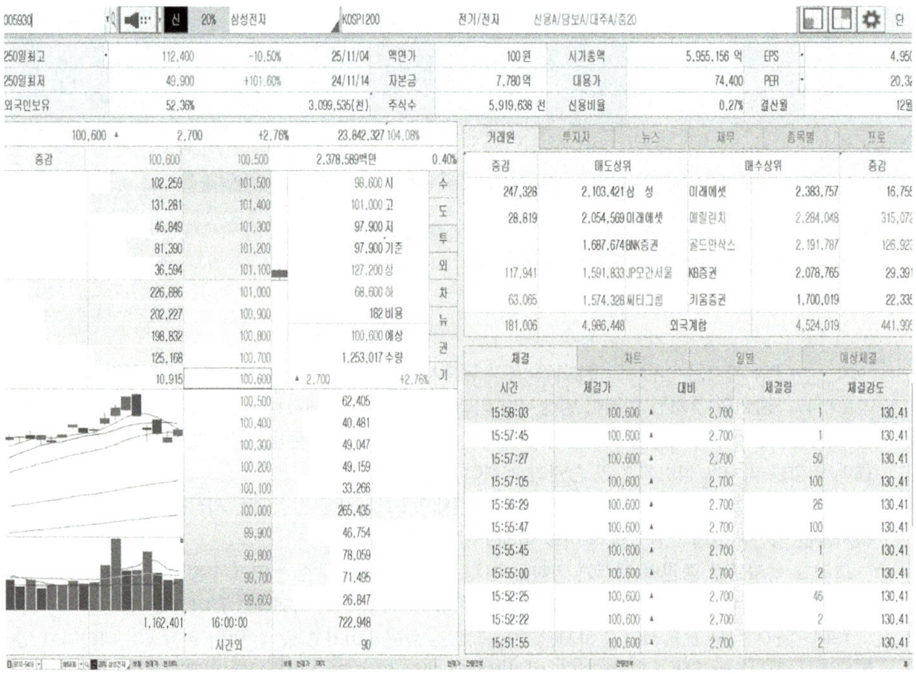

자료 : 삼성전자 2025. 11.11. 키움증권에서 발췌

수의 경우에는 최고매수제시가격이 거래우선권을 가지며, 증권매도의 경우에는 최저매도제시가격이 거래우선권을 가진다. 따라서 증권의 가격은 증권의 매수와 매도측의 거래최우선 투자자의 일치되는 가격과 수량으로 연속적으로 결정된다.

여러분들은 이미 증권의 가치는 증권투자의 결과인 미래 현금흐름을 투자자의 요구수익률 혹은 시장수익률로 할인하여 결정된다는 것을 이해하고 있다. 여기서 증권의 미래 현금흐름과 그 위험은 기업의 능력과 경제환경에 의해 결정될 것이며, 투자자의 요구수익률은 위험에 대한 투자자의 태도와 경제, 사회, 문화적인 요인에 영향을 받아 결정된다. 따라서 증권의 가치평가요소에 영향을 주는 정보의 발생은 증권가치의 변화를 초래할 것이다. 투자자는 이 가치와 현재의 시장가격을 비교하여 매수 혹은 매도판단을 하고 새로운 가격을 제시할 것이다.

이때 증권의 가치에 영향을 주는 모든 정보가 증권의 시장가격에 이미 반영되어 있는 시장을 효율적 시장(efficient market)이라고 한다. 효율적 시장은 모든 정보를 신속하고 정확하게 증권의 가격에 반영하는 시장이기 때문에 이 시장에서는 특정한 투자자가 어떤 정보에 근거하여 투자를 실행하여 초과수익을 얻을 수 없다.

1.2 효율적 자본시장의 의미

장기대부시장과 증권시장을 포괄하는 자본시장의 기본적인 기능은 대출자(저축자)와 차입자(생산자 또는 자금의 수요자) 사이에 자금(fund)을 효율적으로 배분 또는 이전(transfer)시키는 것이며, 이 기능이 바람직하게 수행될 때 자본시장은 효율적이라고 한다.

자본시장의 효율성은 시장의 기능에 따라 ⓐ 배분효율성(allocational efficiency), ⓑ운영효율성(operational efficiency), ⓒ 정보효율성(informational efficiency)으로 분류할 수 있다.[1]

배분효율성은 자본의 모든 수요자(생산자)와 공급자(저축자)의 한계수익률(marginal rate of return)이 동일해지도록 자산의 가격이 형성되는 경우를 말한다. 따라서 배분효율성을 갖는 자본시장에서는 각 생산자의 최종투자안, 즉 선택한 모

[1] Thomas E. Copeland, J. Fred Weston, and Kuldeep Shastri (2004), Financial Theory and Corporate Policy, 4th ed. (Boston, Mass.: Pearson Addison-Wesley), pp. 347-365.

든 투자안 중에서 수익성이 가장 낮은 투자안의 수익률(자본수요자의 수익률)이 자본의 기회비용(자본공급자의 수익률)과 완전히 일치하게 된다. 이러한 배분효율적 자본시장에서는 자본의 공급자와 수요자는 다 같이 유익하게 된다.

운영효율성은 완전자본시장을 형성하는 여러 조건 중에서 거래비용(transaction costs)에 관련된 조건이 성립될 때 달성된다. 예를 들어, 증권거래에서 발생되는 비용으로는 ⓐ 발행비용과 ⓑ 거래수수료 등을 들 수 있는데, 이러한 비용들이 완전경쟁하에서 0에 접근할 때 그 시장은 완전한 운영효율성을 갖는다고 한다.

정보효율성은 자본시장에서 자산의 가격이 한 시점에서 이용할 수 있는 정보를 모두 반영하고 있을 때에 달성된다. 정보효율성은 주로 증권시장에서 정보가 주가결정에 반영되는 효율성을 의미하며, 이 정보효율성을 충족시키는 시장조건은 다음과 같다.[2]

ⓐ 증권의 거래비용은 극히 작다.
ⓑ 유용한 정보의 수집비용은 시장참여자 누구에게도 발생하지 않는다.
ⓒ 모든 투자자는 각 증권의 현재주가와 미래주가의 분포에 대한 현재 정보를 동일하게 해석한다.

일반적으로 효율적 자본시장(efficient capital market)이라고 할 때는 주가가 유용한 정보를 완전히 반영하는 자본시장, 즉 정보효율성을 갖는 자본시장을 말한다. 이 책에서도 효율적 자본시장은 정보효율성을 의미하는 것으로 간주한다.

제2절 효율적 자본시장 가설

파마(Eugene F. Fama)는 자본시장의 효율성을 정의하면서 정보의 강도에 따라 세 가지 형태로 분류하고 있다. 여기서 정보는 ⓐ 과거의 주가자료, ⓑ 공개된 공식자료, ⓒ 내부정보, ⓓ 앞의 세 가지를 포함하여 이용 가능한 모든 정보로 나눌 수

[2] Eugene F. Fama(1970), "Efficient Capital Market : A Review of Theory and Empirical Work," *Journal of Finance*, 25(2), 383–417.

있다. 파마는 이들을 이용하여 ⓐ 약형 효율적 시장가설, ⓑ 준강형 효율적 시장가설, ⓒ 강형 효율적 시장가설 등 세 가지의 효율적 시장가설(efficient market hypothesis, EMH)을 제시하였다.[3]

2.1 약형 효율적 시장가설

(1) 약형 효율적 시장가설의 의의

약형 효율적 시장가설(weak form efficient market hypothesis)은 과거의 주가 또는 수익률과 과거의 거래량에 관한 모든 정보가 현재의 주가에 완전히 반영되어 있다고 가정한다. 따라서 역사적 주가나 거래량의 자료에 의존하여 매수·보유(buy-and-hold)의 주식투자전략을 수행한다면 시장평균 이상의 초과수익은 달성할 수 없다는 것이다.

다시 말해서, 주가의 변동은 시계열적으로 상호 독립적이고 무작위적이기 때문에, 과거의 주가 및 거래량의 정보는 현재와 미래의 주가예측에 전혀 도움을 주지 못하며, 이에 따라 약형 효율적 시장가설에서는 기술적 분석의 유효성을 배제하고 있다.

(2) 약형 효율적 시장가설의 검증

증권시장이 약형 효율적인가를 확인하기 위하여 ⓐ 시계열상관분석(serial correlation analysis), ⓑ 연(run)의 검증, 그리고 ⓒ 필터기법(filter rules) 등이 사용되고 있다.

시계열상관분석은 연속되는 여러 기간 동안 어느 변수의 시계열변동이 추세나 주기의 변동성과 갖는 상관관계를 분석하는 것으로 시계열상관계수(serial correlation coefficient)로 측정한다.

예를 들어, 어느 기업의 주식을 대상으로 연속되는 이틀간의 주가를 여러 차례 조사했을 때 전날 주가가 상승하면 그 다음날 주가가 반드시 상승한다고 하면

---

[3] Eugene F. Fama(1965), "The Behavior of Stock Market Prices," *Journal of Business*, 38(1), 34–105; Eugene F. Fama(1970). "Efficient Capital Markets: A Review of Theory and Empirical Work," *Journal of Finance*, 25(2), 383–417 등.

이는 1일 시계열상관계수가 정(+)의 방향으로 의미 있는 값을 가진다고 할 수 있을 것이다. 시계열상관계수의 범위는 $-1.0 \leq \rho_n \leq 1.0$이다. 그리고 이 ρ_n의 값이 0에 접근하면 과거 수익률의 정보가 현재 수익률의 형성에 독립적인 관계에 있으며, 이러한 현상은 약형 효율적 시장가설을 지지한다고 해석한다.

연의 검증(run test)은 시계열상관분석과 함께 주가변동의 독립성을 검증하는 통계방법이다. 연(run)은 시계열자료에서 상이한 사건(occurrences)들이 교대로 발생될 때 지속적으로 동일사건이 발생되는 흐름을 의미한다. 한 번 지속되는 사건의 흐름을 하나의 연이라고 한다. 이 연의 검증은 교대로 발생하는 어떤 사건의 시계열현상이 추세나 주기에 따르지 않고 무작위(randomness)적으로 나타나는가를 판단하는 데에 사용된다.

예를 들어, 주가의 시계열자료에서 주가의 상승을 (+)로, 그리고 주가의 하락을 (−)로 표현한다면, 일정한 기간 중 주가의 상승 또는 하락현상이 (++)(−)(+)(−−)(+++)로 나타날 경우 이 자료는 5개의 연을 갖는다고 한다.

필터기법은 약형 효율적 시장가설이나 랜덤워크가설의 검증을 위하여 기술적 분석의 투자기법 중에서 널리 사용되는 방법이다. 필터기법에서는 주식의 매수·매도를 판단할 때 기준이 되는 최고주가수준과 최저주가수준을 미리 정해 놓고 있다.

주가변동이 최저수준으로부터 일정한 비율($x\%$) 이상으로 상승하면 주식을 매수하여 보유하다가, 주가가 최고수준으로부터 일정한 비율($x\%$) 이하로 하락하면 보유주식을 매도할 뿐만 아니라 주가가 다시 $x\%$ 상승할 때까지 공매(short sales)를 실시하는 기법이다.

약형 효율적 시장가설을 검증한 연구결과에 의하면 주가변동이 대체로 시계열독립성을 갖고, 기술적 분석의 투자전략으로는 시장평균 이상의 초과수익을 달성할 수 없다는 결론을 내림으로써 약형 효율적 시장가설을 뒷받침하고 있다.[4]

---

[4] Eugene F. Fama(1965), "The Behavior of Stock Market Price," *Journal of Business*, 38(1), 34–105; Eugene Fama and James MacBeth(1973), "Risk, Return and Equilibrium : Empirical Tests," *Journal of Political Economy*, 81(3), 607–636; George Pinches(1970), "The Random Walk Hypothesis and Technical Analysis," *Financial Analysis Journal*, 26(2), 104–110.

2.2 준강형 효율적 시장가설

(1) 준강형 효율적 시장가설의 의의

준강형 효율적 시장가설(semi-strong form efficient market hypothesis)은 과거의 주가자료를 포함하여 투자자가 이용할 수 있는 모든 공개된 정보(publicly available information)는 현재의 주가에 전부 반영되어 있다고 가정한다. 그러므로 이 효율적 시장가설이 성립되면 과거의 주가변동 및 거래량의 변동 등 시장자료에 기초를 두고 있는 약형 효율적 시장가설은 당연히 성립한다.

투자자가 이용할 수 있는 공개정보는 수없이 많다. 예를 들면, 주식분할, 신주발행, 배당의 공표, 영업이익 또는 당기순이익의 변동, 매출액의 변동 등 주식과 발행기업에 관련된 정보뿐만 아니라 정부의 경기예측 및 정책변동에 관한 발표 등 경제적·정치적인 비시장정보도 이 가설에서는 공개정보에 해당된다. 특히 회계정보를 중심으로 기업정보는 공개와 동시에 주가에 반영되기 때문에 이 정보에 근거하여 주식투자를 할 때에는 시장평균 이상의 초과수익을 달성할 수 없다고 한다.

(2) 준강형 효율적 시장가설의 검증

준강형 효율적 시장가설이 성립하는가를 검토하기 위해서는 다음의 두 가지 현상 중 어느 한 가지나 또는 두 가지 모두를 검증한다.

첫째, 중요한 정보의 공표와 관련하여 주가조정이 공표시점을 중심으로 해서 언제 발생하는가를 검증한다. 효율적 시장가설에 따르면 주가조정은 정보가 공표되는 기간 중이나 또는 공표되기 이전에도 이미 발생할 수 있다고 한다.

둘째, 투자자가 공개정보에 의존하여 투자결정을 내린다고 가정할 경우, 시장평균 이상의 투자수익률이 달성될 수 있는가에 대한 검증이다. 다시 말해서 거래비용을 모두 포함했을 때, 공개정보에 의한 투자결정의 성과가 단순한 매수·보유전략(buy and hold strategy)에 의한 성과보다 높게 나타나는가에 대한 검증이다.

일반적으로 주가에 영향을 미치리라고 예상되는 공개정보에 대하여 수익률의 잔차분석(residual errors analysis)을 수행하는 것이 준강형 효율적 시장가설을 검증하는 방법으로 많이 이용되고 있다.[5]

[5] 구체적인 잔차분석의 방법은 투자론의 교재를 활용하시오.

자본시장이 균형상태를 유지하고 공개된 모든 정보가 완전히 주가에 반영된다고 가정하면, 특정기간에서 개별주식의 기대수익률은 그 주식의 실제수익률과 차이가 없어야 할 것이다. 만약 차이가 존재하면 이를 잔차라고 하고, 이 잔차는 위험과 수익의 관계에서 시장평균을 초과하는 비정상적인 수익률(abnormal return)이 된다.

이러한 방법을 이용하여 준강형 효율적 시장가설을 검증한 결과를 보면, 일반적으로 주식분할, 회계처리방법의 변경, 연차보고서 등 공표된 정보에 의하여 주식투자를 할 경우 초과수익률을 달성할 수 없는 것으로 나타나고 있다.

2.3 강형 효율적 시장가설

(1) 강형 효율적 시장가설의 의의

강형 효율적 시장가설(strong form efficient market hypothesis)에서는 공표된 정보는 주가에 당연히 반영되고 있지만, 공표되지 않은 내부정보(inside information)까지도 완전히 주가에 반영된다고 주장한다. 이 강형 가설이 성립되면 약형 및 준강형 가설은 당연히 성립되는 결과가 된다.

그러므로 강형 효율적 시장가설에서는 일반투자자는 물론 내부정보를 가지고 있는 기관투자자까지도 주가에 영향을 미칠 수 있는 새로운 정보를 독점할 수 없으며 모든 정보는 즉시 모든 투자자에게 공유된다는 것이다. 따라서 어떠한 투자자도 주식투자에서 시장평균 이상의 초과수익을 달성할 수 없다고 한다.

내부정보를 입수하는 기관투자자는 ⓐ 공표되지 않은 자사의 정보를 갖고 있는 회사의 간부, ⓑ 체결되지 않은 매매주문을 알 수 있는 증권거래소의 직원, ⓒ 시장정보의 입수가 일반투자자보다 용이한 전문기관 등을 모두 의미하는데, 이러한 기관투자자도 시장평균 이상의 초과수익은 달성할 수 없다는 것이다. 그러나 강형 효율적 시장가설이 계속해서 완전히 적용되는 자본시장은 현실적으로 존재하기 어렵다.

(2) 강형 효율적 시장가설의 검증

강형 효율적 시장가설의 검증에서는 어느 특정한 집단이나 투자자의 투자성과가 지속적으로 시장평균 이상의 수익률을 달성할 수 있는가를 밝히는 것이다. 만약 어느 투자집단이 주식투자에서 지속적으로 시장평균 이상의 초과수익률을 달성할 수 있다면, 그것은 다음의 두 가지 경우에 해당될 것이다.

첫째는, 이 집단이 중요한 신규정보를 독점하는 경우이고, 둘째는 이 집단이 다른 투자자가 새로운 주요 정보를 이용하기 전에 이를 먼저 입수하여 투자결정에 이용할 수 있는 경우이다.

이러한 관점에서 볼 때, 강형 효율적 시장가설의 검증대상이 되는 특정한 투자집단은 ⓐ 기업내부자(corporate insiders), ⓑ 증권거래소의 전문거래원(stock exchange specialists), ⓒ 투자신탁의 경영자 또는 직업적인 펀드관리자(professional fund managers) 등이라고 할 수 있다. 따라서 이들의 투자성과를 분석함으로써 강형 효율적 시장가설의 검증이 가능할 수 있다.

기업내부자와 전문거래인에 의한 주식투자성과를 분석한 연구결과에 의하면, 그들만이 획득할 수 있는 내부정보나 신규정보를 이용하여 주식에 투자하는 경우에는 시장평균 이상의 초과수익을 지속적으로 획득할 수 있는 것으로 분석되고 있어 강형 효율적 자본시장을 부정하는 결과를 보이고 있다.[6] 그러나 주식시장에서 중요한 비중을 차지하고 있는 투자신탁의 투자성과를 분석한 결과에서는 시장평균 이상의 초과수익을 달성하지 못하는 것으로 분석되어 강형 효율적 시장가설이 성립되는 것으로 나타나고 있다.[7]

제3절 자본시장의 이상현상

많은 연구자들은 자본시장이 효율적이며, 효율적 자본시장에서는 어떠한 정보를 이용하여 투자전략을 수립할지라도 주식의 내재가치에 근거한 정상수익 이

[6] Shannon P. Pratt and Charles W. Devers(1972), "Relationship Between Insider Trading and Rates of Return for NYSE Stocks, 1960~1966," in James H. Lorie and Richard Brealey(eds.), *Modern Development in Investment Management*(New York : Praeger Publishers), 268–279; Jeffery Jaffe(1974), "Special Information and Insider Trading," *Journal of Business*, 47(3), 410–428; Victor Niederhoffer and M. F. M. Osborne(1966), "Market-Making and Reversal on the Stock Exchange," *Journal of American Statistical Association*, 61(316), 897–916.

[7] Michael Jensen(1967), "The Performance of Mutual Funds in the Period 1945~1964," *Journal of Finance*, 23(2), 389–416; Jack Treynor(1965), "How to Rate Management of Investment Funds," *Harvard Business Review*(January-February), 63–75.

표 10-1 자본시장의 주요 이상현상

구 분	주요 현상
계절적 이상현상	1월효과, 월요일효과, 일중효과
기업특성적 이상현상	규모효과, PER효과, IPO효과, 소외기업효과, 자산주프리미엄
투자심리적 이상현상	과민반응, 과잉변동성, 평균회귀, 뮤추얼펀드 퍼즐, 거품현상

상의 초과수익을 얻을 수 없다고 하였다. 그러나 다양한 연구과정에서 한편으로는 효율적 자본시장의 가설로는 설명할 수 없는 여러 가지 현상이 나타나고 있어 이를 자본시장의 이상현상(anomalies)이라고 한다.

자본시장에서 나타나는 이상현상은 크게 세 가지로 분류할 수 있다. 첫째는 월별, 요일별, 시간대별 등 계절적으로 나타나는 계절적 이상현상을 들 수 있다. 이는 주가의 시계열적 상관성을 보여준다는 의미에서 약형 효율적 시장가설에 대한 이상현상으로 볼 수 있다. 둘째는 기업규모, PER(price earning ratio), 투자자의 관심정도, 신규상장(initial public offering, IPO) 여부 등에 따라 나타나는 기업특성적 이상현상이다. 이것은 주로 공개된 정보를 이용하여 초과수익이 발생하는 증거로서 준강형 효율적 시장가설에 대한 이상현상으로 볼 수 있다. 셋째는 주가가 새로운 정보에 비정상적으로 반응하는 투자심리적 이상현상이다.

이들을 간략히 요약하여 분류하면 〈표 10-1〉과 같다.

3.1 계절적 이상현상

(1) 1월효과

1월효과(January effect)는 1월의 주식수익률이 다른 달의 수익률보다 체계적으로 높게 나타나는 현상이다. 만일 주식시장이 이성적인 투자자들이 거래하는 효율적 시장이라면 특정한 달의 수익률이 다른 달의 수익률보다 높을 이유가 없다. 그럼에도 불구하고 이러한 1월효과는 특정국가에만 나타나는 것이 아니고 전 세계 주요 주식시장에서 공통적으로 나타나고 있다.

1월효과는 절세매도가설(tax-loss selling hypothesis)과 정보가설(information

hypothesis), 포트폴리오 재구성가설에 의해 설명되고 있다.

절세매도가설은 보유하고 있는 주식 중에서 가격하락폭이 큰 주식을 12월 말에 매도하여 자산처분손실을 실현함으로써 세금절약효과를 얻고, 1월 초에 다시 그 주식을 매입하여 본래의 최적포트폴리오를 구성한다는 것이다. 그러므로 연말에는 주가가 하락하고 1월에 주가가 상승하는 현상이 나타난다는 것이다.

정보가설은 연초에 경제 및 기업에 관련된 많은 정보 특히 낙관적이고 의욕적인 정보들이 많이 공표되기 때문에 이를 반영하여 1월에 높은 수익률이 형성된다는 가설이다.

포트폴리오 재구성가설은 많은 펀드매니저들이 연말연시에 활발하게 포트폴리오를 재구성하기 때문에 1월효과가 발생한다고 한다. 펀드매니저들은 분식결산(window dressing)을 위해 연말에 고위험주식을 매도하였다가 연초에 재매입하는 특성이 있기 때문에 1월에 상승랠리가 나타난다고 설명하고 있다.

(2) 월요일효과

월요일효과(Monday effect)는 일주일 중에 평균적으로 월요일에 가장 낮은 수익률이 발생하는 현상으로 주말효과(weekend effect)라고도 한다. 일반적으로 나쁜 뉴스(bad news)는 거래가 이루어지지 않는 주말에 공표되는 경우가 많기 때문에 이러한 현상이 발생하는 것으로 설명되고 있다.

(3) 일중효과

일중효과(intra-day effect)는 하루 중의 수익률이 U자 형태의 일정한 패턴을 보이며 변동하는 현상을 말한다.

3.2 기업특성적 이상현상

(1) 규모효과

기업규모효과(size effect)는 소기업의 수익률이 대기업의 수익률보다 높은 현상으로 소기업효과(small firm effect)라고도 한다.

규모효과는 반즈(R. W. Bans)에 의해 처음으로 제기되었는데,[8] 반즈에 의하면, 기업이 발행한 주식의 시장가치로 측정한 기업규모가 증가할수록 수익률이 감소하는 경향이 있다는 것이다. 즉 NYSE에 상장된 주식을 기업규모에 따라 5등분할 때, 기업규모가 가장 작은 주식의 평균수익률이 기업규모가 가장 큰 주식의 평균수익률보다 19.8% 높다는 것이다. 카임(D, B. Keim)은 규모효과는 거의 1월의 첫 두 주일 간에 발생한다는 연구결과를 발표하였다.[9]

이러한 규모효과는 주식시장에서 소기업의 주식은 상대적으로 거래가 활발하지 못하기 때문에 투자자들이 유동성 결여에 대한 프리미엄을 요구하기 때문에 나타나는 것으로 설명되고 있다.

(2) PER효과

PER[10]효과(P/E effect)는 PER가 낮은 기업의 수익률이 PER가 높은 기업의 수익률보다 높게 나타나는 현상을 말한다.

기본적 분석을 중시하는 분석가들은 PER가 높은 주식은 수익력에 비하여 주가가 상대적으로 높게 평가되어 있고, PER가 낮은 주식은 저평가되어 있는 것으로 분석한다. 따라서 저PER 주식들은 고PER 주식에 비해 수익률이 상승할 가능성이 높은 것으로 평가되어 저PER주식에 대한 투자수요가 증가함으로써 저PER 주식의 수익률이 시장수익률 이상의 초과수익률을 나타내게 된다.

(3) IPO효과

IPO(initial public offerings, 최초공모주)효과는 주식을 최초 공모하는 경우 상장 초기에 저평가되어 양(+)의 초과수익률이 발생하는 현상을 말한다.

일반적으로 최초공모주의 발행가격은 시장가격보다 크게 저평가되어 있기 때문에 최초 상장 후 주식수익률이 시장수익률 이상의 초과수익률을 나타내게 된

[8] Rolf W. Bans(1981), "The Relationship Between Returns and Market Value of Common Stocks," *Journal of Financial Economics*, 9, 3–18.

[9] Donald B. Keim(1983), "Size-Related Anomalies and Stock Return Seasonality," *Journal of Financial Economics*, 12, 13–32.

[10] PER(price-earning ratio, 주가수익비율)는 주가를 주당순이익(earning per share, EPS)으로 나눈 비율로서 주당이익 1원이 시장에서 얼마의 가격으로 평가되고 있는가를 나타낸다.

다는 것이다. 최초공모주가 저가로 발행되는 이유는 신규공모주식의 경우 기존 상장주식에 비해 주가변동의 불확실성이 높고, 기업가치에 대한 정보가 상대적으로 부족하기 때문에 투자자들을 유인하기 위해서 발행가격을 낮추어 발행하기 때문이다.

(4) 소외기업효과

소외기업효과(neglected firm effect)는 증권에 대한 정보를 생산하는 증권분석가 또는 기관투자자들이 관심을 많이 가지는 관심종목에 비해 관심을 끌지 못하는 소외종목의 수익률이 더 높은 현상을 말한다. 즉 소외기업 주식의 경우 증권분석가나 기관투자자들로부터 소외되어 있으므로 그런 주식에 관한 정보가 부족하고, 유동성이 결여되기 때문에 가격이 저평가되고, 상대적으로 높은 수익률을 나타내게 된다.

(5) 자산주프리미엄

자산주프리미엄(value stock premium)은 주식의 시장가치(=주가)에 비해 장부가치(=장부상 자기자본)의 비율이 높은 종목의 수익률이 높게 나타나는 현상이다.

주식의 시장가치(ME)는 기업의 미래성장가능성을 반영하여 결정되고, 주식의 장부가치(BE)는 역사적 원가이다. 증권실무계에서는 BE/ME비율이 높은 주식을 자산주(value stock)라고 하고, BE/ME비율이 낮은 주식을 성장주(growth stock)라고 한다.

BE/ME비율이 낮다는 것은 장부가치에 비해 시장가치가 고평가되어 있다는 것을 의미한다. 투자자들은 풍부한 미래성장기회를 갖고 있는 성장주의 가치를 평가할 때 미래의 경쟁기업의 출현을 예상하지 않고 과도하게 높게 평가하는 경향을 갖고 있기 때문이다.

반면, BE/ME비율이 높다는 것은 장부가치에 비해 시장가치가 저평가되어 있다는 의미로 주가의 상승가능성이 높은 것으로 해석할 수 있다. 자산주의 주가는 그동안의 미흡한 경영성과에 기초하여 저평가되어 있으므로 시장가치가 장부가치보다 낮게 평가된다. 이런 기업의 경우 경영진의 교체나 경영조직 재구축, 새로운 경영전략의 도입 등에 의해 경영성과의 개선이 이루어져 높은 수익률을 기대할 수 있다.

따라서 BE/ME비율이 높은 자산주를 선택함으로써 시장수익률 이상의 초과수익률을 획득할 수 있게 된다.

3.3 투자심리적 이상현상

(1) 과민반응

과민반응(overreaction)은 시장에 정보가 부족하고 개인투자의 비중이 큰 경우 예상치 못한 정보의 출현에 증권가격이 비정상적으로 반응하는 현상을 말한다. 어떤 정보에 대하여 투자자들이 과민반응을 보이게 되면 정보가치에 비해 주가가 너무 많이 상승(하락)하게 되고, 일정기간이 지난 후 이러한 과민반응을 수정하기 위하여 주가가 적절한 수준으로 하락(상승)하게 된다.

(2) 과잉변동성

과잉변동성(excess volatility)은 주가의 변동성이 이론적으로 정당화될 수 있는 것보다 훨씬 큰 현상을 말한다. 일반적으로 투자자들이 불완전정보를 갖고 행동하기 때문에 효율적 시장에서 실제주가의 변동성은 완전예측주가(perfect foresight price)의 변동성보다 작아야 한다(분산한계). 그런데 실제주가의 변동성은 효율적 시장에서 만족하여야 할 분산한계(variance bound)를 크게 벗어나고 있다.

(3) 평균회귀

평균회귀(mean reversion)는 주식의 기대수익률이 시간의 흐름에 따라 주기적 순환변동을 하면서 장기평균치로 되돌아가려는 현상을 말한다. 주식의 기대수익률이 주기적 변동 패턴을 보이면 기대수익률이 상당히 낮아질 때 장기평균 수준으로 다시 상승하려는 경향을 보이게 되고, 기대수익률이 상당히 높아지면 장기평균 수준으로 다시 하락하려는 경향을 보이게 된다.

주식수익률이 평균회귀를 보이는 이유는 투자자들의 집단심리적인 유행(fad) 때문으로 지적되고 있다. 즉 투자자는 언제나 합리적으로 행동하는 것이 아니기 때문에 기대수익률의 변동을 수반할 만한 기본요인(fundamentals)의 변화가 없이도 주식의 매입 또는 매도를 유인하는 집단심리적 충동이 주기적으로 나타날 수 있다. 그러나 이러한 집단심리적인 유행은 장기적으로 지속될 수 없기 때문에 일정한 기간이 지나면 기본요인에 의해 정당화될 수 있는 기대수익률 수준으로 다시 회복하려는 경향을 보이게 된다.

(4) 뮤추얼펀드 퍼즐

뮤추얼펀드 퍼즐(mutual fund puzzle)은 뮤추얼펀드의 주가가 펀드의 순자산가치보다 낮게 형성되는 현상을 말한다. 일반적으로 주식시장이 효율적이면 뮤추얼펀드의 주가는 정확하게 1주당 순자산가치(net asset value)와 일치하여야 한다. 그런데 시장에서는 일반적으로 순자산가치보다 낮은 가격으로 거래되고 있다.

이와 같이 뮤추얼펀드의 주가가 순자산가치보다 낮게 형성되는 이유는 투자심리(investor sentiment)를 들 수 있다. 기관투자자들은 자체적으로 펀드를 운영하고 있고, 투자자들의 이목도 있어 타 기관이 설정·운영하고 있는 뮤추얼펀드에 투자하는 것을 꺼리게 된다. 따라서 주식시장에서 뮤추얼펀드에 투자하는 투자자는 소규모투자자들이며 소규모투자자들을 유인하기 위해서는 어느 정도의 가격할인이 이루어질 필요가 있다.

(5) 거품프리미엄

거품프리미엄(bubble premium)현상은 주식의 시장가격이 기본요인에 기초한 내재가치보다 현저하게 높게 형성되는 현상을 말한다.

버블은 비합리적 거품(irrational bubble)과 합리적 거품(rational bubble)이 있다. 비합리적 거품은 현재의 주식가격이 너무 높다는 것을 알고 있지만, 향후 가격폭락이 발생할 경우라도 투자자 자신만은 큰 손실을 피할 수 있을 것이라고 믿고 시장에 참여할 때 형성된다. 합리적 거품은 투자자들이 현재의 주식가격에 거품이 형성되어 있다는 것을 알고 있고 그 거품이 꺼지면 자신도 큰 손실을 입게 되리라는 것을 알고서 시장에 참여할 때 만들어지는 거품이다.

거품의 존재를 알고도 투자자들이 시장에 계속 참여하기 위해서는 주식의 기대수익률이 통상적인 주가변동의 위험뿐만 아니라 주가폭락의 위험에 대한 대가도 충분히 보상해 줄 수 있어야 한다. 이때 주가폭락의 위험에 대한 대가를 거품프리미엄이라고 한다.

요약

효율적 시장과 효율성의 구분

효율적 시장은 증권의 가치에 영향을 주는 모든 정보가 증권의 시장가격에 이미 반영되어 있는 시장이다. 모든 정보가 정확하고 즉각적으로 증권가격에 반영되기 때문에 효율적 시장에서는 특정한 투자자가 어떤 정보를 기초로 투자하여 초과수익을 얻을 수 없다. 자본시장의 효율성은 다음의 세 가지로 구분된다.

ⓐ 배분효율성 : 자본의 모든 수요자(생산자)와 공급자(저축자)의 한계수익률이 동일해지도록 자산의 가격이 형성되는 경우의 효율성

ⓑ 운영효율성 : 완전자본시장을 형성하는 여러 조건 중에서 거래비용과 관련된 조건으로서 이 비용이 0에 접근할 때의 시장효율성

ⓒ 정보효율성 : 자산의 가격이 한 시점에서 이용할 수 있는 정보를 모두 반영하고 있을 때에 달성

효율적 자본시장 가설

파마(Eugene F. Fama)는 자본시장의 효율성을 정의하면서 정보의 강도에 따라 다음과 같이 세 가지 형태로 구분하였다.

ⓐ 약형 효율적 시장가설 : 과거의 주가자료나 거래정보가 현재의 주가에 완전히 반영된 시장

ⓑ 준강형 효율적 시장가설 : 공개되는 공식자료가 현재의 주가에 완전히 반영된 시장

ⓒ 강형 효율적 시장가설 : 내부정보를 비롯한 모든 정보가 현재의 주가에 완전히 반영된 시장

각각의 효율적 시장가설이 성립하는 경우 관련정보를 이용하여 투자자들이 초과수익률을 얻을 수 없을 정도로 주가는 정보내용을 모두 반영하는 시장효율성을 가진다.

자본시장의 이상현상

자본시장의 이상현상은 현실적으로 자본시장에서 증권가격의 형성이 효율적 자본시장의 가설로는 설명할 수 없는 여러 가지 현상을 지칭한다. 자본시장의 이상현상은 다음과 같이 크게 세 가지로 분류할 수 있다.

ⓐ 계절적 이상현상 : 1월효과, 월요일효과, 일중효과

ⓑ 기업특성적 이상현상 : 규모효과, PER효과, IPO효과, 소외기업효과, 자산주프리미엄

ⓒ 투자심리적 이상현상 : 과민반응, 과잉변동성, 평균회귀, 뮤추얼펀드 퍼즐, 거품현상

인터넷에서 찾아 읽기

키움증권/고객가이드/모의투자

- http://www1.kiwoom.com
  – 상시모의투자 가입하여 실시간 주식가격변동 체험하기

* 대부분의 증권회사는 모의투자 프로그램 제공하고 있음

INVESTOPEDIA의 Dictionary 활용

- https://www.investopedia.com
  * 효율적 시장가설의 비디오 자료 학습하기
- https://www.investopedia.com/video/play/efficient-market-hypothesis

연습문제

01 다음 용어를 설명하라.

❶ 배분효율성 ❷ 운영효율성
❸ 정보효율성 ❹ 효율적 자본시장
❺ 시계열상관계수 ❻ 연의 검정
❼ 주식시장의 이상현상 ❽ 필터기법
❾ 일중효과 ❿ 기업규모효과
⓫ 평균회귀 ⓬ 자산주프리미엄

02 정보효율성을 충족시키는 시장조건에는 어떤 것이 있는가?

03 약형 효율적 시장가설을 설명하라.

04 우리나라에서 강형 효율적 시장가설이 성립될 수 없는 증권시장에서의 사건들을 조사하여 제시하라.

05 준강형 효율적 시장가설을 검증하는 잔차분석에 대하여 투자론의 교재를 참고하여 설명하라.

06 1월효과가 발생하는 이유를 설명하라.

07 PER효과를 이용하여 초과수익률을 얻기 위한 투자전략을 세워보라.

08 AI, SNS 기반 정보 확산이 투자심리에 미치는 영향을 설명하라.

09 2024년 한국거래소의 공매도 금지 조치가 시장효율성에 미친 영향을 평가하라.

SECURITIES MARKET

03

PART 03

증권분석과 투자관리의 이해

Chapter 11

기업환경과 증권분석

학습목표 이 장을 공부한 독자들은 다음 사항을 이해할 수 있어야 한다.

- 증권분석의 목적과 방법의 구분
- 산업분석의 필요성과 주요 내용
- 양적 분석의 의의
- 경제분석의 주요 내용
- 기업분석의 목적과 주요 내용
- 양적 분석의 주요 비율

투자자들이 선택한 증권은 투자기간중 경제환경과 산업, 증권발행기관의 활동 등 증권의 현금흐름에 영향을 미치는 여러 가지 요인들에 의하여 그 성과가 결정된다. 증권투자의 목표를 달성하기 위하여 성과에 영향을 미치는 주변의 모든 정보들이 분석되어 투자증권의 선택과 성과예측에 반영되어야 한다.

증권분석은 질적 정보분석과 양적 정보분석으로 나누어지는데, 독자들은 각각의 내용과 그것이 증권의 성과에 미치는 과정을 이해해야 한다. 특히 질적 정보가 투자성과에 미치는 영향력은 쉽게 분석하기 어렵고, 증권발행기업과 거리가 있는 간접적인 정보는 그 영향력을 파악하기가 더욱 곤란하여, 투자자들은 질적 정보분석에 특히 유의하여야 한다.

증권분석에 이용되는 양적 분석은 기업의 경우, 투자수익률에 영향을 미치는 양적 자료를 이용하여 재무비율을 측정하여 수행되고 있다. 기업의 성과에 대한 강·약점의 분석은 계산된 재무비율을 이용하여 산업평균, 시장평균 등 표준비율과 상대적인 비교로 수행된다. 독자들은 기업경영분석에 대하여 충분한 이해도 필요하다.

이 장에서 독자들은 증권투자에서 성공하기 위해서 증권발행기업을 여러 측면에서 철저히 분석하여 그 강점과 약점을 파악하여 미래의 성과를 예측할 수 있어야 한다.

제1절 증권분석의 의의

증권분석은 개별증권의 투자성과에 관련되는 일체의 유용한 자료와 정보를 수집, 분석하는 것을 의미한다. 이 경우, 증권의 투자성과(investment performance)에 영향을 미치는 발행기업의 경영 외적인 요인과 경영 내적인 요인에 관련된 모든 자료와 정보를 포함하며, 이들은 위험과 수익의 관계에서 분석된다.

이러한 증권분석의 결과는 미래의 시점에서 나타나게 될 증권투자의 성과예측을 위한 기초가 되어야 한다. 그런데 증권투자의 성과, 즉 수익성에 직접·간접으로 영향을 미치는 요인은 무수히 많다. 전반적인 경제상황, 산업의 성격 및 전망, 그리고 발행기업의 제반 여건 등이 복합적으로 증권의 수익성에 영향을 미친다는 것이다. 그러므로 증권분석은 각기 다른 차원의 상황을 분석하여 통합할 수 있어야 한다.

증권분석은 분석방법에 따라 ⓐ 질적 분석(qualitative analysis)과 양적 분석(quantitative analysis), ⓑ 기본적 분석(fundamental analysis), ⓒ 기술적 분석(technical analysis)으로 분류할 수 있다.

증권시장의 가격과 거래량의 변화추세를 분석하는 기술적 분석은 다음 제12장에서 다룬다. 그리고 개별증권의 내재가치분석 또는 본질가치분석(intrinsic value analysis)인 기본적 분석의 가치평가모형은 이미 제8장에서 설명하였다.

이 장에서는 기본적 분석의 핵심요소인 기업의 미래 현금흐름에 영향을 미치는 질적, 양적 정보와 정보가 발생되는 환경을 중심으로 설명한다.

제2절 증권의 질적 분석

증권의 질적 분석(qualitative analysis)은 기업의 재무제표에 나타나지 않은 자료를 근거로 하여 증권의 수익성에 영향을 미치는 요인을 주로 분석하는 것으로 경제, 산업, 기업의 제반상황을 그 분석의 대상으로 삼고 있다.

2.1 경제분석

(1) 경기순환과 주가

증권발행기업의 경영성과는 전반적인 경제상황과 밀접한 관계를 가지고 있다. 경제가 침체기에 빠져들면 실업률이 높아지고 생산성은 저하되어 결국 GDP의 성장률이 둔화된다. 이때 기업의 매출액도 축소되어 순이익이 감소된다. 이 같은 경기침체기의 기업성과에 대한 영향은 주가를 하락시킴과 동시에 배당금도 축소시켜 결국은 주주의 수익성을 저하시킨다. 그러나 경제가 호황기에 접어들면 반대의 현상이 나타난다.

경기변동이 증권의 시장가치에 미치는 영향은 일반적으로 증권의 종류에 따라 다르게 나타난다. 예를 들어, 호황기에는 기업의 경영성과가 나아지고 주가도 상승하지만, 고정수익을 보장하는 채권의 시장가격은 상대적으로 하락하는 것이 일반적인 현상이다. 그러나 주가가 전반적으로 변동하는 상황은 단기적으로 보면 증권시장에 대한 자금의 수요공급의 변화로 설명할 수도 있지만, 장기적으로는 경기순환과정과 거의 같은 추세로 변동하고 있다. 더욱이 주가지수는 경기변동에 대한 선행지표(leading indicator)의 역할도 하므로 증권분석에 있어서는 경기순환상황을 먼저 파악하여 증권시장의 예측에 기초로 삼을 필요가 있다.

주가지수의 변동과 경기변동의 관계는 경기순환(business cycle)의 각 국면, 즉 ⓐ 회복기, ⓑ 호황기, ⓒ 후퇴기, ⓓ 불황기에 따라 표현하면 [그림 11-1]과 같이 주가지수가 경기의 선행지표가 되고 있음을 알 수 있다.

첫째, 경기의 회복기에서 과거 불황기를 무사히 넘긴 기업들은 점차 생산을 증가시키고 시설확장을 위한 투자를 증대시키기 시작한다. 이에 따라 주가는 이미 과거 불황기에서 예측했던 다음기의 경기상승을 근거로 바닥수준에서부터 상승하기 시작하는데, 회복기에서 주가의 상승추세는 계속 유지된다.

둘째, 호황기에 들어서면 기업의 생산과 판매활동이 점차 활발해져서 순이익이 증가하게 된다. 그리고 호황이 계속 지속될 때에는 과잉투자가 발생하고, 임금상승률이 노동생산성의 상승률을 초과하게 되어 기업의 생산성이 저하될 뿐만 아니라 소비가 촉진되어 물가가 상승하는 결과가 나타난다.

이러한 경우에 정부는 대체로 긴축금융정책을 실시하므로 경기는 더 이상 확

그림 11-1 경기순환과 주가지수의 변동

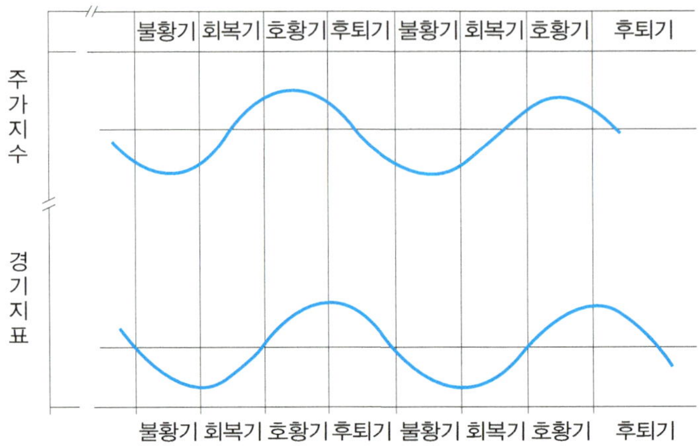

장되지 못하고 정점에 도달하는 경우가 많다. 그러나 주가는 앞으로 닥쳐올 경기 후퇴를 미리 반영해서 하락하기 시작한다.

셋째, 후퇴기에 접어들면 계속되는 정부의 긴축금융정책으로 인하여 기업의 자금사정이 악화되고, 아울러 매출액은 줄어들고 동시에 기업의 생산원가는 높아져서 순이익은 하락한다. 이 경우에는 주주가 소유주식을 투매하는 현상까지 발생하므로 주가는 계속 하락한다.

끝으로 경기가 최악의 상태인 불황기에 들어서서 그 기간이 지속하게 되면, 정부는 경기를 부양시키기 위하여 금리를 인하하는 등 자금공급을 확대하는 금융정책을 실시한다. 이 경우에는 경기회복에 대한 투자자의 기대가 높아져서 주식을 다투어 매입하는 현상이 발생한다. 주가는 경기가 최저점에 도달하기 전에 이미 반등하기 시작한다.

그러나 주가의 변동이 [그림 11-1]에 나타난 것처럼 반드시 경기변동에 대하여 선행역할을 하고, 또 경기지표와 동일한 변동폭으로 규칙적으로 변동한다고 단정할 수는 없다. 이 그림은 다만 양자의 밀접한 관련성을 표현하고 있음에 불과하다. 그리고 경기순환의 기간적 주기가 10년 내지 12년인 장기주기도 있고, 1년 정도의 단기주기도 있으므로 한 마디로 1주기의 기간을 단정하기도 어렵다. 우리나

표 11-1 우리나라의 기준순환일과 국면 지속기간

	기준순환일			지속기간(개월)		
	저 점	정 점	저 점	확장기	수축기	순환기
제 1 순환기	1972. 3	1974. 2	1975. 6	23	16	39
제 2 순환기	1975. 6	1979. 2	1980. 9	44	19	63
제 3 순환기	1980. 9	1984. 2	1985. 9	41	19	60
제 4 순환기	1985. 9	1988. 1	1989. 7	28	18	46
제 5 순환기	1989. 7	1992. 1	1993. 1	30	12	42
제 6 순환기	1993. 1	1996. 3	1998. 8	38	29	67
제 7 순환기	1998. 8	2000. 8	2001. 7	24	11	35
제 8 순환기	2001. 7	2002.12	2005. 4	17	28	45
제 9 순환기	2005. 4	2008. 1	2009. 2	33	13	46
제10순환기	2009. 2	2011. 8	2013. 3	31	19	50
제11순환기	2013. 3	2017. 9	2020. 5	54	32	86
평균	–	–	–	33.9	20.5	54.4

주 : 제11순환기는 2013년 3월 경기 저점 이후 86개월간 지속되어 2020년 5월 저점으로 마무리되었다.
자료 : KOSIS 국가통계포털(2023. 3) http://kosis.kr

라에서는 경기순환의 주기가 <<표 11-1>과 같이 1972년 3월부터 2020년 5월까지 경기순환 주기의 기간은 최소 35개월에서 최대 86개월까지로 나타났다. 제 10 순환기까지의 평균은 약 49.3개월이었으나, 제 11 순환기가 역대 최장인 86개월을 기록하면서 전체 평균 주기는 약 54개월로 늘어났다.

(2) 거시경제변수와 주가

주가와 경기변동은 밀접한 관계를 가지고 있는데 경기는 경제활동의 수준변화에 따라 변동한다. 경제활동에 영향을 미치는 거시적인 변수는 매우 다양하다. 그 중에서 주가에 영향을 크게 미치는 주요 변수들을 살펴보면 다음과 같다.

1) 국내총생산

국내총생산(Gross Domestic Product, GDP)은 한 나라 안에 있는 가계, 기업, 정부 등의 모든 경제주체가 일정기간 새로이 생산한 재화와 용역의 가치를 시장가격으로 평가하여 합산한 것이다. 한 나라의 경제수준을 종합적으로 나타내는 대표적인 지표이다. 그리고 국내총생산(GDP)의 연간 증가율이 경제성장률이다.

경제성장률이 높을 경우에는 생산과 매출 등 기업활동이 활발하게 전개되어 기업의 이익이 큰 폭으로 상승한다. 반면에 경제성장률이 낮을 경우에는 생산과 매출이 줄어들고 기업의 이익도 감소된다. 따라서 경제성장률이 높게 예측될 때에는 주가가 크게 오르지만 그 반대인 경우에는 주가가 떨어질 것을 예상할 수 있다.

2) 통화량

통화량(money supply)이란 경제활동의 각종 거래에서 결제를 위해 사용할 수 있는 시중에 유통되고 있는 화폐의 양을 말한다.[1] 돈은 시중에 지나치게 많이 유통되고 있을 경우 화폐의 구매력이 떨어져 물가가 상승하는 등 나라 경제에 나쁜 영향을 미치게 되고, 반대로 너무 적게 유통될 경우 소비가 위축되고 투자가 저조해지는 등 기업활동을 비롯하여 국민경제에 어려움을 주게 된다.

따라서 통화량은 기업활동의 수준과 관계가 있는 지표가 될 수 있다. 이는 곧 주가의 변화에까지 영향을 미친다. 즉 통화량이 증가되면 기업은 설비투자를 확장시키기가 용이해지며, 그 결과 기업활동이 증가하여 경영성과가 향상되어 주가는 상승한다.

3) 이자율

이자율은 자금에 대한 수요와 공급에 의하여 결정되는 화폐의 가격이다. 경제활동에 따른 자금의 수요공급의 상황이 이자율의 크기에 영향을 미친다. 이자율이 인상될 경우 부채를 많이 쓰는 기업은 금융비용의 부담이 늘어나 기업의 영업성과가 악화되어 주가는 하락한다. 반대로 이자율이 하락하면 기업의 이자부담이 줄어들고 영업성과가 호전되어 주가는 상승한다.

또한 이것은 기업의 위험에 따라 평가된 시장이자율이 기업의 미래 현금흐름

[1] 통화량의 측정지표로서 M1, M2, M3 등이 있는데 그중에서 M1과 M2는 각각 다음과 같이 측정된다.

M1＝현금통화(기념화폐를 제외한 민간화폐보유액)＋예금취급기관의 요구불예금 및 수시입출식 저축성예금＋투자신탁회사 MMF

M2＝신M1＋기간물 정기예·적금 및 부금＋시장형 금융상품(CD, RP, 표지어음 등)＋실적배당형 상품(금전신탁, 수익증권 등)＋금융채＋기타(투신증권저축, 종금사 발행어음 등). 단, 장기(만기 2년 이상)금융상품 제외

을 현재가치화할 때 할인율로 이용되기 때문에 기업의 가치와 주식의 시장가치 결정에 직접적으로 영향을 미치는 요소가 된다.

4) 인플레이션

인플레이션은 물가의 상승으로 화폐의 구매력이 하락하는 것을 의미한다. 이것은 경제당국에 의하여 물가지수로 측정되어진다. 기업이 사용하는 원자재 가격이 인상되어 제품의 제조원가가 상승하면 기업의 이익이 감소하고, 이를 판매가격에 반영하면 제품가격의 인상으로 매출량이 감소하여 매출액이 크게 증가하지 못하고 기업의 이익은 역시 감소할 것이다. 이런 결과는 기업의 주가에 나쁜 영향을 주게 된다.

물가가 불안하게 증가될 경우 투자자들은 인플레이션에 대한 방어력이 비교적 양호한 부동산과 같은 실물자산을 선호하게 된다. 따라서 심각한 인플레이션기간 중에는 주가가 큰 폭으로 하락하는 것이 일반적이다.

5) 환 율

환율(exchange rate)은 서로 다른 두 국가의 통화 사이의 교환비율을 말한다. 세계화로 인한 국가간 교역과 자본이동의 증대로 경제의 국가간 의존도가 심화되면서 환율은 한 나라의 경제환경의 중요한 변수가 되고 있다.

변동환율제도하에서의 환율은 국제수지, 국내외의 이자율차이, 인플레이션율 등의 기본적 요인과 외환시장에서의 수요와 공급 등의 요인에 의해 결정된다. 일반적으로 국제수지가 흑자이면서 인플레이션율이 낮을수록 그 나라의 통화가치가 높게 평가되어(평가절상) 환율은 하락하고, 반대의 경우에는 낮게 평가되어(평가절하) 환율은 상승한다.

환율변동은 개별기업 특히 수출기업의 경영실적에 큰 영향을 미친다. 환율이 상승하면 자국의 수출상품의 가격이 상대적으로 인하되는 효과가 있어 수출이 증대되어 이득을 보게 되고 이는 곧 기업의 주가에 영향을 미친다. 그러나 환율이 상승할 경우 기업이 외화표시 차입금을 사용하고 있다면 이자와 원리금의 상환부담이 커져서 기업이익에 부정적인 효과를 미칠 수 있다.

6) 국제수지

국제수지란 일정기간 중 외국과의 거래결과로 발생한 수입과 지출의 차이를 의미한다. 국가는 자기 나라에서 만든 물건을 외국에 팔아 외화를 벌어들이며 다시 이 돈을 가지고 국내에 필요한 물건들을 외국에서 사들인다. 일정 기간 동안 한 나라가 외국에 상품이나 용역을 판매하고 벌어들인 외화, 외국으로부터 상품이나 용역을 매입하고 지출한 외화, 그 과정에서 발생한 외화의 여유 금액에 대한 운용이나 혹은 부족한 외화금액의 조달내역 등을 체계적으로 분류하고 정리한 것이 국제수지표(balance of payments)이다.

국제수지표는 외국과의 거래특성에 따라 경상거래와 자본거래로 나누어진다. 경상거래는 상품이나 용역을 외국에 사거나 파는 거래를 말한다. 자본거래는 해외로부터 빚을 얻어 오거나 돈을 빌려주는 거래를 말한다. 그리고 경상거래의 결과 수입한 돈과 지급한 돈과의 차이를 경상수지라고 하며, 자본거래의 결과로 나타난 수치의 차이를 자본수지라고 한다. 그리고 경상수지와 자본수지를 합하여 종합수지라고 한다. 국제수지에서는 경상수지가 가장 중요한데 경상수지는 무역수지, 무역외 수지, 이전거래의 3부문으로 나누어진다.[2]

일반적으로 경상수지가 흑자이면 국제수지가 흑자라고 한다. 경상수지 중에서 무역수지가 경제에 미치는 영향이 매우 크다. 상품을 생산해서 외국에 수출하면 수출하지 않을 경우보다 더 많은 물건을 생산하여 팔게 되므로 일자리가 늘어나고 소득도 증대된다. 따라서 기업의 이익이 증가되고 주가도 상승하게 된다. 반대로 경상수지가 적자를 기록하게 되면, 이는 주가를 하락시키는 요인이 된다.

(3) 경제정책과 주가

정부는 전반적인 경기동향을 분석하여 경제주체의 경제활동을 적절하게 조정하는 경제정책을 구사한다. 정부가 실행하는 경제정책은 특정한 산업의 육성, 이자율수준과 관련된 통화정책, 조세 및 재정지출에 관한 재정정책, 대외 무역정책 등 매우 다양하다. 이러한 정책들은 특정산업과 기업의 성과에 큰 영향을 미친다.

[2] 무역수지는 우리나라의 상품수출과 상품수입의 차이이고, 무역외 수지는 외국과의 용역, 즉 서비스거래 결과로 벌어들인 돈(무역외 수입)과 지급한 돈(무역외 지출)의 차이를 말한다. 그리고 이전거래는 거주자와 비거주자 사이에 무상으로 주고받은 거래이다.

2.2 산업분석

(1) 산업분석의 필요성

산업분석(industry analysis)은 개별산업 또는 관련 산업에 중요한 영향을 미치는 요인들을 광범위하게 연구·분석하는 것을 말한다. 그러나 산업분석이 산업 자체에 대하여 어떠한 통제나 영향력을 행사할 수 있는 것은 아니다. 예를 들면, 1973년에 발생한 에너지 위기가 자동차산업에 심각한 영향을 미쳤지만, 적어도 단기적인 측면에서는 자동차업계는 에너지 위기를 어쩔 수 없는 요인으로 받아들이고 그 추세에 적응할 수밖에 없었다.

기업의 경영성과는 전반적인 경제의 변동상황 뿐만 아니라 기업이 속해 있는 산업의 특성과 그 전망에도 밀접한 관련을 가지고 있다. 이러한 관계가 주가에 반영되어지고 있다. 그러므로 산업분석은 증권의 가치평가에서 필수적인 분석과정이다. 그 이유를 구체적으로 살펴보면 다음과 같다.

첫째, 개별기업의 경영성과는 당해 산업의 경영성과와 밀접한 관련을 가지고 있으며, 개별주식의 시가는 일반적으로 당해 산업의 주가평균에 근사한다는 것이다. 따라서 산업분석은 주식의 투자분석에 필수적이다.

둘째, 모든 산업의 성과가 반드시 경기변동과 일치하지 않는다는 것이다. 예를 들어, 사치품이나 내구재산업의 경영성과는 경기변동에 비교적 동일한 추세로 움직이고 있지만, 생필품산업의 경영성과는 오히려 경기변동과 반대로 작용하는 경향이 있다. 따라서 개별산업의 성과분석은 기업의 증권분석에 많은 도움을 준다.

셋째, 산업의 경영성과는 개별기업의 경영성과에 대한 하나의 기준이 된다. 즉 특정 주식의 시가가 산업의 주가평균과 큰 차이가 있을 때에는 그 가치를 투자결정에 이용할 수 있다.

넷째, 산업의 추세는 개별기업의 경영성과에 대하여 장기전망을 예측하는 데에 도움을 준다. 산업은 제각기 산업라이프사이클(industry life cycle)을 가지고 있다. 그러므로 각 기업은 당해 산업이 산업라이프사이클에서 현재 어느 단계에 속해 있는가를 분석하거나 또는 그 산업의 제품에 대한 수요 및 조업도(capacity)를 분석함으로써 기업의 장기전망에 도움을 받을 수 있다.

(2) 산업분석의 주요 내용

1) 과거의 실적분석

산업분석은 과거와 현재의 자료를 분석하고 이를 기초로 그 산업의 미래상황을 예측하여야 한다. 산업의 수익성도 기업의 수익성과 마찬가지로 그 산업의 매출액 및 수익률의 증감과 밀접한 관계를 가지고 있다. 매출액과 수익률이 동시에 증가하게 되면 그 산업의 이익은 현저하게 증가한다. 매출액과 수익률 중 어느 하나만 증가할 경우라도 이익은 증가한다. 따라서 투자자가 어느 산업의 주식에 투자할 경우 그 산업의 과거 및 현재의 매출실적과 수익률을 분석하는 것은 매우 중요한 과정이 된다.

한편 원가관리도 산업의 수익성에 많은 영향을 미치므로 산업의 원가구조, 즉 고정비와 변동비의 관계가 과거에 어떤 비중으로 구성되어 왔는가를 분석하여 그 산업의 미래 수익성 예측의 기초로 삼아야 한다. 예를 들어, 영업레버리지(operating leverage)[3]가 높은 산업의 경우에 과거의 매출실적이 계속 높은 수준에 있었다면, 미래에도 그 산업의 수익성은 높을 것으로 추정할 수 있다.

그리고 산업의 주가수익비율(price earnings ratio, PER)의 분석도 미래의 주식투자에 대한 좋은 예측치가 된다. 주가수익비율은 주가를 주당이익(earnings per share, EPS)으로 나눈 비율로서 주가가 주당이익에 대하여 몇 배인가를 나타내는 지표이다. 이 주가수익비율은 시장심리에 미치는 영향력이 지대하므로 이것을 투자결정의 주요지표로 삼는 경우가 많다.

2) 경기순환과 산업의 특성

산업은 경기순환과 산업이익의 관계를 중심으로 하여 ⓐ 주기적 산업(cyclical industries), ⓑ 방어적 산업(defensive industries), ⓒ 성장산업(growth industries)으로 구분할 수 있다.

먼저 주기적 산업에는 자동차, 철강업, 반도체, 조선 등 자본재를 생산하는 산업과 레저산업, 항공업 등이 이에 속한다. 이러한 산업의 경영성과는 경기순환과

[3] 영업레버리지는 영업활동에서 고정비의 비중이 영업이익에 미치는 손익확대효과를 의미한다. 고정비의 비중이 높으면 매출액이 증가할수록 영업이익의 증가속도가 확대되고, 반대로 매출액이 감소되면 이익의 감소 또는 손실의 발생속도가 가중된다.

일치하여 아주 민감하게 변동한다. 호경기일 때에는 그 산업의 수익률은 높은 수준에서 달성되지만, 반대로 경기가 침체될 경우에는 수익률도 역시 몹시 낮아지거나 또는 부(−)의 수익률을 기록하게 된다.

방어적 산업으로는 식료품과 생필품산업을 들 수 있다. 일반적으로 이러한 산업의 경영성과는 경기변동에 크게 영향을 받지 않고 일정한 수준을 유지한다.[4] 그리고 방어적 산업에 속하는 특정산업은 그 경영성과가 오히려 경기변동과 정반대로 나타나는 경우도 있다. 난방용연료로서 석유와 대체관계에 있는 석탄의 수요는 오히려 침체기에 수요가 증가하고 호황기에는 수요가 감소하는 경향이 있다.

성장산업은 경기변동에 크게 영향을 받지 않고 계속해서 높은 수익을 창출하는 산업을 말한다. 이 산업의 성장은 주로 첨단기술의 개발이나 계속적인 판매전략의 개발로 달성되는데, IT(information technology)산업이 좋은 예가 될 수 있다. 그러나 여기에서 성장산업이나 성장기업의 특성을 성장주(growth stock)의 특성과 일치시켜서는 안 된다. 성장주는 한 시점에서 과소평가된 주식(undervalued stock)을 의미하는 경우도 있으므로 이것이 반드시 성장기업 또는 성장산업의 주식이라고 볼 수는 없다.

3) 자본투자의 실태

산업은 자본이나 노동력이 차지하고 있는 상대적 비중에 따라 자본집약산업(capital intensive industry)과 노동집약산업으로 분류할 수 있다. 자본집약산업의 일반적인 특징은 대체로 노동집약산업에서는 반대현상으로 나타난다.

일반적으로 자본집약산업은 노동집약산업에 비하여 기술수준이 높고, 또 공장과 시설 등 고정자산에 많은 투자를 함으로써 노동생산성을 증가시킴과 동시에 적절한 시장상황에서 지속적인 매출증가를 실현할 수 있다. 생산성 증가는 대부분 고도로 발전된 기계와 설비를 효과적으로 활용함으로써 달성되기 때문에 궁극적으로 자본집약산업의 성장잠재력(growth potential)을 높여주는 결과를 가져온다. 그리고 과거의 통계를 분석해보면 노동집약산업의 성장률이 자본집약산업의 경우에 비하여 낮은 경우가 많이 있는데, 이러한 현상은 일반적으로 임금수준의 증가율이 노동생산성의 증가율을 초과하기 때문인 것으로 풀이된다.

[4] 주기적 산업의 베타계수는 일반적으로 높고, 방어적 산업의 베타계수는 낮다.

그러나 자본집약산업에도 부정적인 측면은 있다. 첫째, 자본집약산업에서는 고정비의 높은 비중으로 영업레버리지의 효과가 강하게 반영된다. 따라서 경기침체기에 매출액이 감소되면 자본집약산업은 경영위험이 높아진다. 둘째, 인플레이션이 지속되면 공장과 장비의 대체원가(replacement cost)가 상승한다. 또 인플레이션은 감가상각비에도 영향을 미친다. 감가상각충당금은 대개 역사적 원가(historical cost)를 기준으로 계산되는데, 대체원가 또는 시가의 입장에서 보면 감가상각비가 현실적으로 낮게 평가되어 법인세공제의 대상이 증가할 뿐만 아니라, 순이익도 과대평가되는 약점이 있다.

4) 경쟁상태

산업에 따라서는 기업간 경쟁이 치열한 산업과 그렇지 않은 산업이 있다. 소매업, 통신업 등에 있어서는 기업간 경쟁이 치열하고, 우리나라의 방위산업과 같은 전략산업에 있어서는 비교적 국내기업 간의 경쟁은 거의 없을 정도로 매우 낮다.

일반적으로 경쟁상태가 심각한 산업에 있어서는 경영성과가 안정되어 있다. 왜냐하면 심한 경쟁상태에서 생존한 기업들은 이미 그들의 경영방법을 효율화하여 장기적으로 안정된 수익성을 유지할 수 있기 때문이다. 따라서 이러한 산업의 주식에 투자하면 미래에 비교적 안정된 수익률을 기대할 수 있다. 그러나 안정된 수익률은 치열한 경쟁에서 생존한 기업들이 달성할 수 있는 최저수준에서 결정되는 것이므로, 적어도 단기적으로는 시장수익률(market rate of return)을 크게 초과하지 못하는 경우가 있다.

5) 노사관계

노동조합(labor union)의 결성이 확장되어 가고 있는 현대 산업사회에서는 노사관계의 중요성이 더욱 강조되고 있다. 노동조합이 강력하게 조직된 산업에서는 노무비의 상승률이 높아지고 또 동맹파업이 발생할 가능성이 높기 때문에 이러한 산업의 주식에 투자를 할 때에는 노사관계를 깊이 분석하여야 한다.

노동조합이나 노사협의제가 원활하게 작용하지 못하고 있는 경우에는 근로자가 노동쟁의나 복지후생의 문제를 타결하기 위하여 동맹파업에 들어가는 수가 있다. 이때에는 산업의 종류가 자본집약산업이거나 노동집약산업임을 막론하고 기업의 이익에 큰 타격을 줄 뿐만 아니라, 극한상태에서는 기업을 파산시킬 수도 있다. 고정비의 비중이 높은 자본집약산업에서는 파업으로 생산활동이 중단될 경우, 고정비의 압박이 기업의 이익을 크게 잠식하게 되고, 또 이러한 상태가 오랜 기간 동안 지속하게 되면 기업은 결국 파산하고 만다. 노동집약산업에서도 파업이 기업 이익에 주는 타격은 마찬가지다. 조업이 중단되면 적시에 제품을 고객에게 공급하지 못하므로 단기적으로는 매출액이 축소되겠지만, 아울러 지속적인 관계를 유지하던 고객까지 잃게 되는 경우가 발생될 수 있으므로 기업이익의 축소와 동시에 기업파산의 가능성도 높아진다.

6) 정부의 규제

정부는 경제정책의 한 부문으로 특정산업을 지원하거나 또는 통제를 가하는 경우가 있다. 예를 들면, 방위산업이나 수출주도산업에 대한 재정적 지원, 공해를 특히 많이 발생시키는 산업에 대한 공해규제, 관세율의 조정을 통하여 특정산업의 보호 또는 외국산업과의 경쟁유도, 독점규제 등을 통한 소비자보호 등은 경제정책상 특정산업을 일정한 방향으로 유도하고 있는 정부의 역할이다.

그러므로 산업분석에 있어서는 산업에 대한 정부의 직접 그리고 간접적인 관여를 반드시 고려할 필요가 있다. 일반적으로 정부의 육성산업은 현재의 수익률이 다른 산업과 비교하여 바람직한 수준에 있지 않다고 할지라도 가까운 장래에 높은 성장률을 기록할 가능성이 크다.

7) 산업라이프사이클

산업분석의 한 방법으로서 산업의 수명을 [그림 11-2]와 같이 성장단계(stages of growth)를 개척기(pioneering stage), 투자성숙기(investment maturity stage), 안정기(stabilization stage)로 분류할 수 있는데, 이를 산업라이프사이클(industry life cycle)이라고 한다. 한 산업이 현재 산업라이프사이클의 어느 단계에 속해 있는가를 파악하면 이 산업의 전망을 예측하는 데에 도움을 얻을 수 있다.

① 개척기

개척기(pioneering stage)에는 생산제품 또는 서비스의 시장수요가 증가하여 많은 기업이 다투어 이 산업에 참여한다. 이 단계에서는 참여기업들이 한 동안 이

그림 11-2 산업라이프사이클

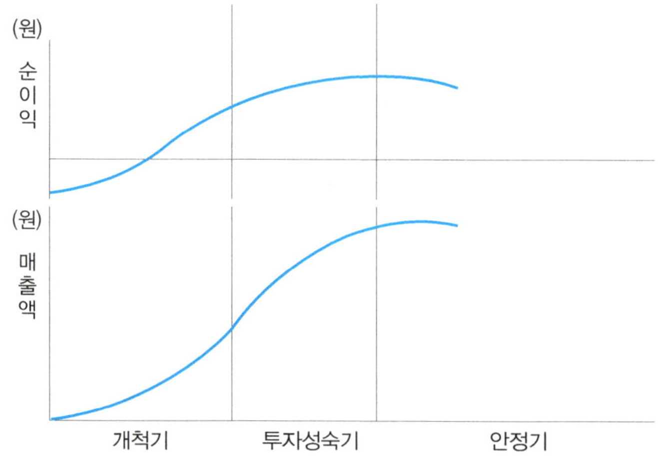

익이 발생하지 않는 상태에서도 미래의 밝은 전망을 기대하고 생존을 위하여 기술개발과 가격경쟁 등 치열한 경쟁을 겪어야 한다. 대개 이 기간 중에 성장잠재력이 취약한 기업들은 도태되고 오직 경영방법과 자본조달 능력이 우수한 기업들만 생존하게 된다.

개척기의 초반에서 심한 경쟁을 극복하고 생존한 기업들은 이 산업 제품에 대한 시장수요의 증가에 부응하여 이때부터 매출신장과 동시에 급증하는 기업이익(순이익)을 달성할 수 있게 된다.

대부분의 기업들은 개척기에서 ⓐ 생산기술, ⓑ 마케팅경로, ⓒ 제품차별화 등 성장전략을 개발하고, 이를 실현할 자본조달의 기반을 구축한다.

② 투자성숙기

개척기에서 생존한 기업들은 다음 단계인 투자성숙기(investment maturity stage) 또는 확장기(expansion stage)에 들어선다. 이 단계에서는 경영방법이 우수하고 강력한 자본조달능력을 가지고 있는 기업들이 자기들의 시장을 통합, 재정비하고, 개선된 품질의 제품을 저렴한 가격으로 공급함으로써 경쟁자의 시장점유율(market share)을 잠식하기 시작한다. 그리고 기업의 생산성이 증가됨에 따라 투자규모가 확장되고 아울러 배당수익률도 증가한다. 따라서 이 시기에 주식에 투자하는 것이 바람직하다. 그러나 순이익증가율은 이 기간 중에 조금씩 둔화되기 시작한다.

③ 안정기

이 단계에서는 성장률이 계속 둔화되어 결국 산업은 안정단계에 돌입한다. 여러 가지 측면에서 혁신의 속도가 완만해지고, 제품의 표준화와 아울러 제품원가가 기업 간에 표준화됨과 동시에 시장 자체가 포화상태(saturation)에 도달한다. 그리고 이 상태가 지속되면 기업의 성장률은 완전히 정지 상태에 도달하여 기업의 이익은 겨우 현상유지를 할 수 있는 수준에 머무르게 된다.

또 산업에 따라서는 이 기간 중에 소비자 기호의 변화, 노무비의 상승, 경쟁산업의 기술혁신 등으로 인하여 사양화(decline)되는 경향도 있다. 그러므로 투자자는 안정기에 있는 산업의 증권투자에는 각별히 신중해야 한다.

2.3 기업분석

이상과 같이 경제분석과 산업분석을 수행한 이후에는 증권의 발행자인 기업에 대하여 최종적인 분석을 함으로써 구체적인 증권투자의 대상을 결정하게 된다. 기업분석은 재무제표의 수치를 근거로 한 경영분석, 즉 양적 분석과 단순히 서술적인(descriptive) 질적 분석의 방법이 있다고 하였다. 이곳에서는 기업의 제반환경에 대한 질적 분석을 설명하기로 한다.

(1) 기업의 배경

기업의 배경분석은 기업환경의 변화에 대한 대응능력과 미래의 성장전망의 예측이 그 주요 목적이다.

일반적으로 오랜 역사를 가진 기업은 수차례의 경기변동과 지속적인 인플레이션을 경험하였으므로 예기치 않은 불황이 갑자기 닥쳐도 이를 견뎌낼 대응능력을 충분히 지니고 있다고 할 수 있다. 기업의 설립동기와 성장과정은 기업의 전망을 예측하는 데에 좋은 자료가 된다. 기업에 따라서는 개인기업에서 출발하여 순탄하게 성장을 계속해 온 기업도 있고, 대기업의 계열회사로 조직된 기업도 있으며 또 부실기업으로 한때 채권단의 관리 대상이 되었던 기업 등 그 역사적 배경은 제각기 다르다.

따라서 투자자는 여러 가지 측면에서 기업의 배경을 분석함으로써 전반적인 기업의 특성을 이해할 수 있고, 또 이를 기초로 기업의 장래를 전망할 수도 있다. 우리나라의 경우는 산업에 따라 다소 차이는 있지만 대개 오랜 역사를 가진 기업일수록 우량기업으로 평가받고 있다.

(2) 기업의 사업내용

동일 산업에 속해 있는 기업이라 할지라도 그들의 사업내용은 서로 같을 수가 없다. 예를 들어, 도매업일 경우 거래상품은 기업마다 각양각색이며, 또 음·식료품제조업, 화합물 및 화학제품제조업, 섬유제조업 등 어느 산업에 있어서도 기업의 생산제품, 적용기술 등에 따라 사업내용은 서로 다르다.[5] 더욱 범위를 좁혀서 아파트 건설업이라고 하자. A기업은 대형 호화아파트의 건설을 사업내용으로 하고, B기업은 소형 주택의 건설을 사업내용으로 할 수도 있다.

따라서 투자자는 특정기업의 사업내용이 경기변동에 안정적인가, 위험이 높은가 또는 미래의 전망이 양호한가를 종합적으로 검토할 수 있어야 한다. 그러나 경쟁기업의 과잉반응, 증권시장에서 투기 가능성, 또는 국가의 정책적 이유 등으로 기업의 사업내용이 공개되지 않는 경우가 있다. 이때에는 기업의 사업내용이 일반투자자의 투자결정에 전혀 도움이 되지 못한다.

(3) 경영자

조직의 경영은 사람에 의하여 수행되므로 경영자의 경력, 능력, 인격, 신용 등이 기업의 경영성과에 크게 영향을 미친다. 여기에서 경영자의 능력은 주로 사업내용에 관한 전문적인 지식과 리더십을 의미한다.

경영자의 리더십유형(leadership styles)이 기업의 사업내용에 적합할 때에는 조직구성원의 사기(morale)가 올라가 동기부여가 되고 아울러 생산성도 증가하게 된다. 그리고 최고경영층의 인적 구성도 기업의 경영성과와 밀접한 관련이 있다. 그

5 우리나라의 표준산업분류에 대한 자세한 내용은 국가통계포털 홈페이지 참조. https://kostat.go.kr/newcms/standard/industry/industry.html

러므로 최고경영층의 인적 구성이 전문경영지식을 겸비한 인재들로 구성되어 각자의 능력에 합당한 관리영역을 담당하고 있는지를 평가할 수 있어야 한다.

(4) 기타 요인

앞에서 열거된 것 이외에도 기업의 경영성과에 관련된 요인은 생산설비의 우열, 기업에 대한 고객의 신용, 노사관계, 주주의 구성, 금융기관과의 관계 등은 기업의 질적 요인으로 투자자의 분석대상이 된다. 그러나 이러한 요인들에 대한 정보수집이 어려울 뿐만 아니라, 또 수집된 정보라 할지라도 판단을 위한 표준설정이 어렵기 때문에 투자자가 주관적으로 평가를 해야 한다는 문제가 있다.

제3절 증권의 양적 분석

3.1 양적 분석의 의의

(1) 양적 분석의 의미

양적 분석은 기업의 재무상태표, 손익계산서, 현금흐름표 등 양적 자료를 기초로 기업의 능력을 측정하는 기본적인 비율을 계산하여 비교·평가하는 일이다. 이렇게 계산된 비율을 기업의 재무비율이라고 한다. 이러한 재무비율 혹은 양적 정보로서 주가수익비율(PER), 배당수익률(dividend yield), 투자수익률(current yield), 주당이익(EPS), 유동비율과 부채비율 (current ratio, debt ratio), 장부가치(book value), 경제적 부가가치(EVA), 시장부가가치(MVA) 등은 증권의 가치평가에 매우 유용하게 활용될 수 있다.

양적 분석은 기업의 본질적인 가치를 결정하는 현금흐름의 창출능력을 수치화하여 평가하고, 예상되는 수익의 변화를 예측하기 위하여 이용되고 있다. 기본분석론자들은 기업이익의 변화는 기업이 주주에게 지급하는 배당의 크기에 영향을 미치고, 이러한 상황은 주식시장에서 투자자들에 의하여 주가에 반영될 것이라고 주장한다.

이익이 기대에 미치지 못하거나, 이익의 감소가 장기적이거나 혹은 영구적인 것이라고 생각되면, 투자자는 기업의 다음 배당 결정일에 낮은 배당이 공시될 것을 예상하기 때문에 주식을 매도하려 할 것이다. 주식시장에서 주식의 매도는 주가를 하락시키는 원인이 된다. 이익이 기대 이상으로 증가하면, 많은 투자자들이 주식을 매입하기를 원할 것이며 또한 그들은 기업가치와 배당지급액이 증가할 것이라고 믿는다. 이런 믿음은 주식시장에서 주식매입을 촉진시켜서 주가가 상승한다.

(2) 양적 분석의 자료

기업의 이익창출과 관련되는 각종 능력을 평가하기 위하여 필요한 자료는 금융감독원에 제출하는 분기별 보고서, 반기보고서, 연간보고서를 포함하여 회계감사를 받은 재무상태표, 손익계산서, 현금흐름표, 그리고 각종 부속명세서와 주석사항 등이다. 이들 재무제표(기업경영활동의 수치적 기록(회계)에 관한 여러 가지 보고서)는 기업의 현재 재무상태와 경영결과를 요약한 것이다. 일반투자자들에게 익숙하게 보이지 않는 이들 자료는 기업경영의 효율성, 기업의 시장점유율, 연구개발계획, 마케팅노력, 특정산업에 대한 경제적 전망과 같은 많은 질적인 정보와 함께 분석되어진다.

(3) 양적 분석의 목적

양적 분석의 기본적인 목적은 기업의 매출액, 이익, 배당지급액, 자산가치와 청산가치 등에 대한 장기 성장전망을 예측하고, 주식의 가격움직임을 예측하는 것이다.

증권분석 전문가들은 기업의 양적 자료와 질적 자료를 분석하여 그 평가결과와 함께 금융투자회사, 은행, 투자신탁, 신용평가회사, 경제연구소, 경제일간지와 같은 정보서비스매체를 통하여 일반투자자들이 쉽게 이용할 수 있도록 제공하고 있다. 따라서 투자자들은 기업에 의하여 공시되고 배포되어지는 기본적인 양적 정보를 이해하기가 쉽지는 않지만, 분석자들이 가공하여 제공하는 재무비율의 의미를 파악하고 있어야 기업이 발행한 채권이나 주식에 대한 올바른 투자판단을 할 수 있게 된다.

(4) 양적 분석 결과해석의 유의사항

양적 분석에 의하여 계산된 재무비율은 기업능력에 대한 절대적인 지표이기보다는 산업평균 혹은 논리적으로 도출된 이상적인 지표와 비교하는 등 상대적인 관점에서 해석이 필요하다는 것을 염두에 두어야 한다. 개별적으로 혹은 집단적으로 평가되든지 간에 그 측정치의 의미에 대한 총체적이고 정확한 해석은 없다. 따라서 양적 분석의 결과를 사용하는 데에는 세심한 주의가 필요하다.

3.2 주가수익비율

주가수익비율(price-earning ratio, PER)은 증권시장에서 결정된 주가가 주당이익의 몇 배에 해당하는가를 나타내는 비율로 특정 주식에 대한 투자자의 선호태도를 반영하고 있다.

$$PER = \frac{\text{현재 주식가격}}{\text{연간 주당이익}}$$

이 비율은 기업분석 혹은 증권분석을 다루는 경제기사에서 매우 중요하게 다루어지고 사이버거래의 주식시세란에 포함되어 있다.

예를 들어, 현대회사는 지난 12개월 동안 162원의 주당이익을 얻었고 이 정보를 수집한 당일의 보통주의 시장가격이 주당 43,500원이라고 하자. 그러면 이 회사의 PER는 26.85배(=43,500원/162원)가 된다. 이것은 현대주식은 현재 이익의 약 27배의 가격으로 거래되고 있음을 의미한다.

PER는 기업의 이익과 비교하여 주식의 가격이 상대적으로 얼마나 비싼 가격으로 거래되는가를 파악하는 측정치로 생각하는 것이 가장 쉬운 일이다. 상대적으로 높은 PER는 주가가 기업이 창출한 이익에 비하여 비싸다는 것을 의미한다. 낮은 PER는 주가가 기업의 이익에 비하여 비싸지 않은 것으로 생각된다는 의미이다.

여기서 높고 낮다는 형용사적 용어의 의미는 상대적인 것이다. 특정 주식의 계산된 PER와 비교할 기준 PER는 기업과 산업에 대한 경제적인 전망뿐만 아니라 투자자의 감각에 의존하여 시간에 따라 변화한다. 역사적으로 미국의 S&P주식(500개 기업의 평균)에 대한 장기 PER는 대략 15 정도였다고 한다. 그러나 투자자들이 시장에서 전반적으로 강세를 느낄 때, 주가가 상승하고 이런 상황에서 PER는 더 높아지는 경향이 있다. 이자율이 높아지면 투자자는 주식시장에서 이탈하여 채권에 그 자금을 투자한다. 그 결과 주가는 하락하고 PER는 낮아지게 된다.

(1) 높은 PER의 의미

개별기업의 PER가 업종평균 또는 시장평균 이상일 때 높은 것으로 생각할 수 있다. 기업이 이익을 전부 배당하고 전년도와 모든 사정이 큰 변동이 없는 것으로 가정하면, PER가 계산될 때의 주식가격으로 주식을 매입하는 것은 연간 투자수익률의 계산을 가능하게 해준다. PER가 20이면, 20원을 투자하여 이익 1원을 얻게 되는 것이므로 수익률은 5%가 되는 셈이다. 기업은 각종 위험에 노출되어 경영활동을 하고 있다는 것을 생각해보면 이익에 비하여 주가가 높은 것으로 생각할 수 있다.

그러나 PER를 이렇게 해석하는 것은 주가가 미래이익의 현재가치라는 측면을 무시하기 때문에 위험하지만, PER가 높고 낮다는 의미를 이해하는 데는 도움이 될 것이다. 그래서 주가수익비율은 업종평균이나 시장평균 PER를 기준으로 상대적인 비교를 하거나 분석자의 경험적인 수치를 활용하여 평가할 수밖에 없다.

일반적으로 성장기업은 글로벌 시장점유율 확대, 신제품개발이나 마케팅 활동에 집중, 노력하여 매출액이 크게 증가하고, 이익이 급속하게 확대할 것임을 기대하는 투자자의 믿음 때문에, 현재의 주당이익에 비하여 주가가 상승하여 PER가 높을 것이라고 예상한다. 그러나 높은 PER가 성장기업의 특성이라고 하지만 〈표 11-2〉에서 보는 것과 같이 많은 기업들의 주가수익비율은 계산되는 시점에 따라 그 값의 변화가 매우 크다.

높은 PER는 투자자들이 기업의 장기성장전망에 대해 강세를 느끼고 있음을 의미한다고 해석될 수도 있다. 이럴 경우 투자자들은 미래의 성장으로부터 이익을 얻기 위하여 지금 비교적 높은 가격을 지불하고서라도 주식을 매입하여 보유하려는 의도를 가질 것이다.

한편 높은 PER를 투자의 반대지표로 해석하는 투자자들도 있다. 그런 사람들에게 높은 PER는 이익에 비하여 기업의 주가가 과대평가되어 있는 것으로 생각하여 가까운 장래에 비교적 정확한 가격으로 하락할 것을 의미하는 것으로 해석되기도 한다.

표 11-2 우리나라 주요 기업의 PER

기업명	PER			
	2010	2015	2020	2024
삼성전자	6.7	7.9	19.1	10.6
NAVER	16.7	36.4	41.8	15.6
현대자동차	5.7	4.5	28.9	4.2
SK텔레콤	4.4	4.7	5.4	9.3
POSCO홀딩스	7.7	81.9	12.1	17.2

자료 : https://companiesmarketcap.com

(2) 낮은 PER의 의미

어떤 기업의 PER는 업종평균이나 시장평균에 비하여 현저히 낮은 값을 가질 경우도 있다. 낮은 PER는 이미 성숙단계에 접어들어 성장 잠재력이 낮은 기업과 우량기업, 그리고 곤경에 처해 있거나 곤경으로 빠져들고 있는 기업들의 특징이라고 한다. 그래서 낮은 PER는 매출액의 저속성장으로 이익의 성장률이 낮아 주가가 낮거나, 혹은 투자자의 주식시장의 약세 예상 등과 같은 일시적인 시장상태에 의하여 주가를 과소평가한 결과일 수도 있다. 또한 기업의 경영상황이 악화되어 주가가 매우 낮은 경우에도 PER는 낮아지고 파산이나 기업곤경의 일차적인 징후로 생각될 수도 있다. 그래서 낮은 PER를 가지는 주식의 투자판단을 위하여 전문가들이 기업의 경영안전성과 재무안정성을 어떻게 평가하고 있는지 주목해야 한다.

한편 반대로 해석하는 분석가들도 있는데, 전반적으로 PER가 낮으면 전체적으로 시장이 침체되어 있고, 중장기적으로 주가의 반등이 발생할 것이라고 믿기도 한다. 이런 분석가들에게는 전체시장의 낮은 PER는 주식을 매입할 시점을 의미하기도 한다.

궁극적으로 PER는 기업의 주당이익에 대한 가격의 상대적인 측정치를 얻기 위하여 사용된다. 이 측정치만을 따로 분리하여 해석하는 것은 위험이 따른다. 그래서 시장전체의 PER와 비교하거나 동일한 사업영역 혹은 산업에 속하는 기업들의 평균 PER와 비교하여야 한다.

3.3 배당수익률

배당수익률(dividend yield)은 주식의 연간배당지급액이 주식의 현재 시장가격에 대하여 나타내는 수익성비율이다. 간단히 말해 이것은 지금 현재의 주식투자에 대하여 배당으로 얻어지는 수익률이다. 기업이 주당이익 모두를 배당하는 것으로 가정하면 배당수익률은 경상수익률(current yield)과 같은 의미이다. 여기서는 이익의 모두를 배당하는 것으로 가정한다. 배당수익률의 계산식은 다음과 같다.

$$\text{배당수익률} = \frac{\text{연간 주당 배당금액}}{\text{주식의 현재 시장가격}}$$

많은 투자자들은 현재와 미래에 증가하는 배당지급금액이 기업의 재무건실성을 나타내는 지표라고 믿고 있다. 실질적이고, 안정적인 배당의 증가는 기업경영활동에서 창출되는 이익증가가 전제되어야 한다. 배당지급금액은 배당정책의 결과이고 배당정책은 기업이사회에 의하여 결정된다. 경우에 따라서는 기업의 이익이 감소하는 상황에서 이사회가 건실한 기업이라는 이미지를 유지하기 위하여 비교적 안정적인 배당금액을 결정할 수도 있다. 이사회는 또한 기업의 이익이 증가할 때에도 동일한 배당을 유지하는 정책을 선택할 수도 있다. 그래서 이사회에서 인위적으로 결정되는 배당지급금액과 실질적인 기업가치 사이에 절대적인 상관성이 있다고 할 수는 없다. 그러나 투자자들이 투자지표로서 사용할 수 있는 몇 가지 일반적인 특성도 지니고 있다.

(1) 높은 배당수익률의 의미

성숙단계의 우량기업, 저성장산업에 속하는 기업(예, 음식료업), 그리고 규제산업(예, 공공기업) 등은 높은 배당수익률을 나타내는 특성을 가지고 있다. 이들 기업들은 보통 많은 이익을 달성하여 주주에게 이익의 상당한 부분을 배당한다. 특히 이들 기업은 이미 성숙단계에 이르고 있어서 성장을 위하여 재투자할 동기를 거의 가지지 못하기 때문에 높은 배당을 한다. 그래서 이들 기업의 주가는 비교적 안정적이고, 전반적인 시장추세와 동일한 방향으로 변동한다. 투자자가 높고 안정적인 현재소득을 추구한다면, 높은 배당수익률을 나타내는 주식을 매입하는 것이 좋다.

(2) 낮은 배당수익률의 의미

낮은 배당수익률은 성장기업주식의 특성이다. 기업은 이익의 일부를 주주에게 배당으로 지급하는 대신에 이를 기업에 유보하여 성장을 위하여 재투자하려고 한다. 이러한 유보이익은 보통 기업의 전체 가치를 향상시키기 위하여 시설투자, 연구개발, 마케팅활동 등에 재투자된다. 투자자들은 기업의 미래성장 가능성 때문에 상승하는 주가로 인해 자본이득을 얻을 수 있다.

주식투자를 할 때, 투자자들은 현재의 배당소득 혹은 장기적인 가치상승에 대한 중요한 판단기준의 하나로 배당수익률을 이용한다. 현재의 현금배당으로 수익을 얻는 것보다 기업의 미래성장에 승부를 거는 것이 미래의 불확실성 때문에 더 위험할 수 있다. 따라서 주식에 대한 투자에서 투자자들은 이익실현 목표로서 자신의 여러 가지 조건을 고려하여 배당소득과 자본이득의 적절한 수준을 설정해 두는 것이 바람직하다.

3.4 주당이익과 이익성장유형

주당이익(earning per share, EPS)은 기업의 현재와 미래의 성장에 관하여 가장 널리 사용되고 공시되고 있는 측정치이다. EPS는 발행보통주의 한 주에 해당하는 기업의 순이익이다. 순이익은 영업이익에서 기업 채무에 대한 모든 이자, 각종 세금 등을 순서대로 지급한 후에 남는 이익이다. EPS 계산공식은 다음과 같다.

$$EPS = \frac{\text{순이익}}{\text{발행 보통주 수}}$$

위 공식에서 보통주의 수는 총발행 보통주식수에서 기업이 보유한 자사주(기업이 자기회사의 주식을 매입한 것)를 빼서 계산된다. 기업이 보통주관련 증권(전환채권, 전환우선주, 신주인수권, 경영자 주식옵션 등)을 발행했을 경우, 이 증권의 전환 혹은 권리행사는 보통주 발행주식수를 증가시켜 위 공식에서 분모를 증가시켜 EPS가 감소된다. 따라서 EPS의 실질적인 크기를 평가하기 위해서 발행주식수가 어떻게 변동되는가를 잘 파악하여야 한다.

일정기간 동안 주당이익의 추세 혹은 일정한 패턴의 파악은 투자결정을 할 때 중요한 고려사항이다. 전통적으로 추세가 오래 유지되면 될수록, 그 추세가 지속될 가능성은 더욱 더 높아진다. 그리고 주당이익의 증가 혹은 감소는 기업의 성장 잠재력과 직접적인 관계를 가진다고 한다.

(1) 주당이익 증가의 의미

일반적으로 EPS가 꾸준히 증가하면 기업이 성장하고 있거나 혹은 그 재무상태가 개선되고 있다는 것을 의미한다. 특히 매출액의 증가와 원가절감 등에 의한 이익의 개선으로 주당이익이 증가하면, 기업이 실질적으로 성장하고 있음을 의미한다. 따라서 이런 기업의 주식가격도 시장에서 양호하게 평가되어 당연히 상승할 것이다.

그러나 매출액의 증가가 EPS를 증가시키는 유일한 요인은 아니다. 기업이 자기주식을 다시 매입해 보통주식수를 감소시킬 수도 있다. 기업의 매출액이 감소했음에도 불구하고 재매입하는 보통주식수에 따라서 EPS가 오히려 증가하는 경우도 있을 수 있다. 다시 말해, 기업은 주식재매입계획을 통하여 매출액(그리고 이익)이 개선되지 않고 있다는 사실을 은폐할 수도 있다. 이런 경우에 기업의 주당이익이 개선되었을지라도, 투자자는 기업의 지속적인 이익증대능력을 불신하여 그들이 보유하고 있는 주식을 매도할 수도 있다. 이때 주식의 시장가격은 하락하게 될 것이다.

(2) 주당이익 감소의 의미

EPS의 감소는 매출액 감소 혹은 원가상승의 결과일 수도 있다. 그러나 투자자는 그 감소가 내부적 혹은 외부적인 요인에 의한 것인지를 파악할 수 있어야 한다.

EPS 감소의 내부적인 요인에는 주식분할, 주식배당, 신주인수권 혹은 전환권의 발행과 행사 또는 우선주의 전환 등을 포함하는 주식수를 증가시키는 활동들이 있다.

그리고 EPS 감소의 외부적인 요인으로서 경영조건 혹은 경제상황 등을 들 수 있다. 기업이 현재 속하고 있는 사업영역이 일시적으로 침체에 빠지거나, 혹은 경제가 불황을 겪고 있어 대부분의 기업에서 이익이 감소할 수도 있다. 특히 후자의 경우에 EPS의 감소는 기업 혹은 산업의 주기적인 순환특성 때문에 발생할 수도 있다.

EPS를 평가할 때, 주당이익이 기업이익의 추세를 그대로 반영하고 있는지를 확인해야 하고 이를 위하여 기업의 주당매출액 추이를 살펴보아야 한다. 만약 주당이익의 추세가 매출액 추세와 다른 방향을 나타내면, 그 이유를 밝혀서 판단해야 한다. 예를 들어, 기업의 매출액과 이익이 전혀 감소하지 않고, 다만 주식분할 때문에 이익이 감소했다면, 주주는 증가된 주식수로 인하여 장차 이익을 얻을 수 있다는 판단을 할 수 있다.

3.5 유동비율과 부채비율

(1) 유동비율

유동비율과 부채비율은 각각 기업의 단기지불능력인 유동성과 장기채무지불능력을 측정할 수 있는 비율이다. 기업은 상당한 수준의 이익을 달성하더라도 현금부족을 겪을 수도 있으며, 이런 경우에 유동부채를 갚을 수 없을지도 모른다. 유동비율은 유동자산으로부터 기업의 유동부채(1년 이내에 지급해야 할 채무)를 갚을 능력을 측정한다. 그 계산 공식은 다음과 같다.

$$\text{유동비율} = \frac{\text{유동자산}}{\text{유동부채}}$$

이 비율은 기업이 유동부채 1원에 대하여 유동자산을 얼마나 가지고 있는지를 의미한다. 이 비율은 높을수록 좋다. 그러나 다른 측정치처럼 '높다' 혹은 '낮다'의 의미는 상대적인 것으로 해석하고 사용하여야 한다. 이 비율은 널리 인정되고 있는 기준비율로서 2대1을 사용해 오고 있지만, 실제로 적정한 비율은 기업이 속하고 있는 산업에 따라 매우 다르게 사용되고 있다. 공공기업, 전화사업, 그리고 기타 생활필수품 관련기업은 유동부채를 갚아야 하는 기간이 짧고, 채무지급의 상대적인 안정성 때문에 낮은 유동비율을 가지고 있다.

한편 제조기업들은 원자재를 확보하고 부품을 제조하고 이를 판매하는 과정에 비교적 오랜 시간이 걸리기 때문에 훨씬 더 높은 유동비율이 필요하다. 따라서 유동비율을 분석할 때, 동일 산업의 유사한 기업과 비교하여 기업의 단기적인 유동성을 평가하여야 한다.

(2) 부채비율

부채비율은 기업의 재무안정성을 파악하는 중요한 측정치이다. 부채비율의 공식은 다음과 같다.

$$\text{부채비율} = \frac{\text{부채}}{\text{자기자본}}$$

기업은 자본조달의 수단으로 회사채를 발행한다. 경우에 따라서 다른 회사를 취득하거나 합병하기 위하여 높은 이자를 지급하는 정크본드(junk bond)를 발행하기도 한다. 그런 고위험부채는 경제의 불황기에 기업을 매우 위험하게 만든다. 매출액이 떨어지고 채권에 관한 이자를 지불하지 못하게 되면, 기업은 지급불능상태가 되고 파산으로 내몰릴 수도 있다. 부채비율과 관계되는 파산위험의 정도가 산업마다 모두 다를지라도, 산업의 평균부채비율은 개별기업이 얼마나 많은 부채를 보유할 수 있고, 또 부채비율의 적정 여부에 관한 비교기준의 역할을 하기 때문에 이를 관찰하여야 한다.

3.6 장부가치와 그 의미

장부가치(book value)는 재무상태표에 기재되어 있는 기업의 자산(저작권, 특허권, 영업권과 같은 무형자산을 포함하지 않는)가치이다. 다시 말해, 장부가치는 기업의 총자산을 매각하여 모든 채무를 지급하고 난 뒤, 보통주주가 합리적으로 받을 것으로 기대되는 화폐금액이다. 장부가치의 개선은 직접적으로 기업이익과 관련은 없지만, 자산의 성장과 채무의 감소를 의미한다.

기업이 '실질가치' 이상으로 얼마나 많이 받고 매각될 수 있는가를 결정하기 위하여 기업의 시장가격을 그 장부가치와 비교할 수 있다. 일반적으로 각 산업에 대한 평균적인 장부가치를 계산할 수 있다. 예를 들어, 은행은 전통적으로 1.5 대 1의 시장가치 대 장부가치 비율(이를 Tobin's Q라고 한다)을 가진다고 한다.

때로는 기업의 시장가격이 장부가치 이하일 수도 있다. 이런 상황은 기업주식에 대한 매수신호로 해석되기도 한다. 주가가 자산의 순가치보다 낮다고 판단되어 투자자가 이런 주식을 매입하여 보유하면, 장차 주가가 산업표준까지 상승하여,

이익을 얻을 수 있다고 믿는 것이다.

레버리지(차입경영)를 통하여 성장하는 기업은 비교적 안정적인 장부가치를 가지는 경향이 있다. 그런 기업은 안정적인 매출활동으로 현금유입이 비교적 일정하여 많은 자금을 차입할지라도 이자지급에 대한 위험이 거의 없다. 이는 안정적인 현금의 유입은 채권발행으로 증가되는 채무불이행 위험을 상쇄시키기 때문이다.

성장기업은 높은 시장가치 대 장부가치 비율을 가지는 경향이 있다. 대기업과 같이 안정적인 현금흐름 혹은 장기적인 신용능력이 없다면, 자금을 차입하는 것은 어렵다. 그래서 성장기업은 순이익을 투자자에게 배당으로 지급하는 대신에 회사에 재투자하는 경우가 많다. 그래서 기업의 장부가치가 증가하고, 투자자는 이를 기업자산의 성장을 의미하는 것으로 해석할 수 있다.

3.7 EVA와 MVA

(1) EVA

실제 기업의 경영활동에서는 타인자본뿐만 아니라 자기자본도 사용되고 있기 때문에 타인자본에 대한 금융비용뿐만 아니라 자기자본에 대한 금융비용도 고려하여야 한다. 그런데 손익계산서에 나타나는 당기순이익은 그 계산과정에서 타인자본에 대한 금융비용은 고려하지만 자기자본의 사용에 따른 기회비용은 고려하지 않고 있다. 따라서 당기순이익을 진정한 기업의 이익이라고 할 수 없는 측면이 있다.

EVA(economic value added)는 경제적 부가가치라고 하는데, 손익계산서의 당기순이익과는 달리 그 계산과정에 타인자본비용과 자기자본비용을 모두 고려하여 기업의 진정한 경영성과를 측정하는 지표라고 할 수 있다.

EVA는 세후순영업이익에서 기업의 총자본비용을 차감한 값으로 주주부(stockholder wealth)의 관점에서 기업가치를 평가하는 지표이다. 다시 말해서 EVA는 일정기간 동안 영업활동을 통하여 달성한 영업이익에서 법인세 등 세금을 차감한 세후순영업이익으로부터 영업활동을 위해 조달한 타인자본과 자기자본의 비용을 차감한 값으로 다음과 같이 나타낼 수 있다.

$$
\begin{aligned}
EVA &= \text{세후순영업이익} - \text{총자본비용} \\
&= (\text{영업이익} - \text{법인세}) - (\text{타인자본비용} + \text{자기자본비용}) \\
&= \text{영업용투하자본} \times (\text{투하자본수익률} - \text{가중평균자본비용})
\end{aligned}
$$

이 식에서 기업의 세후순영업이익이 총자본비용을 초과하면 EVA는 양(+)의 값을 갖는다. 이 경우에는 투하자본에 대한 세후수익률이 기업의 가중평균자본비용을 초과하기 때문에 기업경영의 결과는 주주의 부를 증가시키는 것으로 평가할 수 있다. 반대로 총자본비용이 세후순영업이익을 초과하여 EVA가 음(−)의 값을 갖는 경우에는 투하자본의 세후수익률이 채권자와 주주의 요구수익률에 미달하여 기업경영의 결과는 투하자본의 시장가치를 감소시키는 것으로 평가된다. 따라서 EVA는 기업경영에서 달성된 진정한 경제적 이익을 표현하는 것으로 재무성과의 척도(financial performance measure)가 된다.

(2) MVA

MVA(market value added)는 시장부가가치라고도 하는데, 시장에서 형성된 기업가치에서 주주와 채권자의 실제 투자액을 차감한 금액을 말한다. 즉, 기업이 본연의 영업활동에 필요한 자금을 주주와 채권자로부터 조달하여 여기에 얼마만큼의 가치를 부가시켰느냐 하는 의미이다.

주가는 미래의 예상 현금흐름을 반영하므로 효율적 시장에서는 다음과 같이 미래 EVA의 현재가치의 합계가 MVA가 된다. MVA가 양(+)의 값을 가지면 당해 기업이 추가적으로 기업가치를 창출한다는 의미이고, 음(−)의 값을 가지면 기업가치를 감소시킨다는 것을 의미한다.

$$MVA = \sum_{t=1}^{\infty} \frac{EVA_t}{(1+\text{WACC})^t}$$

단, $EVA_t = t$기의 EVA

$WACC$ = 할인율 = 가중평균자본비용

요약

증권분석의 목적과 방법의 구분

증권분석은 개별증권의 투자성과에 관련되는 일체의 유용한 자료와 정보를 수집, 분석하여 증권의 위험과 수익의 관점에서 분석하는 것이다. 증권투자의 성과에 영향을 주는 정보는 전반적인 경제상황, 산업의 성격 및 전망, 그리고 발행기업의 제반 여건 등으로 발행기관과 발행기관이 활동하는 주변 환경을 모두 포괄한다. 증권분석은 분석방법에 따라 다음과 같이 분류한다.

ⓐ 질적 분석과 양적 분석 : 기업의 미래 현금흐름과 위험에 영향을 미치는 질적, 양적 정보의 분석

ⓑ 기본적 분석 : 증권의 본질적 가치 또는 내재가치의 산출

ⓒ 기술적 분석 : 증권시장에서의 가격과 거래량의 추세 분석

경제분석의 주요 내용

모든 증권의 가치에 영향을 미치는 경제전반적인 정보는 다음과 같다.

- **경기순환과 주가** : 주가는 경기순환주기에 앞서서 변동한다.
- **주가에 영향을 미치는 거시경제변수** : ⓐ 국내총생산, ⓑ 통화량, ⓒ 이자율,ⓓ 인플레이션, ⓔ 환율, ⓕ 국제수지
- **경제정책과 주가** : 경제정책적인 지원 및 억제

산업분석의 필요성과 주요 내용

개별기업이 속한 산업의 분석은 기업의 증권분석에 필수적이다. 산업의 추세, 산업의 성과, 그리고 산업의 표준적인 활동지표는 증권분석의 기초가 된다.

- **산업의 과거 실적분석** : 산업의 과거 수익성 지표
- **경기순환과 산업 특성** : ⓐ 주기적 산업, ⓑ 방어적 산업, ⓒ 성장산업
- **자본투자의 실태** : ⓐ 자본집약산업, ⓑ 노동집약산업
- **경쟁상태** : 산업의 기업간 경쟁상태
- **노사관계**
- **정부의 산업 활동 규제 여부**
- **산업라이프사이클**

기업분석의 목적과 주요 내용

기업증권의 발행자로 기업의 질적 정보에 대한 분석은 기업의 경쟁력과 환경적응능력을 분석하는 것이 중요하다.

- **기업배경의 분석** : 기업의 과거 역사를 통한 기업능력 파악
- **기업의 사업내용** : 사업내용에 따른 경쟁관계, 경기변동 대응능력
- **경영자** : 경영능력, 리더십 유형
- **기타요인** : 생산설비의 우열, 고객신용도, 노사관계, 주주구성, 금융기관관계

양적 분석의 의의

양적 분석은 기업의 재무상태표, 손익계산서, 현금흐름표 등 양적 자료를 기초로 기업의 본질적인 가치를 결정하는 데 필요한 현금흐름 창출능력과 그에 영향을 미치는 기업의 활동능력을 수치화하여 측정하는 기본적인 비율, 즉, 재무비율을 계산하여 비교·평가하는 분석이다. 양적 분석의 기본적인 목적은 기업의 매출액, 이익, 배당지급액, 자산가치와 청산가치 등에 대한 장기 성장전망을 예측하고, 주식의 가격움직임을 예측하는 것이다.

양적 분석의 주요비율

재무비율 혹은 양적 정보에는 주가수익비율, 배당수익률, 투자수익률, 주당이익, 유동비율과 부채비율, 장부가치, 경제적 부가가치, 시장부가가치 등이 있으며, 증권의 가치를 평가하는 데 매우 유용하게 활용된다.

- **주가수익비율(PER)**: 증권시장에서 결정된 주가가 주당이익의 몇 배에 해당하는가를 나타내는 비율

$$PER = \frac{\text{현재 주식가격}}{\text{연간 주당이익}}$$

- **배당수익률**: 주식의 연간배당지급액이 주식의 현재 시장가격에 대하여 나타내는 수익성비율

$$\text{배당수익률} = \frac{\text{연간 주당 배당금액}}{\text{주식의 현재 시장가격}}$$

- **주당이익**: EPS는 발행보통주의 한 주에 해당하는 기업의 순이익

$$EPS = \frac{\text{순이익}}{\text{발행 보통주 수}}$$

- **유동비율과 부채비율**

ⓐ 유동비율: 단기지불능력 측정비율

$$\text{유동비율} = \frac{\text{유동자산}}{\text{유동부채}}$$

ⓑ 부채비율: 장기 재무안정성 측정비율

$$\text{부채비율} = \frac{\text{부채금액}}{\text{자기자본}}$$

- **경제적 부가가치(EVA)와 시장부가가치(MVA)**

$$\begin{aligned} EVA &= \text{세후순영업이익} - \text{총자본비용} \\ &= (\text{영업이익} - \text{법인세}) \\ &\quad - (\text{타인자본비용} + \text{자기자본비용}) \\ &= \text{영업용투하자본} \\ &\quad \times (\text{투하자본수익률} - \text{가중평균자본비용}) \end{aligned}$$

$$MVA = \sum_{t=1}^{\infty} \frac{EVA_t}{(1+\text{WACC})^t}$$

단, $EVA_t = t$기의 EVA

$WACC$ = 할인율 = 가중평균자본비용

인터넷에서 찾아 읽기

한국거래소 상장공시시스템

- https://kind.krx.co.kr

한국거래소 홈페이지

- https://www.krx.co.kr

국가통계포털 (KOSIS) 홈페이지

- https://kostat.go.kr

통계청 e-나라지표

- https://www.index.go.kr
  – 국내 거시경제지표, 고용 · 물가 · 산업활동 등 통계 데이터 제공

한국은행 홈페이지 : 조사 · 연구자료/간행물/기업경영분석

- https://www.bok.or.kr

삼성증권 홈페이지 : 투자정보/상장기업분석

- https://www.samsungpop.com

* 각 증권회사의 기업경영분석자료 참고

** 한국거래소의 월간시장통계 및 리서치 보고서 참고

연습문제

01 다음 용어를 설명하라.

❶ 양적 분석과 질적 분석 ❷ 국내총생산
❸ 경기순환 ❹ 국제수지
❺ 기업분석 ❻ 주기적 산업, 방어적 산업, 성장산업
❼ 산업라이프사이클 ❽ PER
❾ 배당수익률 ❿ 주당이익
⓫ 유동비율 ⓬ 부채비율
⓭ 장부가치 ⓮ EVA
⓯ MVA

02 증권분석의 목적과 정보에 따른 분석방법을 설명하라.

03 경기순환과 주가지수와의 관계를 그림을 그려서 설명하라.

04 증권분석에서 경제분석 및 산업분석의 필요성을 설명하라.

05 증권투자에 관련하여 자본집약산업의 부정적인 측면은 어떤 것이 있는가?

06 증권분석에 있어서 산업분석의 주요 내용을 열거하고, 간단히 설명하라.

07 증권분석에서 기업배경분석의 목적에 대하여 설명하라.

08 PER가 '높다'고 할 때 그것이 의미하는 바를 해석해 보라.

09 성장기업은 대체로 배당수익률이 낮다고 한다. 그 이유를 설명하라.

10 양적 분석의 목적을 설명하고, 분석자료를 어떻게 얻을 수 있는지 설명하라.

11 유동비율로 측정할 수 있는 기업특성은 무엇인가? 그리고 그 판단기준은 어떻게 설정하는 것이 합리적인가?

12 EVA와 MVA에 대해 설명하라.

Chapter 12

증권의 기술적 분석

제1절 기술적 분석의 의의
제2절 다우이론
제3절 기술적 분석의 도표
제4절 기술적 분석의 지표

학습목표 이 장을 공부한 독자들은 다음 사항을 이해할 수 있어야 한다.

- 기술적 분석의 목적
- 증권가격의 세 가지 추세
- 기술적 분석의 도표
- 지지수준과 저항수준
- 이동평균선
- 반대의견의 지표
- 신뢰도지수

투자성과를 높이기 위하여 개별투자자들은 가치가 있는 종목을 선정하고 적절한 투자시점을 선택하여 매매거래를 실행하여야 한다. 증권의 본질적인 가치에 대한 분석을 기본적 분석이라 하고, 증권시장에서 거래에 의하여 결정되는 증권가격의 추세를 분석하는 것을 기술적 분석이라고 한다.

이 장에서는 증권의 가격추세를 분석하여 매매거래의 시점을 결정하는 데 도움을 주는 기술적 분석의 다양한 기법들을 소개한다. 투자자들은 가치 있는 종목의 선정도 필요하지만, 최선의 가격으로 매매거래를 함으로써 투자목적을 달성할 수 있다.

기술적 분석은 가격의 추세를 확인하기 위하여 도표를 이용하거나 지표를 계산하여 활용한다. 도표나 지표가 의미하는 정보의 해석은 분석자에 따라 달라질 수 있기 때문에 투자자들은 그 이용에 유의하여야 한다.

제1절 기술적 분석의 의의

개별증권에 대한 투자분석의 방법은 증권시장이 성립된 이후 계속 연구되어 왔다. 특히 1960년대 효율적 시장이론이 대두되기 이전에는 증권분석 및 주가예측에 대하여 기본적 분석(fundamental analysis)과 기술적 분석(technical analysis)의 두 가지 방법이 대조를 이루고 있었다.

기본적 분석은 효율적 시장이론과 밀접한 관련을 가지고 주식의 내재가치(intrinsic value)를 산출하는 데 주요 목적을 두고 있다. 기본적 분석에서는 ⓐ 전반적인 경제상황, ⓑ 기업이 속해 있는 산업의 상황, ⓒ 기업의 여러 가지 특성을 반영하는 일련의 변수가 주식의 내재가치에 직접 영향을 주는 것으로 보고 있다. 특히 기업의 미래배당액, 투자기말의 주가, 위험과 수익의 차원에서 추정된 적정할인율 등이 주식의 내재가치의 산정에 직접 이용되고 있다.

그리고 기업의 정보는 주로 재무제표로부터 얻을 수 있으며 증권시장이 효율적이라고 한다면,[1] 주가는 내재가치에 접근하려는 경향이 있으므로 기본적 분석에서는 내재가치에 영향을 주는 여러 요인을 세밀히 관찰하여 주식에 따라 일시적으로 존재하는 시장의 불균형을 파악함으로써 과소평가된 주식에 투자하면 평균 이상의 수익률을 달성할 수 있다고 한다. 따라서 기본적 분석방법은 증권시장에서 매수 또는 매도해야 할 주식의 종목을 선택하는 데에 비교적 적합한 방법이라고 할 수 있다.

기술적 분석방법은 효율적 시장이론을 별로 중요시하지 않고 있으며, 내재가치에 영향을 주는 제반 요인에 대해서도 큰 관심을 기울이지 않는다. 반면에 기술적 분석가(technical analysts)는 주가의 변동행태(behavior)는 스스로 반복하는 패턴(pattern)을 가지며, 주가는 주로 수요와 공급에 의해 결정된다고 믿고 있다. 그리고 도표나 그래프를 이용하여 과거 주가의 변동패턴, 즉 주가의 추세를 분석함으로써 주가변동의 예측이 가능하다고 주장한다. 왜냐하면 과거에 적어도 90% 이상 반복되었던 추세는 미래에도 반복될 가능성이 아주 높기 때문에 이 추세를 기초로

[1] 증권시장이론에서 효율적 시장은 한 시점에서의 증권가격은 당시의 모든 정보가 반영되어 있는 증권시장을 의미한다. 이 효율적 시장이론은 제10장에서 설명하였다.

한 예측은 거의 확실하다는 것이다.

기술적 분석에서는 다음과 같은 기본적 가정을 설정하고 이론의 기초로 삼고 있다.[2]

ⓐ 증권의 시장가치는 수요와 공급의 상호작용에 의해서만 결정된다.
ⓑ 수요와 공급은 수없이 많은 이성적, 비이성적 요인에 의하여 지배되고 있다.
ⓒ 주가는 미세한 시장변동을 고려하지 않을 경우, 지속적으로 나타나는 장기 추세에 따라 움직이는 경향이 있다.
ⓓ 추세의 변화는 수요, 공급의 변동으로 야기된다.
ⓔ 수요, 공급의 변동은 그 발생 이유에 상관없이 시장의 움직임을 표현하는 도표(charts)에서 곧 탐지해낼 수 있다.
ⓕ 도표의 패턴 중 몇 가지는 스스로 반복되는 경향을 가지고 있다.

이상과 같이 여섯 가지 기본가정 아래에서 이론을 전개하고 있는 기술적 분석가들도 기본적 분석방법이 이론적이지 못하거나 예측에서 오류를 범한다고 생각하지는 않는다. 또 주가가 결국에는 내재가치에 접근할 것이라는 점에서는 기본적 분석가와 의견을 같이 하고 있다. 그러나 기술적 분석가들은 기본적 분석방법이 과대평가 또는 과소평가된 주식을 선택할 경우에 적합할지 모르나, 과거 주가의 변동패턴이나 거래량을 관찰하여 주가의 변동시기를 예측하는 데에는 부적합하다고 생각한다.

과거 오랫동안 기술적 분석에서는 주가의 분석 및 예측방법으로서 도표에 나타난 추세분석을 주로 이용하여 왔다. 현재는 계량적 분석기법도 아울러 사용하고 있다. 그리고 기술적 분석은 기본적 분석에 비하여 다음과 같은 장점을 가지고 있다.

첫째, 기본적 분석에서 과대평가 내지 과소평가된 주식이 증권시장에서 투자자에게 인식될 시점에는 이미 주가변동이 발생한 이후인 경우가 많다. 그러나 기술적 분석에서는 주가변동의 패턴을 관찰하여 그 변동시기를 예측할 수가 있다.

[2] R. D. Edwards and John Magee, Jr.(1958), *Technical Analysis of Stock Trends*, 4th ed.(Springfield, Mass. : John Magee), p.86; Jack Clark Francis and Roger Ibbotson(2002), *Investments : A Global Perspective*(New Jersey : Prentice-Hall), p.778.

둘째, 기본적 분석은 이론이 복잡해서 이해하기 어렵고 또 산출과정에 시간이 오래 걸리는 경우가 있는데, 기술적 분석은 도표를 통하여 누구나 쉽게 추세를 이해할 수 있다.

셋째, 기술적 분석에서는 동시에 여러 주식의 주가변동 상황을 분석하고 예측할 수 있다.

넷째, 기본적 분석에서 사용되는 주요 정보자료는 회계, 재무자료이다. 그러나 이러한 자료는 과거의 정보일 뿐만 아니라 동일 산업에 속해 있는 기업 간에도 회계처리방법이 서로 다를 수가 있고, 정보의 신뢰성도 문제가 되는 경우가 있다. 또 기본적 분석의 주요자료인 재무제표에는 투자자의 심리적 요인과 계량화될 수 없는 조직의 여러 요인이 표현되지 않는다는 약점이 있다. 이러한 정보의 약점이 오히려 주가가 모든 정보를 반영한다는 기술적 분석을 택하게 되는 원인이 되기도 한다.

그러나 기술적 분석이 이론적으로 합리성을 갖기에는 다음과 같은 여러 가지 한계점을 가지고 있다.

첫째, 과거 주가의 변동패턴이 미래에 그대로 반복되지 않는 경우가 많다는 것이다. 즉 한 시점에서의 추세가 또 다른 시점에서 그대로 순환 또는 반복된다고 단정하기는 어렵다. 둘째, 주가변동의 패턴에 대한 해석이 분석가에 따라 달라질 수도 있고, 단기추세, 중기추세, 장기추세에서 추세의 기간을 명확하게 정하기도 어렵다. 셋째, 주가변동이 수요와 공급의 변화에 의하여 발생되지 않는 경우에는 기술적 분석으로 설명하기 어렵다. 넷째, 기술적 분석은 이론적으로 검증하기가 매우 어렵다.

이상과 같은 기술적 분석의 한계점에도 불구하고 아직도 많은 투자자와 증권연구기관은 계속해서 이 분석방법을 이용하고 있다. 그리고 기술적 분석의 기본이론은 현실적으로 투자결정에 도움이 될 뿐만 아니라 또 이 기술적 분석의 여러 가지 기법은 충분히 연구할 가치가 있다고 생각한다.

제2절 다우이론

2.1 다우이론의 개념

다우이론(Dow Theory)은 19세기 후반에 다우(Charles H. Dow)가 최초로 창안한 증권시장이론으로 현재도 많은 투자자들이 이 이론을 투자결정에 이용하고 있다. 다우는 월 스트리트 저널(Wall Street Journal)의 창설자이자 편집자였으며, 1902년 그가 작고한 이후 해밀톤(William P. Hamilton)이 그의 자리를 이어받아 다우이론을 더욱 확장시켰다.

해밀톤은 증권시장의 동향과 전반적인 기업경기의 관계를 분석하고 다우이론을 기술적 분석에 연결시켰으며, 기술적 분석과 기본적 분석의 차이를 구분하는 등 이론을 체계화시켰다. 1932년에 리어(Charles Rhea)가 쓴 「*Dow Theory*」라는 제목의 책에서 다우이론이라는 이름이 쓰여져 공식화되었다.

다우이론은 대다수 주식의 시장가격이 서로 같은 방향으로 상향 또는 하향하려는 성향을 가지고 있다고 주장하는 추세추종전략(trend-following strategy)이다. 특히 투자자에게 잘 알려진 주식의 시장가격은 강세시장(bull market)에서 상승하고, 약세시장(bear market)에서 하락한다는 것이다. 따라서 다우존스의 주가평균,[3] 즉 공업주가평균(DJIA), 운송주가평균(DJTA), 유틸리티평균(DJUA), 종합주가평균(DJCA) 등의 변동상황을 관찰하면 전반적인 증권시장의 추세를 파악할 수 있다고 한다.

다우이론에서는 한 시점에서의 주식시장은 시장지수 혹은 증권가격에 세 가지 형태의 움직임 즉 ⓐ 주추세(major trend) 또는 1차추세(primary trend), ⓑ 중기추세(intermediate trend) 또는 2차추세(secondary trend), ⓒ 1일변동(day-to-day fluctuation) 또는 소추세(minor trend)가 동시에 작용한다고 설명하고 있다.

주추세는 1년 이상 적어도 4년까지의 기간 동안 주가의 상승 또는 하락이 지속되는 장기추세를 의미한다. 주추세가 상승세에 있을 때에는 강세시장이라 하고, 하락세에 있을 때에는 약세시장이라고 하며 이를 구분하는 것이 다우이론의 목적이다.

[3] 다우존스의 주가평균의 구성에 관해서는 제6장을 참고할 것.

중기추세는 주추세의 과정에서 추세를 조정(corrections)하는 시장의 반작용에 의하여 나타나는 반복추세로서, 수주일 혹은 몇 개월만 지속될 뿐이다. 다우이론에서는 중기추세의 중요성을 강조하고 있다. 즉 중기추세를 체계적으로 분석함으로써 미래의 장기추세를 예측하여 투자결정에 도움을 줄 수 있다는 것이다.

소추세는 매일 매일의 단기적인 주가변동을 의미하며, 이 추세의 움직임은 별로 중요하지 않다고 한다. 그렇지만, 도표분석가들은 중요한 주추세의 최근 진행 방향을 판단하기 위하여 1일 가격을 도표화하고 있다.

해밀톤 등은 다우이론을 다음과 같이 확장, 해석하였다.

첫째, 다우존스의 공업주가평균과 철도주가평균이 주추세에서 직전의 최고가격을 초과하면 시장은 상승세이며, 그 반대의 경우는 하락한다.

둘째, 증권시장에는 균형상태를 이루는 기간이 존재한다. 즉 주가의 움직임은 극히 소폭으로 몇 주일 동안 등락하는 기간이 존재하는데, 이 기간이 매집기간(accumulation period) 또는 분산기간(distribution period)[4]이라는 것이다. 이 기간 중에는 시장의 최고수준이나 최저수준이 형성되며, 다우존스의 주가평균이 최고수준을 초과하여 상승하면 주추세가 일반적으로 상향할 단계에 도달한 것이며, 그 반대의 경우는 하향할 단계에 도달했다고 한다.

셋째, 주추세가 상향국면에 있을 때에는 각 중기추세에서 직전의 최고점(peak)보다 높은 최고점을 갖게 되며, 최저점(trough)은 직전의 최저점보다 높게 나타난다. 반대로 시장의 주추세가 하향할 때는 각 중기추세의 최고점과 최저점이 반대로 나타난다.[5]

2.2 거래량의 고려와 다우이론의 한계

다우나 해밀톤은 당시에 거래량을 직접 고려하지는 않았다. 그러나 리어(Rhea) 등 다우이론의 후계자들은 추세분석에서 거래량이 고려될 경우 증권시장의

[4] 매집(accumulation)은 앞으로 주가의 상승을 예상하거나 또는 다른 목적에 따라 주식을 집중적으로 매수하는 것을 의미하고, 분산(distribution)은 주가의 하락을 예상하거나 또는 다른 목적에 따라 주식을 집중적으로 매각 또는 공매(short sale)하는 현상을 의미한다.

[5] W. P. Hamilton(1922), *The Stock Market Barometer*(Princeton : Dow Jones); Charles Rhea(1932), *The Dow Theory*(Princeton : Dow Jones).

표 12-1 시장상황과 거래량에 따른 시장예측

시장국면	거래량	징조(예측)	이유
상향	증대	상향 계속	매집
하향	증대	하향 계속	분산
상향	감소	반락	사자는 양 부족
하향	감소	반등	팔자는 양 부족

예측력이 보강된다고 믿고 있다. 다우이론에서 시장추세에 거래량을 보완하면 다음 〈표 12-1〉과 같이 미래의 시장상황을 네 가지로 예측할 수 있다고 한다.

다우이론의 장점은 이론이 복잡하지 않기 때문에 투자자가 이용하기 쉽다는 점이다. 그러나 다우이론을 투자결정에 적용할 때는 다음과 같은 몇 가지 한계가 있다. 첫째, 시장추세가 중기 또는 단기에서 자주 반작용을 일으킬 때는 다우이론이 적합한 예측력을 행사하지 못한다. 둘째, 주가의 동향이 일정할 때 다우이론의 설명력이 부족하다. 셋째, 거래에서 발생하는 주식의 위험을 고려하지 않고 있다. 특히 포트폴리오의 개념을 전혀 고려하지 않는 점은 투자결정에서 문제점이 된다.

제3절 기술적 분석의 도표

기술적 분석에서 구체적으로 이용하는 분석기법은 도표(chart)를 이용하는 방법과 지표(indicator)를 이용하는 방법으로 크게 나눌 수 있다. 먼저 제3절에서 도표를 이용하는 방법을 설명하고, 지표를 이용하는 방법은 제4절에서 설명하기로 한다.

3.1 도표의 종류

도표를 이용하여 주가를 예측하는 기술적 분석방법은 다우이론으로부터 발전된 것으로, 기술적 분석가들은 이 도표분석의 중요성을 강조하고 있다. 기술적 분석에서 사용하고 있는 도표는 ⓐ 선도표(line chart), ⓑ 봉도표(캔들스틱, bar/candlestick chart), ⓒ 점수도표(point and figure chart)의 세 종류가 있다.

(1) 선도표

선도표(line chart)는 연속적인 시간의 흐름에 따라 종가를 연결한 도표이다. 따라서 선도표에서는 각 측정기에서 발생한 고가와 저가는 표시되지 않고 단순히 종가변동의 추세만 나타낸다. 이 선도표는 분석가의 의도에 따라 단일종목의 주가나 시장주가지수의 선도표, 그리고 일별, 주별, 월별, 연도별 선도표 등 분석대상과 측정기간에 따라 달리 작성된다. [그림 12-1]의 일별 선도표는 다우이론의 추세선을 설명한 것으로 선도표의 한 예이다.

그림 12-1 다우이론의 추세선

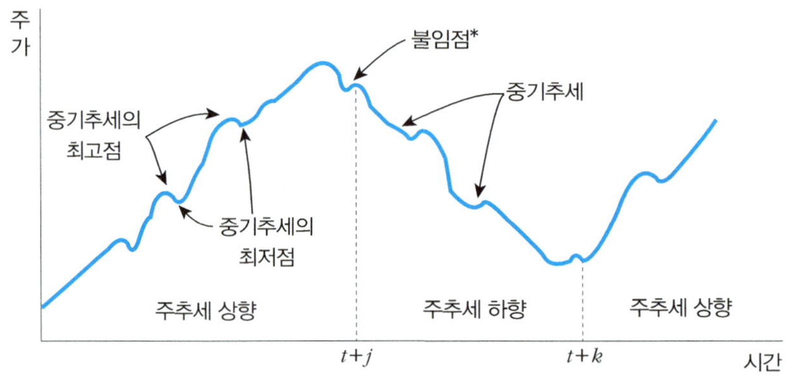

주: *불임점(abortive recovery)은 앞으로 주추세의 전환을 예고하는 점이다.

(2) 봉도표

봉도표(캔들스틱, bar/candlestick chart)는 기술적 분석가들이 가장 많이 이용하는 도표이다. 봉도표도 분석대상과 측정기간에 따라 달리 작성된다. 봉도표에서는 [그림 12-2]와 같이 횡축에는 시간을 그리고 종축에는 주가와 거래량을 동일한 측정시점에 대응시켜 표현하고 있다. 그러나 주가와 거래량은 측정단위가 서로 다르기 때문에 종축의 중간을 불연속시켜 윗부분에는 주가를 그리고 아랫부분에는 거래량을 표시한다.

그림 12-2 봉도표의 예

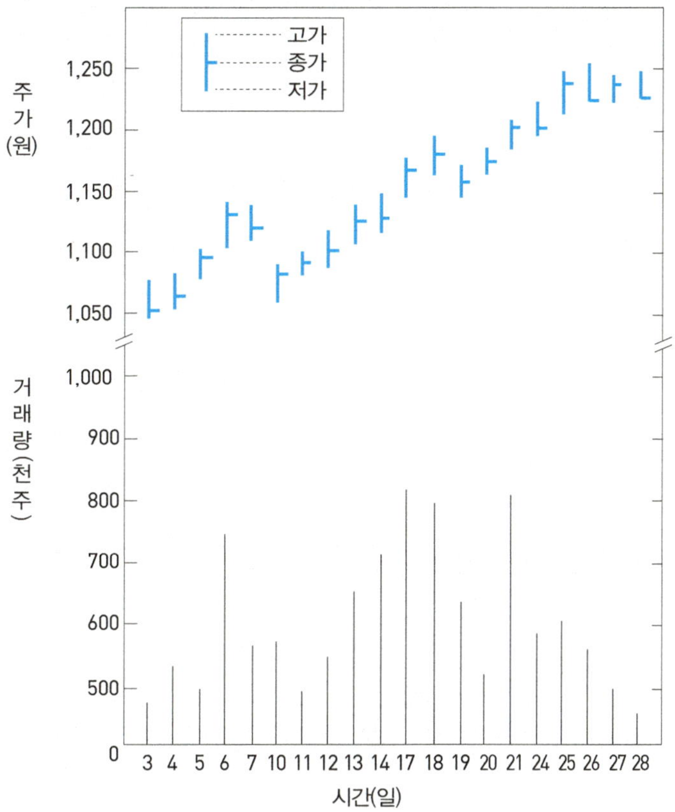

봉도표의 주가부분에서 수직으로 표시된 막대(봉)는 측정시점에서의 주가변동을 함축하고 있다. 즉 막대의 위쪽 끝 부분은 고가, 아래쪽 끝 부분은 저가, 가로로 짧게 표시한 것은 종가를 나타낸다. 이처럼 봉도표에는 시간, 주가, 거래량이 동시에 표현되고 있으므로 이들의 상호작용을 분석하여 미래주가의 추세를 판단하는 데에 효과적으로 이용할 수 있다.

(3) 점수도표

봉도표는 시간, 주가, 그리고 거래량의 세 가지 요인으로 주가 추세가 언제, 어떻게 변동할 것인가에 대해서 예측할 수 있지만, 구체적으로 주가가 얼마만큼

그림 12-3 백양기업의 점수도표

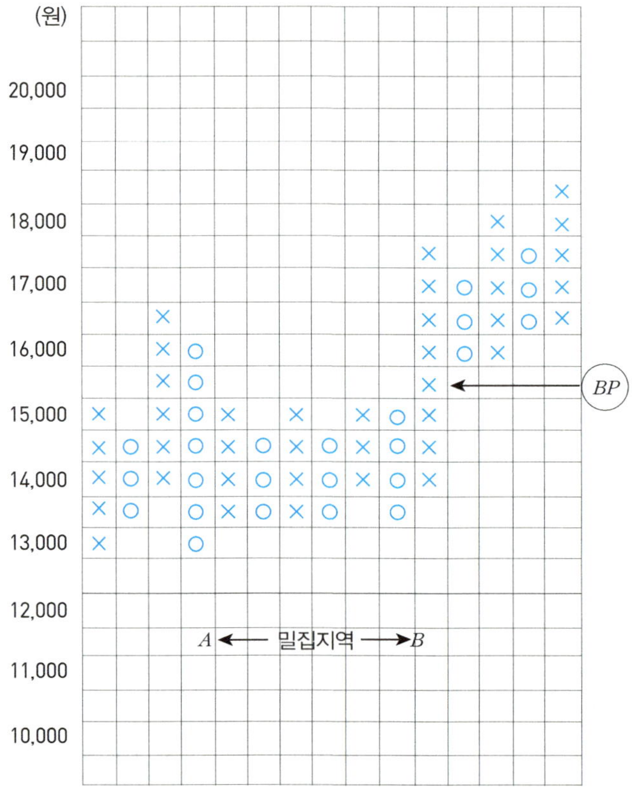

상승 또는 하락할 것인가에 대해서는 설명하지 못하고 있다. 점수도표(point and figure chart)는 개별주가의 변동폭을 예측할 수 있는 기법으로 시간과 거래량은 전혀 고려하지 않고 오직 주가변동상태만 분석하여 미래의 주가를 예측한다. 그러므로 점수도표에는 시간성을 반영하는 주가변동의 추세는 표현되지 않고 있다.

점수도표의 작성에는 [그림 12-3]과 같이 바둑판 모양의 표를 이용한다. 이제 백양기업 주식의 점수도표가 [그림 12-3]과 같이 작성되었다고 하자. 이 그림에서는 주가변동의 단위, 즉 점수단위를 500원으로 정하고 있다. 그러나 이 점수단위의 크기는 정해져 있는 것이 아니라 주식에 따라 작성자의 임의대로 결정한다.[6]

[6] 일반적으로 위험이 높은 공격적 주식의 점수단위는 크게 결정되고, 위험이 낮은 방어적 주식의

이 도표에서는 주가가 12,500원에서 출발하였으며, 점수단위(500원)가 1단위 상승할 때마다 수직으로 바로 위칸에×표시를 한다. 이 주식은 주가가 12,500원에서 15,000원까지 5단위 상승하였으므로 계속해서 위칸에 5개의×표를 하였다.

주가는 15,000원에서 1단위(500원) 하락하였다. 이때에는 열을 바꾸어 주가하락의 표시인 ○표를 14,500원의 칸에 표시한다. 그리고 주가하락의 현상이 13,500원까지 지속하였으므로 계속해서 해당 칸에 ○표를 한다. 주가가 다시 1단위 상승하면 또 열을 바꾸어×표를 하며, 이러한 방법을 반복하면 점수도표가 완성된다.

이 도표에서 A열과 B열 사이에는 주가가 최고가격 15,000원에서 최저가격 13,500원에 밀집되어 있는데, 이 열들의 범위를 밀집지역(congestion area)이라 하며, 밀집지역에서 최고가격과 최저가격의 차이를 밀집폭이라고 한다. 그리고 주가가 B열의 경우처럼 밀집폭의 최고가격을 돌파(break-out)하거나 또는 하한가를 돌파할 때는 그 가격변동의 추세가 밀집지역의 거리만큼 지속한다는 것이다. [그림 12-3]에서는 BP점이 돌파점이며 주가는 이 BP점인 15,500원을 포함하여 밀집지역의 칸수(7칸)만큼 계속 상승할 것이라고 예측한다. 이 논리에 따르면 백양기업의 주가는 일단 18,500원(=500원×7칸+15,000원)까지 상승하게 될 것이므로 투자자는 이에 따라 목표가격(target price)을 설정할 수 있게 된다.

그러나 점수도표의 방법은 주가의 수준을 예측할 수 있는 장점을 가지고 있지만, 이론적으로 다음과 같은 한계점을 가지고 있다. 첫째, 밀집지역과 주가예측 사이에 논리성이 결여되어 있다. 둘째, 주가변동의 시점을 알 수 없다. 셋째, 강세시장과 약세시장에 따라 달리 작성될 수 있는 도표에 대하여 구분해서 해석을 내릴 수 없다.

3.2 봉도표의 주요 형태

(1) 지지수준과 저항수준

기술적 분석의 도표 중에서 가장 많이 사용되고 있는 것은 봉도표이다. 봉도표는 여러 가지 형태로 나타나기 때문에 투자자는 이들 형태를 분류하여 미래의

점수단위는 작게 결정된다.

그림 12-4 전형적인 지지수준과 저항수준의 형태

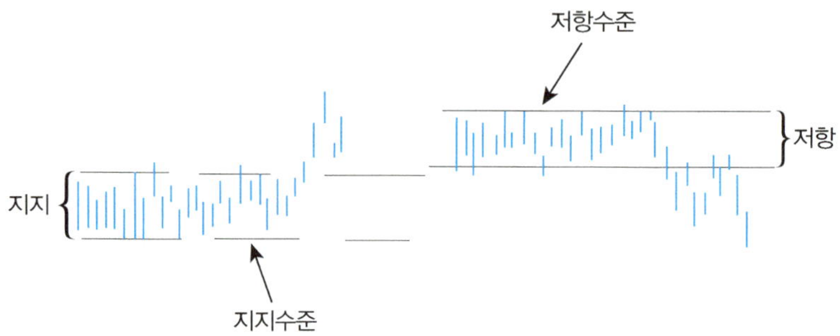

주가예측에 이용할 수 있어야 한다. 이곳에서는 쇼(Alan R. Shaw)가 분류 정리한 봉도표의 형태 중에서 몇 가지 주요 형태만 설명하기로 한다.[7]

먼저 봉도표의 분석에서는 항상 주가의 지지수준(support level)과 저항수준(resistance level)을 확인할 필요가 있다. 지지수준은 주가가 그 이하로 하락하는 것을 저지시키는 최저의 주가수준을 의미한다. 이 지지수준에서는 주식을 매수하려는 시장상황이 활발하게 조성되므로 주가가 그 이하로는 하락하지 않는다. 저항수준은 지지수준과는 정반대로서, 주가가 그 이상 상승하는 것을 저지시키는 최고의 주가수준을 말한다. 이 저항수준에서는 주식을 매각하려는 시장상황이 활발하게 조성되어 주가가 이 수준을 초과하여 상승하는 것이 억제된다는 것이다.

[그림 12-4]는 전형적인 지지수준과 저항수준을 나타내고 있지만, 이 두 수준이 끝없이 지속된다는 의미는 아니다. 시장상황이 변동하면 주가는 언제라도 이 두 수준을 돌파할 수 있기 때문이다.

(2) 머리-어깨형과 기타 형태

주가의 변동상황이 머리-어깨형(head and shoulders configuration)의 모양을 나타낼 때는 주가 추세가 반전하고 있음을 나타낸다. 따라서 주가가 변동하는 양

[7] Alan R. Shaw(1975), "Technical Analysis," in *Financial Analyst's Handbook*, ed. Sumner N. Levine(Homewood, Ill. : Dow Jones-Irwin), 955–975.

그림 12-5 머리–어깨형

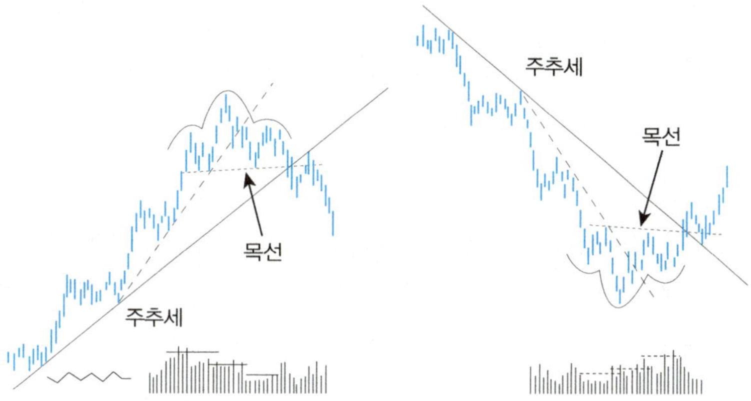

(a) 상향머리–어깨형 (b) 하향머리–어깨형

상이 머리–어깨형을 나타낼 때에는 주식의 매각 또는 매수를 결정할 시기라고 한다. [그림 12–5(a)]와 같이 상승국면의 주추세에서 머리–어깨형을 이룰 때에는 그 모양이 상향머리–어깨형(head and shoulders top)이 되고, 반대로 주추세가 하락국면일 때는 [그림 12–5(b)]와 같이 하향머리–어깨형(head and shoulders bottom)을 나타낸다. 그리고 이 두 그림에서 목선(neckline)은 확인점(confirmation)이라고도 하며, 각각 주가의 지지수준 또는 저항수준을 나타내고 있다.

머리–어깨형 분석에서는 주가변동과 거래량의 변동은 서로 관련을 가지고 있는 것으로 본다. 다시 말해, 상향머리–어깨형이 형성되면, 어깨–머리–어깨에서 각기 고가가 형성될 때 각 시점에서의 거래량은 점차로 감소하며, 하향머리–어깨형이 형성되면 거래량의 변화가 반대로 나타난다. 그리고 머리–어깨형은 두 머리형(two top) 또는 세 바닥형(three bottom) 등 여러 형태가 있다.

제4절 기술적 분석의 지표

4.1 이동평균의 지표

(1) 이동평균선

이동평균(moving average)은 측정일을 포함한 과거 일정기간의 1일 주가 또는 주가지수를 이동평균한 값이다. 이동평균은 이동평균기간에 따라 달리 산출된다. 단기투자에는 5일, 10일, 20일의 이동평균을 산출하고, 중기투자에는 60일의 이동평균을 산출한다. 장기투자에는 120일 또는 200일의 이동평균을 산출하는 것이 일반적이다.[8] 그리고 우리나라에서는 주로 20일, 60일, 120일의 이동평균을 산출하여 투자정보로 이용하고 있지만, 미국에서는 200일의 이동평균도 널리 사용하고 있다.

주가의 이동평균은 1일 종가를 기초로 하여 산출한다. 예를 들어, 어느 주식의 7일간의 1일 종가가 아래의 〈표 12-2〉와 같다고 하자. 이 표를 이용한 5일 이동평균은 다음과 같이 산출된다.

제5일의 5일 이동평균:

$$(10,000+10,150+10,500+10,500+11,250)/5=10,480(\text{원})$$

제6일의 5일 이동평균:

$$(10,150+10,500+10,500+11,250+12,300)/5=10,940(\text{원})$$

제7일의 5일 이동평균:

$$(10,500+10,500+11,250+12,300+10,300)/5=10,900(\text{원})$$

그리고 일정기간을 통하여 이와 같이 산출된 주가의 이동평균을 그래프에 연속선으로 표현한다면 이 선을 주가의 이동평균선(moving average line)이라고 한다. [그림 12-6]은 종합주가지수의 변동과 이동평균선을 나타낸 것이다.

[8] 우리나라는 1998년 12월 7일부터 1주일에 토요일, 일요일을 제외한 5일만 주식거래를 한다. 거래소에서 1주일에 일요일을 제외한 6일을 거래할 때에는 이동평균의 계산기간도 6일, 12일, 25일, 75일, 150일 등이 이동평균선 분석에 이용되었다.

표 12-2 이동평균 계산기간

거래일	1	2	3	4	5	6	7
1일종가(원)	10,000	10,150	10,500	10,500	11,250	12,300	10,300

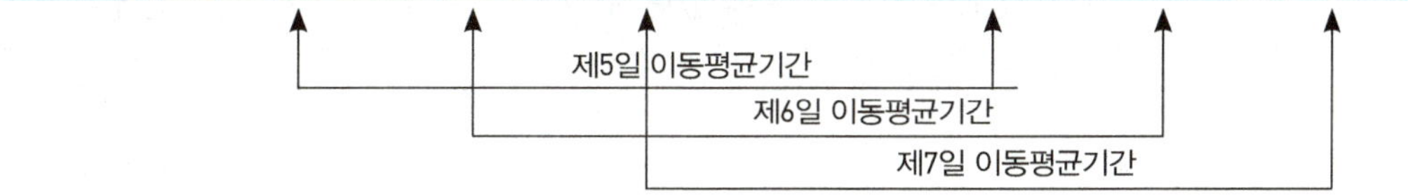

주가 또는 주가지수의 이동평균선을 찾아내는 이유는 매일 매일의 주가변동은 불규칙하기 때문에 일정기간 동안 안정된 주가의 추세를 확인하려는 데에 있다. 따라서 투자자들은 이동평균선을 흔히 투자시기의 결정에 이용하고 있다. 이동평균선을 이용하여 투자시기를 결정하는 방법은 주가와 이동평균선을 비교하는 방법과 이동평균선을 상호비교하는 방법이 있다. 예를 들어, 어떤 주식의 200일 이동평균과 주가를 이용하여 이 주식의 매수시기와 매도시기를 다음과 같이 결정한다.

그림 12-6 종합주가지수와 이동평균선

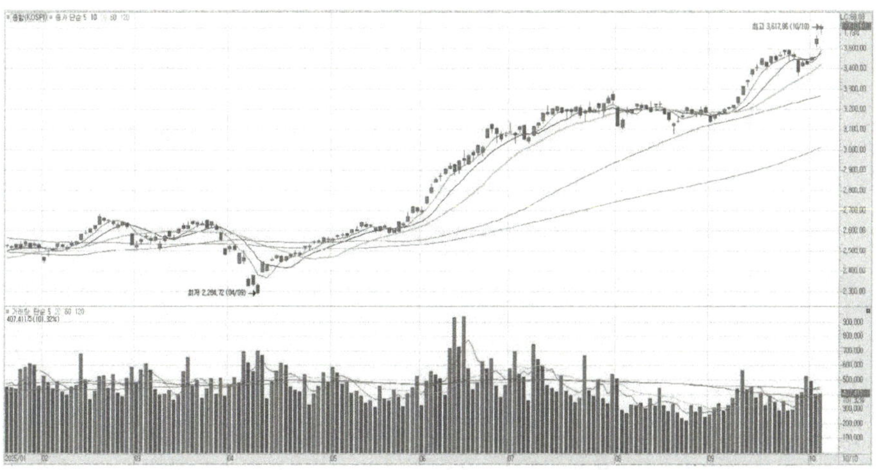

자료: 키움증권에서 발췌. 2025년 10월 11일 현재, 일별자료 기준

주식의 매수시기:

ⓐ 주가가 평평한 이동평균선을 밑에서 위로 돌파할 때
ⓑ 주가가 상승하는 이동평균선의 밑으로 하락할 때
ⓒ 이동평균선보다 높은 수준에 있던 주가가 하락하다가 이동평균선에 도달하기 전에 반전하여 상승할 때

주식의 매도시기:

ⓐ 주가가 평평한 이동평균선을 위에서 아래로 돌파할 때
ⓑ 주가가 하락하는 이동평균선의 위로 상승할 때
ⓒ 주가가 하락하여 이동평균선을 돌파한 후 반전하여 상승하다가 이동평균선에 도달하기 전 다시 하락하기 시작할 때

일반적으로 이동평균선을 이용하여 주식의 매입 또는 매도시점을 포착할 때, 단기이동평균선이 장기이동평균선을 아래에서 위로 급속히 교차하여 올라가고 있는 상황은 강세시장의 강력한 전환신호를 의미하며, 이는 곧 주식의 매수시점을 의미한다. 특히, 이 교차시점을 골든 크로스(golden cross)라고 한다. 이와 반대로 단기이동평균선이 장기이동평균선을 위에서 아래로 급속히 교차하여 내려가는 상황은 약세시장의 강력한 전환신호인 데드 크로스(dead cross)라고 한다. 이때는 보유주식의 매도시점임을 의미한다.

(2) 이격도

주가이동평균선은 과거의 주가로 계산된 것이기 때문에 보다 단기적인 매매시점을 포착하는 데는 다소 어려움이 있다. 이격도는 이러한 주가이동평균선의 단점을 보완하기 위해 개발된 투자지표로서 당일의 주가를 당일의 이동평균주가로 나눈 것으로 이격률이라고도 한다. 이격도의 이동평균을 구하여 투자판단에 이용할 경우 매우 유용하다.

$$\text{이격도} = \frac{\text{당일의 주가}}{\text{당일의 이동평균주가}} \times 100\%$$

일반적으로 추세의 각 국면에서 이격도가 다음 표의 범위 이하일 경우에는 단기적으로 매수시점이며 범위 이상으로 초과할 경우 매도시점이 된다고 한다.

표 12-3 이격도를 이용한 투자판단 범위

구 분	상승국면	하락국면
20일 이격도	98%~106%	92%~102%
60일 이격도	98%~106%	88%~104%

4.2 고가저가폭 지수

고가저가폭 지수(high-low index)를 이해하는 데는 먼저 신고가와 신저가의 개념을 명확히 할 필요가 있다. 신고가는 어떤 주식이 최근 52주(1년)의 기간 중 최고가를 초과하여 평가일 현재 새로 기록한 최고주가를 의미한다. 신저가는 동일한 기간 중에 새로 기록한 최저주가를 말한다. 고가저가폭 지수는 고가의 주식수 대 저가의 주식수의 차이지수라고도 한다. 뉴욕증권거래소(NYSE)에서는 52주의 기간 중 평가일 현재 신고가를 기록한 주식수에서 신저가를 기록한 주식수를 차감한 주식수를 의미한다. 물론 이 고가저가폭의 지수를 우리나라 증권시장에 상장된 주식에서도 산출할 수 있다.

이 지수는 기술적 분석에서 주식시장의 상황을 강력하게 반영하는 지표이다. 주식시장이 상승국면에 있으면 신고가를 기록하는 주식수는 증가하고 신저가를 기록하는 주식수는 감소한다. 주식시장이 하락국면에 있으면 이러한 현상이 반대로 나타난다. 고가저가폭의 지수가 증가하면 주식시장이 상승국면에 있게 되고, 이 지수가 감소하면 주식시장이 하락국면에 있음을 의미한다. 아울러 이 지수의 변동상태를 관찰하여 거액의 자금이 주식시장에 언제 유입 또는 유출되는지를 판단할 수도 있다.

4.3 주가의 등락지표

주식시장의 변동추세를 나타내는 지표 중에서 가장 전형적인 것은 종합주가지수이다. 이 종합주가지수의 변동은 주식시장에 대한 자금의 유출입상태를 직접적으로 반영하고 있다. 종합주가지수가 상승할 때는 주식시장에서 매수세가 강하여 자금이 주식시장으로 유입되고 있음을 나타낸다. 종합주가지수가 하락할 때는 주식시장에서 매도세가 강하여 자금이 주식시장으로부터 유출되고 있음을 나타낸다. 또 주가의 상승종목수와 하락종목수에 변동이 발생할 때에도 주식시장에 유출입되는 자금흐름의 상태가 달라진다.

주가의 상승종목수와 하락종목수의 관계를 나타낼 때는 흔히 주가의 등락(advance-decline)이라는 표현을 사용한다. 그리고 주가의 등락에 관한 자료로서는 분석자에 따라 다음과 같은 세 가지 지표가 흔히 사용되고 있다.

(1) 시장폭과 등락선

시장폭(breadth of market)은 각 거래일에 대하여 주가의 상승종목수에서 하락종목수를 차감하여 순상승(하락)종목수를 산출하고 이들을 연속적으로 누계한 것을 말한다. 그리고 이 시장폭을 그래프로 나타낸 것을 등락선(advance-decline line) 또는 등락주선이라고 한다.

이 시장폭을 나타내는 등락선은 단기적으로 종합주가지수의 선행지표의 역할을 한다. 즉 등락선이 하향하면 약세시장을, 반대로 등락선이 상향하면 강세시장을 예고한다는 것이다.

(2) 등락비율

등락비율(advance decline ratio, ADR)은 거래일의 주가 상승종목수를 하락종목수로 나눈 비율이며 등락주율이라고도 한다. 어떤 경우에는 매일 매일의 등락비율이 크게 변동할 수 있으므로 이들을 이동평균하여 사용하기도 한다.[9]

등락비율은 시장폭의 변동에 대한 보조정보로 자주 이용되고 있다. 등락비율이 1.25 이상일 때는 주식시장에서 과잉매수(overbought)의 현상이 발생한 강세시장이며, 0.75 이하일 때는 과잉매도(oversold)의 현상이 발생한 약세시장이라고 판단한다.[10] 이동평균하여 백분율로 표시한 등락비율이 120% 이상일 때는 경계해야

[9] 한국경제신문에서는 등락주율(ADR)이라는 이름으로 20일 간의 총상승종목수를 총하락종목수로 나누어 백분율로 나타내어 주간시황란에 제공하고 있다. 이것은 곧 1일 등락비율의 백분율을 20일 이동평균한 값과 같다.

[10] Sarkis J. Khoury(1983), *Investment Management: Theory and Application*(New York : Macmillan Pub. Co., Inc.), 77–78.

하는 시점으로서 시세는 그 후 반전하여 하락하는 경우가 많고, 70% 이하일 때는 시세가 반전하여 상승하는 경우가 많다고 한다.

그리고 등락선과 마찬가지로 등락비율선이 상승하면 강세시장을, 반대로 하락하면 약세시장을 예고한다고 한다.

(3) 등락지수

등락지수(advance-decline index)를 산출하기 위해서는 먼저 기준일의 등락지수를 결정해야 한다. 등락지수는 거래일의 주가 상승종목수에서 하락종목수를 차감한 다음 그 값을 주가가 변동한 총종목수로 나누어 각 거래일의 비율을 산출하고, 이 비율을 기준지수에서부터 시작하여 연속적으로 누적한 값이다.

예를 들어, 기준시점의 등락지수가 100이라고 가정하자. 그 다음날 주가의 상승종목수가 600이고, 하락종목수가 400이라고 하면, 그 다음 날의 등락지수는 100.20(=100+(600−400)/1,000)이 된다.

미국에서는 전통적으로 등락지수의 변동상태를 다우존스의 공업주가평균(DJIA)과 대응시켜서 시장의 단기추세를 〈표 12-4〉와 같이 예측할 수 있다고 한다.[11] 등락지수와 DJIA의 변동상황이 서로 일치하면 미래의 단기추세도 이들 변동추세와 일치하지만, 두 지표의 변동상황이 상반될 때는 시장의 단기추세가 DJIA와 정반대로 나타난다는 것이다.

그리고 분석가에 따라서는 이 등락지수선을 등락선이라고 하는 경우도 있으

표 12-4 등락지수와 시장판단

등락지수(DJIA)	미래 단기시장 추세
상승 – 상승	상승
하락 – 하락	하락
상승 – 하락	상승
하락 – 상승	하락

11 Sid Mittra and Chris Gassen(1981), *Investment Analysis and Portfolio Management*(New York : Harcourt Brace Jovanovich, Inc.), 472−473.

표 12-5 주가등락지표의 산출 예

구분	10일(월)	11일(화)	12일(수)	13일(목)	14일(금)	산출과정
(1) 상승종목수	281	289	453	538	411	
(2) 하락종목수	470	457	286	204	329	
보합	71	75	82	83	84	
(3) 주가변동종목수	751	746	739	742	740	(1)+(2)
(4) 순상승종목수	−189	−168	167	334	82	(1)−(2)
시장폭	−189	−357	−190	144	226	(4)의 누계
등락비율	0.60	0.63	1.58	2.64	1.25	(1)÷(2)
등락지수 (기준:100)	99.75	99.52	99.75	100.20	100.31	$100+\frac{(4)}{(3)}$

므로 도표의 해독에 있어서 주의를 요한다. 이 등락지수선도 종합주가지수의 선행지표로서 이용되고 있다.

주식시장의 자료를 이용하여 주가의 등락지표인 시장폭, 등락비율, 등락지수를 산출하는 과정을 제시해보면 〈표 12-5〉와 같다.

(4) 투자심리도

주가는 경제적, 정치적 요인 등 체계적인 요인에 의해 움직이기도 하지만 시장의 분위기에 편승한 투자자의 투자심리에 의해서도 상당한 영향을 받는다.

투자심리도는 이와 같은 시장분위기를 측정하여 주가를 예측하기 위해 만들어진 투자지표로 최근 10일 중에서 상승일수가 차지하는 비율이다. 특히 이를 선으로 도표화한 것을 투자심리선이라고 한다.

$$\text{투자심리도} = \frac{\text{최근 10일 중의 주가상승일수}}{10} \times 100$$

일반적으로 투자심리도가 50%를 중심으로 75% 이상이면 과열상태로 판단하여 매도시점으로 보며, 25% 이하이면 침체상태이기 때문에 매입시점으로 본다. 그러나 투자심리선은 단순히 10일 간의 등락일수만으로 판단하기 때문에 매매시점을 포착하기 위한 지표라기보다는 시장의 과열 및 침체 정도를 측정하는 지표이다.

4.4 거래량을 이용한 선형도표

(1) 거래량이동평균선

일반적으로 주가가 상승중인 때에는 매수세가 증가하므로 거래량이 늘고, 주가가 하락추세에 있는 때에는 매수세가 감소하여 거래량이 줄어드는 경향이 있다. 따라서 증권시장의 주가동향을 더욱 정확하게 파악하려면 주가와 거래량을 함께 검토해야 한다.

거래량의 동향을 분석하여 향후 주가흐름을 예측하는 방법 중의 하나가 거래량이동평균선이다. 이는 앞에서 설명한 주가이동평균선과 비교하여 그 계산대상이 주가냐 거래량이냐의 차이일 뿐 그 산출방법과 분석방법은 동일하다.

(2) OBV

OBV(On Balance Volume)는 주가가 전일에 비해 상승했을 때의 거래량 누계에서 하락했을 때의 거래량 누계를 차감한 거래량을 도표화한 것이다. OBV는 그랜빌(J. E. Granville)에 의해 고안된 것으로 거래량은 주가에 선행하며 시세를 움직이는 원동력이라는 것을 특별히 강조한 주가분석방법이다.[12] 즉 OBV선이 상승추세에 있으면 매입세력이 집중되고 있으므로 주가의 상승을, 하향추세에 있으면 매입세력의 분산을 나타내므로 주가의 하락을 예고하는 것이다.

$$OBV = \text{주가상승일 누적거래량} - \text{주가하락일 누적거래량}$$

또한 OBV선은 주가에 대해 선행지표의 기능을 하므로 주가가 하락하고 있음에도 불구하고 이 선이 상승하고 있을 때는 앞으로 주가가 상승할 것이 예상되는 시점이다.[13]

(3) VR

OBV선은 일정한 기준일을 중심으로 주가상승일의 거래량과 주가하락일의

[12] J. E. Granville(1976), *Granville's New Strategy of Daily Stock Market Timing for Maximum Profit*, Prentice-Hall, Inc..

[13] OBV = 직전일의 OBV + 주가상승일 거래량(혹은, −주가하락일 거래량)으로 계산할 수도 있다.

표 12-6 각종 투자지표의 예(201X년 2월 3일)

거래일(월/일)		1월27일(수)	1월28일(목)	1월29일(금)	2월1일(월)	2월2일(화)
종합주가지수		1625.48	1642.43	1602.43	1606.44	1595.81
이동평균	5일	1667.88	1651.96	1635.58	1622.82	1614.52
	20일	1687.68	1686.17	1682.16	1677.67	1672.93
	60일	1637.17	1683.56	1639.44	1639.88	1640.61
	120일	1632.18	1632.73	1632.95	1633.18	1633.43
이격률	5일	97.46	99.42	97.97	98.99	98.84
	20일	96.31	97.41	95.26	95.75	95.39
	60일	99.29	100.24	97.74	97.96	97.27
	120일	99.59	100.59	98.13	98.36	97.70
거래량(만 주)		44,612	47,879	47,335	38,173	43,411
거래량 이동평균	5일	55,269	53,993	51,176	47,126	44,282
	20일	44,354	45,161	45,898	46,328	46,461
	60일	35,732	36,049	36,381	36,573	36,957
	120일	40,267	40,269	40,255	40,097	40,037
5거래량 회전율		8.84	8.62	8.17	7.52	7.06
거래대금(억원)		57,578	54,667	57,249	51,057	50,026
투자심리도(%)		50	50	40	40	40
VR(%)		94	113	94	96	96

거래량 차이를 누적한 것이므로 기준일을 결정하는 방법에 따라 OBV는 달라진다. 따라서 OBV를 이용하여 시장의 추세를 나타낼 수는 있지만 OBV 자체로서는 현재의 시세를 판단하거나 과거의 시황과 비교하는 것이 불가능하다. 이러한 결점을 보완하기 위해서 비율로 거래량을 분석한 것이 VR(Volume Ratio)이다.

즉 일정기간 동안(보통 20일)의 주가상승일의 거래량 합계를 주가하락일의 거래량 합계로 나눈 것인데, 주가의 변동이 없는 날의 거래량 합계는 1/2씩 분모와 분자에 더해준다.

$$VR=\frac{\text{주가상승일 거래량 합계}+(\text{주가변동 없는 날 거래량 합계}\times 1/2)}{\text{주가하락일 거래량 합계}+(\text{주가변동 없는 날 거래량 합계}\times 1/2)}\times 100$$

일반적으로 VR이 150%이면 주식시장의 가격동향이 보통수준이고, 450%를 초과하면 과열된 상태로서 경계신호가 되며, 70% 이하이면 침체상태로 해석한다.

4.5 상대적 강도지수

상대적 강도(relative strength)는 개별 주식의 가격이 시장 전체의 움직임에 대해 반응하는 정도를 말한다. 예를 들어 어떤 주식의 가격이 강세장에서 다른 주식보다 빠른 속도로 상승하거나 약세장에서 다른 주식보다 빠른 속도로 하락한다면 상대적 강도가 높다고 할 수 있다.

상대적 강도지수(relative strength index)는 산출방법에 따라 두 가지로 측정된다. 첫째는 한 주식의 주가를 종합주가지수로 나눈 비율이고, 둘째는 한 주식의 주가변동률을 종합주가지수의 변동률로 나눈 비율이다. 이 두 지수의 산출방법은 서로 다르지만 두 지수의 변동추세는 비슷하게 나타난다.

그리고 어느 주식의 상대적 강도는 장기간 동안 변동하지 않는 경향이 있으므로, 측정기간 동안의 평균상대적 강도지수가 주식의 상대적 강도를 나타낸다고 할 수 있다. 특히 두 번째의 방법으로 산출된 상대적 강도지수의 평균치는 체계적 위험을 나타내는 베타계수(β coefficient)와 유사한 의미를 가지고 있다. 다시 말해, 어느 주식의 평균적인 상대적 강도지수가 1.0보다 크면, 위험과 수익의 트레이드오프 현상에 의하여 위험이 높은 공격적 주식이라 하고, 이 평균지수가 1.0보다 작으면 위험이 낮은 방어적 주식이라고 한다.

4.6 반대의견의 지표

증권투자에 대한 전문적인 지식을 가지고 있지 않은 일반투자자는 투자결정에서 잘못된 판단을 내리는 경우가 많다. 이러한 투자자는 투자결정에 있어서 자기의 의견과 정반대로 투자결정을 내리는 것이 유리하다는 이론이 가능한데, 이것을 반대의견의 이론(theories of contrary opinion)이라고 한다. 반대의견의 이론에는 여러 가지 전략이 있으나 이곳에서는 공매주식수(short interest)와 단주지수(odd-lot index)를 이용하는 방법을 설명하기로 한다.

(1) 공매주식수

앞으로 주가가 하락할 것이 예상될 때에 투자자는 자기가 보유하지 않은 주식을 제3자로부터 빌려서 매각할 수 있다. 이를 공매(short sale)라고 하며, 이 투자자는 공매한 주식을 일정한 기간이 경과한 후 다시 매수하여 상환하여야 한다.

공매주식수(short interest)는 공매로 매각된 주식수를 의미한다. 이 공매주식수의 변동현상은 주식시장의 미래 변동추세와 반대로 작용한다는 것이다. 즉 공매주식수가 증가추세에 있으면 일정기간 이후에 공매주식의 상환을 위한 수요가 증가할 것이므로 미래의 주식시장은 강세로 전환될 것이고, 반대로 공매주식수가 감소추세에 있으면 주식시장이 약세로 전환된다는 것이다.

그러나 공매주식수의 변동추세를 주식시장의 변동추세와 반대로 해석하지 않는 투자자도 있다. 이들 투자자는 공매는 주로 전문적인 투자자에 의하여 이루어지므로 미래의 시장추세는 오히려 이들 전문투자자의 판단대로 변동될 것이라고 믿고 있다.

(2) 단주지수

주식시장에서는 최소의 거래단위(round lot)를 정해두고 있다. 단주(odd lot)는 주식시장에서 정상적인 매매거래단위의 주식수에 미달하는 주식수를 말한다.

단주는 주로 장외시장(over-the-counter market)에서 거래되는데, 전문적인 투자자보다는 소규모 투자자가 단주에 투자하는 경향이 높으며, 단주의 거래비용도 일반적으로 높다. 그리고 소규모 투자자는 대개 투자의 초보자이거나 증권투자에 대한 전문지식이 결여된 경우가 많기 때문에 흔히 판단에 오류를 범하기 쉽다는 것이다. 따라서 단주거래량의 증감과 반대방향으로 투자전략을 수립하면 유리한 투자결정이 될 수 있다는 것이다. 즉 단주의 매수세가 강하면 보유주식을 주식시장에서 매도하고, 반대로 단주의 매도세가 강하면 시장에서 주식을 매수한다는 것이다.

단주지수(odd lot index)는 단주이론을 주장하는 투자자들이 흔히 사용하는 지수로서 단주매도주식수를 단주매수주식수로 나눈 비율을 말한다. 주로 주별지수로 산출된다. 그러므로 단주지수가 1.0 이상으로 상승하면 단주의 매도세가 강하므로 주식시장이 앞으로 상승할 것이며, 반대로 단주지수가 1.0 이하이면 단주의 매수세가 강하므로 주식시장은 앞으로 하락할 것으로 예상할 수 있다. 그리고 단주지수 대신에 단주의 매도주식수에서 매수주식수를 차감한 순단주매도(매수)주식수를 투자결정에 이용하는 경우도 있으나, 두 지표 사이에는 비율과 주식수라는 개념에만 차이가 있다.

끝으로 반대의견의 지수, 즉 공매주식수와 단주지수를 동시에 고려하여 주식시장의 추세를 예측할 수도 있다. 그러나 이 반대의견의 이론은 논리적 타당성을 찾기가 어려우며, 또 현실적으로 주식시장의 추세가 이 이론대로 작용하는 경우는 그리 많지 않다.

4.7 신뢰도지수

일반적으로 주식시장과 채권시장의 변동추세는 경기변동에 따라 서로 반대로 움직이는 경향이 있다. 호경기에는 주식의 수요가 증가하는 반면에, 침체기에는 채권의 수요가 증가한다. 따라서 채권시장의 변동추세를 기초로 하여 주식시장의 변동추세를 예측할 수도 있다.

신뢰도지수(confidence index)는 등급이 서로 다른 두 채권의 수익률의 관계를 분석하여 전반적인 경기에 대하여 투자자가 얼마만큼 신뢰하고 있는가 측정하는 지수이다. 신뢰도지수는 원래 배론의 신뢰도지수(Barron's confidence index)에서 유래하였다. 배론의 신뢰도지수는 한 시점에서 배론의 최고등급에 속하는 10개 회사채의 평균수익률을 다우존스의 40개 회사채의 평균수익률로 나눈 비율을 의미한다. 그러나 일반적으로 신뢰도지수라고 할 때는 높은 등급의 회사채평균수익률을 낮은 등급의 회사채평균수익률로 나눈 비율을 말한다. 이 신뢰도지수(CI)는 다음 식으로 산출할 수 있다.

$$CI = \frac{\text{한 시점에서 } Aaa \text{ 등급 회사채의 평균수익률}}{\text{한 시점에서 } Baa \text{ 등급 회사채의 평균수익률}}$$

높은 등급에 속하는 회사채의 위험은 낮은 등급에 속하는 회사채의 위험보다 낮기 때문에, 높은 등급에 속하는 회사채의 수익률은 항상 낮은 등급의 회사채수익률보다 낮다. 따라서 $CI<1.00$의 관계가 항상 성립하게 된다.

신뢰도지수를 이용하는 투자자는 이 지수가 미래의 주가변동에 대하여 2개월 내지 11개월 전 선행지수의 역할을 한다고 주장하고 있다.

그리고 사채를 대량으로 매수하는 투자자는 주로 전문적인 기관투자자인데,

이들의 투자행동은 주식시장의 미래추세 및 경기를 충분히 예고해 준다고 한다. 다시 말해, 호황기에는 지불불능의 위험이 점차로 감소하므로 기관투자자를 포함한 채권투자자는 낮은 등급의 회사채를 선호하게 되는데, 이 등급의 회사채수익률은 경기호전과 병행하여 낮아지게 되므로 신뢰도지수는 상승하게 된다는 것이다. 그리고 침체기에 접하면 이러한 현상이 반대로 나타나므로 신뢰도지수는 하락한다고 한다.

또 이러한 현상은 높은 등급의 회사채수익률과 낮은 등급의 회사채수익률 사이의 스프레드(spread)로 설명할 수도 있다. 즉 두 등급에 속해 있는 회사채의 수익률 사이에 스프레드가 커지면 약세 주식시장을, 반대로 이 스프레드가 작아지면 강세 주식시장을 예고한다는 것이다.

그러나 신뢰도지수의 신뢰성에는 다소 한계가 있다. 신뢰도지수는 주로 회사채의 수요측면만 고려하고 있는데 현실적으로는 회사채의 공급이 증가하여도 이 지수는 변동될 수 있다. 또 이 지수의 변동이 주식시장의 변동추세와 관련을 가지고 있는 것은 사실이지만, 항상 이 지수가 주가변동에 대한 선행지표의 역할을 하는 것은 아니다.

요약

기술적 분석의 목적

기술적 분석은 주가의 변동행태가 시간이 지나면서 스스로 반복하는 패턴을 가지며, 또한 주가는 주로 수요와 공급에 의하여 결정된다는 믿음 아래, 주가를 이용한 도표나 그래프에서 과거 주가의 변동패턴, 즉 주가의 추세를 찾아내어 주가변동을 예측하려는 것이다.

그러나 주가의 변동패턴이 반복되지 않는 경우가 많고, 도표에 의한 추세의 해석이 분석자에 따라 달라질 수 있기 때문에, 투자자들은 기술적 분석의 결과를 활용할 때 유의하여야 한다.

증권가격의 세 가지 추세

다우이론에서는 한 시점에서의 주식시장은 시장지수 혹은 증권가격의 변동추세를 세 가지로 구분하고 있다.

ⓐ 주추세 또는 1차 추세

주추세는 1년 이상 적어도 4년까지의 기간 동안 주가의 상승 또는 하락이 지속되는 장기추세를 의미하고 주추세가 상승세는 강세시장이라 하고, 하락세는 약세시장이라 한다.

ⓑ 중기추세 또는 2차 추세

중기추세는 주추세의 진행 중에 추세를 조정하는 시장의 반작용에 의한 반복추세로 수주일 혹은 수개월 정도 지속되고, 이를 체계적으로 분석하면 장기추세의 미래 예측에 도움을 준다.

ⓒ 1일 변동 또는 소추세

매일 매일의 단기적인 주가변동으로서 소추세는 별로 중요하지 않지만, 주추세의 최근 진행방향을 판단하는 데 소추세가 활용된다.

기술적 분석의 도표

- 선도표

  일별, 주별, 월별, 연도별 등 연속적인 시간의 흐름에 따라 종가를 연결하여 종가변동의 추세를 나타내는 도표이다.

- 봉도표

  봉도표는 횡축에는 거래일을 그리고 종축에는 주가와 거래량을 동일한 측정시점에 대응시켜 표시하는데, 시가, 고가, 저가, 종가 등을 한 개의 막대에 표시하여 작성한다. 봉도표에 표시된 여러 개 정보의 상호작용을 분석하여 추세판단에 이용한다.

- 점수도표

  점수도표는 시간과 거래량은 전혀 고려하지 않고 오직 주가변동 상태만 분석하여 미래의 개별주가의 변동폭을 예측하는 데 사용된다. 점수도표는 가격의 단위변동을 정하고, 가격의 연속적인 상승변동 또는 하락변동의 점수단위수를 한 개의 열에 표시하여 작성한다. 이 도표는 주가의 상하 변동폭을 판단하는 데 도움을 준다.

지지수준과 저항수준

지지수준은 주가가 특정 가격대 이하로 하락하는 것을 저지시키는 최저의 주가수준을 의미한다. 이 수준의 가격에서 주식의 매수세가 증가하여 주가가 그 이하로는 하락하지 않는다. 또한 저항수준은 주가가 더 상승하는 것을 저지시키는 최고의 주가수준으로서 이 가격수준에서 주식의 매도세가 강하여 이 수준을 초과하는 주가상승이 억제된다.

이동평균선

매일 매일의 주가변동은 불규칙하기 때문에 일정기간 동안 안정된 주가의 추세를 확인하기 위하여 일정기간의 1일 주가 또는 주가지수를 이동평균한 값을 활용하는데 이를 도표로 표시한 것이 이동평균선이다. 이동평균선은 5일, 10일, 20일, 60일, 120일 이동평균을 한 도표에 표시하여 사용한다. 이동평균선은 주가추세의 예측에 활용될 뿐만 아니라 당일의 주가와 이동평균선 또는 단기와 장기의 이동평균선을 서로 비교하여 투자시점의 선택에 이용하고 있다.

반대의견의 지표

투자결정에 있어서 일반투자자의 의견과 정반대로 투자결정을 내리는 것이 유리하다는 이론으로서 일반적으로 개인투자자의 투자실패가 많다는 데 근거를 두고 있다. 지표의 본래 의미를 다르게 해석하여 거래에 활용하는 반대의견의 지표에는 공매주식수와 단주지수 등이 있다.

신뢰도지수

주식시장과 채권시장의 변동추세는 경기변동에 따라 서로 반대로 움직이는 경향이 있다. 채권시장의 서로 다른 채권등급의 수익률 변동추세를 기초로 경기변동 상황을 확인할 수 있으면, 주식시장의 변동추세가 예측될 수 있다. 이런 논리에 근거하여 신뢰도지수는 등급이 서로 다른 두 채권의 수익률의 관계를 분석하여 전반적인 경기에 대한 투자자의 신뢰성을 측정하는 지수로서 다음 공식으로 측정한다. 이 지수의 상승은 경기호전을 나타낸다.

$$CI = \frac{\text{한 시점에서 } Aaa \text{ 등급 회사채의 평균수익률}}{\text{한 시점에서 } Baa \text{ 등급 회사채의 평균수익률}}$$

인터넷에서 찾아 읽기

한국거래소(KRX) 홈페이지

- https://www.krx.co.kr
  - 증권시장지의 주식시세표

신한투자증권 홈페이지

- https://www.shinhaninvest.com/index.html
  - 리서치 – 기업분석
  - 트레이딩 – 차트

삼성증권 홈페이지

- https://www.samsungpop.com
  - 투자정보 – 투자전략, 투자분석
  - 트레이딩 – 주식차트

한국경제신문 홈페이지

- https://www.hankyung.com

* 각종 경제관련 기관의 홈페이지 참조

연습문제

01 다음 용어를 설명하라.

❶ 다우이론의 추세
❷ 매집기간과 분산기간
❸ 봉도표
❹ 점수도표의 밀집지역과 밀집폭
❺ 지지수준과 저항수준
❻ 머리-어깨형
❼ 주가의 이동평균
❽ 고가저가폭 지수
❾ 시장폭, 등락비율, 등락지수
❿ 이격도
⓫ 투자심리도
⓬ OBV와 VR
⓭ 신고가와 신저가
⓮ 공매주식수
⓯ 신뢰도지수

02 기본적 분석과 기술적 분석을 상호 비교하여 설명하라.

03 기술적 분석의 기본가정을 설명하고, 이 분석방법의 장단점을 제시하라.

04 다우이론에서 거래량의 변동이 미래주식시장의 가격 예측에 어떠한 영향을 미치는가를 설명하라.

05 중앙기업 주식의 25일간 주가가 아래와 같이 변동하였다. 이 자료를 이용하여 점수도표를 작성하고, 이 주식의 목표가격을 결정하라. 점수단위는 주가변동의 추세를 보고 임의로 결정한다.

일자	주가	일자	주가	일자	주가
1	990(원)	10	1,040(원)	19	1,020(원)
2	1,020	11	1,030	20	1,000
3	990	12	1,010	21	1,020
4	970	13	990	22	1,030
5	1,000	14	1,010	23	1,040
6	1,020	15	1,030	24	1,060
7	1,010	16	1,040	25	1,080
8	1,000	17	1,050		
9	1,050	18	1,040		

06 [문제 5]의 자료를 이용하여 5일, 10일의 주가이동평균을 산출하고, 주가변동선과 계산된 두 개의 이동평균선을 그래프에 함께 나타낸 다음, 미래주가의 변동추세를 예측하라.

07 증권시장에서 거래된 주식 중 주가의 상승종목수와 하락종목수가 아래와 같다. 시장폭, 등락비율, 등락지수(기준 : 100)를 산출하고, 이들 표의 선을 그래프에 표시하라.

구분	1일	2일	3일	4일	5일	6일
상승종목수	372	497	234	128	334	291
하락종목수	317	196	475	559	294	328

08 특정 상장기업의 최근 10 거래일 주가자료를 한국거래소 유가증권시장 홈페이지나 경제신문에서 찾아서 이 기업의 상대적 강도지수를 산출하라.

09 본문 중 〈표 12-6〉에 나타난 자료를 이용하여 종합주가지수의 선도표, 이동평균선, 등락선, 거래량이동평균선 등을 그래프로 그리고 미래의 주가를 예측하라.

Chapter 13

증권투자관리와 전략

제1절 증권투자관리의 의의

제2절 증권투자전략

학습목표 이 장을 공부한 독자들은 다음 사항을 이해할 수 있어야 한다.

- 증권투자관리의 필요성과 구분
- 투자관리의 과정
- 주요 증권투자전략

투자자들은 투자목표를 설정하고 이를 달성하기 위하여 종목을 선정하여 투자를 실행한다. 미리 설정한 개별 종목의 투자성과는 투자실행 중의 환경변화에 좌우된다. 투자자 자신의 투자태도도 또한 주변투자여건에 따라 변경될 수 있다. 따라서 시간의 경과에 따라 투자과정의 전반적인 내용을 분석하고 평가하여 투자목표 자체를 수정하거나 투자종목을 변경하여야 할 필요가 발생할 수 있다.

최근에는 인공지능(AI) 기반 로보어드바이저, 상장지수펀드(ETF), 자동자산배분 서비스 등 다양한 디지털 투자관리 수단이 활용되고 있으며, 이러한 변화는 투자자의 전략적 자산관리에도 큰 영향을 미치고 있다.

투자자들은 이 장에서 먼저 증권투자관리의 의의와 투자관리의 대체적인 과정을 이해하여야 한다. 그리고 투자자들은 구체적인 투자실행과 관리를 위한 전략적인 방법을 학습하여 투자실행능력을 배양하여야 한다.

투자자들이 학습하여야 할 기본적인 투자전략에는 매입보유전략, 매수원가평균화전략, 고정금액계획, 고정비율계획, 그리고 신용거래전략 등이 있다. 투자자들은 실제투자에서 이들 전략들을 환경에 맞게 잘 응용하여 투자목적을 달성하는 데 노력하여야 한다.

제 1 절 증권투자관리의 의의

1.1 증권투자관리의 의의

투자관리에서는 투자(investment)의 대상을 주식, 채권 또는 부동산 등의 개별자산과 이들 자산을 이용하여 분산된 포트폴리오로 분리해서 생각할 수 있다. 현대적 의미에서 투자관리라고 할 때는 일반적으로 포트폴리오관리를 의미한다. 그러나 투자관리의 범위에는 개별자산의 투자관리와 포트폴리오의 투자관리가 모두 포함된다.

투자자는 투자실행으로 포트폴리오를 구성하면 계속적으로 이것을 관리해야 한다. 투자기초에 증권의 포트폴리오가 효율적으로 구성되었다고 하더라도, 이 포트폴리오의 성과에 영향을 주는 제반요인, 즉 ⓐ 발행기업의 전망에 대한 투자자의 기대, ⓑ 이자율수준, ⓒ 투자자의 효용곡선, ⓓ 투자자의 부의 수준, ⓔ 투자자의 위험선호도 등에 변동이 발생하게 되면, 투자자는 이러한 변동에 따라 포트폴리오의 수정을 고려하게 된다.

넓은 의미에서 포트폴리오관리는 광범위한 포트폴리오이론 전부를 포괄하며, 그 기능은 ⓐ 포트폴리오 분석(portfolio analysis), ⓑ 포트폴리오 수정(portfolio revision), ⓒ 포트폴리오의 성과측정(portfolio performance measurement)으로 크게 분류할 수 있다.[1] 이 중에서 포트폴리오 분석은 그 자체로서 하나의 큰 영역을 이루고 있으며, 또 포트폴리오 분석의 결과는 투자정보로 사용되는 경우도 많다. 따라서 포트폴리오관리에서는 포트폴리오 분석을 제외한 나머지 두 기능, 즉 포트폴리오 수정과 성과측정을 대체로 포트폴리오관리의 내용으로 한다. 그리고 포트폴리오관리를 더욱 좁은 의미로 해석하여 포트폴리오 수정만을 지칭하는 경우도 있다.[2]

포트폴리오관리에서는 포트폴리오의 수정시기와 투자시기의 결정이 매우 중요하다. 공격적 투자자는 끊임없이 포트폴리오를 수정하고, 또 그 시기를 결정함으로써 투자성과를 최대화하도록 노력할 것이다.

[1] W. F. Sharpe(1985), *Investment*, 3rd ed.(Englewood Cliff, N. J. : Prentice-Hall, Inc.), p.643.

[2] 여기서는 증권투자에 대한 기본적인 개념의 이해를 목적으로 하므로 포트폴리오의 성과측정에 대한 설명은 투자론의 교재를 참고하라.

1.2 투자관리의 과정

(1) 투자목표의 설정

투자관리의 첫 번째 단계는 투자목표(investment objectives)를 설정하는 것이다. 투자목표는 개인투자자의 효용이나 투자기관의 형태에 따라 다르다. 개인투자자의 경우에는 제1장에서 그 대체적인 내용을 설명하였다. 투자기관의 경우에 예를 들면, 생명보험회사는 보험증서에 약정된 내용을 만족시키고, 이익을 창출하는 것이 투자목표이다. 대부분의 보험상품은 만기시점에 현금지급을 보장하거나, 특정된 사건이 발생할 경우에 약정조건에 따라 현금지급을 보장하고 있다. 따라서 생명보험회사는 계약자에게 보장한 금액보다 더 많은 투자수익을 획득해야만 이익을 얻을 수 있다.

은행과 같은 금융기관의 경우에는 자금조달비용보다 더 높은 수익을 얻는 것이 목표가 될 것이고, 연금의 경우는 연금 목적을 만족시킬 수 있는 충분한 현금흐름을 발생시키는 것이 될 것이다.

(2) 투자정책의 결정

투자관리에 있어서 두 번째 단계는 투자목표를 실현시키기 위한 정책(investment policy)을 결정하는 것이다. 이러한 정책의 설정은 자산배분의사결정(asset allocation decision)으로부터 시작된다. 자산배분의사결정은 투자자의 자금을 주요 투자집합(현금, 주식, 채권, 부동산, 외국증권, 파생상품 등)에 어떻게 배분하느냐 하는 것이다.

여기에는 투자수익뿐만 아니라 투자자가 제약받고 있는 법적·제도적 제한규정도 고려되어야 한다. 즉 세금관계, 재무보고기준, 투자대상 상품에 대한 회계처리기준, 투자기관의 건전성이나 성과평가에 미치는 영향 등이 고려되어야 한다.

예를 들어, 기관투자자인 금융기관의 경우에는 기업회계기준의 금융업회계처리준칙에 따라 재무제표를 작성·보고하여야 한다. 최근에는 국제결제은행(BIS) 자기자본비율, VaR(Value at Risk) 등 금융기관의 건전성을 평가하는 여러 지표들이 개발되고 있고, 투자대상 상품에 따라 이러한 지표들에 미치는 영향이 다르기 때문에 이에 대한 신중한 고려도 필요하다.

(3) 포트폴리오 전략의 선택

고객과 기관의 목표 및 정책에 부합하는 포트폴리오전략(portfolio strategy)의 선택이 투자관리에서 세 번째 단계이다. 포트폴리오전략은 적극적 전략(active strategy)과 소극적 전략(passive strategy)으로 구분된다.

먼저 적극적 전략은 투자의 성과를 시장평균 이상의 초과수익을 달성하는 데에 목적을 두고 있다. 포트폴리오를 구성하고 있는 어느 증권이 시장에서 과소평가(undervalued)되어 있으면 이것을 매수하고, 반대로 과대평가(overvalued)되어 있으면 이것을 매도함으로써 단기 또는 장기의 투자성과를 높이고자 하는 것이 적극적 전략이다. 이 적극적 전략에서는 과대평가된 증권이나 과소평가된 증권을 파악하기 위하여 기본적 분석(fundamental analysis)을 통하여 증권의 내재가치(intrinsic value)를 산출하고, 또 각 증권의 매도시점과 매수시점을 포착하기 위하여 기술적 분석(technical analysis)을 실시한다.

그러나 시장이 효율적이라고 하면, 적극적 전략을 통하여 시장평균 이상의 초과수익을 달성할 수 있는 투자기회는 거의 존재하기 어려우며, 또한 정보비용(information costs)과 거래비용(transaction costs)까지 고려할 때에는 위험과 수익의 트레이드오프(risk return trade-off) 수준을 넘어선 초과수익을 실현하기가 더욱 어려워진다.

소극적 전략은 시장평균의 수준만큼 투자성과를 달성하는 데에 목적을 두고 있다. 소극적 전략에서는 시장이 비교적 효율적이라는 전제하에서 포트폴리오의 구성을 다양화하여 위험과 수익의 트레이드오프현상에 알맞도록 투자함으로써 시장포트폴리오와 동일한 투자성과를 달성하고자 한다.

(4) 자산의 선택

포트폴리오전략이 정해진 후 다음 단계는 포트폴리오에 포함되는 자산을 선택(selecting assets)하는 것이다. 여기에는 개별증권의 평가가 요구된다.

적극적 전략에서는 가격이 과대평가(overestimation) 또는 과소평가(underestimation)된 자산을 확인하고 효율적 포트폴리오(efficient portfolio)를 구성하는 단계이다. 소극적 전략에서는 시장평균수익률의 기준이 되는 벤치마크 포트폴리오(benchmark portfolio)를 가장 잘 복제할 수 있도록 개별자산을 평가하여 포트폴리오를 구성하게 된다.

(5) 성과의 측정과 평가

투자성과의 측정과 평가(measuring and evaluating performance)는 투자관리의 마지막 단계이다. 이 단계에서는 포트폴리오성과를 측정한 후 특정의 투자목표와 관련된 성과를 평가한다.

투자성과의 평가에서는 단순히 수익성만을 고려할 것이 아니라 투자목표의 달성여부도 중요하게 고려되어야 한다. 왜냐하면 비록 특정 벤치마크 포트폴리오에 비해 포트폴리오 관리자의 성과가 우수하게 평가되었다고 할지라도, 이것이 반드시 투자목표를 만족시킨다는 것을 보장하지는 않기 때문이다.

예를 들어, 한 생명보험회사가 포트폴리오 수익의 최대화를 위해 자금의 75%를 주식과 채권에 투자했다고 하자. 그리고 이 생명보험회사의 주식포트폴리오 관리자는 1년 동안에 6%의 수익을 얻어 4%의 수익을 얻은 벤치마크 포트폴리오보다 2%포인트 더 많은 수익을 얻었다고 가정하자. 포트폴리오의 위험이 벤치마크 포트폴리오의 위험과 유사하다고 가정한다면, 이것은 포트폴리오 관리자가 벤치마크 포트폴리오보다 더 좋은 성과를 올렸다는 것을 나타낸다.

그러나 이러한 성과에도 불구하고 생명보험회사가 보험계약자에게 7%에 상당하는 수익률을 지급하기로 약정하였다면 생명보험회사는 부채를 완전히 상환하지 못할 수도 있다. 이러한 결과는 높은 투자성과에도 불구하고, 투자목표의 설정과 정책결정의 잘못으로 부채상환이라는 투자목표를 달성하지 못하게 된다.

제2절 증권투자전략

2.1 매입보유전략

(1) 매입보유전략의 의의

투자의 가장 기본적인 실행방법은 증권을 가격이 낮을 때 매입하여 가격이 오를 때까지 보유하는 것이다. 특히 증권의 가격이 안정적이고, 장기적으로 상승할 전망이라면 투자에서 이익을 얻기 위하여 이 방법 외에 별다른 방법을 찾을 수 없을 것이다.

우량(blue chip)주식을 매입하여 장기간 동안 보유하는 투자전략은 크게 신경을 쓰지 않아도 상당한 수익을 올릴 수 있는 편안한 전략이라는 장점을 가지고 있다. 실제로, 매입보유(buy and hold)전략은 수동적인 관리라는 측면에서 많은 투자자에게 매력적일 수 있다. 이것은 또한 증권가격이 상하로 변동하는 가운데에서 투자시점의 결정으로 발생될 수 있는 위험을 최소화할 수 있는 장점도 있다. 매입보유전략의 성공은 다음의 세 가지 요인에 달려 있다.

ⓐ 주식시장의 장기추세
ⓑ 선택된 주식의 특성
ⓒ 배당의 재투자

역사적으로 주식시장은 시간이 지나면서 가치가 지속적으로 증가하면서 상승하여 왔다. 시장붕괴, 장세폭락, 시장조정장세 등이 반복되었지만, 시장은 전반적으로 꾸준히 상승하여 왔다. 주식시장이 장기적인 상향추세를 유지하면, 매입보유전략은 투자자에게 이익을 가져다줄 수 있다.

(2) 투자대상 증권의 선택

매입보유할 대상 증권을 선택하는 일은 다소 복잡하고 어렵다. 기업의 경영활동에서 고도의 강점을 가지고, 제품매출과 매출액 성장에서 산업 선두주자, 혹은 성장속도를 조정할 수 있는 선도기업, 그리고 현재의 시장점유율을 개선하고 장기적인 기업성장을 보장하기 위한 정책적인 조치를 취하고 있는 기업이 발행한 주식을 매입보유의 대상으로 선택하여야 할 것이다. 이런 조건에 알맞은 주식은 일반적으로 우량주(blue chip stocks) 혹은 소득주(income stocks)로 알려져 있으며, 이미 고도성장을 완료한 성장주식이다.

전형적으로 보수적이고 소득 지향적인 투자자들은 소득주(배당률이 높은 주식)에 많은 돈을 투자하고, 보수적이지만, 다소 공격적인 투자자는 성숙한 기업의 주식에 더 많은 돈을 투자한다. 이런 투자의 주요 요점은 이 범주에 속하는 주식들은 가격이 상승하고 장기간에 걸쳐서 높은 배당을 지급할 잠재력을 가진다는 것이다.

주식을 매입보유하려는 투자자에 대하여 이러한 특징은 이 전략의 성공가능성을 확실하게 높여준다.

특히 미국의 경우에, 매입보유전략의 한 가지 특징적인 측면은 배당재투자계획이 투자자의 수익을 더 크게 향상시킬 수 있는 복합효과를 제공한다는 것이다. 이 계획은 지급받은 배당금을 현금으로 활용하는 대신에 투자자는 그 배당금으로 보통주를 추가로 매수하는 전략을 추구하는 것이다. 개인투자자들이 장기적으로 주가가 상승하는 우량기업의 주식에 이와 같은 배당재투자계획을 활용할 경우 점진적인 주식수의 증대와 주가의 상승으로 투자수익을 더 크게 증가시킬 수 있다.

(3) 전략실행의 유의사항

우량기업에 투자를 했을지라도 회사가 여러 분기 동안 경영실적이 향상되지 않거나 나빠지면 매각해서 다른 우량회사의 주식으로 바꾸는 것이 바람직하다.

매입보유 투자전략은 대단한 방법은 아니다. 그리고 시장에서 하루에 몰락하거나 또는 하루에 벼락부자가 되는 그런 전략도 결코 아니다. 오히려 이 전략은 지루하다고 할 정도로 장기간 유지해야 하는 소극적인 방법이라 할 수 있다. 그럼에도 불구하고 증권투자를 처음으로 시작하는 소액투자자가 선택할 수 있는 가장 편안한 방법 중의 하나임에 틀림이 없다.

이 전략을 사용하는 투자자는 시장에 대한 장기적인 전망을 따라야 하고 시장의 일상적인 하락 혹은 반전에 대하여 무관심하여야 한다. 1일, 주, 월 등의 단기간의 시장상황에 반응하여 투자종목을 수시로 변경해서는 안 된다. 다만 주식을 매각하고 더욱 적합한 기업의 주식으로 바꾸어 투자하는 것이 확실한 이득을 보장할 수 있도록 기업 장기계획의 어떤 변화를 감지해낼 정도의 경계심은 가지고 있어야 한다.

2.2 매수원가평균화 전략

(1) 매수원가평균화 전략의 의의

투자비용평균화 전략 혹은 매수원가평균화(dollar-cost averaging)는 한 종목의 주식 혹은 뮤추얼펀드에 정기적으로(규칙적인 기간별로 즉 월별, 분기별, 반년 등 투자자가 임의로 정한 기간) 동일한 금액을 투자하는 장기투자전략이다. 미리 설정된 각 매입시점 마다 시장에서 형성되는 주식가격은 고려하지 않고, 즉 시장가격이 얼마이든지 상관없이 주식을 매입하여야 한다. 1회에 투자할 고정금액과 투자시기의 규칙성은 가격결정과 투자시점결정의 위험을 최소화하려는 매수원가평균화 전략의 성공 요소이다.

매수원가평균화 전략의 작동원리는 다음과 같이 매우 간단하다. 증권의 가격이 하락하면, 고정된 투자금액으로 더 많은 주식의 매입이 가능하다. 반대로 주식의 가격이 상승할 때에는 고정투자금액으로 매입할 수 있는 주식수는 줄어든다. 〈표 13-1〉과 같이 일반적으로 이런 과정을 반복하여 투자하면, 장기적으로 투자자는 각 주식의 매수원가가 투자기간 중 주당평균가격보다 더 낮아진다는 것을 알 수 있다.

매월 1일에 200,000원을 투자하여 특정 주식을 매입한다고 하자. 시장 특성상 가격은 늘 변동하므로 각 시점에서 매입하는 주식의 가격은 서로 다를 것이다.

표 13-1 매수원가평균화 전략의 예

월	고정투자금액(원)	주가(원)	매입주식수
1	200,000	25,000	8.00
2	200,000	22,000	9.09
3	200,000	20,000	10.00
4	200,000	26,000	7.69
5	200,000	19,000	10.50
6	200,000	18,000	11.11
7	200,000	24,000	8.33
8	200,000	28,000	7.14
9	200,000	31,000	6.45
10	200,000	35,000	5.71
11	200,000	30,000	6.67
12	200,000	32,000	6.25
총매입 횟수	총투자액	주당평균가격	총매입주식수
12회	2,400,000원	25,830원 (=310,000÷12)	97주
주당매입원가(평균매입단가)	2,400,000÷97=24,740원		

〈표 13-1〉은 매월 초에 형성되는 주식의 가격과 그 시점에서 매입한 주식수를 나타내고 있다. 1년간의 투자기간에 대한 주당평균원가와 같은 기간의 주당 평균가격을 비교해보면 전략의 특성을 찾아낼 수 있다. 12개월에 걸쳐서 2,400,000원을 투자하여 97주를 매입하였다. 이 기간 중 주식의 주당평균가격은 25,830원이었다.

310,000원/12 = 25,830원

이 기간 동안 주당평균원가는 12개월 동안 투자된 총금액을 매입한 총주식수로 나누어 24,740원으로 계산된다.

2,400,000원/97주 = 24,740원

동일한 기간 동안 각 주식의 매입원가는 주당평균가격보다 1,090원만큼 작다. 증권의 가격이 항상 변동한다고 하면, 매수원가평균화 전략은 투자자의 주당매수원가의 수준을 주당평균가격보다 낮게 만들 수 있다.

그렇지만 평균매입원가가 평균가격보다 낮다는 사실만으로 확실한 이익을 보장한다는 것을 의미하지는 않는다. 주가가 투자기간 중 하향추세를 나타내면, 평균매입원가는 평균가격보다 더 낮을 것이다. 그러나 투자자는 주식 가격의 측면에서 살펴보면 전체적으로 손실을 입게 된다.

〈표 13-1〉에 예시된 기간의 처음 6개월을 살펴보자. 이 기간 초에 시장가격은 주당 25,000원이었다. 6번째 달의 주가는 주당 7,000원이 감소한 18,000원이다. 6개월 동안 주당평균가격은 21,670원이며, 평균매입원가는 21,280원으로써 390원만큼 평균가격보다 더 낮다. 따라서 하향추세가 확실한 경우 기다렸다가 6개월 뒤에 한꺼번에 매수하는 경우의 주당평균매입원가 18,000원과 비교하면 큰 손해를 보게 될 것이다.

매수원가평균화 전략은 단기적인 상승시장에서 투자자의 이익을 감소시킨다. 주식의 가격이 단지 소규모로 역전 혹은 하락하고 반대로 주가상승은 크고 급속하게 이루어지면, 주당평균원가는 투자초기의 주가보다 대체로 더 높을 것이다. 이 경우에, 나누어 투자하는 것보다 주가가 낮은 투자초기에 한꺼번에 주식을 모두 매입했을 때 가장 큰 이득이 발생할 것이다. 그러나 이러한 단점은 이 전략이 일반 개인투자자에게 이용될 수 있고, 또한 비교적 장기의 투자기간을 염두에 두고 실행되기 때문에 크게 문제가 되지는 않을 것이다.

(2) 매수원가평균화 전략의 성공요인

매입보유전략처럼 매수원가평균화 전략은 주식의 가치 혹은 가격이 장기간 증가하는 경향이 있다는 기본 전제에서 시작한다. 이 전략으로 성공하기 위한 대체적인 원칙은 다음과 같다.[3]

ⓐ 장기투자를 하라.
ⓑ 정규적으로 투자하라. 월별 혹은 분기별이 좋다.
ⓒ 주식의 가격에 관계없이 투자하라.
ⓓ 우량주식을 선택하라.

투자자는 주가 상승시기나 하락시기를 심리적으로 무시하고 이 계획을 유지해야 한다. 그리고 투자자는 일정 시기가 지난 후 주가가 상승한 정점에서 매각할 수 있을 정도로 충분히 심리적으로 강해야 한다. 이렇게 하기 위해서 매수원가평균법을 수행하는 투자자금은 단기적인 자금이 아니라 재산형성을 위한 여유 있는 장기자금이어야 한다. 장기투자이므로 투자기간 중의 배당을 재투자할 경우 그 효과는 더 크게 나타난다.

그리고 투자자는 기간별로 자기 투자목표가 여전히 지켜지고 있는지를 확인하기 위하여 보유하고 있는 기업의 재무제표와 기타 정보들을 정기적으로 분석해보아야 한다.

2.3 고정금액계획

(1) 고정금액계획의 의의

고정금액계획(constant-dollar plan)은 투자자가 포트폴리오의 총 투자금액 중에서 일정한 고정금액을 주식에 투자하고 나머지는 고정소득증권에 투자하는 방법이다. 주식가격의 상승 혹은 하락의 크기에 관계없이 주식에 동일한 수준의 투자금액을 유지해야 한다.

주가가 상승하면, 주식의 총가치는 증가하게 될 것이므로 사전에 정한 고정금

[3] 물론 이러한 원칙은 전략의 기본적인 개념에 근거한 것일 뿐이고, 주식시장의 상황이 지속적으로 하락한다든지, 상승하는 경우에는 투자성과를 분석하여 전략을 수정하는 것이 필요할 것이다.

액보다 많아져서 고정금액이 될 때까지 주식을 매각하여(매각대금=주식총가치-고정금액), 그 매각대금을 주식보다 안전한 고정소득증권에 투자한다. 전통적으로 이 매각대금이 투자되는 고정소득증권은 채권이다. 그러나 경제상황에 따라서 그 자금을 CD(양도성예금증서) 혹은 단기화폐성 증권에 투자하거나, 혹은 현금으로 보관·유지할 수도 있다.

주가가 하락하면, 주식의 총가치가 하락하여 미리 설정해 둔 고정금액보다 작아진다. 주식투자의 고정금액을 회복하기 위하여 주식을 매입한다. 이때 추가로 확보해야 할 주식매입금액은 고정금액에서 현재의 주식총가치를 뺀 금액이다. 보통주 매입에 사용되는 자금은 고정소득증권을 매각하여 조달하는 것이 아니라(이렇게 할 수도 있지만) 투자자는 다른 데서 주식투자자금을 조달하여 사용하는 것이 전략의 효과를 크게 할 수 있다.

이 전략의 가장 큰 장점은 주가가 상승하면 투자자가 이익을 실현하여 안전한 자산에 투자해 두는 것이라고 할 수 있다. 그래서 주가 상승시 더 많은 주식을 매입하고, 결과적으로 최고가격에서 주식을 매입하는 일반투자자의 투자성향을 억제시켜준다. 반대로 이 전략은 주가가 하락할 때, 투자자가 투자자금의 확대된 구매력을 이용하여 더 많은 주식을 매입함으로서 평균매수원가를 낮출 수 있게 해준다. 즉 포트폴리오에 포함된 총주식의 전반적인 매입원가수준을 저하시키는 것이다.

이 투자전략은 주식투자금액을 일정금액으로 고정시키므로 포트폴리오에 포함된 다른 투자안(일반적으로 고정수익증권)과의 비율은 변동한다. 주가가 상승할 때는 주식매각을 실행하여 주식에 대한 포트폴리오의 비중은 감소할 것이고, 다른 고정수익증권의 투자비율은 증가할 것이다. 주가가 하락할 때는 주식매입이 이루어져 주식에 대한 투자비율은 증가하고 다른 증권의 투자비율은 감소하게 된다.

(2) 고정금액계획의 실행과정

[그림 13-1]은 포트폴리오 투자금액 중 주식에 50만원을 유지하고 나머지를 채권에 투자하는 고정금액계획의 수행과정을 나타내고 있다. 투자자는 포트폴리오를 설정하는 시점에 주식가치가 원래 투자금액에서 20% 상승하거나 하락할 때 주식의 투자가치가 미리 설정한 고정금액으로 회복되도록 포트폴리오를 재조정하

그림 13-1 고정금액계획의 주식수 변동

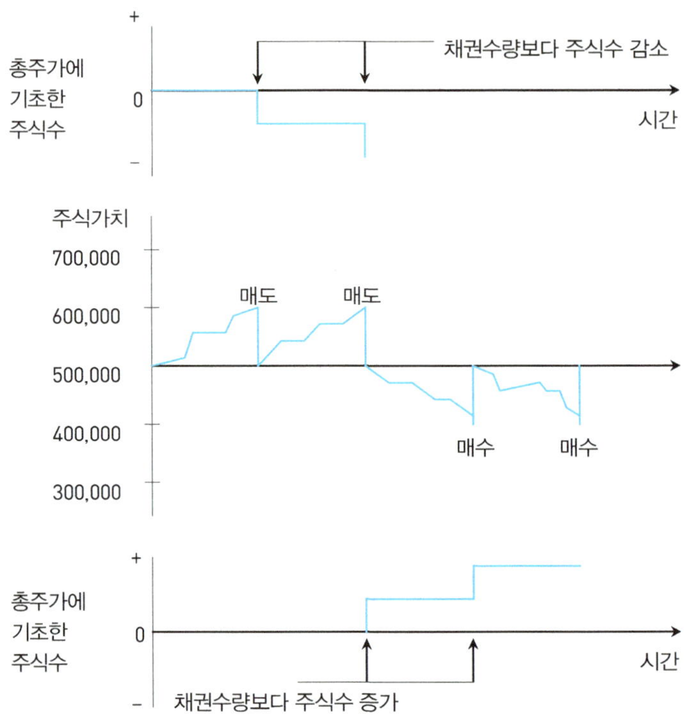

기로 하였다. 그래서 주식의 가치가 고정금액보다 10만원 증가하면, 주식의 총가치를 50만원으로 회복하기 위하여 주식의 일부를 매각한다. 그 매각대금은 채권에 재투자한다. 주식가치가 50만원 이하로 하락하여 10만원이 감소되면, 주식의 총가치가 50만원이 되도록 하기 위하여 10만원만큼의 주식을 매입한다.

이 계획은 장기간에 걸쳐서 주가가 상승한다는 경험에 기초하고 있다. 가격상승이 이루어지면, 고정금액계획에서는 위험한 투자(주식)로부터 이익을 실현하여 덜 위험한 증권(채권, CD 등의 고정소득증권)에 그 이익을 재투자해 두는 것이다.

장기적인 상승장세에서 고정금액계획을 이용하는 투자자는 최대의 이익을 달성하지는 못한다. 실제로, 투자포트폴리오에서 얻는 총수익은 자금이 주식에 그대로 투자되어 있을 때보다 더 적을 것이다. 그러나 고정금액계획을 실행하는 투자자의 가장 중요한 투자목적은 비교적 위험한 투자에서 얻은 이익을 안전한 투자자산으로 옮겨두어 관리하는 것이다.

이 계획을 효과적으로 수행하는데 있어 비교적 가격이 안정되어 있는 주식은 고정금액계획을 실행하는 데 최적이라고 할 수는 없다. 장기적으로 주가상승의 잠재력을 가지고 있고, 그 시장가격이 변동하는 경향이 있는 기업의 주식이 알맞을 것이다.

포트폴리오 중에서 주식에 투자하여 유지해 나갈 고정금액을 결정하는 것은 투자자가 받아들일 수 있는 위험의 정도에 달려 있다. 투자자가 소극적이고 위험회피적이면, 고정소득증권 또는 단기화폐성증권에 더 많이 투자해야 할 것이다. 투자자의 목적이 재산형성과 그 증대에 초점이 맞추어져 있다면, 주식에 더 많이 투자하는 계획을 세울 수 있다.

또한 투자자의 결정은 시장상황에 의해서도 영향을 받는다. 이자율이 낮으면, 주식이 더 큰 성장기회를 가지기 때문에 고정수익증권보다 더 많은 금액이 투자될 것이다.

(3) 가격위험과 시기선택위험

매입보유전략이나 매수원가평균화 전략에서 나타나는 상황과는 달리 고정금액계획에서는 가격위험과 시기선택위험이 중요한 성공요인이 된다. 가격위험은 특정 증권의 매입시 시장상황의 변화로 높은 가격으로 매입하고 매도시 낮은 가격으로 매도할 가능성을 말한다. 시기선택위험은 주가가 상승을 시작할 시점인데도 불구하고 매도할 시점으로 선택하거나 반대로 주가가 하락을 시작하는 시점인데도 매입시점으로 선택하여 실제로 매입할 가능성을 말한다.

주가가 조금 상승했는데 팔아야 하는가 혹은 더 많이 상승하도록 기다려야 하는가? 주가가 약간 하락하였는데 주식을 더 많이 사야 하는가 아니면, 가격이 더 하락하도록 기다려야 하는가? 투자자들이 일상적으로 증권시장에서 겪고 있는 상황이다.

이러한 투자시점의 결정과 관련되는 난관은 두 가지 방법으로 다루어질 수 있지만, 절대적인 방법은 아니다. 먼저 투자자는 매각 혹은 매입신호로 사용할 가격상승 혹은 하락의 비율(20%, 30% 등) 혹은 가격의 금액범위를 미리 정해두는 것이다. 예를 들어, 주가가 20% 하락하면, 고정금액수준으로 주식의 가치를 회복시키기 위하여 더 많은 주식을 매입한다. 또 하나는 이득이나 손실의 비율을 투자신호로 사용하는 대신에 시간의 간격(분기, 반년)을 정해 둘 수도 있다. 각 기의 기초나 기말에 포트폴리오의 투자상태를 살펴서 적당하게 매입 혹은 매도를 한다. 따라서 투자자는 포트폴리오를 검토하고 조정하기 위하여 한 가지 기준(비율 혹은 금액 또는 시간)을 선택해 두면 편리하다.

이와 같이 할 경우, 투자자는 주가가 더 높아지거나 더 낮아지는 것을 기다리거나 혹은 최선의 매입 혹은 매도시점이 언제인지를 알아내지 않아도 된다. 이 기준들은 또한 투자자의 감정적인 위험을 완화시켜 준다.[4] 미리 정해둔 기준에 따라 수행하기만 하면 되기 때문이다.

그래도 해결되지 않는 이 방법의 심각한 위험은 재투자위험이다. 사전에 정한 기준에 따라 투자자가 가격이 상승한 주식을 매각하고 고정소득증권을 매입할 때, 주식보다 더 낮은 수익을 제공하는 고정소득증권에 투자해야만 하는 경우에 직면할 수도 있다. 한편 가격이 하락할 때 투자목적의 입장에서 보면 적합한 투자전략이 당해 기업의 주식을 기준치보다 더 많이 매입해야 바람직한 경우도 있다.

따라서 이 고정금액계획을 성공적으로 수행하기 위해서는 주식의 가격변동에도 관심을 기울여야 하지만 투자 종목인 주식의 선택과 투자상태의 기간별 검토도 필수적이다.

2.4 고정비율계획

(1) 고정비율계획의 의의

고정비율계획(constant-ratio plan)은 투자기간 동안 주식에 투자된 포트폴리오의 고정비율과 채권에 투자된 포트폴리오의 고정비율을 유지하는 것을 제외하면, 고정금액계획과 유사하다. 예를 들어, 투자자는 주식에 55%, 채권에 35%, 그리고 단기화폐성증권에 10% 등의 자산배분비율을 유지해 나가는 계획을 세울 수도 있다.

각각의 투자증권의 유형별로 선택되는 비율은 투자자의 목적과 위험성향 그리

[4] 검토시기들 사이에 주가가 일시적으로 급락하거나 급상승할 경우에 투자자가 심리적으로 부적절하게, 즉 과도하게 반응할 수 있다.

고 그 시점의 여러 가지 투자 상황에 따라 달라질 수 있다. 보수적인 투자자는 고정소득증권에 많은 비율을 투자하고, 공격적인 투자자는 주식에 많은 비율의 자금을 할당할 것이다. 한번 설정된 비율은 증권의 가격상승 혹은 가격하락에 관계없이 유지되어야 한다.

한편 주식시장의 변화수준에 맞추어 투자비율을 여러 단계로 설정해두는 방법을 변동비율계획이라고 한다.

(2) 고정비율계획의 실행과정

[그림 13-2]에서 투자자는 60만원의 포트폴리오 중 50%를 주식에, 50%를 채권에 할당하고 있다. 각 분기의 시초에 채권에 대한 주식의 비율을 검토해서 원래의 비율을 회복하기 위하여 적절하게 매입·매도를 하여 조정한다.

첫 분기에 주식의 가치가 40만원으로 증가하고, 채권이 26만원으로 감소하였다. 포트폴리오의 총가치는 이제 66만원이 되었다. 그러나 채권에 대한 주식의 비율은 이제 50 : 50이 아니라 61%(=40만원/66만원)대 39%(=26만원/66만원)가 된다. 50 : 50의 고정비율로 회복하기 위하여 주식을 7만원만큼 매도하여 33만원(=66만

그림 13-2 고정비율계획의 실행과정

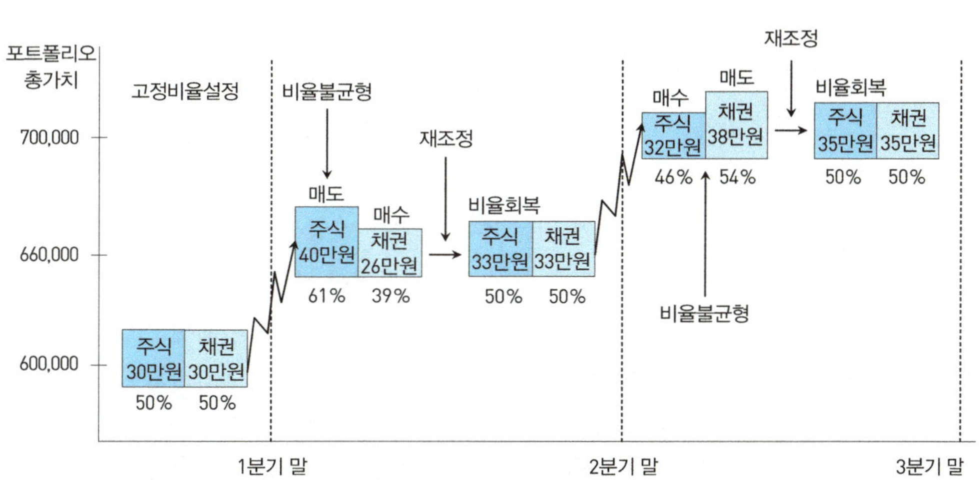

원/2)으로 주식의 총가치를 감소시키고, 채권을 7만원 어치 더 매입하여 33만원으로 증가시킨다. 그 결과 주식과 채권은 50 : 50의 비율로 원래와 같이 회복된다.

채권의 가치가 상승하고 주식의 가치가 하락하면, [그림 13-2]의 3분기에서 볼 수 있듯이 투자자는 채권을 매도하여 그 대금으로 주식을 사서 설정된 비율을 다시 맞춘다.

(3) 고정비율계획의 성공요인

고정금액계획에서와 같이 가격위험과 시기선택위험이 고정비율계획에서도 중요한 성공요인이다. 그러나 이 요인들의 위험효과는 비율을 조정하는 기준(일정금액, 비율 혹은 투자시기)을 사용하여 최소화할 수 있다.

한편 이 투자계획도 고정금액계획처럼 상당한 재투자위험에 노출되어 있다. 투자자는 포트폴리오를 구성하는 주식과 채권을 신중하게 선택하여야 한다.

고정금액계획과 같이 고정비율계획은 장기전략으로서 주식과 채권의 가격은 변동하고, 주식의 가치는 시간이 흐름에 따라 꾸준히 상승하는 경향이 있다는 것을 염두에 두고 있다. 고정비율계획도 언제나 이익을 보증하거나 이익을 최대로 만들어 주지는 않는다. 그러나 포트폴리오에서 상대적으로 가치가 상승한 증권에서 달성된 이익을 실현시켜서 가치가 감소하여 이익의 구매력이 더 높아진 다른 유형의 증권에 재투자하는 것을 가능하게 한다. 따라서 장기적으로 포트폴리오에 포함된 주식과 채권의 수가 증가하고, 각 증권의 가치가 상승하면, 포트폴리오 전체의 가치가 더욱 상승하여 이익이 더욱 확대된다.

고정비율계획을 구사하는 투자자는 포트폴리오를 구성하는 각 증권에 할당되어진 비율을 정기적으로 검토해야 한다. 장기적으로 기대되는 주식시장의 추세뿐만 아니라 투자목적의 변화가 있는 경우에 이를 반영하여 개별증권들 사이에 할당된 투자비율이 적합하다는 것을 확실하게 해두어야 한다.

일반적으로 많은 전문투자기관들은 현재 시점의 시장상태에 적합한 자산배분계획을 제시하고 있다. 예를 들면, A증권회사가 안정적인 재산형성을 지향하는 투자자들에게 주식 30%, 채권 40%, 그리고 단기금융상품 30% 등의 투자비율을 가지는 포트폴리오를 구성하는 것이 현재의 시장상황에서 가장 적절한 투자라고 의견을 제시하는 것이다.

2.5 신용거래전략

(1) 융 자

1) 신용매입전략의 의의

일반적으로 신용거래는 고위험, 고수익을 지향하는 투자자를 위한 하나의 방법이다. 신용거래는 주식의 매입자금을 빌려주는 융자와 매도할 주식을 빌려주는 대주가 있다. 융자는 투자자의 입장에서 투자자금을 빌려 주식을 매입하는 것이므로 신용매입이라고도 한다. 대주는 투자자 개인소유의 주식을 매도하는 것이 아니므로 공매도(short selling)라고도 한다.

주식을 신용으로 매입한다는 것은 매입하는 주식 매입대금의 일부만 납부하고 주식을 사는 것이다. 투자자는 매입하는 주식대금의 일정 비율인 신용거래보증금만 납부하면 주식을 살 수 있다. 모자라는 금액은 금융투자회사가 투자자에게 융자를 해주는 것이다. 금융투자회사는 주식매입가격에서 신용거래보증금을 제외한 나머지 투자금액을 융자해 준다. 이 융자의 누적액을 신용거래잔고라 하고, 투자자가 매입한 주식으로 보증이 된다. 신용거래로 주식을 매입, 보유하는 신용잔고에 대하여 투자자는 그 기간 동안 이자지급을 부담해야 한다.

주식을 신용으로 매입하는 가장 큰 장점은 레버리지효과이다. 이는 훨씬 큰 금액의 증권을 비교적 적은 금액의 자금을 사용하여 매입, 보유하고 발생하는 이익을 획득할 수 있는 효과를 말한다. 주식가격의 상승에서 오는 이익은 전부 투자자의 몫이 되는 대신에 매입대금의 일부와 차입한 자금의 이자만 지급하였기 때문에 동일한 주식을 전액 투자자의 자금을 이용하여 거래한 것보다 더 큰 비율의 수익을 얻을 수 있다.

2) 신용매입의 효과

주당 20,000원인 주식을 두 투자자가 각각 100주씩 산다고 하자. 투자자A는 자기의 위탁거래계좌에 200만원을 예탁하여 주식매입대금을 자기의 돈으로 완전히 지불한다. 그리고 투자자B는 그의 신용거래계좌에 신용거래증거금으로 매입대금의 40%인 80만원을 납부하여 신용으로 매입한다고 하자. 이제 주가가 5,000원 상승하였다고 하자. 투자자A는 주식가치가 250만원이 되고 투자된 자금에 대하여

25%의 수익률을 얻은 셈이 된다. 한편 투자자B는 융자받은 자금에 대하여 이자를 무시하면, 투자된 자금 80만원에 대하여 동일한 총수익 50만원은 62.5%의 수익률이 된다.

$$\text{투자자 A의 수익률}: \frac{2,500,000-2,000,000}{2,000,000}=0.25(=25\%)$$

$$\text{투자자 B의 수익률}: \frac{2,500,000-2,000,000}{800,000}=0.625(=62.5\%)$$

현재 40%의 신용거래보증금률을 이용하여 신용으로 주식을 매입하면 전액 현금을 지급하고 거래한 투자자보다 잠재적인 총수익을 2.5배로 증대시킬 수 있다. 물론 수수료, 신용대출에 대한 이자, 그리고 거래세 등이 이익에서 지급되면, 수익률은 조금 낮아질 것이다. 그러나 이 예는 신용매입의 효과를 충분히 보여주고 있다.

신용으로 매입하는 것은 또한 투자자의 가격위험을 배가시킨다. 동일한 예를 이용하여서 주가가 주당 5,000원이 하락한 경우를 생각해 보자. 투자자A는 200만원의 투자에 50만원(=100주×5,000원)의 손실을 입어 25%의 투자손실을 입는다. 투자자B는 동일하게 50만원의 손실을 입지만, 80만원만 투자하였으므로 손실률은 62.5%가 되어 전액 현금지불하여 매입한 경우보다 2.5배의 손실을 입는다.

레버리지효과는 신용거래 투자자에게 주가가 상승하는 경우에는 높은 비율의 이득을 얻게 해 준다. 그러나 주가가 하락하면 역으로 손실비율을 증가시킨다. 그리고 신용거래 융자액은 금융투자회사가 정한 상환기간내에 상환하여야 한다. 그래서 이 기간 내에 주가가 상승하지 않으면 많은 손실이 발생할 가능성이 높아진다. 이처럼 신용거래는 투자위험을 배가시키는 현상을 유발시킬 수 있기 때문에 투기적 전략으로 분류된다.

신용으로 주식을 거래하는 투자자는 투기적인 성향을 가졌다고 볼 수 있다. 그리고 투자목적이 보통 단기인 거래자들이다. 이들 투자자들은 각각의 투자자금에 대하여 큰 이익을 얻기 위하여 주가상승이 예상될 때 신용매입을 한다.

장기투자자들에게 신용거래는 매력이 없는 전략일 수 있다. 그 이유 중 하나는 융자한 투자금액에 부과되는 이자이다. 만약 매입한 주식의 배당금이 이자금액을 초과하지 못하면, 투자자의 잠재적 수익은 증가하는 채무(융자원금과 이자의 합산금액)로 인하여 계속해서 감소하게 된다. 신용거래가 장기투자자에게 매력이 없는 두 번째 이유는 가격이 급격하게 하락하면 큰 손실이 발생하고, 투자자가 신용매입한 주식의 일부 혹은 전부를 매각하여 융자금을 상환해야 하는 위험이 발생한다는 것이다. 경우에 따라서는 신용거래계좌의 잔고가 부족할 수도 있다.[5]

신용으로 매입할 수도 있었던 주식에 대하여 현금을 지불하여 매입한 투자자에게는 급격한 가격하락이 이익을 얻을 수 있는 기회가 될 수도 있다. 이론상, 그러한 가격하락은 일반적으로 주식의 가격이 저점에 있다는 것을 뜻하는 것으로 이해될 수 있다. 이럴 경우 현금으로 매입한 증권을 신용계좌로 바꾸어 신용매입을 하면, 소유하고 있는 증권을 신용거래보증금으로 활용하여 투자자는 주식수를 두 배 이상으로 증대시킬 수 있다. 차후에 가격이 상승하면, 투자자의 증가된 보유주식 때문에 이익을 두 배 이상 증가시킬 수 있다.

(2) 대 주

일반적으로 투자자는 가격상승을 기대하면서 낮은 가격에 주식을 매입하여 보유하다가 나중에 가격이 상승하면 그것을 매도한다. 이와 반대로 공매도(short selling)는 가격하락으로 투자자가 이익을 얻기 위해 사용하는 전략이다. 기초적인 투자논리는 '싸게 사서 비싸게 팔아라'라는 오래된 거래관습과 반대로 행동하는 것이다. 즉 '높은 가격에 팔고 싼 값으로 매입하라'를 기본적인 거래규칙으로 삼는 것이다. 가격이 하락할 것을 기대하여 먼저 높은 가격으로 주식을 팔고 나중에 낮은 가격으로 그것을 다시 매입하여 이익을 획득하고 투자상태는 원래대로 회복시키는 것이다.

대부분의 투자자에게 이 전략은 투자의 자연적인 순서와 반대로 행해지는 것 같은 느낌을 준다. "내가 가지고 있지 않은 주식을 어떻게 먼저 팔 수 있을까?" 이 질문에 대한 대답은 투자자가 금융투자회사 혹은 다른 투자자로부터 주식을 빌려서, 먼저 시장에 그 주식을 파는 것이다. 이를 신용거래의 '대주'라고 부른다. 나중에 투자자는 빌린 것과 동일한 주식을 재매입하여 대출자의 계좌에 다시 돌려주면 된다. 대출자는 그러한 주식대출을 허용했더라도 배당지급, 투표권, 신주인수권을

[5] 이런 신용거래계좌를 '깡통계좌'라고 부르기도 한다.

포함하여 주식소유와 관련된 모든 권한과 의무를 계속 보유한다.

일반적으로 공매도는 주가가 하락할 것이 기대되는 상황에서 일어난다. 기대한 것과 같이 주가가 하락하면, 공매도 투자자는 초기 매도금액과 차후의 주식 재매입원가 사이의 차이만큼 이익을 얻게 된다. 이론적으로 공매도 투자자는 주가가 0으로 하락할 경우 최대의 이익을 얻을 수 있다.

반대로 주가가 상승하면, 공매도 투자자는 손실을 입는다. 이때에는 원래의 매도시점의 주가보다 더 높은 가격으로 주식을 재매입할 수밖에 없다. 또한 공매도는 신용으로만 수행될 수 있기 때문에 가격상승은 큰 손실을 초래한다. 주식의 가격은 무제한 상승할 수 있기 때문에 손실은 계속 증가한다. 따라서 주식시장에서 신용거래를 할 때 '융자'를 받는 경우는 흔하지만, '대주'는 위험성이 높아 이용률이 매우 낮다.

(3) 신용거래잔고

신용거래로 현금을 빌려 유가증권을 매입한 투자자나 주식을 빌려 매도한 투자자는 각각 정해진 기한 내에 현금과 주식으로 갚아야 한다. 이때 투자자들이 갚지 않고 대주한 상태로 있는 주식의 수량이나 융자받은 현금의 합계액을 신용거래잔고라고 한다.

신용거래를 이용해서 차입한 돈이나 주권을 상환하려면, 융자의 경우 현금으로, 대주한 경우 주식으로 상환할 수도 있지만 반대매매에 의해서도 상환할 수가 있다. 반대매매란 신용거래로 매입한 사람은 금융투자회사에 담보되어 있는 주권을 다시 팔아 그 대금을 상환하고, 대주로 주식을 공매도한 사람은 금융투자회사에 담보금으로 예치한 대금으로 동일한 주식을 다시 매입해서 상환하는 거래를 말한다.

이와 같이 볼 때 신용거래 매수잔고는 가까운 장래에 시장에서의 잠재적인 매도세력이라 할 수 있다. 신용거래 매도잔고는 반대로 잠재적인 매수요인이 된다. 따라서 신용거래의 매도잔고 또는 매수잔고의 규모나 비율은 가까운 장래의 시장 수급동향을 파악하는데 중요한 지표로 이용되고 있다.

그런데 증권시장에서 신용거래잔고가 적정수준을 유지한다면 신용거래는 유통시장의 활성화에 기여하는 긍정적인 면이 있다. 반면, 지나친 신용거래의 증가는 오히려 주가의 급등락을 유발시켜 증권시장의 안정을 저해할 수도 있다.

요약

증권투자관리의 필요성과 구분

투자관리는 개별자산과 포트폴리오에 대한 관리를 모두 포함한다. 투자자들은 투자기초에 증권의 포트폴리오를 효율적으로 구성한다. 그러나 발행기업의 전망에 대한 투자자의 기대, 이자율수준, 투자자의 효용곡선, 투자자 부의 수준, 투자자 위험선호도 등 포트폴리오 성과에 영향을 주는 요인들에 변동이 발생하게 되면, 투자자는 이러한 변동에 따라 투자목표를 비롯하여 포트폴리오를 수정할 필요가 생긴다.

포트폴리오관리의 구체적인 내용은 포트폴리오 분석, 포트폴리오 수정과 포트폴리오 성과측정 등 세 가지로 분류할 수 있다. 포트폴리오 분석의 결과는 투자정보로 사용된다. 따라서 포트폴리오관리는 포트폴리오 수정과 성과측정을 중심으로 이루어지는 경우가 많다.

투자관리의 과정

- **투자목표의 설정**

  투자목표는 개인투자자의 효용이나 투자기관의 형태에 따라 설정되며, 성과평가와 투자관리의 기준이 된다.

- **투자정책의 결정**

  투자목표를 실현시키기 위하여 자산배분을 비롯한 정책결정이며 주변 환경을 고려하여야 한다.

- **포트폴리오 전략의 선택**

  포트폴리오 구성전략은 시장평균 이상의 초과투자수익을 달성하는 데에 목적을 두는 적극적 전략과 시장평균 수준 정도의 투자성과를 달성하는 데에 목적을 둔 소극적 전략이 있다.

- **자산의 선택**

  개별증권을 평가하여 과대평가 또는 과소평가된 자산을 확인하고 포트폴리오에 포함될 자산을 선택하는 적극적 전략과 시장평균수익률을 달성할 수 있는 개별자산을 포트폴리오에 포함시키는 소극적 전략이 있다.

- **성과측정과 평가**

  포트폴리오 투자결과를 측정하여 미리 설정한 투자목표의 달성 여부와 관련된 성과를 평가한다.

주요 증권투자전략

- **매입보유전략**

  우량주식을 매입하여 장기간 보유하는 전략으로 주식시장은 역사적으로 상승시장이라는 데에 근거를 두고 있다.

- **매수원가평균화 전략**

  한 종목의 주식 혹은 뮤추얼펀드에 정기적으로 동일한 금액을 투자하는 장기투자전략으로서 가격결정과 투자시점결정의 위험을 최소화한다. 장기적으로 각 주식의 매수원가가 투자기간 중 주당평균가격보다 낮아지는 결과가 나타난다.

- **고정금액계획**

  투자자가 포트폴리오의 총 투자금액 중 일정한 금액을 주식에 투자하고 나머지는 고정소득증권에 투자하는 방법으로서 주식가격의 상승 혹은 하락의 크기에 관계없이 미리 설정한 수준에서 투자조정을 하여 주식에 동일한 수준의 투자금액을 유지한다. 주가가 상승하면 투자자가 이익을 실현하여 안전자산에 투자해 두는 것이 이 전략의 핵심이다.

- **고정비율계획**

  고정비율계획은 투자기간 동안 주식에 투자된 포트폴리오의 비율과 채권에 투자된 포트폴리오의 비율을 고정시켜 유지하는 것으로서 고정금액계획과 유사하다.

• 신용거래전략

ⓐ 융 자

일반적으로 신용거래는 고위험, 고수익을 지향하는 투자자를 위한 하나의 방법이다. 융자는 주가가 상승할 것이 예상될 때 투자자금을 빌려 주식을 매입하는 것이므로 신용매입이라고도 하며, 투자자 자신의 투자자금 이상의 투자로 레버리지효과가 발생한다.

ⓑ 대 주

가격하락이 예상될 때 투자자는 주식을 빌려서 매각하고 나중에 주가가 하락할 경우 이를 매입하여 상환하는 전략으로서 투자자의 기대와 다른 상황이 발생하게 되면 매우 큰 손실을 초래한다.

인터넷에서 찾아 읽기

한국거래소 홈페이지/유가증권시장

• https://www.krx.co.kr
  - 증권시장지/신용융자잔고, 대주 잔고 등 검색
  - 증권거래 관련법령에서 신용거래규정 참고

삼성증권 홈페이지

• https://www.samsungpop.com
  - 금융상품 및 투자정보

금융투자협회 전자공시시스템

• https://dis.kofia.or.kr/index/index.html
  - 펀드공시
  - 펀드운용실적

NICE평가정보

• https://www.kisonline.co.kr/intro.html
  - 기업정보/투자지표

연습문제

01 다음 용어를 설명하라.

❶ 투자관리
❷ 매입보유전략
❸ 매수원가평균화
❹ 고정금액계획
❺ 고정비율계획
❻ 융자와 대주
❼ 공매도
❽ 신용거래잔고
❾ 매입보유전략

02 투자관리의 필요성에 대하여 설명하라.

03 매입보유전략의 타당성은 어디에 근거를 두고 있는가?

04 매수원가평균화 전략으로 성공하기 위하여 지켜야 할 전략적인 원칙은 무엇인가?

05 가격위험과 시기선택위험을 설명하라.

06 고정금액계획과 고정비율계획을 구성하는 개념적인 기초는 무엇인가?

07 투자자들이 공매도를 많이 하여 '대주'잔고가 증가하였다. 이 정보를 이용하여 가까운 미래의 시장동향을 예측해보라.

08 매수원가평균화전략에서 투자기간 중 매수원가평균이 평균주가보다 낮을 가능성에 대하여 설명하라.

09 고정금액계획과 고정비율계획의 한계점에 대하여 설명하라.

10 신용거래에서 발생하는 레버리지효과를 설명하라.

SECURITIES MARKET

04

PART 04

다양한 투자상품의 이해

Chapter 14

수익증권과 뮤추얼펀드

제1절 개인투자자의 포트폴리오 구성과 운용
제2절 집합투자기구(투자신탁)와 수익증권
제3절 집합투자기구(투자회사)와 뮤츄얼펀드

학습목표 이 장을 공부한 독자들은 다음 사항을 이해할 수 있어야 한다.

- 투자신탁의 의의
- 투자신탁의 형태
- 수익증권
- 투자회사의 의의

개인투자자들은 직접투자를 하기 위한 시간과 노력이 부족하여 투자목적 달성이 어려울 수 있다. 이 때 투자자들이 투자전문가들이 구성한 간접투자상품(펀드)에 투자하여 투자관리를 하게 되면 투자목적을 쉽게 달성할 수도 있다.

이 장에서 독자들은 간접투자의 대표적인 형태인 집합투자기구(투자신탁과 투자회사)의 기본적인 개념과 그 구조를 학습한다. 투자신탁은 투자자와 전문투자업자 그리고 신탁업자 등 3자의 계약으로 성립되며 자금조달을 위하여 수익증권이 발행된다. 투자자들은 이 수익증권을 매입하여 투자하고, 이 자금을 전문투자업자가 주식, 채권 등에 운용한다. 수익증권의 기본적인 가치는 전문투자업자가 운용하는 자산의 수익과 가치에 따라 증감하고, 투자자들은 수익증권을 환매하여 투자수익을 획득한다.

한편 금융투자를 목적으로 주식을 발행하여 자본을 형성하고 이를 다른 기업의 주식과 채권 등에 운용하는 회사를 투자회사라고 한다. 투자자는 이들 회사의 주식을 매입하여 간접투자를 하게 된다.

투자자들은 투자신탁과 투자회사의 구조와 특징들을 잘 이해하고, 다양한 형태로 발행되는 수익증권의 특성들을 학습하여 개인투자목적의 달성에 충분히 활용할 수 있어야 한다.

제1절 개인투자자의 포트폴리오 구성과 운용

1.1 개인포트폴리오 구성의 한계

개인투자자가 여러 개의 개별 기업주식을 매입하여 직접 자신의 포트폴리오를 구축하는 것이 좋을까? 그렇지 않으면, 전문투자자가 포트폴리오를 구성하여 관리하는 투자전문회사의 수익증권이나 투자회사의 주식을 매입하는 것이 높은 수익을 보장할 수 있을까?

일반적으로 개인투자자들은 주식투자에 대하여 배우고, 또한 주식투자를 통해 돈을 버는 가장 좋은 방법은 자신이 직접 투자를 실행해보는 것이라고 믿고 있다. 그래서 개인의 능력으로 금융투자회사에 위탁거래계좌를 개설하고 주식거래를 한다. 그들은 자기의 포트폴리오를 구축하는 데 관심을 기울이고, 증권연구 혹은 분석을 하기 위해 필요한 시간을 확보해야 한다. 그리고 투자자는 경제, 산업, 기업 등 주식과 관련되는 이론들을 연구하고, 투자할 주식을 선택하고, 주가의 변동을 추적해 보고, 그리고 매수하고 매도하는 시점을 스스로 결정하고 싶어 한다. 이들 개인투자자들은 거래에서 발생하는 이익과 손실에 대해서 책임을 지기를 원한다. 직접 투자해 보려는 희망을 증가시키는 또 다른 요인은 투자자산의 운용에서 느끼는 만족도 있을 것이다.

많은 소액의 초보투자자에게는 개별증권을 선택하고 포트폴리오를 직접 관리하는 것이 위험할 수 있다. 투자에게 요구되는 시간의 한계와 아울러 다양화의 부족, 높은 거래비용 등이 이들 투자자의 투자수익과 위험에 직접적인 영향을 미칠 것이다.

많은 사람들이 소액의 자금을 가지고 주식투자를 시작할 때, 이들 투자자는 근본적으로 투자자금이 소액이기 때문에 주식의 고유위험 또는 비체계적인 위험을 감소시키기 위해 분산투자를 한다는 것은 어려운 일이다. 투자자가 그들의 포트폴리오에 다른 주식을 추가하면, 보유주식이 더 다양화되기 때문에 포트폴리오의 위험은 감소한다. 개별주식의 고유위험이 상쇄되려면, 얼마나 많은 주식을 소유해야 하는가? 여러 가지 연구에 의하면, 8개에서 10개 정도의 주식으로 포트폴리오를 구성하는 경우 고유위험의 약 90% 정도를 감소시킬 수 있는 것으로 알려져 있다.

이와 같이 다양화를 위해 포트폴리오를 구성하고 싶어 하는 투자자는 투자비용이 많이 들 수도 있다. 예를 들면, 증권시장의 상장주식의 평균가격이 20,000원이고, 투자자가 충분히 다양화를 하기 위해 필요한 8개 종목을 선택하여 10주만큼만 매입한다고 하자. 이 경우 총투자원금 160만원이 필요하게 된다.

초기 투자원금을 낮추기 위해 투자자는 신용으로 주식을 매입할 수도 있지만, 증권매입을 위해 금융투자회사에서 차입한 금액에 대하여 이자를 부담하여야 한다. 투자자가 금융투자회사의 창구를 이용한 장외거래에서 단주를 매입할 수도 있으나 주당 거래수수료 비용은 거래소의 거래단위(1주) 거래보다 더 높다. 더구나 투자자가 위탁계좌를 통해서 활발하게 거래할 계획이라면, 거래비용은 더욱 증가할 것이다. 결과적으로 주식투자에서 충분한 수익성을 확보하려면, 매도가격과 매수가격의 차이가 더 커져야 한다.

1.2 간접투자와 직접투자의 배분선택

직접투자에 따르는 과다한 시간투입, 주식선택에서 발생할 위험, 높은 거래비용, 소액투자로 인한 다양화의 부족 등은 투자자가 개인포트폴리오를 구성할 때 신중히 고려해야 하는 부정적 요인들이다.

여러 가지 투자수단 즉 증권의 유형에 관한 지식, 자산배분, 다양화, 투자시기 선택의 위험, 거래비용, 그리고 전문성의 부족 등은 개인이 직접 포트폴리오를 구성하는 것이 유리하지 않을 수 있다는 것을 나타낸다.

개인투자자가 입기 쉬운 위험을 줄이고, 동시에 주식에 직접투자를 할 수 있는 방법은 없는가? 이런 투자자는 자신의 투자원금의 일정비율을 직접투자에 할당하고, 그 나머지를 전문투자자가 운용하는 비교적 안전한 금융자산에 투자하는 것이 한 방법이다.

이런 접근방법의 장점은 투자자의 투자자금 중에서 많은 부분을 다양한 증권으로 포트폴리오를 구성하여, 전문적으로 투자관리를 하고, 안정적인 수익을 제공하는 집합투자기구[1]에 투자하여 투자위험을 크게 감소시킬 수 있다는 것이다. 그리고 나머

[1] '자본시장과 금융투자업에 관한 법률' 참고

지 투자자금은 투자자가 주식에 직접 투자하여 투자지식 습득과 투자의 묘미를 추구하는 것이다.

개인투자자가 직접 투자할 경우 투자자금을 어떻게 투자하는 것이 좋을지 살펴보자. 먼저 평소에 관심을 가진 산업영역에 속하는 기업의 주식에 투자하는 것이 가장 좋다. 그래서 직업과 직접 관계가 있거나, 가족이 관계하고 있는 산업이 좋을 것으로 생각된다. 이렇게 할 경우 산업의 기술수준, 개발동향, 제품시장동향, 기업간 시장점유율, 매출액구성 등을 늘 관찰할 수 있고, 그 동향에 익숙해져 있을 것이다. 특히 개인의 직무경험이 산업이나 개별기업의 정보분석의 기초로 활용될 수 있다면 큰 도움이 될 것이다. 즉 기업제품의 품질수준비교, 제품가격의 수준, 해외동향, 고객관계, 산업의 성장성, 대체산업과의 경쟁정도 등을 기초로 증권의 기본분석을 쉽게 할 수 있다. 또한 기술적인 분석 수준에서 과거주가의 역사적 추이와 미래의 추세를 쉽게 예측하고 빠르게 이해할 수 있을 것이다.

직무경험을 이용하든지 혹은 개인적인 관심으로 일차적인 지식을 가진 산업의 주식에 접근할 경우 투자와 관련되는 각종 정보를 쉽게 이해할 수 있으며 확신을 가질 수 있다. 이러한 입장에서 학생의 경우 관심 있는 산업을 선정하여 늘 주시하고 연구하여야 한다. 이것이 지속되어 산업과 기업에 대한 지식이 쌓이면 투자와 관련한 업종전문가가 될 수도 있다.

제2절 집합투자기구(투자신탁)와 수익증권

2.1 투자신탁의 의의와 구조

증권투자신탁(securities investment trust) 또는 투자신탁(trust investment)은 집합투자회사인 전문적인 투자기관(예, 자산운용회사)이 불특정 다수의 고객으로부터 자금을 모아 주식, 채권 등 증권에 투자·운용하고 그에 따른 운용성과를 고객에게 분배하는 제도이다.[2] 전문투자기관이 운용하기 때문에 높은 수익률을 기대할 수

[2] 투자를 위하여 불특정 다수의 투자자에게서 투자목적과 방법 등을 알려서 조달한 투자자금을 '펀

있고, 여러 종목에 분산투자할 수 있으므로 위험을 최소화할 수 있다. 신탁재산은 수탁은행에서 안전하게 보관, 관리되고, 신탁재산에서 발생된 손익은 전부 투자자에게 귀속된다.

투자자금이 영세하거나 투자정보에 한계가 있는 일반투자자는 증권시장에서 직접 효과적인 투자결정을 수행하기가 어려운 경우가 많다. 투자신탁은 이러한 일반투자자를 위하여 전문적인 투자대행기관이 투자를 대행하여 주는 제도이다. 따라서 투자신탁은 다음 세 가지의 특성을 가지고 있다.

ⓐ 공동투자 : 다수 투자자들의 자금을 모아 투자기금 형성
ⓑ 간접투자 : 전문투자자에 의한 투자실행과 관리
ⓒ 분산투자 : 투자대상의 다양화로 위험최소화

신탁(trust)은 신탁재산을 다른 사람에게 의뢰하여 자기 자신 혹은 자기가 지정하는 제3자를 위해 그 재산을 관리하고 처분하도록 하는 법률관계를 말한다. 신탁재산에 따라 금전신탁, 부동산신탁, 또는 증권신탁 등으로 분류할 수 있다.

2009년 2월 4일부터 시행하고 있는 현행의 자본시장법은 간접투자를 하기 위한 기구를 '집합투자기구'라 하고 있다. 집합투자기구는 신탁계약을 체결해야하는 투자신탁과 회사형태로서 투자회사, 투자유한회사, 투자합자회사, 투자유한책임회사가 있고 조합형태로서는 투자합자조합, 투자익명조합 등이 있다.

그리고 집합투자기구는 집합투자재산의 운용대상에 집합투자재산의 40% 이상을 증권에 투자하는 증권집합투자기구, 그 재산의 40% 이상을 부동산에 투자하는 부동산집합투자기구, 증권과 부동산을 제외한 특별자산에 40% 이상을 투자하는 특별자산집합투자기구, 혼합자산집합투자기구, 단기금융집합투자기구 등으로 구분된다.[3]

투자신탁에서 집합투자업자는 투자자로부터 위탁받은 자금을 신탁회사 혹은 신탁업을 겸영하는 금융기관(주로 은행)에 보관하고, 신탁재산의 운용지시권을 가

드(fund)'라고 한다. 보통 투자목적이나 방법 등의 특징적 내용으로 명칭을 붙여서 펀드를 구분하고 있다. 독자들은 금융투자협회의 회원제도/통합공시시스템 http://dis.kofia.or.kr/index/index.html에서 펀드의 공시내용을 검색 참고할 수 있다.

[3] 자세한 내용은 자본시장법 '제5편 집합투자기구'를 참고하기 바란다.

그림 14-1 투자신탁의 구조

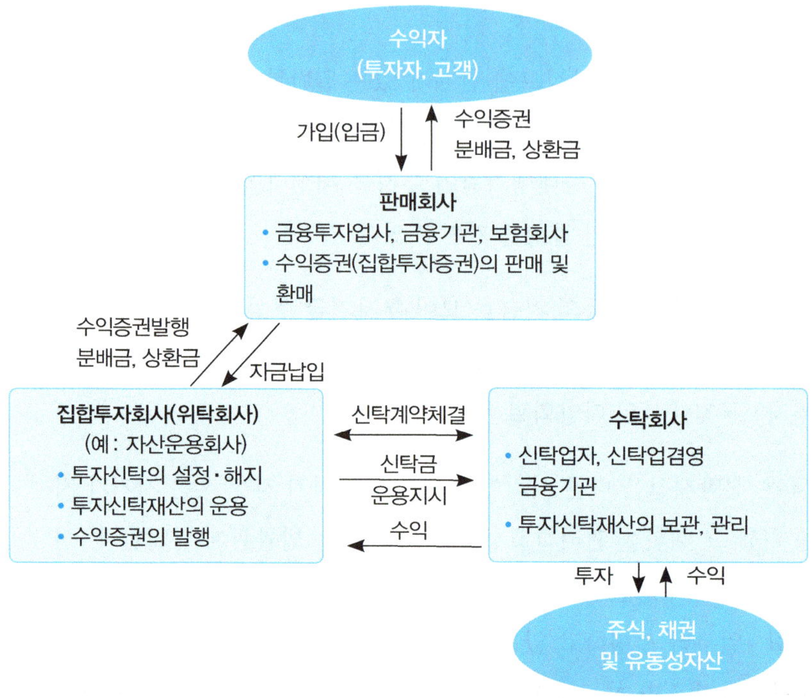

진다. 수탁회사인 금융기관(은행)은 증권투자신탁의 재산과 신탁재산을 관리한다. 투자신탁의 대체적인 구조는 [그림 14-1]과 같다.[4]

그리고 증권투자신탁은 투자자 또는 관련기관의 특성에 따라 다음과 같은 다양한 기능을 한다.

첫째, 증권투자신탁은 투자대상이 주식, 채권 등의 증권이므로 일반투자자의 소액자금을 대형 기금으로 조성하여 투자함으로써 기업, 금융기관 및 국가를 포함하여 공공기관의 자금조달을 용이하게 한다.

둘째, 증권투자신탁은 수익증권을 매입하는 투자자에게 간접투자의 대상이 되어 개인투자자의 안전한 유동성관리 및 재산증식수단이 된다.

셋째, 증권투자신탁은 거액의 기금을 형성하여 전문적으로 투자하는 기관투

[4] 집합투자기구로서의 '투자신탁'을 이 책에서는 '증권투자신탁'과 혼용하여 쓰기로 한다.

자자가 중추적인 역할을 하기 때문에 자본시장에서 가격 및 거래량 조정기능을 갖는다.

넷째, 증권투자신탁은 집합투자회사(자산운용회사)가 투자수익을 목적으로 자금을 투하할 뿐 기업의 지배를 목적으로 하지 않는다.

2.2 투자신탁의 형태

(1) 조직형태에 의한 분류

1) 계약형

계약형(contractual type) 투자신탁은 위탁자(집합투자회사)와 수탁자(주로 신탁회사)가 신탁계약을 체결하고, 투자기금을 형성하기 위하여 수익증권을 발행하고, 이를 수익자(간접투자자)에게 판매하는 제도이다. 따라서 계약형 투자신탁은 위탁자, 수탁자 및 수익자 등 3자로 구성된다([그림 14-1] 참조).

2) 회사형

회사형(corporate type) 집합투자기구는 증권투자를 목적으로 하는 회사를 설립하여 일반대중에게 주식을 매각하고, 그 운용이익을 배당하는 주식회사이다. 투자회사라고 부른다. 투자회사는 신탁재산 자체에 회사형태의 법적 실체성을 부여한 것으로, 일반적으로 주식회사로 조직된다. 신탁재산이 바로 회사의 재산이 된다. 그 지분권이 주식으로 발행되며, 투자자는 그 주식을 매매함으로써 집합투자기구에 가입, 혹은 이탈할 수 있는 등 주식회사제도와 같다. 미국에서는 이를 뮤추얼펀드(mutual fund)라 하고 있다.

3) 회사형과 계약형의 차이

우리나라에서는 현재 계약형인 투자신탁과 회사형(뮤추얼펀드)인 투자회사가 함께 제도화되어 실행되고 있다. 특히 미국에서는 회사형이 압도적이며, 영국에서는 회사형과 계약형이 다 같이 발전하고 있다.

회사형과 계약형은 다음과 같은 차이가 있다. 첫째, 회사형의 경우에는 회사정관에 의하여 운영되나, 계약형의 경우에는 신탁계약에 의하여 운용된다. 둘째,

회사형에서 투자자는 주식을 매입하여 주주로서 주주총회에 참석하여 의결권을 행사하며, 운영에 참여할 수 있다. 그러나 계약형에서 투자자는 수익증권을 매입할 뿐이고, 위탁회사의 운영에 참여할 수 있는 권한은 없다.

(2) 환매가능성에 의한 분류

폐쇄형(closed-end)과 개방형(open-end)은 본래 미국의 회사형 투자신탁에 대한 구분으로 사용되어진 것이다. 그러나 그 분류의 중심개념인 환매청구 가능여부라는 면에서 계약형 투자신탁에서도 그대로 통용될 수 있기 때문에 회사형 및 계약형을 불문하고 구별하는 기준으로 사용된다.

1) 폐쇄형

수익증권 또는 주식(회사형의 경우)의 환매가 불가능한 형태이다. 따라서 이 경우에는 유통시장에서 수익증권과 주식이 거래될 수 있도록 하여 투자자의 환금성(투자회수)을 보장하고 있다.

2) 개방형

수익증권 또는 주식(회사형의 경우)의 환매요구에 무조건 응하는 형태이다. 따라서 개방형에 있어서는 자산운용회사인 집합투자회사가 환매에 응해 주어야 하므로 수익증권을 소유한 간접투자자의 입장에서는 환금성(유동성)이 확보되어, 환금성 측면에서 다소 유리한 형태이다.

(3) 추가설정 가능 여부에 의한 분류

계약형 투자신탁에 있어서 동일한 신탁계약에 의해 설정된 신탁재산의 원본규모(즉 원래 목표로 설정한 투자금액의 크기)를 수시로 추가해 갈 수 있느냐에 따라서 구분되는 형태이다.

1) 단위형

단위형(unit type)은 동일한 신탁계약에 의하여 1회의 설정행위로 끝나는 형태이다. 원본의 증액에 의한 추가적인 수익증권의 취득이 불가능하므로 처음 조성된 신탁재산에 변동이 없어 신탁기간 내에서 안정적으로 운용할 수 있는 장점이 있다. 그러나 원본의 추가가 불가능하므로 동일한 신탁에 대한 수요가 증가하여도 이를 흡수할 수 없어 새로운 신탁을 설정하여야 한다. 따라서 동일한 성격의 신탁이 다수 생겨날 수 있어 신탁의 관리에 불편이 따를 수 있다.

2) 추가형

추가형(open type)은 동일한 신탁계약으로 추가 설정이 자유로운 형태이다. 추가적인 수익권의 취득이 가능하며, 신탁재산의 원본증액이 이루어진다. 따라서 추가 자금에 대한 운용이 상황에 맞추어 이루어지므로 운용이 다소 신축적이다. 추가형은 동일 신탁계약에 원본 규모를 추가해 갈 수 있으므로 수요가 증가하는 대로 동일 신탁에 흡수하여 종합운용이 가능하므로 신탁의 관리측면에서는 용이한 형태라 할 수 있다.

(4) 기금의 투자대상 유가증권에 의한 분류

1) 주식형 펀드

신탁재산의 운용대상증권이 주로 주식인 펀드를 말한다. 투자대상이 주로 주식이기 때문에 투자자가 배분받는 수익률이 일정하지는 않다. 그러나 증권투자신탁회사가 전문적인 기관투자자로서 성장성과 고율배당이 예상되는 주식에 우선 투자하므로 비교적 높은 수익률을 기대할 수 있다. 주식형 투자신탁은 투자자나 투자금액에 제한이 없으나 그 종류가 다양하므로 보유자금의 규모, 투자기간, 수익증권의 거래가격, 편입증권의 비율 등을 감안하여 투자목적에 적합한 상품을 선택하여야 한다.

2) 공사채형 펀드

신탁재산을 주로 국·공채, 금융채 및 회사채 등 이자율이 확정되어 있는 채권을 중심으로 운용하는 실적배당상품이다. 안정적이며 비교적 높은 수익을 얻을 수 있다. 투자기간에 따라 단기공사채형, 장기공사채형이 있으며 단기공사채형은 6개월 이하의 단기자금운용을 하려고 할 때 유리하다. 장기공사채형은 6개월 이상의 비교적 중장기의 자금운용을 목적으로 할 때 유리하다. 장기공사채형은 저축방법에 따라 적립식, 거치식, 임의식으로 구분되고 있다.

표 14-1 투자유형별 주요 특징

투자유형		내 용
투자시기	추가형	매매가 자유롭고 추가설정이 가능하므로 언제든지 추가투자 가능
	단위형	추가설정이 불가능하므로 신규 설정시에만 추가투자 가능
투자기간	단기형	보통 6개월 미만의 단기투자, 명칭 앞에 단기라는 용어를 사용
	장기형	보통 6개월 이상의 중·장기자금 운용에 유리한 투자신탁 상품, 수익증권 명칭 앞에 장기라는 용어를 사용
투자방법	거치식	정기예금식으로 일정금액 거치(추가입금 불가)
	임의식	입출금을 자유롭게 할 수 있음
	적립식	정기적금식으로 매월 일정금액 적립

적립식은 매월 일정한 금액을 저축하는 정기적금형으로서 계약기간은 181일 이상 10년 이내에서 자유롭게 결정할 수 있다. 거치식은 일정 금액을 저축하여 그 수익금을 정기 또는 수시로 인출할 수 있는 정기예금이며, 임의식은 통장에 의하여 저축금액의 증감이 자유로운 저축이다.

투자유형별로 그 특징을 요약하면 〈표 14-1〉과 같다.

2.3 우리나라 주요 펀드상품

우리나라의 주요 펀드상품으로는 단기펀드상품과 지수 및 주식연계펀드, 채권형 펀드, 실물펀드, 해외펀드, 외국펀드, 적립식 펀드, 변액보험 등 다양한 형태가 있다.

(1) 단기펀드상품

주요 단기펀드상품으로는 MMF(money market fund)와 CMA(cash management account)가 있다.

MMF는 1971년 미국의 투자회사인 Reserve Fund에 의해 만들어졌다. 미국에서 MMF는 잔존기간 1년 미만의 T-bill, CD(양도성예금증서), BA(은행인수어음), CP(기업어음) 등 단기금융상품을 투자대상으로 하는 개방형 신탁의 일종이다. 우리나라에서는 집합투자업자가 고객의 투자자금을 모아 이를 주로 양도성예금증서(CD), 기업어음(CP), 잔존만기 1년 이하의 국채 및 통화안정증권 등 금융자산에 투자하여 얻은 수익을 고객에게 배당하는 형태로 운영되고 있다. 집합투자업자가 MMF를 운용하고 금융투자회사가 판매한다.

CMA는 예탁금을 어음이나 CD, 단기국채 등 단기채권에 투자하여 그 수익을 고객에게 배분하는 단기실적배당 금융상품이다. 어음관리계좌 또는 종합자산관리계정이라고도 한다. CMA는 은행의 보통예금처럼 입출금이 자유롭고, 하루를 예치해도 이자가 지급된다. 그리고 자동납부, 급여이체 등의 서비스기능이 있고, 주식청약 자격도 주어진다.

(2) 지수 및 주식연계펀드

우리나라 증권시장에서 지수 및 주식연계펀드로는 ETF(exchange traded fund), ETN(exchange traded note), 인덱스펀드(index fund), ELS(equity linked securities), 시스템펀드(system fund), 퀀트펀드(quant fund), 스타일펀드(style fund), 섹터펀드(sector fund), 사회책임펀드(socially responsible investment, SRI), 테마펀드(theme fund) 등 다양한 이름의 펀드들이 있다(〈표 14-2〉 참조).

(3) 채권형 펀드

채권형 펀드는 국고채, 회사채 등 이자를 지급받을 수 있는 채권에 주로 운용하는 투자형 펀드를 말한다. 채권형 펀드는 투자대상으로 채권을 60% 이상 포함해야 한다. 전환사채(CB), 신주인수권부사채(BW) 등의 주식 관련사채에 투자는 가능하지만 주식에는 투자할 수 없다.[5] 채권형 펀드에는 국고채펀드, 회사채형 펀드 등이 있다.

(4) 실물펀드

실물펀드는 주식, 채권 등 전통적인 투자수단 외에 금, 은, 니켈, 구리, 동, 알루미늄 등의 광물자원, 원유 등의 에너지 자원, 옥수수 등의 농산물, 탄소, 와인 등

[5] 안정성이 보장되는 채권의 성격을 가지면서 향후 주가가 오를 경우 주식으로 전환이 가능한 전환사채(CB), 신주인수권부사채(BW), 교환사채(EB), 후순위채권 등에 투자하는 펀드를 메자닌펀드(mezzanine fund)라고 한다.

표 14-2 주요 지수 및 주식연계펀드

상품	내 용
ETF	특정 지수를 추적하는 개방형 인덱스펀드를 거래소에 상장시켜 주식처럼 거래하는 일종의 인덱스펀드
ETN	기초지수변동과 수익률이 연동되도록 증권회사가 발행하는 파생결합증권으로서 주식처럼 거래소에 상장되어 거래되는 상장지수채권
인덱스펀드	주식시장에서 시장을 대표하는 주가지수의 수익률과 같은 수준의 투자수익률과 위험을 추구하는 펀드
ELS	만기시 주가수준에 따라 편입된 옵션의 조건에 연동하여 미리 정해진 이자수익을 지급하는 신종증권
퀀트펀드	펀드매니저의 이성적인 판단보다는 컴퓨터 모델에 의해 주식을 선정하는 펀드
스타일펀드	주식의 특성과 성과가 비슷한 종목군을 묶어 산출된 스타일지수를 추적하는 상품, 크게 가치주와 성장주로 나누고 이를 다시 기업규모와 결합(예 : 대형가치, 중소형가치, 대형성장, 중소형성장 등)
섹터펀드	특정업종에 속한 주식을 대상으로 구성한 펀드(예 : IT, 반도체, 금융 등)
ESG펀드	단순히 이익을 많이 내는 기업에 투자하는 것이 아니라 투자의사결정시 사회적, 환경적, 윤리적 책임 및 기업지배구조 등과 같은 무형자산의 가치까지 고려하여 투자하는 펀드
테마펀드	전 세계 증권시장에 상장된 종목을 특정산업이나 테마로 나누어 투자하는 상품(예 : 우량기업펀드, 배당주펀드, 가치주펀드, 탄소펀드, 삼성펀드 등)

다양한 실물자산과 이와 관련된 지수 또는 파생상품에 투자하는 펀드를 의미한다.

우리나라 시장에는 부동산펀드, 선박펀드, 영화펀드, 워터펀드, 한우펀드, 아트펀드, 유전개발펀드 등 다양한 실물펀드들이 판매되고 있다.

(5) 해외펀드와 외국펀드

해외펀드는 해외의 증권이나 실물자산에 투자하는 펀드를 총칭한다. 해외펀드는 국내 금융기관이 투자자금을 모아 직접 해외에 투자하기도 하고, 펀드 오브 펀드(FoFs) 또는 모자형집합투자펀드의 형태로 외국 투자기관이 판매하는 펀드에 투자하기도 한다. 중국펀드, 인도펀드, BRICs펀드 등 다양한 이름의 해외펀드가 판매되고 있다.

외국펀드는 외국에서 발행되어 국내에 판매되는 외국 집합투자기구(외국펀드)를 말한다. 해외에서 발행되어 국내에 판매되는 외국 집합투자기구에는 외국 투자신탁, 외국 투자익명조합, 외국 투자회사 등이 있다. 이들은 자기자본이 80억원 이상이고, 자산운용규모가 1조원 이상이어야 한다.[6]

(6) 적립식 펀드

적립식 펀드는 투자자 입장에서 보면, 은행의 정기예금처럼 매월 일정액을 적립하여 주식이나 채권에 투자해 운용실적에 따라 투자수익을 얻는 수익증권이라고 할 수 있다. 집합투자업자(자산운용사)의 입장에서는 투자자로부터 일정기간 동안 정기적으로 혹은 수시로 분할 납입 받은 자금을 주식, 채권 등에 운용하고 만기에 원금과 수익을 투자자에게 지급하는 수익증권이다.

적립식 펀드는 매수시점을 분산시킴으로써 타이밍 위험(cost averaging)를 최소화[7]할 수 있는 장점이 있다. 또한 분산투자, 장기투자, 적립투자 등의 합리적인 투자원칙을 적용하여 투자에 따른 변동성을 줄이고 안정적인 수익을 추구하는 데 효율적인 투자방법이 된다.

(7) 변액보험

변액보험이란 계약자가 납입한 보험료 중에서 특별계정보험료를 모아서 일반자산과 분리된 펀드를 구성하고, 펀드의 운용실적에 따라 투자수익을 계약자에게 배분하는 실적 배당형 보험을 말한다. 이는 보험기능과 투자기능이 합쳐진 보험이라고 할 수 있다. 투자신탁의 수익증권이나 투자회사의 뮤추얼펀드와 같이 주가연동상품의 하나로 투자실적에 따라 보험금과 해약환급금이 달라진다.

---

[6] 자본시장법 제279조 및 동법 시행령 제301조 참조.

[7] 동일금액이 정기적으로 투자되어 주가가 낮을 때는 주식의 매입수량이 늘고, 주가가 높을 때는 매입수량이 줄어들어 평균매입가격 인하효과와 투자수익률의 향상효과가 발생하는 것을 말한다.

제3절 집합투자기구(투자회사)와 뮤츄얼펀드

3.1 투자회사의 의의

뮤추얼펀드(mutual fund)는 주식회사 방식으로 운영되는 펀드를 뜻한다. 기본적으로 개방형 투자회사(open-end management company) 형태로 운영된다. 동일한 목적을 가지고 있는 투자자들의 자금을 모아서, 펀드매니저라는 금융전문가가 관리하는 주식회사형 펀드를 미국에서 뮤추얼펀드라고 부른다. 우리나라에서는 이를 증권투자회사 또는 투자회사라고 부른다.

뮤추얼펀드(투자회사)는 모집한 자금을 증권에 투자하여 수익을 얻고 배당의 형태로 주주에게 이익을 배분한다.[8] 펀드가 설정되는 시점에 펀드 설립 목적과 함께, 포트폴리오를 구성할 증권의 유형, 각 증권에 대한 자금배분비율 등을 결정한다. 펀드매니저는 또한 투자기회의 장점을 살리기 위하여 포트폴리오에 포함시킬 증권을 매수하고 매도하는 최선의 시점을 결정한다. 따라서 펀드매니저의 역할이 매우 중요하다.

3.2 투자회사의 구조와 특징

뮤추얼펀드 또는 투자회사는 투자자들로부터 자금을 모아 기금을 형성하고, 이 기금에 대해 주식을 발행하여 투자자에게 교부해 준다.[9] 기금은 주식, 채권, 그리고 기타의 증권에 투자된다. 투자자들은 기금운용으로 생긴 이익에 대해 주식의 소유지분(출자금)에 비례하여 청구권을 갖는다. 투자회사의 대략적인 구조는 [그림 14-2]와 같다.

3.3 뮤추얼펀드 투자의 유리성

뮤추얼펀드에 투자하는 가장 큰 장점은 편리성, 인정된 안전성, 합리적인 수익 등 세 가지 측면으로 요약할 수 있다.

[8] 이 책에서는 투자회사를 경우에 따라 설명의 편의를 위하여 뮤추얼펀드와 혼용하여 쓰기로 한다.

[9] 투자회사의 주식은 무액면 기명식으로 발행된다.

그림 14-2 투자회사의 구조

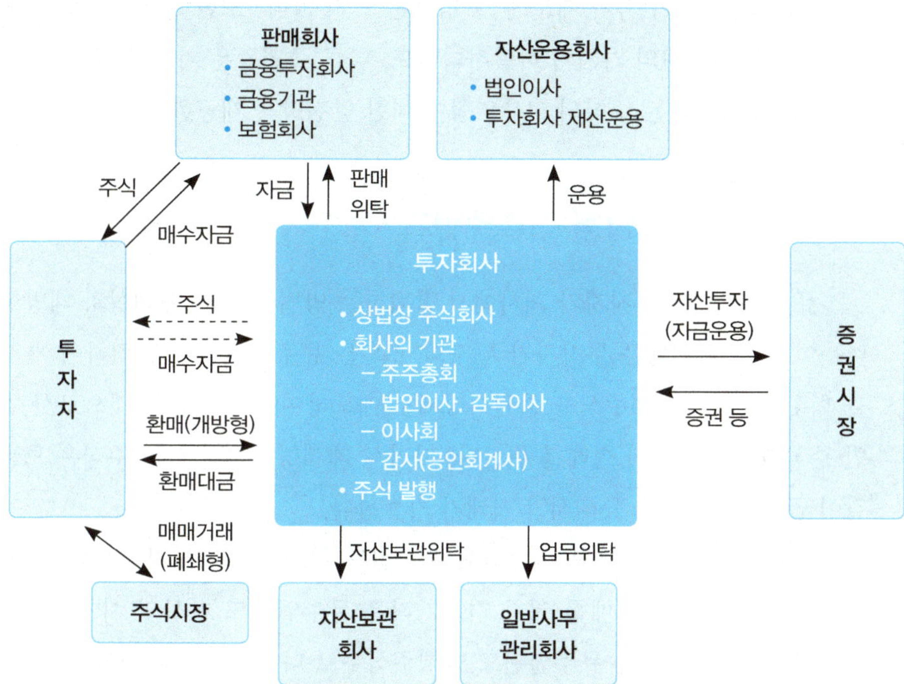

뮤추얼펀드가 개인투자자에게 제공하는 편리성 중의 하나는 전문적인 관리이다. 뮤추얼펀드는 투자자금의 규모가 매우 크기 때문에, 보통 최고의 펀드매니저와 투자상담사들을 확보하여 투자관리를 한다. 물론 최고의 전문가가 반드시 최선의 투자수익을 올리는 펀드를 유지하는 것은 아니지만, 포트폴리오 매니저의 전문성 때문에 투자자들은 뮤추얼펀드 투자에서 수익을 얻을 수 있는 측면도 있다.

전문적인 관리 외에 뮤추얼펀드는 소액, 초보 투자자가 직접 개별증권에 투자하는 경우에 쉽게 달성할 수 없는 증권의 다양화와 낮은 거래비용과 같은 다른 편리함을 얻을 수 있다. 이런 투자의 편리성은 투자자 펀드의 거대화가 창출하는 규모의 경제(economy of scale)효과로 발생할 수 있다.

다양화는 뮤추얼펀드 본래의 고유한 특성이다. 뮤추얼펀드는 단지 몇 개의 주식에 많은 돈을 투자할 때 초래될 수 있는 상당한 손실위험과 비교할 때 다양화효과 때문에 비교적 큰 안전성을 제공한다. 뮤추얼펀드의 포트폴리오는 다양한 증권들로 구성되기 때문에, 어떤 기업의 주가가 하락하더라도 포트폴리오의 총가치에서 차지하는 비중이 작기 때문에 그 영향은 크지 않다. 또한 포트폴리오를 구성하고 있는 몇 개 증권의 가치가 하락하더라도, 다른 증권들은 가치가 상승할 수도 있다. 그래서 다양화는 주식의 고유위험에 대한 안전망을 제공한다.

3.4 폐쇄형과 개방형 뮤추얼펀드

뮤추얼펀드는 투자자가 회사에서 탈퇴하는 방법에 따라 폐쇄형과 개방형으로 나누어진다. 폐쇄형은 투자자가 투자회사 혹은 뮤추얼펀드를 탈퇴하여 투자자금을 회수할 때 그 소유주식을 증권시장에서 매도하여야만 가능한 것으로서 일반적인 주식회사와 동일한 형태를 취한다. 따라서 폐쇄형 투자회사의 주식은 보통주와 같이 금융투자회사를 통해서만 거래가 가능하다.

그러나 개방형은 투자자가 언제든지 펀드 설정회사인 투자회사에 환매를 요구할 수 있다. 이때 환매를 위한 기준가격은 뮤추얼펀드 자산의 시가총액(운용자산의 시장가격 합계액)을 뮤추얼펀드 발행주식수로 나눈 순자산가치(net asset value, NAV)가 된다. 이때 발행주식수는 새로운 투자자들이 신주를 매입하고 기존 투자자들이 구주를 해약(환매)하므로 매일 변동한다. 그리고 뮤추얼펀드의 자산가치가 증가하는 경우를 다음과 같이 대략 세 가지로 나누어 볼 수 있다.

ⓐ 투자포트폴리오에 포함되어 있는 보통주와 우선주로부터 나오는 배당지급액
ⓑ 포트폴리오에 포함된 채권에서 얻는 이자지급액
ⓒ 포트폴리오에 포함되어 있는 주식, 채권 등 증권의 가격상승에 의한 자본이득

3.5 뮤추얼펀드와 주식형 수익증권의 차이점

주식형 수익증권은 집합투자회사(자산운용회사)가 다수의 투자자들로부터 공동 출자한 기금을 형성하고, 이를 주식의 투자비율이 가장 높도록 증권에 분산투자한 후 투자수익을 분배하는 증권투자신탁이다. 뮤추얼펀드는 증권 등에 투자할 목적으로 설립된 상법상의 주식회사이다. 투자자는 뮤추얼펀드가 발행하는 주식

을 소유함으로써 주주의 자격으로 투자하게 되는 것이다.

주식형 수익증권과 뮤추얼펀드의 주요 차이점을 살펴보면 〈표 14-3〉과 같다.

표 14-3 주식형 수익증권과 뮤추얼펀드의 차이점

구 분	주식형 수익증권	뮤추얼펀드
설립형태	집합투자신탁계약	펀드 자체가 독립된 주식회사
투자자의 위치	수익자	주주
운영방법	약관	정관
발행유가증권	수익증권	주식
수익의 취득방법	환매 등을 통한 이익분배	배당 및 주식매매차익
이익의 보호	집합투자업자가 선량한 관리자 차원에서 투자자 이익극대화	주총, 이사회 등을 통하여 투자자 스스로가 이익을 추구하고 보호

요약

투자신탁의 의의

증권투자신탁 또는 투자신탁은 집합투자회사인 전문적인 투자기관이 불특정 다수의 투자자로부터 자금을 모아 주식, 채권 등 증권에 투자·운용하고 그에 따른 운용성과를 고객에게 분배하는 제도이다. 투자신탁은 다음 세 가지의 특성을 가지고 있다.

ⓐ 공동투자 : 다수 투자자들의 자금을 모아 투자기금 형성
ⓑ 간접투자 : 전문투자자에 의한 투자실행과 관리
ⓒ 분산투자 : 투자대상의 다양화로 위험최소화

따라서 투자자들은 전문투자자가 운용하는 다양화된 공동투자자산에 투자하여 안정적인 수익을 추구할 수 있다.

수익증권

증권투자신탁에서 전문투자자는 투자를 위하여 자금을 조달할 때 수익증권을 발행한다. 투자자는 수익증권을 매입하여 투자하고, 전문투자자는 조달된 자금을 신탁업자에게 맡기고, 증권의 매매, 수익의 배분 등 투자자산의 운용지시를 한다. 수익증권의 가치는 전문투자자가 운용하는 투자자산의 가치에 직접적으로 연관되어 있다.

투자신탁의 형태

- 조직형태에 의한 분류

ⓐ 계약 : 위탁자(집합투자회사)와 수탁자(신탁회사)가 신탁계약을 체결하고, 투자기금을 형성하기 위하여 수익증권을 발행하고, 이를 수익자(간접투자자)에게 판매하는 형태
ⓑ 회사형 : 증권투자를 목적으로 하는 회사를 설립하여 일반대중에게 주식을 매각하고, 그 운용이익을 배당하는 주식회사인 투자회사

- 환매가능성에 의한 분류

ⓐ 폐쇄형 : 수익증권 또는 주식(회사형)의 환매가 불가능한 형태
ⓑ 개방형 : 수익증권 또는 주식(회사형의 경우)의 환매요구에 무조건 응하는 형태

- 추가설정 가능 여부에 의한 분류

ⓐ 단위형 : 동일한 신탁계약에 의하여 1회의 설정행위로 끝나는 형태
ⓑ 추가형 : 동일한 신탁계약으로 추가 설정이 자유로운 형태로써, 추가적인 수익권의 취득이 가능하며, 신탁재산의 원본 증액가능

- 기금의 투자대상 유가증권에 의한 분류

ⓐ 주식형 펀드 : 신탁재산의 운용대상증권이 주로 주식인 펀드
ⓑ 공사채형 펀드 : 신탁재산을 주로 국·공채, 금융채 및 회사채 등 이자율이 확정되어 있는 채권을 중심으로 운용하는 펀드

투자회사의 의의

투자신탁과 달리 투자회사는 투자자인 주주들에게 주식을 발행하여 자본을 조달하여 이 자금을 다른 기업의 주식, 채권, 그리고 기타의 증권에 투자한다. 투자자들은 투자회사가 투자자산을 운용하여 생긴 이익에 대해 주식의 소유지분에 비례하여 청구권을 갖는다. 투자회사의 주식이 유가증권시장에 상장될 경우 주식을 매도하여 투자자금을 회수할 수 있다. 미국에서는 투자회사를 뮤추얼펀드라고 한다.

인터넷에서 찾아 읽기

한국거래소의 홈페이지

- https://www.krx.co.kr
  - 시장정보/기타상품/ 뮤추얼펀드, 수익증권

금융투자협회 홈페이지

- https://dis.kofia.or.kr/websquare/index.jsp?w2xPath=/wq/main/main.xml
  - 통합공시시스템

미래에셋 자산운용 홈페이지

- https://investments.miraeasset.com/main/index.do
  - 투자상품
  - 투자정보

* 자산운용회사의 홈페이지 방문하여 각 회사의 상품특성 비교

연습문제

01 다음 용어를 설명하라.

❶ 투자신탁 ❷ 집합투자회사
❸ 투자회사 ❹ 수익증권
❺ 뮤추얼펀드 ❻ 판매회사
❼ 자산운용회사 ❽ 순자산가치
❾ 수익자 ❿ ETF
⓫ 해외펀드 ⓬ 외국펀드
⓭ 실물펀드

02 투자자(고객)가 수익증권을 투자신탁회사에 되팔아 투자자금을 회수하는 것을 무엇이라고 하는가?

03 투자회사의 자산가치를 변동하게 하는 요인을 설명하라.

04 수익증권의 가치에 영향을 줄 수 있는 요인을 설명하라.

05 투자신탁의 구조를 설명하라.

06 뮤추얼펀드 투자의 장점을 설명하라.

07 소액투자자가 포트폴리오를 직접 관리하는 데에서 나타날 수 있는 문제점을 설명하라.

08 투자회사(뮤추얼펀드)의 구조를 설명하라.

09 증권투자신탁의 특성을 설명하라.

10 투자신탁회사 혹은 투자회사가 운용하는 주식의 경우 경영권 측면에서 발행회사와의 관계에 대하여 설명하라.

Chapter 15

주식에 대한 간접투자

제1절 주식에 대한 간접투자전략

제2절 신주인수권 관련 증권

제3절 주식워런트증권

제4절 주가연계증권

학습목표 이 장을 공부한 독자들은 다음 사항을 이해할 수 있어야 한다.

- 주식파생증권의 의의와 특성
- 신주인수권증서와 그 가치
- 신주인수권 증권
- 주식워런트증권
- 주가연계증권

투자자들은 증권시장을 통하여 주식과 채권 등의 투자에 관심이 많다. 그러나 기업이 발행하는 주식의 경우 직접 주식을 매입하여 소유하지 않아도 주식의 가격변동으로 인한 수익을 얻을 수 있는 주식관련 증서나 증권들이 있다.

투자자들은 투자목적을 효과적으로 달성하기 위하여 주식관련 투자상품을 이해하고 이들을 활용할 수 있어야 한다. 이 장에서 독자들은 주식에 대한 직접투자는 아니지만 그와 유사한 수익흐름을 가지는 투자대안으로서, 신주를 살 수 있는 권리를 갖는 신주인수권증서와 신주인수권증권의 의의와 그 가치에 대하여 이해하고 있어야 한다.

또한 독자들은 주식의 가격에 관련시킨 투자증권으로서 주식워런트증권, 주가연계증권 등의 개념과 투자상품들을 학습하여 투자대상의 범위를 넓혀야 한다. 투자자들은 이들 증권을 증권시장에서 거래하여 주가변동에 연동한 수익을 얻을 수 있다.

제1절 주식에 대한 간접투자전략

1.1 주식에 대한 간접투자의 의의

대부분의 투자자들은 직접 주식에 투자하여 기업이 지급하는 배당과 주식시장에서 주가의 상승으로 발생하는 자본이득에 많은 관심을 가지고 있다. 그러나 일부 투자자들은 배당의 지급을 통한 수익의 획득보다 오히려 주가의 등락으로부터 이익을 얻는 데 더 큰 관심을 가지기도 한다. 더구나 이들은 주식을 직접 소유하지도 않고 주가의 상승으로 발생하는 이익을 가능한 한 낮은 투자비용으로 얻으려고 한다.

기업은 주식을 발행하여 자본조달을 할 때 기존 주주에게 우선적으로 주식을 매입할 권리를 주거나, 다른 증권을 발행할 때 차후에 주식을 살 수 있는 권리를 제공하기도 한다. 또한 특정한 가격과 시기에 주식을 살 수 있는 권리를 만들어 매매할 수 있게 하고 특정시기가 도래하면 권리의 소유자가 자신에게 유리한 입장에서 권리를 행사할 수 있는 선택권이 발행되기도 한다. 이들은 모두 주식을 기초로 발행되는 또 다른 증권들이다.

신주인수권(preemptive rights), 신주인수권증권(warrants), 주식워런트증권, 그리고 주식옵션(stock options)은 주식을 소유하지 않고 주가등락에서 발생하는 이익을 추구하는 투자자들에게 적절한 투자수단이 된다.[1] 이러한 주식과 관련되어 있는 증권들을 주식파생증권(stock derivative)이라고 한다. 이들 증권은 그 자체가 주식이 아니라 그 소유자에게 소유자가 원할 때, 기초주식을 매수하거나 매도하는 것을 가능하게 하는 계약적 내용을 담고 있다.[2]

한편 간접적으로 주식을 취득할 수 있는 방법은 주식파생증권 외에도 여러 가지가 있다. 기업이 특정한 시기에 주식으로 전환할 수 있는 권리를 부여한 회사채를 발행하는 경우도 있다. 이런 채권을 전환사채(convertible bond, CB)라고 하는데

---

1 주식옵션은 다음 제16장에서 다루어진다.

2 엄격하게 말하면, 신주인수권과 신주인수권증권(워런트)은 주식등가물(주식과 같은 성격을 가진 증권)이고, 옵션은 주식파생증권이라고 한다. 그러나 이들 모두를 단순화하여 주식파생증권이라고 해도 무방하다.

주식으로 전환하게 되면 사채권은 소멸하게 된다. 따라서 회사채 투자자(채권자)는 기업에서 안정적인 이자를 지급받다가, 전환시점에 기업의 주가가 상승하여 이익이 클 것 같으면 전환권을 행사하여 기업의 주주가 될 수 있다.

1.2 주식파생증권의 특성

주식파생증권은 주식(지분)을 소유할 때 가지게 되는 주주의 전통적인 권리와 혜택 중 아무것도 가지고 있지 않다. 쉽게 말해서 위에서 언급한 파생증권 어느 것도 그 소유자에게 기업이 주주에게 주는 배당 받을 자격을 부여하지 않는다. 또한 이 파생증권의 소유자는 주주총회에서의 의결권도 없고, 구주주가 가지는 신주인수권도 없다. 기업이 청산할 때 발생되는 잔여재산에 대한 어떠한 권리도 가지지 않는다.

그러나 이들 파생증권의 시장가치는 그 증권의 발행기초가 되는 실질적인 기초주식의 가격동향과 동일한 방향으로 움직인다. 파생증권을 소유하기 위한 매입비용은 기초주식을 매입하기 위하여 드는 비용보다 훨씬 적다는 것이 파생증권에 투자하는 가장 큰 장점이다.

이들 주식파생증권을 소유한 사람은 전형적으로 미리 정한 기간에, 미리 정한 가격으로 기초주식을 매수하거나 매도할 권리를 가진다. 따라서 주식파생증권은 그들의 기초자산인 주식처럼 불특정 무한수명을 지니지 않는다. 미리 설정한 만기일(expiration date)이 지나면, 그 증권의 권리가 소멸하여 아무런 가치가 없어지게 된다. 투자자가 신주인수권, 신주인수권증권, 주식옵션을 보유하고 있는 기간의 시장가치는 파생증권을 발행할 때 정해둔 행사가격과 기초주식의 시장가치 간의 차이에 달려있다.

예를 들어, 주식파생증권이 그 소유자에게 주당 15,000원으로 기초주식을 매입할 권리를 부여하고, 그 보통주식의 시장가격이 25,000원이면, 주식파생증권은 주당 10,000원의 내재적(built-in) 이익 혹은 내재가치(intrinsic value)를 갖는다. 만약 주식의 시장가격이 파생증권의 행사가격보다 같거나 작으면, 주식파생증권은 만기까지의 시간흐름에 따라 발생하는 시간가치는 있지만, 어떤 내재가치도 가지지 못한다.

1.3 주식파생증권 투자자의 선택

주식파생증권을 소유하고 있는 투자자는 다음과 같은 세 가지의 행동을 취할 수 있다.

ⓐ 주식파생증권에 명시된 권리를 행사하여 기초주식을 매수하거나 매도한다.

이 선택은 투자자가 기초주식을 보유하고 싶거나, 주식파생증권의 고정된 행사가격과 기초주식의 시장가격 사이의 차이로 발생하는 내재이익이 있을 경우에 취하는 행동이다.

ⓑ 주식파생증권 자체를 증권시장에서 매매거래한다.

주식파생증권의 시장가격이 기초증권의 시장가격과 유사한 방향으로 움직이기 때문에 기초증권의 가격이 상승하면, 그 파생증권의 가치도 증가한다. 가격이 하락하는 경우에도 양자의 가격동향 관계가 비슷하게 유지된다. 주식파생증권을 매입하는 투자자는 그 시장가격이 상승하였을 때, 그것을 매도하여 이익을 얻을 수 있다. 주식파생증권을 공매(short selling)하는 투자자는 이 증권의 가격이 나중에 하락하면, 이를 다시 매입하여 상환하고 매매차익을 얻을 수 있다.

ⓒ 권리행사 만기일까지 주식파생증권을 보유한다.

주식파생증권을 보유한 투자자는 기초주식의 가격이 행사가격 이하로 하락하여 권리를 행사하는 것이 아무런 이익이 없을 때 만기시점까지 그대로 보유한다. 만기일이 지나면 권리는 자동적으로 소멸하므로 주식파생증권은 아무 가치도 없게 된다.

기초주식과 같이 주식파생증권은 투자자에게 높은 유동성을 제공한다. 우리나라 증권거래소에서는 주식시장, 상장지수펀드시장, 수익증권시장, 채권시장과 아울러 신주인수권증서시장, 신주인수권증권시장이 개설되어 신주인수권증서와 신주인수권증권을 매매거래 할 수 있도록 하고 있다.

제2절 신주인수권 관련 증권

2.1 신주인수권 관련 증권의 종류

신주인수권에 관련된 증권으로는 ⓐ 신주인수권부사채(bond with warrants, BW), ⓑ신주인수권증권(warrant), ⓒ 주주의 신주인수권(stock holders' preemptive rights)증서를 들 수 있다.

이 중에서 신주인수권부사채와 신주인수권증권은 용어상의 혼돈이 발생할 가능성이 있으므로 먼저 그 개념을 명확하게 할 필요가 있다. 신주인수권부사채는 사채의 발행시에 사채발행의 조건으로 사채권자에게 신주인수권을 부여한 사채이다.[3] 이 사채는 사채권자가 신주인수권을 행사하여도 사채권자의 지위를 상실하지 아니한다.

신주인수권부사채에는 분리형과 비분리형이 있다. 분리형 신주인수권부사채는 사채권을 표현하는 채권과 신주인수권(warrants)을 표현하는 신주인수권증권을 분리하여 양도할 수 있게 한 것이고,[4] 비분리형 신주인수권부사채는 사채권과 신주인수권을 분리하여 양도할 수 없게 한 것이다.

신주인수권증서는 주주의 신주인수권을 표현하는 증권을 말한다. 신주인수권을 가진 주주가 신주가 발행될 때 발생하는 신주인수권만 팔고 싶을 때 증서 발행을 기업에 청구하면 기업이 이를 발행한다.[5]

2.2 신주인수권증서

(1) 신주인수권증서의 의의

신주인수권증서는 기업이 신주를 발행할 때 이를 최초로 매입할 수 있는 기회를 기존의 현행 보통주주에게 부여하는 단기증권이다. 기업의 주주는 기업이 추가

[3] 상법 제516조의 2와 5 참조.

[4] 상법 제516조 5의 ① 참조.

[5] 상법 제416조의 5, 6항 참조.

자본을 조달하기 위하여 주식을 발행할 때 신주인수권(preemptive right)을 가지지 않을 경우, 신주의 발행가격과 구주(기존주식)의 시장가격의 차이에 따라 손실을 입을 수 있다.

예를 들어, 현재의 주식수만큼 신주를 발행하고, 현재의 주가가 20,000원인데 신주의 발행가격을 10,000원으로 할 경우 신주가 발행되고 난 뒤의 이론적인 1주당 가격은 15,000원이 될 것이다. 이때 신주를 기존주주에게 배정하지 않고 주주가 아닌 제3자에게 배정한다면, 기존 주주는 5,000원의 주가하락으로 손실을 입게 된다.[6]

따라서 주주의 재산권을 보호하기 위하여 기업은 주주에게 신주인수권을 부여한다. 또한 기업의 정관에 명시되어 있는 신주인수권은 신주가 발행되고 난 후, 각 주주의 소유지분비율을 신주발행 전 수준과 동일하게 유지할 수 있게 해준다. 따라서 주주들이 기업에 갖는 의사결정권한의 비율은 그대로 유지된다.

그러나 보통주와 달리, 신주인수권은 불특정한 무한수명을 가지지 않는다. 신주가 발행될 때 권리가 생성되고, 신주의 배정일이 지나면 그 권리는 소멸한다.

기업의 발행 보통주 한 주에 대하여 한 개의 인수권을 배분하는 것이 일반적이다. 보통주 1,000주를 소유하고 있다면, 신주인수권 배정 때 1,000개의 인수권을 받게 된다. 기업이 새로 발행하는 주식 한 주를 매입하기 위하여 필요한 신주인수권의 수는 이사회가 결정한다. 신주 매입에 필요한 신주인수권의 수는 (15-1)식과 같은 간단한 공식으로 계산할 수 있다.

$$N = \frac{\text{기존발행 주식수}(=\text{신주인수권의 총수})}{\text{발행될 신주의 수}} \qquad (15-1)$$

단, N=신주 매입에 필요한 신주인수권의 수

예를 들어, 삼성기업이 10만 주의 보통주를 발행하였고, 2만 주의 신주를 발행할 계획이라면, 신주 매입에 필요한 신주인수권의 수는 5개이다. 회사주식

[6] 이때 제3자는 단번에 5,000원의 이익을 얻을 것이다.

1,000주(지분율 1%)를 가진 A투자자는 200주의 새 주식을 사기에 충분한 인수권을 가지는 셈이다. 신주를 청약하고 나면, A투자자는 발행된 총주식 12만 주(=10만 주+2만 주) 중에서 1,200주(지분율 1%)를 소유하게 되어 기업에 대한 지분율은 변화가 없게 된다.

(2) 신주인수권의 가치

신주의 발행가격(신주청약가격)으로 신주를 확보하려면, 투자자는 이사회가 설정하는 지정일 혹은 그 이전에 주식을 소유하고 있어야 한다. 이 날짜를 신주배정기준일(record date)이라고 한다. 보통주를 매입하였을 때 현금과 주식을 교환하여야 실질적인 주주가 되므로 신주인수권을 가지게 된다. 따라서 보통주의 거래시 결제일은 계약체결일 이후 2영업일째(T+2)이므로 적어도 신주배정기준일 3일 전에 주식을 매입하는 계약을 하여야 한다. 신주배정기준일 2일 전에 주식을 매입하는 주주는 신주인수권이 없어진다.

신주인수권이 없는 주식의 주가를 권리락 주가라고 한다. 권리락일 이전의 어떤 시점에서 주식을 매입한다면, 투자자는 주식에 포함되어 있는 신주인수권을 함께 매입하는 것이 되며 이때의 주식가격을 권리부가격이라고 한다. 권리락일 이후에 주식은 신주인수권의 가치만큼 가격이 하락한 권리락가격으로 거래된다. 권리락일 이후부터 주식을 사는 주주는 지금 발행될 신주에 대한 인수권을 가지지 못한다. 그러나 이 주주가 계속 주식을 보유하여 차기에 다시 기업이 신주를 발행하게 되면 신주인수권을 가지게 될 것이다.

기업의 이사회는 인수권을 가진 현재 주주가 이미 발행되어 거래되고 있는 주식과 동일한 가격으로 신주를 청약하거나 매입할 것이라고 생각하지 않을 것이다. 대신에 그들은 주주에게 청약가격(subscription price, 신주의 매입가격 혹은 발행가격)으로 주식을 제공하는데, 청약가격은 보통 현재 거래되고 있는 주식의 시장가격보다 낮다. 일반적으로 기업은 발행할 신주를 쉽게 매도하여 자본조달을 신속하게 하기 위하여 신주의 발행가격을 낮추는 것이다. 그래서 신주인수권은 기존주식의 시장가격과 신주의 청약가격 사이의 차이만큼 가치를 가지게 된다.

신주인수권이 주식과 함께 거래되거나 혹은 주식과 분리되어 거래될 때, 1주의 주식에 부여되어 있는 신주인수권 1개의 이론적인 가치는 아래의 두 가지의 공

식을 이용하여 결정될 수 있다.[7]

$$신주인수권가치=\frac{M-S}{N+1} \tag{15-2}$$

단, M=기존주식의 현재 시장가격
S=신주의 발행가격
N=신주 한 주의 매입에 필요한 신주인수권의 수

앞의 예와 같이 10만 주 중에서 1천주를 소유하고 있고, 기업이 2만 주의 신주를 발행하는 경우, 현재 주주는 한 개의 신주를 매입하기 위하여 5개의 인수권이 필요하다. 현재 주가는 5만원이고, 신주발행가격은 3만 5천원이라고 하자. 위 공식을 이용하여 계산된 인수권의 가치는 2,500원이다. 권리락이 된 주식가격은 신주인수권의 가치만큼 감소한다. 권리락일 이후에 주식을 매입하는 투자자는 주식과 함께 한 개의 인수권을 가지지 못하기 때문에 그 가치만큼 가격을 감소시킬 것이다. 권리가 부여된 경우에 5만원이었던 주가는 권리락의 이론적인 가격은 47,500원(=50,000원−2,500원)으로 하락한다.

이제 신주인수권이 주식과 분리되어 거래되는 경우를 생각해보자. 투자자는 신주인수권과 주식을 분리하여 신주인수권만 별도로 매입할 수 있다. 신주인수권의 가치는 신주 1주의 기대이익(=신주발행 후 1주의 이론가격−신주발행가격)을 1개의 신주를 인수하는 데 필요한 신주인수권의 수로 나누어 계산하고, (15−3)식과 같이 표현할 수 있다.[8]

[7] 이 공식을 좀 더 상세하게 살펴보면 다음과 같다.

$$\begin{aligned}신주인수권가치&=현재\ 1주당\ 가격-신주발행\ 후\ 1주당\ 이론가격\\&=M-\frac{(M\times N)+S}{N+1}\\&=\frac{(M\times N)+M-(M\times N)-S}{N+1}\\&=\frac{M-S}{N+1}\end{aligned}$$

[8] 이 공식을 좀 더 상세하게 살펴보면 다음과 같다.

$$신주인수권가치\times 신주인수권\ 수=신주발행\ 후\ 1주당\ 이론가격-신주발행가격$$

$$신주인수권가치\times N=\frac{M-S}{N+1}-S$$

$$신주인수권가치=\frac{M^{*}-S}{N}$$

$$\text{신주인수권가치} = \frac{M^{*} - S}{N} \qquad (15-3)$$

단, M^{*}=신주발행 후 1주의 이론가격(조정시장가격)
S=신주의 발행가격
N=신주 매입에 필요한 신주인수권의 수

이때 분리된 신주인수권의 가치만큼 현재의 주가는 하락하게 될 것이다. 앞에서와 같은 예를 이용하여 계산한 신주인수권증서의 가치 또는 권리락의 가치는 2,500원이 될 것이다.

이 이론적인 가치는 신주인수권을 행사하는 대신에 신주인수권만을 매도하기를 원하는 투자자에게는 중요하다. 신주인수권이 투자자에 의하여 매수, 매도되어지고 있는 청약기간 동안에 신주인수권의 시장가치는 발행주식의 가치와 동일한 추세로 변동한다. 그래서 신주인수권의 시장가격은 이론적인 가치와 거의 같다.

앞의 예에서 1천개의 신주인수권을 매도하기로 한다면, 250만원(=2,500원×1,000개)의 신주인수권 매도대금을 받을 수 있을 것이다. 또한 1개의 주식을 인수하는 데 필요한 신주인수권의 수에 미달하는 수를 가진 주주는 이를 증권시장에서 매도할 수 있다.

(3) 신주인수권의 가격변화

신주인수권을 매수하거나 매도할 때, 투자자는 투자시점의 결정에 신중해야 한다. 매매거래를 통하여 높은 이익을 얻으려면, 신주인수권을 거래하는 시점이 매우 중요하다.

주식의 시장가격이 하향추세에 있거나 혹은 조정추세에 있을 때, 신주의 청약기간 초기에 신주인수권을 매도하는 것이 유리하다. 그리고 상승추세에서는 신주인수권의 가치가 청약기간 중에 계속 상승할 것이므로 신주청약기간의 마감시점에 매도하는 것이 가장 좋을 것이다. 그리고 신주인수권증서도 투자자의 수요공급에 의하여 가격이 결정될 것이므로 주가의 변동추세와 신주인수권의 수요공급 상황을 고려하여 유리한 투자시점을 결정해야 할 것이다.

신주의 발행과 신주인수권의 양도에 관하여 우리나라는 상법 제416조부터 제420조 등에 규정하고 있다.

2.3 신주인수권증권

(1) 신주인수권증권의 의의

신주인수권증권은 분리형 신주인수권부사채에서 신주인수권만을 표현하는 증권이다. 우리나라의 신주인수권증권은 무기명증권이며 신주인수권의 행사(exercise)나 양도는 반드시 증권에 의하여 이루어지도록 상법에 규정되어 있다.[9]

신주인수권증권(이하에서 워런트와 혼용하여 사용함)은 소유자에게 고정된 시기에 고정가격으로 미리 지정한 수의 보통주를 매입할 권리를 부여하는 장기증권이다. 주식이 매수되는 고정가격은 워런트가 발행되는 당시의 시장가격에 프리미엄을 더하여 결정되기도 한다. 일반적으로 워런트는 특정한 행사기간이 설정되어 있는데, 대부분의 워런트는 10년에서 20년 내에 그 권리가 소멸되도록 행사기간이 정해져 있다.

워런트는 자본조달의 수단인 단일 증권으로 발행되지 않는다. 일반적으로 신규채권 혹은 우선주에 부가되어 발행된다. 신규증권과 워런트는 결합되어 한 단위로 취급된다. 기업은 자본조달을 쉽게 하려는 의도에서 신규증권에 대한 매력을 첨가하고 혹은 시장성을 증가시키기 위하여 신규증권에 워런트를 첨부한다.

(2) 신주인수권증권의 가치

워런트가 발행되는 시점에서 워런트는 아무런 내재가치를 가지지 않는다. 보통주의 시장가격이 워런트를 이용하여 주식을 살 수 있는 고정가격 이상으로 상승할 때, 그 가격차이만큼 워런트는 가치가 있게 된다.

예를 들어, 삼성기업의 주식이 주당 2만원으로 시장에서 거래되고 있다. 삼성기업은 주식 1주를 3만 5천원에 살 수 있는 권리를 가지는 5년 만기의 워런트를 첨부한 우선주를 발행한다고 하자. 앞으로 5년 기간 중에 주가가 5만원으로 상승하면, 워런트는 주당 1만 5천원(=5만원−3만 5천원)의 내재가치를 가진다.

워런트가 증권에서 분리될 수 있는 경우에, 투자자는 시장에서 워런트만을 매매거래하여 이익을 획득할 수 있다. 워런트가 시장에서 따로 거래되는 경우에, 투자자는 워런트가 원래 부가되어 발행된 증권을 계속 보유할 수 있다.

[9] 상법 제516조의6의 ① 참조.

제3절 주식워런트증권

주식워런트증권(equity linked warrant, ELW)은 주식이나 지수상품을 특정한 가격에 사거나 팔 수 있는 권리가 부여된 새로운 종류의 증권이다. 주로 주가의 상승 또는 하락을 예상할 때 높은 레버리지효과를 기대하면서도 손실을 제한할 수 있도록 설계된 상품이다. 특히 주가가 높은 우량주식을 직접 투자하려면 많은 자금을 투자해야 하지만, 주식워런트증권을 사용하면 상대적으로 적은 자금으로 더 높은 수익률을 실현시킬 수 있다. 다만 주식워런트증권은 투자자의 예상과 달리 주가가 변동하면 투자자금 전액의 손실도 볼 수 있는 상품이다.

주식워런트증권은 권리유형에 따라 콜 주식워런트증권(Call ELW)과 풋 주식워런트증권(Put ELW)로 구별된다. 콜 주식워런트증권은 기초자산을 권리행사가격으로 발행자로부터 인수하거나 그 차액(=만기결제가격－권리행사가격)을 수령할 수 있는 권리가 부여된 워런트증권이다. 기초자산의 가격이 상승하는 경우에 이익이 발생한다. 풋 주식워런트증권은 기초자산을 권리행사가격으로 발행자에게 인도하거나, 그 차액(=권리행사가격－만기결제가격)을 수령할 수 있는 권리가 부여된 워런트증권이다. 기초자산의 가격이 하락하는 경우에 이익이 발생한다.

주식워런트증권을 이용한 투자 예를 살펴보자. 투자자A가 80만원하는 삼성전자 주식을 3달 뒤에 83만원에 살 수 있는 콜 주식워런트증권을 1개당 3만원씩 주고 모두 10개를 샀다고 하자. 만기 때 삼성전자 주식이 89만원으로 상승하였다면, 투자자A는 워런트증권 10개 구입비용 30만원(=3만원×10개)을 제하고도 한 개당 3만원(=89만원－83만원－3만원)씩 모두 30만원(=3만원×10개)의 순수익을 얻을 수 있다.

이 거래에서 투자자A는 3달 만에 투자수익률 100%를 얻을 수 있다. 주식에 직접 투자했다면 800만원을 투자하고도 11.25%(=90만원/800만원)의 수익률밖에 얻을 수 없는 것에 비하면 레버리지효과가 상당히 크다는 것을 알 수 있다. 만약 3달 뒤에 삼성전자 주가가 83만원을 넘지 못한다면 투자자A는 주식을 사지 않는 것이 유리하고, 이 경우 투자원금 30만원을 손해 보게 된다. 즉 투자손실 100%가 발생하게 된다.

표 15-1 신주인수권증권과 주식워런트증권의 비교

구분	신주인수권증권	주식워런트증권
발행주체	주식 발행회사	주식 발행회사 이외의 제3의 금융기관(금융투자회사)
기초자산	발행회사 주식	유통성 있는 모든 자산(주식, 주가지수, 통화, 금리 등)
신주발행 여부	신주발행	신주발행 불필요(보유주식 또는 시장에서 매입하여 이전), 현금결제의 경우 주식인수도 대신 결제가격과 행사가격의 차이를 현금으로 정산
발행대상자	신주인수권부사채(BW) 매입자	일반투자자
발행목적	BW 발행을 통한 원활한 자금조달	발행자 • 보유주식 활용도 제고 • 리스크관리 수단 • 수익력 제고 투자자 • 새로운 투자수단 • 보유주식 위험헤지 기능

자료 : 한국거래소(KRX) :「파생상품시장 연간통계(2024)」

발행된 주식워런트증권은 거래소에 상장하여 일반 주식과 마찬가지로 매매가 이루어진다. 따라서 주식워런트증권 보유자는 만기에 권리를 행사하여 이익을 실현하거나 주식워런트증권을 매매하여 이익을 실현할 수 있다. 특히 주식워런트증권의 경우 유통시장에서 유동성을 확보하기 위해 발행자가 직접 또는 제3자를 통하여 시장조성(market making)을 하도록 하고 있다. 이러한 시장조성의 기능을 수행하는 주체를 유동성공급자(liquidity provider, LP)라고 한다. 유동성공급자는 항상 매도호가와 매수호가를 제시하여 투자자들의 매매요구에 응하도록 함으로써, 투자자들이 원하는 시간에 언제든지 매매할 수 있도록 해준다.

신주인수권증권과 주식워런트증권을 비교해 보면 〈표 15-1〉과 같다.

제4절 주가연계증권

기초증권과 파생증권을 결합하여 신종파생상품이 개발되고 있다. 대표적인 신종파생상품에는 주가연계증권(equity linked securities, ELS), 파생결합증권(derivative linked securities, DLS), 파생결합사채(derivative linked bond, DLB) 등이 있다.

주가연계증권은 개별주식이나 주가지수에 연동되어 수익률이 결정되는 금융상품이다. 기초자산이 개별주식인 경우를 주가연계증권(ELS)이라 하고, 주가지수인 경우를 EILS(equity index linked securities)라고 구분해서 부르기도 한다.

주가연계증권은 주식이나 채권 등의 증권에 주식을 기초자산으로 하는 파생증권이 결합된 구조화된 증권의 특성을 지닌다. 투자원금 중 일부는 우량채권 등 안전자산에 투자하여 만기에 투자원금의 상환에 충당하고, 일부는 옵션복제 재원으로 사용하여 수익을 추구하는 구조로 되어 있다. 주가연계증권은 주로 채권에 주식파생증권을 결합하는 경우가 대부분이기 때문에 외국에서는 주가연계채권(equity linked note, ELN)이라고도 한다. 우리나라에서 주가연계증권은 금융투자회사가 발행하고, 금융투자회사에서 판매하고 있다.

주가연계예금과 주가연계펀드는 주가연계증권과 유사한 금융상품이다. 금융상품의 발행형태가 예금인 경우 주가연계예금이라고 하고, 일반 투자증권의 형태인 경우 주가연계펀드라고 한다.

주가연계예금은 일반예금과 유사하지만, 적용되는 금리가 주가에 따라 변동되는 형태로 예금자보호법에 의해 원금이 보장되는 금융상품이다. 다만 일반예금과 같이 양도가 불가능하며 중도에 해지하는 경우 이자가 지급되지 않고 중도해지 수수료가 부과되어 원금손실이 발생할 수 있다. 주가연계예금은 은행이 발행하고, 은행에서 판매되고 있다.

주가연계펀드는 수익증권에 포함되며, 환매나 매매를 통하여 유통이 가능하다. 주식연계펀드는 특성상 운용실적에 따라 배당으로 수익이 결정된다. 주가연계펀드는 금융투자회사가 발행하고, 금융투자회사와 은행에서 판매되고 있다.

요약

주식파생증권의 의의와 특성

특정 주식을 직접 소유하지 않고 주가등락에서 발생하는 이익을 추구할 수 있도록 거래가 가능한 권리 또는 새로 발행한 증권들을 주식파생증권이라고 한다. 투자자들에게 적절한 투자수단으로서 신주인수권, 신주인수권증권, 주식워런트증권, 주식연계증권 등은 그 소유자가 원할 때, 기초주식을 매수하거나 매도하는 것을 가능하게 하거나 또는 기초주식의 가격변동을 이용하여 이익을 취득하는 계약적 내용을 담고 있다.

따라서 주식파생증권은 주식과 같은 지분증권의 의미를 내포하지 않는다. 그러나 파생증권의 가치는 주식의 가치변동과 같은 방향으로 변동하게 된다. 또한 파생증권은 증권시장에서 매매거래를 할 수 있지만 주식과 달리 파생증권은 수명이 유한하고, 만기 이후에는 그 권리가 청산된다.

신주인수권증서와 그 가치

기업이 추가 자본을 조달하기 위하여 주식을 발행할 때 기업의 기존주주가 신주인수권을 가지지 않을 경우, 신주의 발행가격과 구주(기존주식)의 시장가격의 차이에 따라 손실을 입을 수 있다. 신주인수권증서는 기업이 신주를 발행할 때 이를 최초로 매입할 수 있는 기회를 기존주주에게 부여하는 한시적인 증서이다.

일반적으로 신주의 발행가격은 발행당시의 주식시장가격보다 낮은 경우가 대부분이다. 신주 1주를 매입하기 위하여 필요한 신주인수권의 수는 기존발행주식수에 대한 신주의 발행주식수의 비율이다. 따라서 신주인수권의 가치는 다음의 두 가지 공식으로 계산될 수 있다. 본문의 예를 참고하기 바란다.

$$\text{신주인수권가치} = \frac{M-S}{N+1}$$

단, M=기존주식의 현재 시장가격
S=신주의 발행가격
N=신주 한 주의 매입에 필요한 신주인수권의 수

$$\text{신주인수권가치} = \frac{M^{*}-S}{N}$$

단, M^{*}=신주발행 후 1주의 이론가격(조정시장가격)
S=신주의 발행가격
N=신주 매입에 필요한 신주인수권의 수

신주인수권증권

분리형 신주인수권부사채에서 신주인수권만을 표현하는 증권인 신주인수권증권은 소유자에게 사전에 설정된 행사기간에 고정가격으로 미리 지정한 수의 보통주를 매입할 권리를 부여하는 장기증권이다. 특정한 행사시기를 초과하면 그 권리는 소멸한다. 일반적으로 신규채권, 혹은 우선주에 부가되어 발행된다. 신주인수권증권은 이를 이용하여 주식을 살 수 있는 고정가격인 행사가격 이상으로 보통주의 시장가격이 상승할 때, 그 가격차이만큼 가치가 있게 된다.

주식워런트증권

주식워런트증권(ELW)은 주식이나 지수상품을 특정한 가격에 사거나 팔 수 있는 권리가 부여된 새로운 종류의 증권으로서, 주로 주가의 상승 또는 하락을 예상할 때 높은 레버리지효과를 기대하면서도 손실을 제한할 수 있도록 설계된 상품이다. 주식에 대한 직접투자와 달리 주식워런트증권을 이용하면 매우 적은 자금으로 주가변동을 이용하여 설계된 높은 수익을 얻을 수도 있고, 예상과 반대의 주가변동이 발생하면 투자자금 전액의 손실도 불가피하다. 주식워런트증권은 권리유형에 따라 콜 주식워런트증권(Call ELW)과 풋 주식워런트증권(Put ELW)로 구별된다.

주가연계증권

주가연계증권(ELS)은 개별주식이나 주가지수에 연동되어 수익률이 결정되는 금융상품으로서 주식이나 채권 등의 증권에 주식을 기초자산으로 하는 파생증권이 결합된 구조화된 특성을 가진 증권이다. 증권발행으로 조성된 투자원금 중 일부는 우량채권 등 안전자산에 투자하여 만기에 투자원금의 상환에 충당하고, 일부는 옵션복제 재원으로 사용하여 수익을 추구하는 구조로 운영된다. 우리나라에서 주가연계증권은 금융투자회사가 발행하고, 금융투자회사에서 판매하고 있다.

인터넷에서 찾아 읽기

신주인수권에 관한 상법의 규정/법제처 검색

- https://www.moleg.go.kr
  - 신주인수권부사채 발행 : 상법 제516조의2 이하 참조
  - 신주인수권증서 : 상법 제416조

자본시장과 금융투자업에 관한 법률/ 법제처 검색

- https://www.moleg.go.kr/main.html
  - 파생증권의 발행관련 조항 : 제7조(금융투자업의 적용배제)

한국거래소의 홈페이지

- https://www.krx.co.kr
  - 업무규정(관계법규에서 검색)
  - 신주인수권증서와 증권의 거래소 거래통계(증권시장지에서 검색가능)
  - 정책자료 등

금융투자협회 홈페이지

- https://www.kofia.or.kr/wpge/m_14/sub0201.do
  - 회원제도
- https://freesis.kofia.or.kr
  - 자본시장통계/파생상품/ELS발행통계

연습문제

01 다음 용어를 설명하라.

❶ 주식파생증권
❷ 신주인수권
❸ 신주인수권증권
❹ 신주인수권증서
❺ 권리락주가
❻ 신주인수권수
❼ 신주인수권가치
❽ 유동성공급자
❾ 주식워런트증권
❿ 주가연계증권

02 주식에 대한 파생증권의 수명에 대하여 설명하라.

03 주식파생증권 소유자의 일반적인 권리에 대하여 설명하라.

04 분리형 신주인수권부사채(bond with warrants, BW)의 경우 신주인수권증권이 거래될 수 있는 조건에 대하여 설명하라.

05 신주인수권의 가치를 계산하는 공식을 설명하라.

06 기초주식의 가격과 신주인수권의 가격과의 관계를 설명하라.

07 신주인수권을 주주에게 부여하는 이유에 대하여 설명하라.

08 신주인수권증권과 주식워런트증권의 차이점을 설명하라.

09 주가연계증권의 특성과 그 발행자에 대해 설명하라.

Chapter 16

옵션의 이해

학습목표 이 장을 공부한 독자들은 다음 사항을 이해할 수 있어야 한다.

- 옵션의 개념
- 콜옵션의 가치
- 풋옵션의 가치
- 콜옵션과 손익
- 풋옵션과 손익
- 우리나라 옵션제도

주식이나 채권에 직접 투자하는 경우 그 가격의 등락에 따라 투자수익이 변동한다. 투자자들은 투자에서 발생하는 손실, 즉 투자위험을 피하고 싶어 한다. 옵션이나 선물계약 등 기초자산을 이용한 파생상품은 기초자산의 가격변동에 따르는 위험을 피하게 하거나, 투자자들에게 새로운 투자대상이 되기도 한다.

옵션은 미래의 특정시점에 미리 정한 가격으로 기초자산을 사거나 팔 수 있는 선택권이다. 옵션을 이용하여 기초자산을 보유한 투자자들은 기초자산의 가격변동에 의한 손익을 특정 범위로 제한할 수 있다. 또한 옵션은 기초자산의 잠재적인 투자자에게 미래의 가격변동에 관계없이 현재의 가격수준으로 기초자산을 거래할 수 있는 기회를 가질 수 있게 해준다.

이 장에서 독자들은 옵션의 기본적인 개념과 아울러 콜옵션과 풋옵션의 기능과 가치에 대하여 잘 이해하여야 한다. 옵션은 옵션시장에서 활발하게 거래되고 있으므로 투자자들은 옵션을 이용하여 투자자산의 위험을 방어하거나 새로운 투자대상으로 활용할 수 있다.

또한 독자들은 옵션을 이용한 기본적인 투자전략에 대하여 학습하고 이를 활용할 수 있어야 하며, 실제적인 옵션거래제도에 대하여도 충분히 이해하여야 한다.

제1절 옵션의 의의

1.1 옵션의 의미

옵션(option)은 특정한 미래의 기간에 미리 정해진 행사가격(exercise price)으로 지정된 자산을 매수 또는 매도할 수 있는 권리를 옵션의 소유자에게 제공해 주는 계약을 의미한다. 이 경우에 미리 지정된 자산을 기초자산(underlying assets)이라고 한다. 기초자산이 현물인 경우를 현물옵션(physical option)이라고 하고, 선물계약을 기초자산으로 하는 옵션을 선물옵션(futures option)이라 한다.

옵션의 행사를 만기일에만 할 수 있는 것은 유럽옵션(European option)이라 하고, 만기일이 도래할 때까지 언제라도 옵션을 행사할 수 있는 것을 미국옵션(American option)이라고 한다.

옵션의 의미를 간략하게 요약하면 [그림 16-1]과 같다.

그림 16-1 옵션의 의미

옵션은	특정한 증권(기초증권)을 미래의 특정시점(행사기간)에 특정한 가격(행사가격)으로 사거나(콜옵션) 팔(풋옵션)	권리(선택권)이다.

1.2 옵션의 구분과 종류

옵션계약은 크게 콜옵션(call option)과 풋옵션(put option)으로 나눌 수 있다. 콜옵션은 기초자산을 매수할 수 있는 선택권을 의미하고, 풋옵션은 기초자산을 매도할 수 있는 선택권을 의미한다.

그림 16-2 옵션의 구분

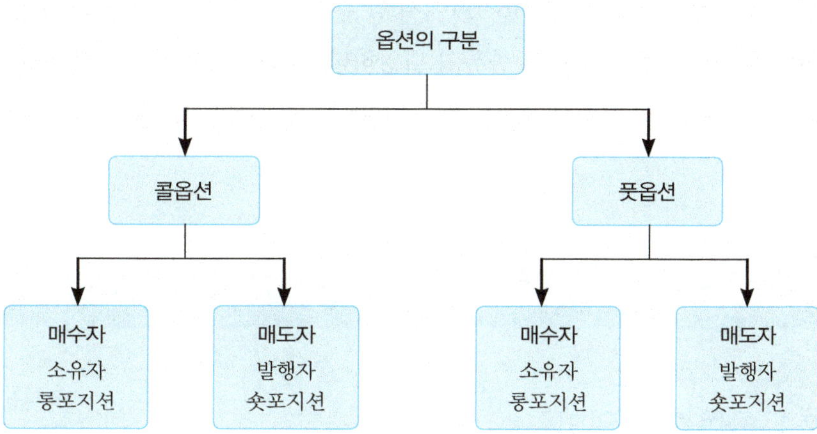

어느 형태이든 옵션의 거래는 두 당사자를 포함한다. [그림 16-2]와 같이 옵션을 매수하는 사람을 매수자(buyer) 혹은 소유자(holder)라 한다. 옵션을 매입, 보유하는 것을 롱포지션(long position)을 취한다고 한다. 한편 옵션을 매도하는 사람을 매도자(seller), 발행자(writer) 혹은 옵션에 숏포지션(short position)을 취하는 사람이라고도 한다.

옵션의 소유자는 자신에게 이익이 발생하는 유리한 경우에 권리를 행사(exer-

표 16-1 옵션의 기초자산과 옵션의 종류

옵션기초자산	옵션의 종류	
	일반명칭	옵션내용
주식	주식옵션	주식을 사거나 팔 권리
주가지수	주가지수옵션	주가지수를 사거나 팔 권리
채권	채권옵션	채권을 사거나 팔 권리
통화	통화옵션	통화를 사거나 팔 권리
선물	선물옵션	선물을 사거나 팔 권리
⋮	⋮	⋮

cise)하고, 불리한 경우에는 권리를 포기할 수 있다. 그리고 옵션의 소유자가 권리를 행사하면 옵션의 매도자는 계약을 이행해야 하는 의무가 발생한다.

이와 같은 옵션은 〈표 16-1〉에서 알 수 있는 것과 같이 옵션의 대상인 기초자산이 무엇인가에 따라서 그 종류가 다양하다. 우리나라에서는 주식옵션, 주가지수옵션, 미국달러옵션 등이 한국거래소의 파생상품시장에서 거래되고 있다.

제2절 콜옵션

2.1 콜옵션의 의미

콜옵션(call option)의 소유자는 옵션의 만기일까지 어느 시점에 행사가격으로 기초자산을 매입할 권리를 가지지만, 의무를 지지는 않는다. 투자자는 이 권리를 얻기 위하여 옵션프리미엄(option premium), 즉 옵션의 가격을 지불해야 한다.

그림 16-3 콜옵션의 권리와 의무

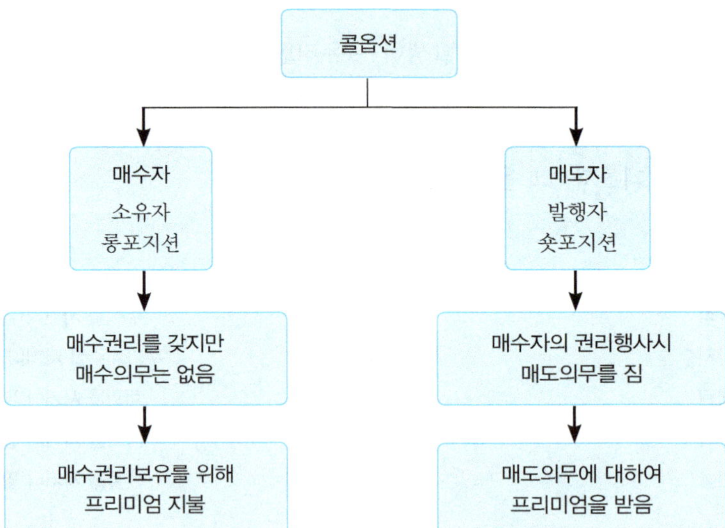

콜의 발행자는 투자자(옵션소유자)가 옵션의 권리를 행사할 때(기초자산의 매도요청시), 행사가격으로 기초자산을 옵션소유자에게 매도할 의무가 있다. 이런 의무를 지는 데 대하여, 발행자는 옵션매수자가 지불하는 옵션가격, 즉 옵션프리미엄을 받는다. 옵션프리미엄은 옵션의 소유자가 옵션소유를 위하여 옵션발행자에게 지불하는 가격이다. 그리고 이 옵션프리미엄은 행사가격의 일부가 아니다. 이러한 관계를 그림으로 나타내어 보면 [그림 16-3]과 같다.

콜옵션의 소유자와 발행자는 기초자산가격의 움직임에 따라 각각 다음과 같은 상태에서 잠재적인 위험과 수익(보상)을 가지게 된다. 콜옵션의 소유자와 발행자의 손익은 서로 반대방향으로 발생한다. 이를 [그림 16-4]로 나타낼 수 있다.

ⓐ 콜옵션소유자

- 이익발생조건 :

  옵션행사시점의 기초자산가격 > 행사가격 + 옵션프리미엄

- 옵션행사포기조건 :

  옵션행사시점의 기초자산가격 < 행사가격

그림 16-4 콜옵션 소유자와 발행자의 위험과 수익

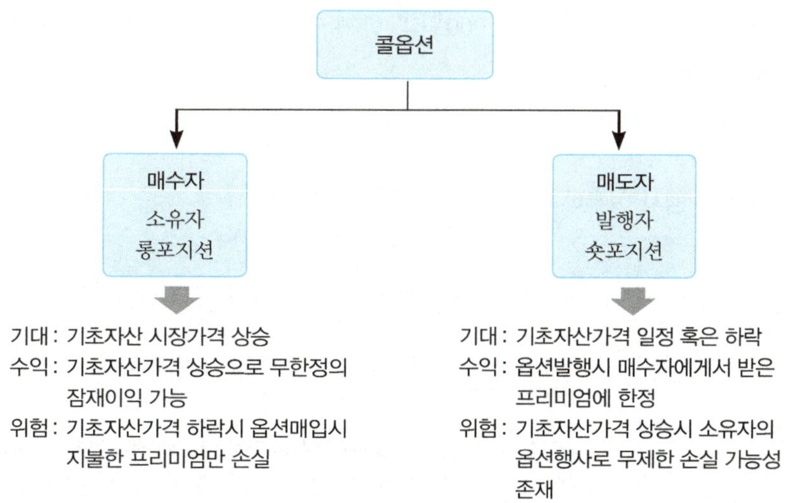

ⓑ 콜옵션발행자

- 이익발생조건 : 옵션소유자의 행사포기시
  옵션행사시점의 기초자산가격 < 행사가격
- 손실발생조건 :
  옵션행사시점의 기초자산가격 > 행사가격 + 옵션프리미엄

2.2 콜옵션의 예

콜옵션의 예로서, 삼성기업의 보통주에 대한 콜옵션을 가진 투자자가 옵션의 만기일(expiration date)인 6월 두 번째 목요일까지 이 기업의 보통주를 주당 18,000원(행사가격)에 매수할 수 있는 권리를 소유하고 있다고 하자. 이 투자자는 이 권리를 가지기 위하여 콜옵션을 매입하고, 그 가격으로 1,000원을 지불하였다.

〈표 16-2〉에서 보는 것과 같이 만약 만기시점에 보통주의 가격이 23,000원이라고 하면, 콜옵션 소유자는 옵션을 행사함으로써 이익을 얻을 수 있다. 보통주 1주를 옵션 매도자로부터 행사가격 18,000원에 구입하여 시장에서 23,000원에 매도하면 5,000원의 이익이 발생한다. 여기서 옵션매입비용 1,000원을 차감하면 콜옵션 소유자는 4,000원의 순이익을 얻게 된다. 만약 만기시점에 보통주의 가격이 13,000원이라면 콜옵션 소유자는 옵션을 행사하지 않는 것이 유리하다. 옵션을 행사하게 되면 옵션매입비용 1,000원과 함께 5,000원 (=13,000원 − 18,000원)의 추가 손실이 발생하기 때문이다.

표 16-2 콜옵션 행사 여부에 따른 손익관계

만기의 보통주 가격	권리행사가격 (18,000원)	만기시점 손익관계
23,000원	권리행사	옵션소유자가 옵션발행자로부터 보통주 1주를 행사가격 18,000원에 매입하여 시장에서 23,000원에 매도하면 5,000원(=23,000원 − 18,000원)의 이익 발생(옵션거래 순이익 4,000원)
13,000원	권리포기	옵션소유자가 권리를 행사하여 시장가격이 13,000원인 보통주 1주를 18,000원에 매입하면 5,000원(=18,000원 − 13,000원)의 손실이 발생하므로 권리행사포기(순손실 1,000원)

2.3 콜옵션의 손익선

옵션거래에 있어서는 옵션의 발행자와 옵션의 소유자가 얻는 손익은 서로 반대로 나타난다. 콜옵션의 손익관계를 설명하기 위하여 위의 삼성기업의 주식에 대한 콜옵션(call option)을 예로 들어보자. 삼성기업 주가의 변동에 따라 나타나는 옵션의 발행자와 소유자의 손익선을 그림으로 나타내면 [그림 16-5]와 같다.

콜옵션의 소유자가 옵션을 행사하여 이득을 보게 되면 옵션의 발행자는 그 금액만큼 손실을 보게 된다. 다시 말해서 굵은 선으로 표시된 옵션 소유자의 손익선의 경우를 보면, 주가가 0원에서 행사가격인 18,000원에 도달할 때까지는 옵션을 행사하는 것이 아무런 이득이 없으므로(≤주가행사가격), 옵션소유자는 옵션을 행사하지 않는다.

주가가 행사가격인 18,000원에 도달할 때까지는 옵션행사를 포기하고 옵션소유자의 손실은 옵션프리미엄인 1,000원으로 일정하게 된다. 이 상황에서 옵션발행자는 1,000원의 이득을 얻는다.

그리고 주가가 18,000원을 초과하여 19,000원에 이르는 영역에서는 주가의 상승액이 바로 옵션프리미엄인 손실액 1,000원을 상쇄시키는 금액이 되므로, 주

그림 16-5 콜옵션 소유자와 발행자의 손익선

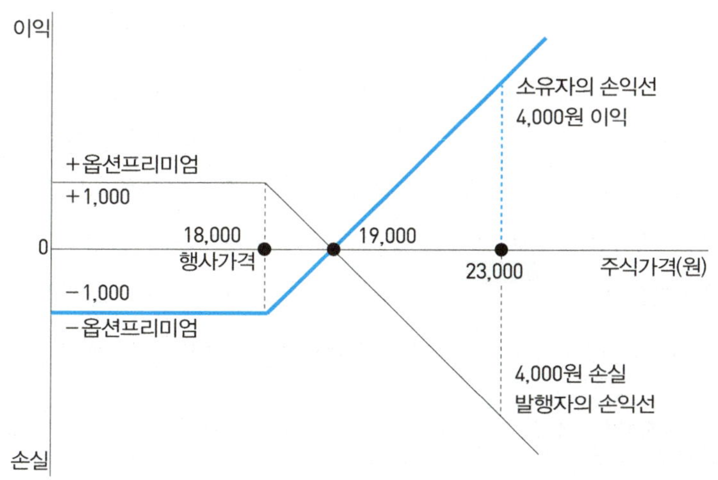

가가 19,000원이 되면 옵션행사가 손실도 이익도 발생시키지 않는 손익분기점이 된다.

주가가 다시 19,000원을 초과하게 되면 이 초과금액이 바로 옵션행사로 인하여 발생하는 옵션소유자의 이익이 된다. 이러한 현상이 옵션발행자에게는 완전히 반대로 나타난다.

2.4 콜옵션의 가치

(1) 내재가치

옵션의 행사와 관련하여 옵션발행자(의무자)는 수동적인 입장에 서고 옵션소유자(권리행사자)는 능동적인 입장에 서있다. 옵션발행자는 주가가 행사가격과 동일하거나 하락하기를 바란다. 그러나 주가가 행사가격보다 올라가면 옵션발행자의 손실은 확대된다. 다만 그 손실은 옵션발행시 받은 옵션프리미엄만큼 감소한다.

대부분의 옵션투자자는 옵션의 기초자산을 직접 소유하는 것보다는 기초자산가격의 상승과 하락에서 발생하는 이익을 옵션거래를 통하여 얻는 데 관심을 가지고 있다. 이런 목적을 가질 때, 대부분의 옵션소유자는 옵션행사에는 관심을 가지지 않는다. 옵션발행자도 옵션이 행사되는 데 관심이 없다.[1] 대신에 양자는 옵션가격(프리미엄)의 변동에 기초하여 옵션을 매수하고 매도하는 거래를 통해 차익을 얻는 것을 원한다.[2]

옵션의 가치는 기초자산의 시장가격과 만기까지 남은 시간을 포함하는 여러 가지 요인과의 직접적인 관계 때문에 변동한다. 그래서 콜옵션의 소유자는 낮은 가격으로 옵션을 매입해서 나중에 더 높은 가격으로 팔기를 원한다. 콜옵션의 발행자는 옵션을 높은 프리미엄으로 매도하고, 나중에 그보다 더 낮은 프리미엄으로 그 옵션을 다시 매수하여 의무를 상쇄시키기를 바란다.

콜옵션은 기초자산의 시장가격이 옵션의 행사가격을 초과하고, 기초자산의 가격이 더 상승함에 따라, 소유자는 콜옵션을 행사하여 이익을 얻을 수 있다. 이런

[1] 옵션이 행사될 때, 옵션발행자와 옵션소유자는 주식의 매매에 관하여 거래수수료와 증거금 등의 비용과 추가 자금 등이 발생할 가능성이 있다.

[2] 이 장에서는 옵션가격과 옵션프리미엄 혹은 프리미엄을 혼용해서 사용한다.

옵션을 내가격(in the money, ITM)옵션이라고 한다. 콜옵션이 내가격에 속할 때의 이익의 크기를 콜옵션의 내재가치(intrinsic value) 혹은 본질가치라고 한다. 콜옵션의 내재가치는 아래 공식으로 계산된다.

콜옵션의 내재가치 = 기초자산의 시장가격 − 콜옵션의 행사가격

기초자산의 시장가격이 행사가격과 같을 때, 콜옵션을 등가격(at the money, ATM)옵션이라고 한다. 그리고 기초자산의 시장가격이 행사가격보다 낮을 때, 콜옵션을 외가격(out of the money, OTM)이라고 한다. ATM과 OTM의 경우에 콜옵션은 내재가치를 가지지 않는다.

(2) 시간가치

옵션의 시간가치는 만기 전에 투자자가 원하는 방향으로 옵션가격이 움직일 가능성에 대하여 투자자가 지불하는 가격이다. 시간가치는 다음과 같은 공식으로 계산된다.

시간가치 = 콜옵션 프리미엄 − 콜옵션의 내재가치

옵션의 시간가치는 만기까지 남은 시간이 길수록 더 커지고, 만기일에 가까이 갈수록 작아지다가, 만기일에는 시간가치가 전혀 발생하지 않는다. 그래서 옵션을 소모성자산(wasting assets)이라고도 한다. 옵션의 만기일에는 시간가치는 사라지고 내재가치만 남게 된다.

(3) 기초자산가격의 변화와 옵션거래

기초자산의 가격이 상승하면 콜옵션의 내재가치가 증가한다. 기초자산가격의 상승금액은 콜옵션프리미엄(옵션의 가격)에 직접 반영된다. 그래서 옵션 소유자는 옵션을 행사하기보다는 오히려 내재가치에 가까운 가격으로 거래소에서 옵션을 직접 매도할 수 있다. 옵션을 매매하여 투자자가 얻는 순이익은 기초자산가격을 매매하여 얻을 수 있는 것과 거의 같다. 그러나 옵션의 거래비용은 기초자산을 거래하는 것보다 훨씬 작다.

기초자산의 가격이 행사가격 아래로 하락할 때, 투자자는 이미 지급한 옵션프

리미엄을 포기하고, 옵션이 만기일 이후 자동으로 소멸되게 내버려둔다.

콜옵션의 발행자는 옵션이 등가격에 있거나 혹은 외가격으로 움직일수록 옵션은 행사되지 않으므로 옵션프리미엄만큼 이익을 얻는다. 옵션이 내가격으로 움직이면, 발행자는 손해를 보기 시작한다. 이런 옵션의 발행자는 더 높은 옵션프리미엄을 지불하고 그 옵션을 다시 매입하여 의무를 청산할 수 있다. 이렇게 할 경우 옵션발행자 입장에서는 만기에 옵션이 행사되어 입게 될 큰 손실을 미리 피할 수 있다.

2.5 콜옵션의 매수전략

(1) 기초자산의 가격이 상승할 때, 이익을 얻기 위해 콜옵션 매수

현대기업의 보통주가 현재 20,000원에 거래되고 있다고 하자. 주식을 현금으로 매입할 경우 20,000원이 소요되고, 신용매입할 경우 8,000원(신용증거금률이 40%인 경우)의 증거금이 현금으로 필요하다고 하자. 그리고 현대기업의 콜옵션(행사가격 18,000원)이 옵션프리미엄(옵션가격) 2,000원으로 거래되고 있다고 하자.

주식의 시장가격이 상승하면, 콜옵션의 시장가치도 상승할 것이다. 이론적으로, 주가가 28,000원으로 상승하면, 주당 8,000원의 가격상승으로 옵션은 내가격으로 이동한다. 이것은 곧 옵션의 프리미엄(옵션의 거래가격)에 반영될 것이다. 주식가격이 상승할 가능성이 더 높아지면, 옵션가격도 더 상승하게 된다. 따라서 주가가 상승하면, 옵션소유자는 옵션가격이 상승하므로 콜옵션을 매도하여, 이익을 얻을 수 있다. 그러나 주식의 시장가격이 하락하면, 옵션소유자의 총손실은 옵션계약시에 지불한 옵션가격(프리미엄)에 한정된다.

(2) 기초자산의 공매시 이익을 보호하기 위하여 콜옵션 매수

현대기업의 주가가 20,000원이었을 때, 이 가격이 매우 높다고 생각한 어떤 투자자가 주가하락을 기대하여 공매도(short sale)를 하였다고 하자. 기대한 것과 같이 주가가 15,000원으로 하락하여, 현재 투자자는 5,000원의 이익을 얻고 있는 상황이다. 그러나 주가가 반전하여 18,000원으로 상승하여 주당 3,000원의 이익이 감소될 것을 우려하고 있다고 하자.

이 경우 투자자는 3,000원의 이익을 보호하기 위하여 행사가격 15,000원인 콜옵션을 매입할 수 있다. 이럴 경우 주식의 가격이 상승할지라도, 투자자의 이익은 보호된다. 공매(short position)로 손실을 보게 되는 금액(3,000원)은 콜옵션의 매입(long call)으로 얻는 이익(3,000원 = 주가 18,000원 − 행사가격 15,000원)에 의하여 상쇄된다. 또한 매입한 콜옵션을 행사하여 현대기업 주식을 매입하여 공매한 주식을 상환하기 위하여 사용할 수 있다.

한편 주가가 계속해서 하락하면, 공매로 인해서 이익은 계속 발생한다. 그러나 콜옵션은 외가격으로 이동하여 가치가 없어지므로, 콜옵션 매입을 위해 이미 지급한 옵션프리미엄은 손실이 된다.

기초자산에 대한 투자의 위험을 방어하기 위하여 옵션을 이용하는 이러한 투자전략을 헤징(hedging)이라고 한다. 즉 투자자는 투자상태를 청산하지 않고 기존 기초자산 투자에서 발생한 이익을 보호하기 위하여 콜옵션을 보험(insurance)과 같이 사용할 수 있다.

2.6 콜옵션의 발행전략

옵션발행을 포함하는 전략은 보통 옵션의 발행자가 프리미엄을 받기 때문에 소득(income)전략이라고도 한다. 옵션을 발행할 때, 투자자는 기초자산 시장가치의 일정비율을 증거금으로 납부해야 한다. 언커버드(uncovered)옵션의 발행자는 옵션 발행시 필요한 증거금을 납부해야 한다. 커버드(covered)옵션의 발행자는 순수옵션발행자가 직면하는 위험을 감당하기에 충분한 상쇄포지션(offsetting position), 즉 기초자산을 소유하고 있기 때문에 증거금을 납부할 필요가 없다.[3]

(1) 상승시장에서 언커버드 콜옵션 매도

상승장에서 콜옵션을 발행하게 되면 옵션발행자는 무제한의 위험에 노출될 수 있다. 따라서 이러한 옵션발행전략은 가장 투기적인 옵션전략 중의 하나가 된

[3] 옵션의 기초자산을 충분히 가지고 있어서 발행자의 의무를 다하는 데 부족함이 없는 상태이기 때문에 증거금 납부가 필요 없이 발행되는 옵션을 말한다. 우리나라에서 covered option을 위험제거옵션, 방비옵션 등의 용어로 번역하여 사용하기도 하는데, 여기서는 '커버드 옵션'이라고 한다.

다. 투자자는 이 포지션을 설정하기 위하여 중개회사에 증거금(margin)을 납부해야 한다.

현대기업 옵션의 예에서 옵션발행자가 2,000원의 프리미엄을 받고 콜옵션을 발행했다고 하자. 주식의 가격이 옵션의 행사가격인 18,000원 이하가 되면, 옵션소유자인 투자자는 옵션을 행사하지 않을 것이므로, 콜옵션발행자는 옵션프리미엄, 즉 옵션을 매도한 옵션가격인 2,000원의 이익을 획득하게 된다.

그러나 예상과 달리 가격이 18,000원 이상으로 상승하는 경우에는 옵션소유자가 옵션을 행사하게 되고, 옵션발행자는 옵션에 따른 의무를 이행하여야 한다. 즉 옵션발행자는 행사가격으로 주식을 매도하여야 한다. 발행자는 이 주식을 보유하고 있는 상태가 아니므로 주식시장에서 현재의 시장가격으로 주식을 매입해서 인도해야 한다. 주가는 잠재적으로 무한대까지 상승할 수 있으므로 언커버드 콜옵션의 발행자는 무한정한 위험을 부담하여야 한다. 이때 발행자의 손실은 옵션을 발행하여 받은 프리미엄만큼 줄어든다.

(2) 상승시장에서 기초자산의 수익증대를 위한 커버드 콜옵션 발행

커버드 콜옵션을 발행하는 투자자는 위험이 훨씬 축소된다. 이 전략은 소득을 증가시키고, 보유하고 있는 기초자산을 보호하기 위하여 사용되어진다. 커버드 콜옵션 발행은 가격이 매우 안정적인 우량 기초자산의 포트폴리오를 보유하고 있는 투자자들이 포트폴리오의 총수익을 증가시키기 위하여 사용하는 전략이다. 옵션발행자는 충분한 기초자산을 보유한 상황에서 옵션을 발행하기 때문에 위험이 거의 없다. 따라서 옵션발행에 대한 증거금을 납부하지 않아도 된다.

어떤 투자자가 현대기업의 주식을 25,000원으로 1,000주를 매입하여 소유하고 있다고 하자. 이 주식은 현재 주당 40,000원의 가격으로 거래되고 있다. 최근에 이 기업의 주가는 자본이득이 거의 없을 정도로 안정되어 있다고 하자. 그리고 이 투자자는 기업이 제공하는 배당에 만족하고 있으나, 보유하고 있는 주식을 이용하여 수익을 증대시키기를 바라고 있다. 그래서 이 투자자는 옵션프리미엄 3,000원을 받고, 행사가격 40,000원의 콜옵션을 발행하였다.

주가가 현재의 주가에서 안정적으로 유지되는 한, 투자자는 옵션이 행사되지 않을 것이므로 옵션프리미엄을 이익으로 가지게 될 것이다. 그러나 가격이 40,000

원 이상으로 상승하면, 옵션은 행사되고 주식매도를 요구받게 된다.

그렇지만 발행자는 여전히 이익을 얻을 수 있다. 투자자가 주식을 매도해야 할 의무가 있는 가격인 행사가격 40,000원이 주식의 매입원가인 25,000원보다 높기 때문에 주당 15,000원의 자본이득을 얻을 수 있다. 그리고 옵션발행으로 얻은 프리미엄도 확보하게 되어 주당 18,000원의 이익을 얻게 된다. 계속해서 주식을 보유하기를 원한다면, 시장에서 그 주식을 재매수하면 된다.

한편 주가가 37,000원 이하로 하락하면, 발행자는 주당 3,000원 이상의 주식가치의 손실이 발생하여 콜옵션발행으로 얻은 옵션프리미엄을 초과하는 순손실을 입게 된다. 이때 주식보유로 인한 자본이득은 점차 줄어든다. 따라서 커버드 옵션발행으로 추가소득을 발생시키려는 투자자의 목적은 달성되지 않는다.

제3절 풋옵션

3.1 풋옵션의 의미

풋옵션의 소유자는 옵션의 만기일까지 어느 시점에서 행사가격으로 기초자산을 매도할 수 있는 권리를 가지나 의무는 없다. 풋옵션소유자는 이런 권리를 얻기 위하여 옵션프리미엄을 지불해야 한다. 옵션의 발행자는 옵션소유자가 옵션을 행사하게 될 때, 행사가격으로 기초자산을 매수할 의무가 있다. 이 의무를 지는데 대하여 발행자는 소유자가 지불하는 옵션프리미엄을 받는다. 풋옵션 투자자의 권리와 의무를 [그림 16-6]으로 간략하게 나타낼 수 있다.

[그림 16-6]에서 보듯이 풋옵션의 소유자는 기초주식의 시장가격이 하락하기를 원한다. 풋옵션소유자는 기초자산의 가격이 행사가격 이하로 하락하면, 행사가격보다 낮은 가격으로 기초자산을 매입하여 옵션발행자에게 행사가격으로 주식을 매도할 수 있다. 따라서 기초자산의 가격이 행사가격 이하로 하락하되 옵션프리미엄을 초과하여 하락하게 되면 옵션소유자는 이익을 얻게 된다. 극단적으로 기초자산의 가격이 0이 될 수 있기 때문에 옵션소유자의 최대이익은 행사가격에서 옵션

그림 16-6 풋옵션의 권리와 의무

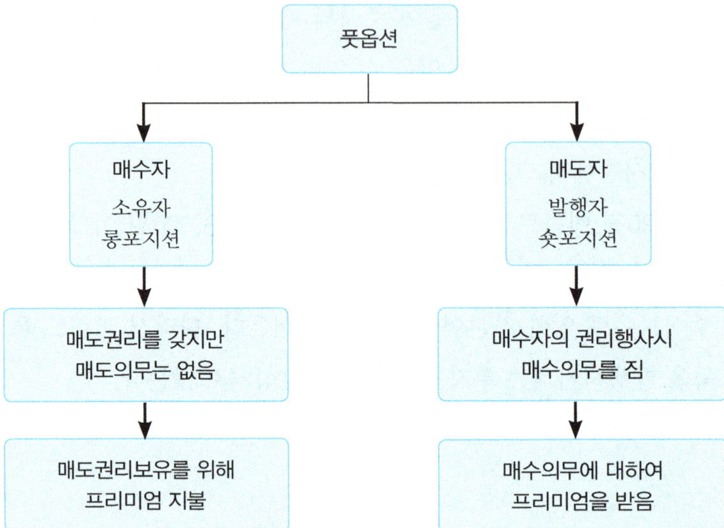

프리미엄을 뺀 값이 된다.

풋옵션을 매입한 이후에 기초자산의 가격이 행사가격 이상으로 상승하면, 이를 행사하여 이익을 얻을 수 없다. 만약 투자자가 이 풋옵션을 행사하면, 투자자는 시장가격보다 더 낮은 행사가격으로 매도하는 셈이 되어 손해를 본다. 이 경우에 풋옵션소유자는 옵션프리미엄만 손해를 보고, 만기가 되어 옵션의 권리가 소멸되도록 내버려두는 것이 유리하다. 따라서 풋옵션소유자의 최대 위험은 옵션프리미엄만큼이 된다.

풋옵션발행자는 기초자산의 가격이 행사가격 이상으로 상승할 때에만 이익을 얻는다. 이때에는 풋옵션소유자가 옵션의 행사를 포기하기 때문이다. 그래서 발행자는 옵션프리미엄을 이익으로 얻는다. 풋옵션소유자와 반대로 기초자산의 가격이 0으로 떨어지면 풋옵션발행자는 행사가격에서 옵션프리미엄을 차감한 금액만큼 손실을 보게 된다.

그림 16-7 풋옵션의 소유자와 발행자의 위험과 수익

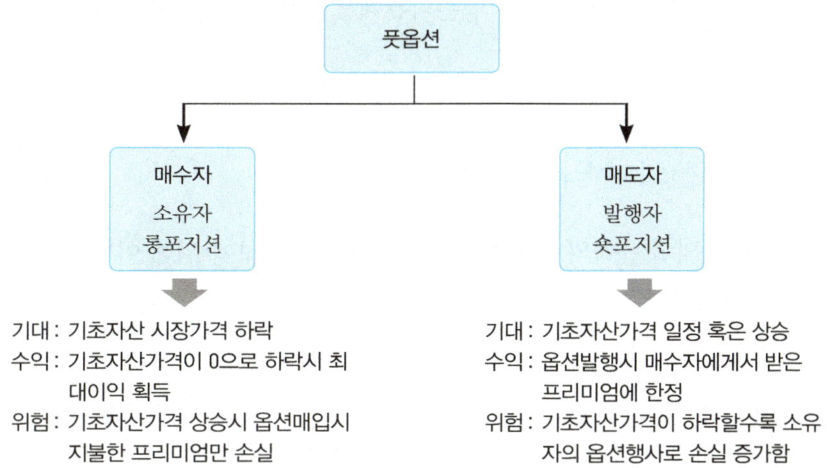

3.2 풋옵션의 예

삼성기업의 보통주를 기초로 6월 둘째 목요일에 만기가 되는 행사가격 16,500원인 풋옵션이 발행되어 있고, 이 풋옵션은 현재 500원에 거래되고 있다고 하자. 삼성기업 보통주의 가격이 주당 12,000원으로 하락하면, 풋옵션의 소유자는 주식시장에서 이 주식을 12,000원에 매입하여, 옵션발행자에게 16,500원에 매도할 수 있다. 권리행사의 결과, 옵션소유자는 주당 4,500원의 이익을 얻고, 옵션의 매입가격 500원을 이미 지불하였기 때문에 이 금액을 차감하면 4,000원의 순이익을 얻는다.

표 16-3 풋옵션 행사 여부에 따른 손익관계

만기의 보통주 가격	권리행사가격 (16,500원)	만기시점 손익관계
18,000원	권리포기	옵션소유자가 권리를 행사하여, 시장가격이 18,000원인 보통주 1주를 16,500원에 매도하면, 1,500원(=18,000원−16,500원)의 손실이 발생
12,000원	권리행사	옵션소유자는 옵션발행자에게 12,000원인 보통주 1주를 행사가격 16,500원에 매도하여 4,500원(=16,500원−12,000원)의 이익 발생

한편 풋옵션의 발행자는 옵션의 소유자와 반대로 위와 같은 주가의 경우에 4,000원의 손실을 보게 된다.

풋옵션 소유자와 발행자의 손익관계를 요약하면 〈표 16-3〉으로 나타낼 수 있다.

3.3 풋옵션의 손익선

풋옵션의 소유자와 발행자의 손익관계를 살펴보기 위해 이번에는 현대기업의 주식에 대한 풋옵션의 예를 이용해보자.

주식풋옵션에서는 주가가 하락할수록 풋옵션의 소유자는 유리하고 풋옵션의 발행자는 불리하다. 주가의 변동에 따라 풋옵션의 소유자와 발행자의 손익선도 콜옵션의 경우와 마찬가지로 서로 반대되는 모양을 나타낸다. [그림 16-8]에서 굵은 실선은 풋옵션 소유자의 손익선이며, 얇은 실선은 발행자의 손익선이다.

이 그림에서 옵션의 가격은 500원으로 표시되어 있다. 풋옵션소유자의 입장에서는 주가가 행사가격에서 옵션매입가격을 차감한 금액인 16,000원 이하로 형

그림 16-8 풋옵션 소유자와 발행자의 손익선

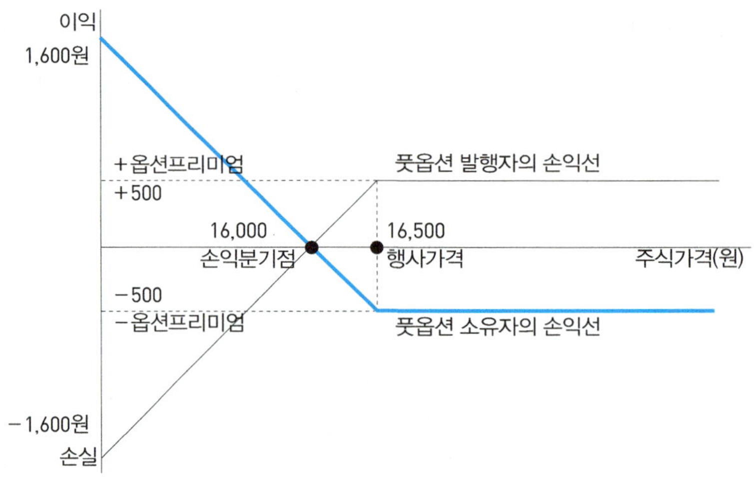

성되어야만(주가<행사가격－옵션프리미엄) 옵션을 행사하여 이득을 보게 된다. 주가가 16,000원을 초과하여 행사가격 16,500원에 도달할 때까지는 그 초과액이 바로 옵션소유자의 손실이 된다. 주가가 행사가격인 16,500원을 초과하여 계속 상승하게 되면 옵션소유자는 옵션프리미엄만 포기할 것이므로, 계속적인 주가의 상승에 상관없이 옵션소유자의 손실은 옵션프리미엄인 500원이 된다. 풋옵션발행자의 손익은 풋옵션소유자의 손익과 정반대로 나타난다.

3.4 풋옵션의 가치

콜옵션에서와 같이 풋옵션의 소유자와 발행자도 그 옵션을 행사하거나 행사되는 것에 관심이 적다. 그들 역시 옵션프리미엄의 상승과 하락에 기초하여 옵션을 거래하여 이익을 얻기를 기대한다. 콜옵션처럼, 풋옵션의 프리미엄은 옵션의 내재가치와 시간가치에 의하여 영향을 받는다. 풋옵션의 내재가치는 옵션소유자가 옵션을 행사하여 이익을 얻을 수 있을 때 발생하므로 내가격(in the money, ITM) 옵션이다. 이것은 기초자산의 시장가격이 옵션의 행사가격 이하로 하락할 때 발생한다. 풋옵션의 내재가치는 아래와 같다.

풋옵션의 내재가치＝풋옵션 행사가격－기초자산의 시장가격

현대기업 풋옵션의 경우, 시장가격이 12,000원이고 행사가격이 16,500원이므로 풋옵션의 내재가치는 4,500원이다. 기초자산의 가격이 하락하면, 풋옵션의 내재가치는 거의 동일한 금액만큼 상승할 것이다. 풋옵션의 프리미엄도 또한 상승할 것이다.

풋옵션을 행사하는 대신에 소유자는 풋옵션을 매매하여(풋옵션을 매도하여) 옵션의 행사와 거의 동일한 크기의 이익을 얻을 수 있다. 풋옵션을 행사하는 대신에 옵션 자체를 거래하여, 투자자는 거래비용을 절감할 수 있고, 기초자산 매입시 소요되는 규모의 자금을 준비하지 않아도 된다.

기초자산의 시장가격이 옵션의 행사가격 이상으로 상승하면, 풋옵션은 외가격(out of the money, OTM)이 된다. 이 옵션은 내재가치가 없어지고, 소유자가 이를 행사하여 아무 이익도 얻지 못한다. 소유자는 풋옵션이 외가격으로 이동하거나 등가격에 머무르면, 손해를 보고, 발행자는 이 두 상황에서 이익을 얻는다. 소유자는 옵션행사를 포기하고, 발행자는 프리미엄만큼 이익을 보게 된다.

풋옵션이 내가격으로 이동하면, 풋옵션이 행사될 가능성이 증가한다. 이 경우 발행자는 옵션이 행사되기 전에 옵션발행시 받은 옵션프리미엄보다 더 높은 프리미엄을 지불하고 그 옵션을 재매입하여 의무를 청산하는 것이 유리하다. 즉 기초자산의 가격이 하락하면 옵션이 행사되어 옵션발행자에게는 큰 손해가 발생할 수 있는데 옵션 행사 전에 동일한 옵션을 매입하여 의무를 청산함으로써 손실로 제한시킬 수 있다.

3.5 풋옵션의 매수전략

(1) 기초자산가격이 하락할 때, 이익을 얻기 위하여 풋옵션 매수

가격하락으로부터 이익을 얻기 위하여 기초자산을 공매하는 대신에 투자자는 풋옵션을 매수할 수 있다. 현대기업 풋옵션의 예가 보여주듯이 풋옵션의 소유자는 기초자산의 가격이 하락할 때, 이익을 얻을 수 있다.

더욱 중요한 것은 투자자의 위험을 상당히 줄일 수 있다는 것이다. 투자자가 기초자산을 공매하고 기초자산의 가격이 상승하면, 잠재적으로 무제한의 손실을 입을 수 있고 유지증거금을 납부하여야 한다. 즉 투자자가 공매포지션을 청산하지 않으면, 기초자산가격이 상승함에 따라 더 많은 돈을 신용거래계좌에 납입하여야 한다. 그러나 풋옵션을 매입하였을 경우에는 투자자가 직면하는 유일한 위험은 지불한 옵션프리미엄만큼의 손실이다.

(2) 기초자산매입보유에 의한 이익을 보호하기 위하여 풋옵션 매수

헤징으로 알려져 있는 이 전략은 투자자가 기초자산투자로 얻은 이익을 고정시키고 여전히 기초자산을 안전하게 보유할 수 있게 해준다.

예를 들어, 투자자가 현대기업 주식을 주당 12,500원으로 200주를 매입하였다고 하자. 현재가격이 주당 16,500원이면, 주당 3,500원(=16,500원－12,500원－500원)의 이익을 얻고 있는 셈이다. 이 시점에서 투자자는 현대기업의 주가가 하락할 것이라고 믿고 있으며, 현재의 총이익 700,000원을 유지하면서 주식도 매도하고 싶지 않다고 하자.

이때 투자자는 16,000원의 행사가격을 갖는 현대기업 풋옵션을 매입하여, 그 이익을 고정시킬 수 있다. 이렇게 하는 데 필요한 보험가격은 풋옵션을 매입하는 데 지불하는 옵션프리미엄이다. 투자자가 예상한대로 현대기업 주가가 하락하면, 주식매수로 손해 보는 금액은 풋옵션에서 얻어지는 금액으로 상쇄되어진다. 현대기업 주식의 가격이 상승하면, 투자자는 보통주에서 계속하여 자본이득을 얻고, 풋옵션을 매입할 때 지불한 옵션프리미엄만 포기하면 된다. 이렇게 할 경우 투자자는 현대기업의 주식을 계속 보유할 수 있고 이 기간 중에 지급되는 배당수익도 얻을 수 있다.

3.6 풋옵션의 발행전략

(1) 기초자산가격 상승시 이익획득 목적 언커버드 풋옵션 발행

현대기업 주가가 그 풋옵션의 행사가격 이상으로 상승하게 되면, 옵션발행자인 투자자는 옵션프리미엄만큼 이익을 얻는다. 그러나 주가가 하락할 때, 발행자는 상당한 위험을 감수해야 한다. 이 위험은 옵션소유자인 투자자가 풋옵션을 행사하게 될 때, 발행자는 그 기초주식을 시장가격보다 높은 행사가격으로 매수해야만 하기 때문에 발생한다.

(2) 저가격 기초자산 매수 수단으로 언커버드 풋옵션 발행

일반적으로 주식투자자는 현재의 시장가격보다 더 낮은 가격으로 주식을 매수하기를 원할 때, 지정가매수주문을 이용한다. 이 같은 목적을 달성할 수 있는 다른 방법으로 풋옵션의 행사가격을 원하는 가격에 맞추어 풋옵션을 발행할 수 있다.

현대기업의 주식이 16,000원으로 거래되고 있다고 하자. 투자자는 주가가 하락할 것으로 믿고 있어, 주가가 15,000원 혹은 그 이하일 때만, 그 주식을 사려고 한다. 이때 투자자는 행사가격이 15,000원인 풋옵션을 발행하고, 그 옵션프리미엄을 받는다. 주가가 15,000원 이하로 하락하여 풋옵션이 행사되면 이 투자자는 15,000원에 주식을 매입하게 된다. 그때 이 투자자가 지급하게 되는 주식 매수비용은 옵션발행시 받은 옵션프리미엄만큼 감소된다. 그러나 풋옵션의 발행자는 풋옵션이 행사될 때, 주가가 계속 하락할 수도 있는 주식을 매수할 수밖에 없는 위험에 처할 수도 있다.

예측과 달리 주가가 상승하게 되면, 옵션은 행사가 되지 않을 것이고, 이 경우 투자자는 옵션프리미엄을 수익으로 가지게 된다. 이 전략은 기초주식을 지정가주문(limit order)으로 매수하는 것보다 나은 장점이 있다. 주식시장에서 주가가 상승하면 낮은 가격으로 주문한 지정가주문은 실행되지 않아 거래체결이 이루어지지 않기 때문에, 주가 상승시 풋옵션 매도에서 얻을 수 있는 옵션프리미엄이라는 수익은 얻지 못한다.

(3) 커버드 풋옵션 발행

풋옵션을 발행한 투자자는 행사가격이 똑 같거나 혹은 더 높고, 그 만기일이 동일하거나 혹은 처음 발행한 것보다 만기가 더 긴 다른 풋옵션을 동시에 소유하여 보호받을 수 있다. 이 전략은 주로 투자자가 증거금을 납부하지 않아도 되는 장점 때문에 이용된다.

제4절 우리나라 옵션거래제도

우리나라에 옵션시장이 처음 개설된 것은 1997년 7월이다. 한국거래소(KRX)에 KOSPI200 주가지수를 기초자산으로 하는 주가지수옵션이 처음 상장되었다. 이러한 주가지수옵션은 만기에만 권리를 행사할 수 있는 유로피언 옵션이다. 기초자산이 현물로 존재하지 않아 권리행사에 따른 기초자산의 인수도가 현실적으로 불가능하기 때문에 현금결제방식을 채택하였다.

1999년 4월에는 미국달러옵션에 대한 거래가 시작되었다. 미국달러옵션도 만기에만 권리를 행사할 수 있는 유로피언 옵션으로, 거래단위는 10,000달러이다.

개별주식을 기초자산으로 하는 옵션의 거래는 2002년 1월에 시작되었다. 처음에는 삼성전자, SK텔레콤, KB금융, KT, 한국전력, 포스코홀딩스, 현대자동차 등 시가총액이 큰 7개 종목에 대한 옵션거래가 허용되었다. 점차 거래대상 종목의 수가 확대되었으며, 2025년 1월 기준으로 약 80개 이상의 개별주식옵션이 상장되어 거래되고 있다.

표 16-4 우리나라 주요 옵션 상품(2025년 1월 현재)

옵션종류	코스피200옵션	미니코스피200옵션	주식옵션	통화옵션
기초자산	코스피200 지수	코스피200 지수	80개 기업의 주식	미국달러(USD)
거래단위	지수옵션가격×25만 (거래승수)	미니코스피200 옵션가격×5만 (거래승수)	주식옵션가격×10 (거래승수)	US $10,000
결제월	매월 및 분기	매월 및 분기	매월 결제월 순환상장 (최대 9개월 이내)	6개월 이내 4개 결제월
상장결제월	연속 6개월	연속 6개월	3년 이내 9개 결제월	6개월 이내 4개 결제월
가격표시	프리미엄(포인트)		프리미엄(원화)	프리미엄(원화)
최종거래일	결제월 두 번째 목요일 (공휴일인 경우 순차적으로 앞당김)			결제월 세 번째 월요일
최종결제일	최종거래일 다음 거래일			
권리행사	최종거래일에만 가능(유러피언 옵션)			
결제방법	현금결제			

옵션의 유래

옵션거래는 17C경 네덜란드의 튤립 투기 붐이 일어났던 때부터 존재한 것으로 일반적으로 알려져 있다. 그러나 그리스시대부터 존재했다는 이야기가 있는데 철학자 탈레스의 일화가 그것이다.

그리스 탈레스 이야기

그리스에는 밀레투스의 탈레스라는 철학자가 있었다. 그는 매우 가난하여 주위에서 가난하다고 항상 조롱을 받았다. 주위의 조롱이 싫었던 탈레스는 자신의 가난은 스스로 선택한 것이라는 것을 증명해 보이고 싶어 했다.

그러던 어느 날 탈레스는 점성술로 그 해의 날씨를 예측하여 올리브가 대풍작을 이루게 될 것이라고 예상하였다. 그는 올리브 열매가 열리기 전에 그 지역에 있는 모든 압착기 소유자에게 선금(옵션가격)을 주고 그가 필요할 때 언제든지 압착기를 빌릴 수 있는 권리를 샀다. 그리고 압착기를 실제로 빌리는 데 필요한 대여금(행사가격)도 압착기 주인들과 협상을 통해 미리 결정해 두었다.

마침내 올리브 수확기가 되었을 때 그가 예상한대로 올리브는 대풍작을 이루었고, 압착기 소유주들에게 미리 협상한 대여금을 지불하고 그 지역의 모든 압착기를 빌려 두었다. 올리브 생산자들은 엄청나게 수확된 올리브를 가공하기 위해 압착기가 필요했으나 압착기를 가지고 있는 사람은 오직 탈레스뿐이었다. 탈레스는 자신이 지불한 대여금보다 훨씬 높은 가격을 압착기 대여금으로 책정하였지만, 올리브 생산자는 울며 겨자 먹기로 압착기를 빌릴 수밖에 없었다. 그 결과 탈레스는 막대한 돈을 벌었으며, 그 이후부터는 누구도 탈레스를 가난하다고 놀리는 일이 없었다.

네덜란드의 튤립

1630년대 네덜란드에서는 튤립재배가 대유행하였고, 많은 사람들이 튤립재배로 돈을 벌고 있었다. 그런데 작황에 따라 가격변동의 폭이 커짐에 따라 재배자와 중개업자들은 안정적인 가격으로 거래하는 방법을 찾게 되었다. 이때 옵션을 이용하게 되었다. 튤립을 매입할 중개인들은 콜(call)을 매입함으로써 일정기간에 정해진 가격으로 튤립을 매입할 수 있게 되었고, 튤립재배자는 풋(put)을 매입함으로써 일정한 가격에 팔 수 있게 되었다.

자료 : 한국거래소(KRX)

요약

옵션의 개념

옵션은 특정한 미래의 기간에 미리 정해진 행사가격으로 지정된 자산을 매수 또는 매도할 수 있는 권리를 옵션의 소유자에게 부여하는 계약이다. 옵션이 구성되기 위한 기본요소는 기초자산, 권리행사 시점인 만기, 미리 지정한 행사가격 등 세 가지가 반드시 필요하다.

옵션은 선택권이므로 그 소유자는 자신에게 이익이 발생하는 유리한 경우에 권리를 행사하고, 불리한 경우에는 권리를 포기한다. 소유자가 권리를 행사하면 옵션의 매도자는 계약을 이행해야 하는 의무를 진다.

콜옵션과 손익

콜옵션은 그 소유자에게 옵션의 만기일에 행사가격으로 기초주식을 매입할 권리를 부여하는 옵션이다. 만기시점에 기초자산의 시장가격이 옵션에서 설정한 기초자산 매입가격인 행사가격과 비교하여 이익이 있을 경우에 옵션은 행사된다. 옵션 자체는 미래의 조건에 따라 수익이 발생하는 금융상품이므로 현재가치를 가지게 되고 거래가격을 옵션프리미엄 또는 옵션가격이라고 한다. 따라서 옵션소유자의 이익조건은 다음과 같고, 이 조건이 성립되지 않으면 권리는 포기된다.

- 이익발생조건 : 옵션행사시점의 기초주식가격 > 행사가격 + 옵션프리미엄
- 옵션행사 포기조건 : 옵션행사시점의 기초주식가격 < 행사가격

콜옵션의 가치

옵션의 가치는 내재가치와 시간가치로 구분되는데, 기초자산의 시장가격과 만기까지 남은 시간에 의하여 변동한다. 콜옵션은 기초자산의 시장가격이 옵션의 행사가격을 초과할 경우 권리를 행사하고, 그 소유자는 콜옵션 행사를 통해 이익을 얻을 수 있는데 이 이익의 크기를 콜옵션의 내재가치 혹은 본질가치라고 한다.

$$\text{내재가치} = \text{기초자산의 시장가격} - \text{콜옵션의 행사가격}$$

또한 옵션의 시간가치는 만기 이전에 투자자가 원하는 방향으로 옵션가격(콜옵션프리미엄)이 움직일 가능성에 대하여 투자자가 지불하는 가치로 다음과 같이 계산된다.

$$\text{시간가치} = \text{콜옵션 프리미엄} - \text{콜옵션의 내재가치}$$

옵션의 시간가치는 만기까지 남은 시간이 길수록 더 커지고, 만기일에 가까이 갈수록 작아진다. 옵션의 만기일에는 시간가치는 사라지고 내재가치만 남게 된다.

풋옵션과 손익

풋옵션은 그 소유자에게 옵션의 만기일에 행사가격으로 기초주식을 매도할 권리를 부여하는 옵션이다. 만기시점에 옵션에서 설정한 기초자산 매도가격인 행사가격보다 기초자산의 시장가격이 하락하면 이익이 발생하므로 풋옵션은 행사된다. 풋옵션의 최대이익은 기초자산의 가격이 0이 될 때이다.

- 옵션소유자 이익발생조건 : 옵션행사시점의 기초자산가격 < 행사가격 − 옵션프리미엄
- 옵션행사 포기조건 : 옵션행사시점의 기초자산 가격 > 행사가격

풋옵션의 가치

풋옵션의 내재가치는 콜옵션과 달리 기초자산의 시장가격이 옵션의 행사가격 이하로 하락할 때 발생하므로 아래와 같다.

풋옵션의 내재가치＝풋옵션 행사가격
－기초자산의 시장가격

한편 풋옵션의 시간가치는 콜옵션의 시간가치와 같이 만기까지의 시간이 길수록 크고 만기가 되면 시간가치는 소멸한다.

우리나라 옵션제도

우리나라는 옵션거래를 한국거래소의 파생상품시장에서 거래하고 있다. 거래되고 있는 옵션상품은 주식관련 상품인 코스피200옵션과 미니코스피200옵션, 개별주식옵션 그리고 통화관련 상품인 미국달러옵션이 있다.

각 옵션은 기초자산을 중심으로 행사가격과 만기일을 지정하여 만들어지는데, 거래를 위하여 거래단위, 호가단위, 결제월 즉 만기월, 최종거래일, 가격제한폭, 거래시간, 행사유형(유럽형), 행사가격 및 최종결제방법 등이 구체적으로 제도화되어 있다.

인터넷에서 찾아 읽기

한국거래소 홈페이지

- https://www.krx.co.kr
  - 선물거래, 옵션거래의 통계자료
  - 개별주식옵션의 거래자료 등
  - 선물거래법, 선물시장업무규정과 시행세칙 등 법령과 규정
  - 상품소개

시카고 옵션거래소 홈페이지

- https://www.cboe.com
  - 옵션상품과 거래제도 등

선물회사 홈페이지

- KB투자증권 www.kbsec.co.kr
- NH농협선물 www.nfutures.co.kr
- 삼성선물 www.ssfutures.com

INVESTOPEDIA

- https://www.investopedia.com
  - Dictionary/option 검색
- https://www.investopedia.com/university/all/options-and-futures
  - Tutorials/options and futures

연습문제

01 다음 용어를 설명하라

❶ 콜옵션
❷ 풋옵션
❸ 유럽옵션
❹ 미국옵션
❺ 내가격옵션(ITM)
❻ 옵션프리미엄
❼ 내재가치
❽ 시간가치
❾ 언커버드(uncovered) 옵션
❿ 커버드(covered) 옵션

02 옵션이 갖추어야 할 기본적인 구성요소를 설명하라.

03 유럽옵션에서 콜옵션과 풋옵션의 소유자와 발행자의 손익선을 설명하라.

04 옵션발행자의 의무에 대하여 콜옵션과 풋옵션을 구분하여 설명하라.

05 옵션의 가치는 어떻게 형성되어지는가?

06 옵션의 기초자산의 시장가격이 20,000원이고, 풋옵션의 행사가격이 다음과 같을 경우 ITM, ATM, OTM에 해당하는 것을 구분하여 표시하라.

행사가격(원)	구분
21,000	
20,500	
20,000	
19,500	
19,000	

07 풋옵션의 가치가 최대가 되는 것은 기초주식의 주가가 얼마로 형성될 때인가?

08 행사가격이 10,000원인 삼성기업 주식의 콜옵션이 발행되어 있다. 행사만기일에 이 주식의 시장가격이 15,000원이다. 이 때 다음 설명 중 틀린 것은?

❶ 내가격 옵션이다.
❷ 옵션을 행사하면 5,000원의 이익을 얻을 수 있다.
❸ 옵션발행자가 이익을 얻을 것이다.
❹ 옵션소유자는 반드시 옵션을 행사해야 한다.

09 만기에 풋옵션의 행사가격이 10,000원, 기초주식의 주가가 12,000원일 경우 옳은 것은?

❶ 행사하면 2,000원의 이익이 발생한다.
❷ 이 경우는 외가격옵션(OTM)이다.
❸ 옵션소유자는 옵션을 행사해야 한다.
❹ 옵션발행자가 손해를 본다.

Chapter 17

선물거래의 이해

학습목표 이 장을 공부한 독자들은 다음 사항을 이해할 수 있어야 한다.

- 선물계약과 선도계약
- 선물거래의 주요 기관
- 주요 선물거래상품
- 위험헤지와 헤지비율
- 선물거래의 경제적 기능
- 선물거래의 주요 제도
- 선물가격결정

자본주의 시장경제에서 경제주체들은 경제활동에 필요한 자원의 거래를 계약과 동시에 결제를 하는 현물거래뿐만 아니라 거래당사자들의 편의에 따라 계약과 결제가 시차를 두고 이루어지는 선물거래를 하고 있다. 선물거래는 계약이후 결제시점까지의 시간 동안 계약 대상상품의 가격이 변동하여 거래당사자들에게 유리하거나 혹은 불리한 결과를 초래한다.

선물계약을 계약기간 중에 거래를 통하여 청산할 수 있다면, 계약 당사자들은 가격변동에 따르는 잠재적 위험을 회피할 수 있다. 이와 같이 주요한 상품이나 증권에 대하여 선물계약의 내용을 표준화하고 이를 거래하는 시장이 선물시장이다. 다양한 기초상품이나 증권에 대하여 구성한 계약으로서 파생상품시장이라고도 한다.

옵션과 달리 선물거래는 계약의 만기시점에 반드시 결제의무를 수행하여야 한다. 만기 이전에 선물계약의 가격에 따라 선물거래자들은 선물시장에서 반대매매를 하여 선물계약을 청산할 수 있다. 따라서 현물을 보유한 투자자들은 가격변동위험을 방어하기 위하여 선물거래를 이용할 수 있다. 또한 현물을 보유하지 않은 투자자들도 선물계약의 가격변동을 이용하여 수익을 획득할 수 있다.

이 장에서 독자들은 선물의 개념과 거래제도, 선물의 가격결정이론 그리고 선물을 이용한 위험헤지전략 등을 이해하고 활용할 수 있어야 한다.

제1절 선물거래의 개요

1.1 선물거래의 의의

선물거래(futures transaction)는 장래 일정시점(기간)에 수량, 규격, 품질 등이 표준화되어 있는 특정대상물을 계약체결시에 정한 가격(선물가격)으로 인도, 인수할 것을 약속하는 거래로 거래소에서 이루어지는 거래이다.

선물거래는 매매계약의 성립과 동시에 대상물의 인도와 대금지불이 이루어지는 현물거래(spot transaction)와 대응되는 개념이며, 거래소 이외의 장소에서 개인간의 상대거래를 통하여 이루어지는 사적인 미래의 인수도계약인 선도거래(forward transaction)와 구분되는 개념이다.

선물거래에서 거래당사자가 미래에 교환하기로 약정한 가격을 선물가격(futures price)이라 하며, 거래가 이루어지는 약정된 날짜를 결제일(settlement date) 또는 인도일(delivery date)이라고 한다.

투자자가 선물계약을 매입한 상태를 매입포지션(long position)이라 하고, 투자자가 선물계약을 매도한 상태를 매도포지션(short position)이라 한다.

1.2 선물계약과 선도계약

선물계약과 선도계약은 미래의 거래가격을 현재의 시점에서 결정한다는 점에서는 유사하지만, 선물계약은 거래장소, 대상상품, 상품의 질, 양, 인도장소 등이 표준화되어 있는 반면에 선도계약은 거래당사자 간에 거래조건을 편의에 따라 결정한다는 점에서 차이가 있다.

선물계약과 선도계약의 차이점을 요약해보면 〈표 17-1〉과 같다.

표 17-1 선물계약과 선도계약의 차이

내용	선물계약	선도계약
거래장소	거래소	장외시장
거래방법	공개입찰방법	당사자 간의 직접계약
시장성격	완전경쟁시장	불완전경쟁시장
시장참가자	다수의 시장참가자	한정된 실수요자 중심
거래조건	표준화되어 있음	당사자 합의에 따라 조정
양도	반대거래로 양도 가능	양도 불가능
가격형성	거래일마다 매일 형성	계약시 단 1회 형성
증거금	증거금의 예치 및 유지	딜러와 신용라인 설정
일일정산	청산소에 의해 일일정산	만기일에 결제
계약이행의 보증	청산소가 보증	거래상대방의 신용도
인도	실물인도 1% 미만	실물인도 99% 이상
규제	규제기관의 공식적 규제	필요에 따라 자율규제
가격변동제한	1일 가격변동폭 제한	제한 없음

제2절 선물거래의 경제적 기능

2.1 가격변동위험의 회피기능

일반상품 또는 금융상품을 취급하는 사람들, 즉 생산자, 제조업자, 실수요자, 은행 및 기타 금융기관들은 항상 그 상품의 가격이 변동함에 따라서 손실을 입을 위험이 있다. 이러한 가격변동위험은 가격이 변동하기 전에 미리 가격을 결정하여 계약을 하는 선물거래를 이용하면 회피할 수 있다.

예를 들어, 현물 보유자가 가격하락을 예상할 경우에는 현물보유량만큼을 선물시장에서 매도해 두면 현물가격 하락에서 초래되는 손실액을 선물시장에서 얻는 이익으로 보전할 수 있다. 또한 장래에 현물이 필요한 사람이 현물가격 상승을 예상할 경우에는 필요한 수량만큼을 선물시장에서 매수계약을 해 두면 가격상승에 따른 기회손실액을 선물시장에서 발생하는 이익으로 보전할 수 있다.

2.2 현물시장의 거래활성화 및 가격안정화 기능

선물거래의 가격변동위험 회피기능으로 투자위험이 감소되어 투자자들은 현물시장에 대한 투자를 확대할 수 있게 된다. 차익거래자들(arbitrageur)은 선물시장과 현물시장의 왜곡된 가격으로부터 차익을 획득하기 위하여 선물시장과 현물시장을 동시에 이용하기 때문에 현물시장의 거래가 활성화된다.

또한 이러한 현물시장과 선물시장 간의 왜곡된 가격을 이용한 차익거래가 빈번히 발생하기 때문에 현물시장의 가격이 보다 합리적으로 형성되고 안정화될 수 있다.

2.3 미래의 현물가격 발견기능

선물시장에서는 다수의 참여자가 현물의 장래가격과 관련된 여러가지 정보를 수집, 분석, 예측하고 이를 바탕으로 가격경쟁을 통하여 장래의 특정 시점에서의 현물가격 예측치인 선물가격이 형성된다. 따라서 그 가격은 공정하게 결정되고, 그 가격에 대한 신뢰가 높다. 특히 선물시장은 현재 현물시장에서 형성되지 않은 선물상품에 대한 계약가격을 정하여 거래하므로 미래의 현물가격에 대한 예시기능을 하고 있다.

또한 선물시장에서 거래를 통하여 결정된 가격은 각 매스컴을 통하여 신속하게 전파됨으로써 투자활동 지표의 역할뿐만 아니라 장래의 적정한 현물생산량과 정책기관의 합리적인 정책결정 등에 유익한 지표로 활용되어 자본의 효율적 배분을 촉진시킨다.

2.4 새로운 투자수단의 기능

경제성장과 국민소득이 증가함에 따라 투자자는 여유자금을 증식시키기 위하여 높은 수익을 얻을 수 있는 투자수단에 대한 욕구가 높아지고, 투자자들 중에는 높은 수준의 위험(risk)을 감수할지라도 더 높은 수익을 얻으려는 사람도 늘어난다.

선물거래는 비교적 적은 증거금(계약금액의 10% 내외)만으로도 큰 규모의 거래가 가능하기 때문에 투자원금에 대한 수익률이 매우 높아 새로운 투자수단에 대한 욕구에 부응할 수 있다. 또한 투기성 자금을 선물시장에 집중시켜 생산자, 대규모 소비자, 중개업자 등에 대하여 자산가치 변동에 따른 효율적인 위험관리수단을 제공함으로써 국민경제에 기여하게 된다.

제3절 선물거래제도

3.1 선물시장의 구조

선물시장은 거래소, 거래소회원, 청산소로 구성된다. 여기서는 세 가지 선물시장의 구성기관에 대해 살펴본다.

(1) 거래소

선물계약은 선물거래소(futures exchange)에서만 거래된다. 각국의 선물거래소는 차이는 있으나 일반적으로 비영리단체로서 회원제로 운영되고 있다. 최근에는 주식회사 형태로 전환하는 경향을 보이고 있다.

각 거래소는 회원(member)들에게 거래장소를 제공하고, 거래소 내의 선물거래를 자율적으로 규제하며, 회원의 이익을 증진시키는 기능을 수행한다. 일반 고객이나 비회원은 회원을 통해서만 선물거래를 할 수 있다. 선물거래소 자신은 직접 선물거래에 참여하지 않고 선물계약을 보유하지도 않는다. 우리나라는 한국거래소 파생상품시장에서 선물상품이 거래되고 있다.

(2) 거래소회원

선물거래소는 대체로 개인 또는 기관으로 구성된 회원조직(membership organization)이다. 개인이 거래소의 회원이 되기 위해서는 거래소의 엄격한 심사를 거쳐 승인을 받은 후 회원권을 직접 취득해야 한다.

회원권의 시세는 최근의 선물거래량과 장래의 예상 선물거래량에 따라 결정되며, 회원권의 수와 종류는 거래소마다 다소 차이가 있다. 회원권을 소지한 개인은 선물거래에 관한 여러 가지 권한을 행사한다. 거래소의 회원이 아닌 투자자는 회원을 통해서 선물거래를 할 수 있다.

거래소의 회원은 업무의 측면에서 거래소회원(exchange member)과 청산회원(clearing member)으로 구분할 수 있다. 거래소회원은 거래소 내에서 선물거래 업무를 수행하고, 청산회원은 청산소(clearing house)의 회원으로 선물거래가 체결된 후 결제업무를 수행한다. 거래소회원이 청산회원을 겸하고 있는 경우가 있는데, 이런 회원은 일반적으로 규모가 큰 선물중개회사(futures commission merchant, FCM)이다.

우리나라 파생상품시장에서의 회원은 자본시장법 제12조 제1항에 따라 투자매매업 또는 투자중개업의 인가를 받은 자로 제한된다. 회원은 참가할 수 있는 시장에 따라 파생상품회원과 주권기초파생상품전문회원, 통화·금리기초파생상품전문회원으로 나누어지고, 결제이행책임의 부담 여부에 따라 결제회원과 매매전문회원으로 나누어진다.

파생상품회원은 파생상품시장에서 장내파생상품거래에 참가할 수 있는 회원을 말한다. 주권기초파생상품전문회원은 파생상품시장에서 주권을 기초자산으로 하는 장내파생상품거래에 참가할 수 있는 회원이다. 통화·금리기초파생상품전문회원은 파생상품시장에서 통화상품을 기초자산으로 하는 장내파생상품거래에 참가할 수 있는 회원을 말한다.

결제회원은 자기의 명의로 성립된 장내파생상품거래나 매매전문회원으로부터 결제를 위탁받은 장내파생상품거래에 대하여 자기의 명의로 결제를 할 수 있는 회원을 말한다. 매매전문회원은 자기 명의로 성립된 장내파생상품거래에 따른 결제를 결제회원에게 위탁하여야만 결제할 수 있는 회원을 말한다.

(3) 청산소

청산소(clearing house)의 여러 기능 중 가장 핵심적인 기능은 거래당사자들이 거래를 이행하도록 보증하는 것이다. 투자자가 선물시장에서 포지션을 취하면 청산소는 반대포지션을 취하여 계약의 내용을 이행할 것을 보증한다.

청산소의 존재로 인하여 투자자는 거래상대방의 재정상태나 신용에 대해 걱정할 필요가 없다. 청산소는 모든 매도계약의 매입자로, 모든 매입계약의 매도자로 포지션을 취한다. 따라서 투자자는 원래 계약의 상대방을 개입시키거나 거래상대방의 채무불이행에 대해 걱정을 하지 않고 포지션을 청산할 수 있다. 선물계약을 거래 일방과 거래에 관계하는 청산소와의 계약이라고 정의하는 것은 이런 이유 때문이다.

보증기능 외에도 청산소는 투자자들이 결제일 이전에 손쉽게 포지션을 마감할 수 있도록 한다. 선물매입자가 포지션을 마감하기를 원한다면 매입자가 매도자를 찾아가서 계약을 청산할 필요가 없다. 그 대신 매입자는 동일한 선물계약을 매도하여 포지션을 청산할 수 있다. 이 경우 선물매도자는 결제일에 선물매입자에게 인도하지 않고 청산소로부터 선물계약을 매입하여 미결제 포지션(open position)을 갖고 있는 다른 선물매입자에게 인도하게 된다. 동일한 방법으로 선물매도자가 포지션을 결제일 전에 청산하고자 한다면 선물계약을 매입하면 된다.

(4) 투자자

선물시장의 투자자는 투기자, 헤지거래자, 차익거래자의 세 가지 유형으로 나눌 수 있다.

1) 투기자

투기자(speculator)는 가격위험을 감수하고 투기적 이익을 얻기 위해서 선물거래를 하는 투자자이다. 선물시장에는 다양한 투기자가 참여하고 있다. 투기자는 거래소 밖에서 중개회사를 통하여 투기거래를 하기도 하고, 거래소 내에서 직접 투기거래에 참여하기도 한다.

이 중에서 거래소 내에서 회원권을 가지고 자신의 계정으로 투기거래를 하는 장내거래자(floor trader)를 로컬(local)이라고 한다. 로컬은 다른 시장참가자들에게 유동성을 제공할 뿐만 아니라 선물시장의 효율성을 높이는 역할을 한다. 로컬은 다시 포지션의 보유기간에 따라 스캘퍼(scalper), 일일거래자(day trader), 그리고 포지션거래자(position trader)로 분류된다.

스캘퍼(scalper)는 초단기 동안 포지션을 보유하여 이익을 얻는 투기자를 말한다. 일일거래자(day trader)는 스캘퍼와 같이 행동하는 투기자이긴 하지만, 스캘퍼보다는 더 큰 규모로 포지션을 취하고, 하루 동안만 선물포지션을 보유하는 투기거래자이다. 포지션거래자(position trader)는 상품 간의 가격관계가 적정선을 벗어날 경우에 이익을 취하고자 하는 투기자로 적어도 하루 밤 이상 수일 내지 수주 동안 선물포지션을 보유하는 경우가 많다.

2) 헤지거래자

헤지거래자(hedger)는 상품가격, 증권가격, 환율, 이자율 등 현물가격의 변동으로 야기되는 위험을 감소시키기 위하여 선물시장을 이용하는 거래자를 말한다. 헤지거래자는 현재의 현물포지션과 반대되는 선물포지션을 취함으로써 가격위험을 헤지한다.

3) 차익거래자

차익거래자(arbitrageur)는 선물가격과 현물가격 간의 차이 또는 여러 선물가격 간의 차이를 이용하여 이익을 얻는 거래자이다.

시장에서 형성되고 있는 실제 선물가격이 이론적으로 산출된 선물가격보다 낮게 형성되고 있는 경우에는 선물을 매입하고 동시에 현물을 매도함으로써 거래에 따른 위험을 전혀 부담하지 않고 차익을 얻을 수 있다. 반대로 실제 선물가격이 이론선물가격보다 높은 경우에는 선물을 매도하고 현물을 매입함으로써 차익을 얻을 수 있다. 이와 같은 거래를 목적으로 하는 거래자를 차익거래자라고 한다.

3.2 증거금제도

선물거래에서는 계약이 현재 시점에 이루어지지만 실제 계약의 이행은 미래의 일정시점에 이루어지기 때문에 계약불이행의 가능성이 높다. 따라서 선물거래에서는 이러한 위험을 최소화시키기 위하여 계약이행을 보증할 수 있는 증거금제도를 두고 있다.

선물증거금은 개시증거금(initial margin), 유지증거금(maintenance margin), 추가증거금(additional margin)으로 구분할 수 있다.

개시증거금은 선물거래를 개시하기 위해 선물증거금 계정에 예치해야 하는 최초의 증거금을 말한다. 청산소는 과거의 선물가격 변동의 크기를 참고하여 개시증거금의 크기를 결정한다. 선물가격의 변동성이 이례적으로 증가할 경우 청산소가 개시증거금의 크기를 상향조정할 수 있다. 일반적으로 개시증거금은 선물가격이 하루 동안에 변동할 수 있는 가격제한폭과 유사한 수준으로 결정된다.

유지증거금은 선물증거금 계정에 반드시 유지되어야 하는 증거금의 최소 수준을 말한다. 일반적으로 개시증거금의 75% 수준이 적용되고 있다.

선물가격이 고객에게 불리하게 변동하여 고객의 선물증거금이 유지증거금 이하로 하락하면, 중개회사는 고객에게 개시증거금 수준까지 선물증거금을 추가로 예치하도록 요구하는데 중개회사의 이런 요구를 증거금 요구(margin call)라고 한다. 중개회사의 증거금 요구에 따라 고객이 선물증거금 계정에 예치하는 선물증거금을 추가증거금 또는 변동증거금(variation margin)이라고 한다.

고객이 중개회사로부터 증거금 요구를 받은 경우에는 개시증거금 수준까지 추가증거금을 예치하여야 하며, 그렇지 않을 경우에는 중개회사가 일방적으로 고객의 선물포지션을 청산하고 선물증거금 계정을 폐쇄할 수 있다.

3.3 일일정산제도

청산소는 당일 종가를 기준으로 하여 매일의 정산가격을 발표한다. 이 가격을 기준으로 모든 거래 참여자들의 미청산계약(open interest)에 대한 잠정이익과 손실을 정산한다. 이러한 정산의 결과 증거금계정의 수준이 유지증거금 이하의 수준으로 하락하면 추가증거금을 납부해야 한다. 반대로 기본증거금을 초과하는 이익에 대해서는 현금인출이 가능하다.

청산소는 일일정산 기능을 통하여 계약 당사자들로 하여금 일정수준의 증거금을 유지하도록 하여 계약불이행 위험을 미연에 방지할 수 있다.

3.4 최종결제제도

최종결제일(만기일)까지 청산되지 않은 선물포지션을 결제하는 방식으로 실물인수도(physical delivery)방식과 현금정산(cash settlement)방식이 있다. 실물인수도방식은 대부분의 선물계약에 적용되는 만기정산방법으로 거래소가 지정한 창고를 통해 매도자와 매수자가 실물을 인수도 한다. 현금정산방식은 대상자산이 지수

(index)로 되어 있는 것과 같이 실물인도가 불가능한 품목에 대하여 채택하고 있는 최종결제방법이다. 계약을 체결한 당시의 가격과 최종결제일의 정산가격의 차액만큼 수수함으로써 결제가 이루어진다.

3.5 선물상품 거래중단제도

거래소는 현물가격 또는 선물가격이 급변하는 경우 일정기간 냉각기간을 부여하여 객관적인 투자판단을 할 수 있도록 선물거래를 일시 정지할 수 있다. 이를 서킷브레이크(circuit breakers)라고 한다.[1] 선물가격이 급변하여 과도하게 현물가격을 선행하는 경우 선물시장 자체의 서킷브레이크가 발동된다. 또한 현물시장(유가증권시장 또는 코스닥시장) 지수의 급변으로 현물시장에 서킷브레이크가 발동된 경우에도 선물거래는 중단된다.

또한 거래소는 시스템의 장애발생, 기타 거래상황에 이상이 있거나 그 우려가 있어 거래를 계속하는 것이 곤란하다고 인정되는 경우 전부 또는 일부종목의 거래를 중단할 수 있다.

제4절 선물상품의 종류

4.1 선물상품의 구분

선물상품은 상품의 성질, 저장성, 가격구조, 헤징의 수요, 현물시장의 규모 등 여러 가지 조건을 고려하여 설계된다. 선물거래에 이용되는 상품을 크게 두 가지로 나누면 상품선물(commodity futures)과 금융선물(financial futures)이 있다.

상품선물은 초기에는 곡물을 중심으로 발달하였으나 최근에는 에너지, 귀금속, 비철금속 등 광산품이나 가공상품, 저장할 수 없는 상품에 대한 선물거래도 발

[1] 서킷브레이크(circuit breakers)는 매매거래중단이라고 한다. 1987년 10월 19일 소위 블랙먼데이(Black Monday) 이후 NYSE가 최초로 도입하였으며, 우리나라 선물시장에는 1996년 5월 3일 도입하였다.

표 17-2 세계 주요 선물상품

구분		주요 상품
상품선물	농산물	밀, 옥수수, 대두, 면화, 설탕, 코코아, 커피, 팥, 감자 등
	축산물	소, 돼지, 닭 등
	임산물	목재, 합판 등
	비철금속	전기동, 아연, 니켈, 납 등
	에너지	원유, 난방유, 휘발유, 가스 등
	귀금속	금, 은, 백금, 구리, 주석, 알루미늄 등
금융선물	통화	달러, 엔, 유로 등
	금리	T-Bond, T-Note, T-Bill, KTB, MSB 등
	주가지수	S&P 500, Nikkei 225, FTSE 100, KOSPI 200 등

달하고 있다. 금융선물은 1972년 5월에 시카고상업거래소(Chicago Merchantile Exchange, CME)의 부속기관인 국제통화시장(International Monetary Market, IMM)에서 통화선물(currency futures)을 소개하면서 처음 시작되었다. 그 이후 금리선물, 주가지수선물 등이 도입되어 거래되고 있다.

4.2 우리나라의 선물상품

우리나라 선물시장은 경제규모가 확대되고 자본시장이 개방되면서 가격변동위험을 관리할 필요성이 높아지면서 선물거래가 도입되었다. 1996년에 KOSPI 200지수를 대상으로 주가지수 선물거래가 시작되었다. 1999년 4월에 달러화 선물, 금선물 등의 거래가 시작되었다. 그 이후로 국채선물, 돈육선물 등의 거래가 추가되었다.

현재 한국거래소에 상장되어 거래되고 있는 선물상품은 〈표 17-3〉과 같다. 주요 선물상품의 명세는 〈표 17-4〉와 같다.[2]

[2] 각 상품의 구체적인 거래방법이나 상품명세는 한국거래소 홈페이지(https://www.krx.co.kr)에서 확인할 수 있다.

표 17-3 우리나라의 주요 선물상품(2025년 1월 현재)

구분		주요 상품
주식 상품	국내 지수선물	코스피200, 미니코스피200, 코스닥150
	섹터 지수선물	코스피200 에너지/화학, 코스피200 정보기술 코스피200 금융, 코스피200 경기소비재 코스피200 건설, 코스피200 중공업 코스피200 헬스케어, 코스피200 생활소비재 코스피200 철강/소재, 코스피200 산업재
	배당 지수선물	코스피 고배당 50, 코스피 배당성장 50
	해외 지수선물	유로스톡스 50
	변동성 지수선물	코스피200 변동성 지수
	국내 주식선물	130개 기업의 주식
금리 상품	국채선물	3년 국채선물, 5년 국채선물, 10년 국채선물
통화선물	통화선물	미국달러, 엔, 유로, 위안
일반 상품	금선물	금
선물 스프레드	국내 지수선물 스프레드	위의 모든 선물상품에 대한 스프레드 거래
	섹터 지수선물 스프레드	
	해외 지수선물 스프레드	
	변동성 지수선물 스프레드	
	국내 주식선물 스프레드	
	국채선물 스프레드	
	통화선물 스프레드	
	금선물 스프레드	
	돈육선물 스프레드	

표 17-4 주요 선물상품 명세(2025년 1월 현재)

<table>
<tr><th colspan="2">종류</th><th>기초자산</th><th>거래 단위</th><th>결제월</th><th>가격의 표시</th><th>최종 거래일</th><th>최종 결제일</th><th>결제 방법</th><th>가격 제한폭</th></tr>
<tr><td colspan="2" rowspan="2">주가지수 선물</td><td>KOSPI 200</td><td>지수 ×50만원</td><td>3, 6, 9, 12월</td><td>KOSPI 200 (포인트)</td><td rowspan="3">각 결제월의 두 번째 목요일</td><td rowspan="6">최종 거래일의 다음 거래일</td><td rowspan="6">현금 결제</td><td rowspan="2">① ±8%
② ±15%
③ ±20%</td></tr>
<tr><td>코스닥 150</td><td>지수 ×1만원</td><td>3, 6, 9, 12월</td><td>코스닥 150 (포인트)</td></tr>
<tr><td colspan="2">개별주식 선물</td><td>130개 기업 개별 종목</td><td>주식 선물가격 ×10</td><td>분기월(3,9월) 2개
반기월(6월) 2개
연월(12월) 3개
기타월 2개</td><td>주식선물 가격(원)</td><td>① ±10%
② ±20%
③ ±30%</td></tr>
<tr><td rowspan="3">금리 선물</td><td>3년 국채</td><td rowspan="3">표면금리 5%, 6개월 단위 이자지급 방식의 국고채</td><td rowspan="3">액면 1억원</td><td rowspan="3">3, 6, 9, 12월</td><td rowspan="3">액면 100원당 원화 (백분율 방식)</td><td rowspan="3">결제월의 세 번째 화요일</td><td>±1.5%</td></tr>
<tr><td>5년 국채</td><td>±1.8%</td></tr>
<tr><td>10년 국채</td><td>±2.7%</td></tr>
<tr><td colspan="2" rowspan="3">통화 선물</td><td>미국달러</td><td>US $10,000</td><td>분기월 중 12개와 그 밖의 월 중 8개</td><td>US $당 원화</td><td rowspan="3">결제월의 세 번째 월요일</td><td rowspan="3">최종 거래일로부터 기산하여 3일째 거래일</td><td rowspan="3">인수도 결제</td><td>±4.5%</td></tr>
<tr><td>일본엔</td><td>1,000,000 엔</td><td>분기월 중 4개와 그 밖의 월 중 4개</td><td>100엔당 원화</td><td>±5.25%</td></tr>
<tr><td>유로</td><td>10,000 유로</td><td>분기월 중 4개와 그 밖의 월 중 4개</td><td>1유로당 원화</td><td>±5.25%</td></tr>
<tr><td>상품 선물</td><td>금</td><td>순도 99.99% 금괴</td><td>100g</td><td>2,4,6,8,10,12월 중 6개와 짝수월이 아닌 월 중 1개의 총 7개</td><td>1g당 원화</td><td>결제월의 세 번째 수요일</td><td>최종 거래일의 다음 거래일</td><td>현금 결제</td><td>±10%</td></tr>
</table>

제5절 선물의 가격결정

5.1 보유비용모형

(1) 보유비용

선물계약의 가격구조를 이해하기 위해서는 먼저 보유비용의 개념을 이해할 필요가 있다. 보유비용은 어떤 자산을 일정한 기간 동안 보유하는 데 소요되는 비용을 말한다. 즉 자산보유에 따른 순투자비용을 의미한다.

예를 들어, 자금을 차입하여 면화를 매입하는 투자자를 가정해 보자. 면화 매입자는 차입자금에 대해 이자를 지불하여야 하고, 면화를 보관하거나 운송하는 데에 보험료나 보관료 등의 여러 비용을 부담하여야 한다. 이때 면화 매입자가 지불하는 금융비용과 제반비용을 투자비용이라고 할 수 있다.

이와 비슷하게 자금을 차입하여 채권을 매입하는 투자자를 가정해 보자. 이 투자자의 투자비용은 차입자금에 대해 지급해야 하는 지급이자비용이라고 할 수 있다. 그런데 이 투자자는 채권을 보유하는 기간 동안 이자를 지급받기 때문에 실제의 투자비용은 지급이자에서 수입이자를 차감한 것이 된다. 따라서 보유비용은 다음과 같이 표현할 수 있다.

보유비용＝투자비용－투자수익

이렇게 자산을 보유하는 데 발생하는 비용에서 보유기간 동안 발생하는 수익을 차감한 것을 보유비용 혹은 순투자비용이라고 한다.

(2) 보유비용모형

선물은 미래의 일정한 시점에 상품을 인수도하기로 약정하고 현재시점에 계약을 체결하는 것이라고 하였다. 따라서 이론적으로 볼 때 선물가격은 아래의 식과 같이 현물의 현재가격에 일정한 기간 동안 보유하는 데 소요되는 보유비용을 더한 것이라고 할 수 있다.

선물가격 = 현물가격 + 보유비용

위 식에서 투자비용이 투자수익보다 커서 보유비용이 양(+)인 경우에는 선물가격이 현물가격보다 높아지고, 투자수익이 투자비용보다 커서 보유비용이 음(−)일 때에는 선물가격이 현물가격보다 낮게 형성된다. 일반적으로 보유에 따른 투자비용이 투자수익보다 크므로 보유비용은 양(+)의 값을 가진다.

예를 들어, 시장가치가 10만원이고, 액면이자율이 10%인 채권이 있다고 하자. 투자비용이 13%라면 보유비용은 3,000원(=10만원×13%−10만원×10%)이 된다. 어떤 투자자가 그 채권을 차입금 10만원으로 구입했다면, 1년 후에 1만원의 수익을 올릴 수 있지만, 투자비용은 1만 3천원이 발생하기 때문이다. 이 경우 이론선물가격은 10만 3천원(=10만원+3천원)이 된다.

5.2 선물가격과 기대현물가격

선물가격이 무차익거래의 범위 내에서 변동할 경우에도 미래의 현물가격에 대한 시장참가자들의 기대(expectations)가 현재의 선물가격에 중대한 영향을 미친다. 그렇다면 미래의 현물가격에 대한 기대가 현재의 선물가격에 완전히 반영되는가?

이와 관련하여 현재의 선물가격은 미래의 현물가격을 완전히 예측한다는 견해와 완전히 예측하지 못한다는 견해가 대립되고 있다. 전자는 선물가격결정의 순수기대가설이라고 하고, 후자는 현재의 선물가격과 미래의 현물가격의 차이를 위험프리미엄으로 설명하므로 위험프리미엄가설이라고 한다.

(1) 선물가격결정의 순수기대가설

경제학자들은 현재의 선물가격이 미래의 현물가격에 대한 불편추정치(unbiased expectations of the future spot price)와 일치한다고 주장한다. 이러한 가설을 선물가격결정의 불편기대가설(unbiased expectations hypothesis of the future price) 혹은 순수기대가설이라고 한다. 이 가설에 따르면, 현재의 선물가격은 미래의 현물가격을 정확하게 예측해 준다. 텔서(L. G. Telser)는 현재의 선물가격이 인도일의 기대선물가격과 평균적으로 일치한다고 주장하였다.[3] 인도일의 기대선물가격은 인도일수렴현상(delivery date convergence)에 의하여 인도일의 기대현물가격과 일치하므로, 현재의 선물가격은 인도일의 기대현물가격과 일치한다는 것이다.

현재의 선물가격 = 인도일의 기대현물가격

그러나 창(E. Chang) 등 여러 학자들이 불편기대가설에 대해 실증적으로 검증해 본 결과는 가설과 상반되는 것으로 나타났다.[4] 즉 현재의 선물가격이 미래의 현물가격을 정확하게 예측하지 못하는 것으로 나타났다.

(2) 선물가격결정의 위험프리미엄가설

현재의 선물가격이 미래의 기대현물가격과 차이가 나는 이유는 무엇인가? 여기서는 그 이유를 위험프리미엄가설로 설명한다. 위험프리미엄가설은 다시 정상적 백워데이션가설(normal backwardation hypothesis), 콘탱고가설(contango hypothesis), 순헤지가설(net hedge hypothesis)로 세분할 수 있다.

1) 정상적 백워데이션가설

정상적 백워데이션가설에 의하면 대부분의 헤지거래자는 매도헤지를 위하여 순매도포지션(net short position)을 취하기 때문에 선물시장에서 초과공급이 발생하여 현재의 선물가격이 미래의 기대현물가격보다 낮아진다고 한다.

그리고 투기자는 위험프리미엄을 얻기 위해서 헤지거래자와 반대로 순매입포지션을 취한다. 이와 같은 상태에서는 선물가격이 계약기간의 경과에 따라 미래의 기대현물가격을 향하여 상승하는 정상적 백워데이션현상이 나타난다.[5] 이 때 매입포지션을 취한 투기자는 헤지거래자로부터 이전된 위험을 감수한 대가로 위험프

[3] L. G. Telser(1958), "Futures Trading and the Storage of Cotton and Wheat," *Journal of Political Economy*, 66, 233–255.

[4] E. Chang(1985), "Returns to Speculators and the Theory of Normal Backwardation," *Journal of Finance*, 40, 193–208.

[5] 정상적 백워데이션(normal backwardation)을 백워데이션(backwardation)과 혼동해서는 안된다. 어떤 시점에서 현물가격이 선물가격보다 높거나 근월물 선물가격(nearby futures price)이 원월물 선물가격(distant futures price)보다 높은 상태를 백워데이션이라고 한다.

리미엄을 얻게 된다.

2) 콘탱고가설

콘탱고(contango)가설에 의하면 대부분의 헤지거래자는 매입헤지를 위하여 순매입포지션(net long position)을 취하기 때문에 선물시장에서 초과수요가 발생하여 현재의 선물가격이 미래의 기대현물가격보다 높아진다고 한다.

그리고 투기자는 위험프리미엄을 얻기 위해서 헤지거래자와 반대로 순매도포지션을 취한다. 이와 같은 상태에서는 선물가격이 계약기간의 경과에 따라 미래의 기대현물가격을 향하여 하락하는 콘탱고현상이 나타난다. 이 때 매도포지션을 취한 투기자는 헤지거래자로부터 이전된 위험을 감수한 대가로 위험프리미엄을 얻게 된다.

3) 순헤지가설

순헤지(net hedging)가설은 헤지거래자의 순포지션이 계약기간의 경과에 따라 변동할 수도 있다는 데 근거하고 있다.

계약기간의 초기에는 헤지거래자가 매도헤지를 위해서 순매도포지션을 취하고 투기자는 위험프리미엄을 얻기 위해서 순매입포지션을 취하므로, 선물가격이 미래의 기대현물가격보다 낮게 형성된다. 이 상태에서는 선물가격이 정상적 백워데이션의 경우와 같이 계약기간의 초기에는 상승한다.

그러나 계약기간이 조금 더 경과한 후에 헤지거래자가 순포지션을 변동시켜서 순매입포지션을 취하고 투기자는 순매도포지션을 취하게 되면, 선물가격은 미래의 기대현물가격보다 높게 형성된다. 이 상태에서 선물가격은 콘탱고의 경우와 같이 계약기간의 경과에 따라 미래의 기대현물가격을 향하여 하락한다.

제6절 선물을 이용한 위험헤지

6.1 헤지의 의의

일반적으로 헤지(hedge)는 상품가격, 증권가격, 환율, 이자율 등 현물가격의 변동으로 야기되는 위험을 감소 또는 제거시키기 위한 제반거래를 말한다. 또 이러한 거래를 행하는 사람을 헤지거래자(hedger)라고 한다.

헤지는 선물헤지(futures hedge)와 자연헤지(natural hedge)로 크게 분류한다. 선물헤지는 선물계약을 이용하여 현물자산의 가격위험을 헤지하는 것을 말한다. 자연헤지는 선물헤지를 취하지 않은데도 가격위험이 자연적으로 헤지되는 현상을 말한다.

선물헤지는 선물포지션의 방향에 따라 매입헤지(long hedge)와 매도헤지(short hedge)로 분류한다. 매입헤지는 미래에 매입할 현물자산의 가격상승 위험을 헤지하기 위하여 선물계약에 매입포지션을 취하는 것을 말한다. 매도헤지는 이와 반대로 현물자산의 가격하락 위험을 헤지하기 위하여 선물계약에 매도포지션을 취하는 것을 말한다.

그리고 헤지효과(hedge effect)의 정도에 따라 완전헤지(perfect hedge)와 불완전헤지(imperfect hedge)로 분류한다. 완전헤지는 선물계약을 이용하여 가격위험을 완전히 헤지하는 것을 말한다. 불완전헤지는 가격위험을 부분적으로 헤지하는 것을 말하며 부분헤지(partial hedge)라고도 한다. 완전헤지는 다시 완전매입헤지(perfect long hedge)와 완전매도헤지(perfect short hedge)로 분류한다.

6.2 베이시스와 헤지

(1) 베이시스의 개념

베이시스(basis)는 현물가격과 선물가격의 차이를 말한다.[6] 따라서 베이시스는

[6] 베이시스는 경우에 따라 달리 정의된다. 본 책과 같이 현물가격에서 선물가격을 차감하는 것으로 정의되는 경우도 있고, 다른 책에서는 선물가격에서 현물가격을 차감한 것을 베이시스로 정의되기도 한다.

보유비용의 크기와 동일하다. 다만 그 부호만 반대로 나타난다.

베이시스 = 현물가격 − 선물가격

이 식에서 만기일 이전의 현물가격이 선물가격보다 높을 경우에는 베이시스가 양(+)이 되고, 현물가격이 선물가격보다 낮을 경우에는 베이시스가 음(−)이 된다. 이 베이시스는 만기일에 가까워질수록 점차 감소하며 만기일에는 0이 된다.

(2) 베이시스 위험과 헤지

현물가격과 선물가격의 차이인 베이시스는 현물시장과 선물시장의 수급관계에 따라 변동하는데 이를 베이시스 위험(basis risk)이라고 한다. 선물을 이용하여 헤지를 한다는 것은 현물의 가격변동위험을 베이시스의 변동이라는 보다 작은 위험으로 바꾸는 것이라고 할 수 있다.

베이시스의 변동은 헤지의 효과에 큰 영향을 미친다. 만약 헤지를 하는 시점의 베이시스와 헤지를 종료하는 시점의 베이시스가 동일하다면 위험이 완전히 상쇄되어 완전헤지(perfect hedge)가 이루어졌다고 할 수 있다. 그러나 헤지 종료시점에 베이시스가 축소되거나 확대되었다면 선물거래나 현물거래의 어느 한쪽에서 이익이나 손실이 발생하여 불완전헤지(imperfect hedge)가 된다.

예를 들어, 현물을 보유하고자 하는 한 투자자가 현물가격의 상승위험을 헤지하기 위하여 선물을 매입하는 매입헤지(long hedge)를 하였다고 하자. 이 투자자가 예상한대로 현물의 가격이 상승하면 현물시장에서는 기회손실이 발생하고, 선물시장에서는 선물가격이 상승하므로 이익이 발생한다. 이 때 선물가격의 상승폭이 현물가격의 상승폭보다 적어 베이시스가 당초보다 확대된다면, 선물에서의 이익은 현물에서의 기회손실을 충분히 보전할 수 없게 되어 전체적으로 손실이 발생하게 된다.

이와 같이 헤지의 결과는 현물가격의 등락에 의해 좌우되는 것이 아니라 베이시스의 변동에 의해 영향을 받게 된다. 따라서 효율적인 헤지를 위해서는 베이시스에 영향을 주는 다양한 요인들에 주의를 기울여야 한다.

6.3 최소분산헤지비율

앞에서 완전헤지에 대해서 살펴보았다. 완전헤지는 일반적으로 현물과 선물의 기초자산이 다르거나(asset mismatch), 헤지기간과 선물의 만기일에 차이(maturity mismatch)가 있는 경우에는 성립되기 어렵다. 따라서 헤지에서는 불완전헤지를 전제로 위험을 최소화시키려는 노력이 중요하게 된다.

선물거래를 이용하여 위험을 헤지하고자 할 때는 헤지하여야 할 현물포지션의 크기에 대하여 어느 정도의 선물포지션을 취할 것인가를 결정하여야 한다. 이를 헤지비율(hedge ratio, HR)이라고 한다. 헤지비율은 다음과 같이 현물포지션의 수량에 대한 선물포지션의 수량의 비율로 나타낼 수 있다.

$$HR = \frac{\text{선물포지션의 수량}}{\text{현물포지션의 수량}}$$

현물포지션을 헤지하기 위해서는 헤지비율에 따라 HR단위의 선물포지션을 취해야 한다. 매입헤지의 경우에는 1단위의 현물자산을 매도하고 HR단위의 선물매입포지션을 취해야 하고, 매도헤지의 경우에는 1단위의 현물자산을 매입하고 HR단위의 선물매도포지션을 취해야 한다.

따라서 헤지거래자가 일단 헤지포지션을 취하면, 현물포지션 1단위와 선물포지션 HR단위로 구성되는 헤지포트폴리오(hedge portfolio)를 보유하게 된다. 헤지기간 동안 이 헤지포트폴리오의 가치는 헤지비율에 의해 영향을 받게 된다. 이때 헤지포트폴리오의 가치변동에 따른 위험, 즉 포트폴리오 위험을 최소화하기 위한 헤지비율을 최소분산헤지비율(minimum variance hedge ratio, HRmin)이라고 한다.

제7절 선물투자전략

선물을 이용한 투자전략으로는 크게 투기거래전략, 헤지거래전략, 차익거래전략으로 나누어볼 수 있다.

7.1 투기거래전략

만약 선물가격이 오를 것으로 예상된다면, 선물계약을 매입함으로써 이익을 얻을 수 있다. 반대로 선물가격이 하락할 것으로 예상된다면 선물계약을 매도함으로써 이익을 볼 수 있다. 선물시장에 참여하는 투기자들은 이와 같이 선물가격의 상승과 하락을 예상하여 선물계약을 매매함으로써 이익을 추구할 수 있다. 이러한 방식의 거래전략을 투기거래전략이라고 한다. 투기거래전략으로는 선물계약 자체를 매매하여 이익을 추구하는 방법뿐만 아니라 베이시스와 스프레드를 이용하여 이익을 추구하는 방법도 있다.

(1) 베이시스를 이용한 투기전략

앞에서 베이시스는 현물가격과 선물가격의 차이라고 하였다. 선물의 만기시에는 인도일수렴현상에 의해서 선물가격과 현물가격은 같아지기 때문에 베이시스는 영(0)이 된다. 이와 같이 만기시에 베이시스가 0이 되면 현물포지션과 선물포지션의 손익이 서로 상쇄되어 헤지가 가능하다고 하였다.

그러나 만기 전에는 현물가격과 선물가격이 큰 차이를 보일 수 있다. 만약 만기 이전에 두 포지션을 청산하여야 한다면 베이시스가 0이 안되기 때문에 투자자는 위험에 직면하게 된다. 이때 발생하는 위험을 베이시스 위험이라고 하였다.

투기자들은 선물가격과 현물가격의 움직임 자체에 대해서 투기적 거래를 할 수도 있지만 이러한 베이시스의 움직임, 즉 현물가격과 선물가격 사이의 차이변화에 대해서도 투기할 수 있다. 베이시스에 대한 투기전략은 한 가지 포지션(예, 현물)에 대해서는 매수포지션을 취하고, 다른 한 가지 포지션(예, 선물)에 대해서는 매도포지션을 취함으로써 헤지의 모습을 띠게 된다.

그러나 베이시스 위험으로 인해 완전히 헤지되는 것은 아니고 다만 베이시스가 확대될 것인가 혹은 축소될 것인가에 대해서 베팅하는 전략이라고 할 수 있다. 현물을 매입하고 동시에 선물을 매도하는 포지션을 취할 경우 베이시스가 확대될 때 이익이 나고, 반대로 현물을 매도하고 동시에 선물을 매입하는 포지션을 취할 경우에는 베이시스가 축소될 때 이익이 나게 된다.

따라서 투기자는 베이시스가 확대될 것으로 예상되면 현물을 매입하고 선물을 매도하는 전략을 구사하고, 반대로 베이시스가 축소될 것으로 예상되는 경우에는 현물을 매도하고 선물을 매입하는 전략을 구사하게 된다.

(2) 스프레드를 이용한 투기전략

스프레드(spread)는 만기가 다른 선물가격의 차이를 의미한다. 스프레드 포지션은 하나의 만기를 갖는 선물을 매입하고, 동시에 같은 상품에 대해 다른 만기의 선물을 매도하는 포지션을 취하는 것을 말한다. 스프레드 포지션은 매입한 선물가격의 상승폭이 매도한 선물가격의 상승폭보다 크거나, 또는 매입한 선물가격의 하락폭이 매도한 선물가격의 하락폭보다 작을 때 이익이 발생한다.

예를 들어, 만기가 6월인 선물을 매입하고 만기가 3월인 선물을 매도한 투자자가 있다고 하자. 만약 한 달 동안에 6월물의 가격이 2,000원 상승하고 3월물의 가격이 1,000원 상승하였다면 이 투자자는 1,000원(=2,000원−1,000원)의 이익을 얻을 수 있다.

7.2 헤지거래전략

헤저들은 투기자들과는 달리 자신들이 보유하고 있는 포트폴리오가 가격의 변동에 영향을 받지 않도록 하기 위해 선물시장을 이용한다. 예를 들어, 주식펀드를 관리하고 있는 펀드매니저의 경우 주가 변동에 대해 헤지하기 위해서는 주가지수선물계약을 매도할 수 있다. 주가지수가 하락하는 경우에는 자신이 보유하고 있는 펀드에서 손실이 발생하지만, 매도한 주가지수선물에서 이익이 발생하여 전체적으로는 이익이 안정화될 수 있다. 반대로 주가지수가 상승하는 경우에도 마찬가지 원리(펀드 이익, 선물 손실)에 의해 이익이 안정화될 수 있다.

이와 같이 현물과 선물에 대해 반대포지션을 취함으로써 가격변동의 위험을 최소화시키는 전략을 헤지거래전략이라고 한다.

7.3 차익거래전략

차익거래(arbitrage)란 무위험(no risk), 무투자(no investment)의 상태에서 이익이 발생하는 거래를 말한다. 예를 들어, 어느 투자자가 시장가치가 10만원이고, 액면이자율이 10%인 채권에 투자하는데, 시장에서 13%의 이자율로 자금을 차입하여 한다고 하자. 이 경우 이론선물가격은 10만 3천원(=10만원+10만원×(13%−10%))이 된다.

그런데 이 채권의 선물가격이 시장에서 10만 5천원으로 더 높게 형성되어 있다면, 차익거래자는 차익거래를 통해 아무런 위험 없이 거래단위당 2천원의 수익을 얻을 수 있다. 즉 차익거래자는 차입금 10만원으로 현물을 사고, 10만 5천원에 선물매도계약을 체결하면 된다. 그러면 기간말에 1만원의 수익을 얻고, 10만 5천원에 채권을 선물매입자에게 매도할 수 있다. 이때 얻어진 11만 5천원으로 차입금 10만원과 이자 1만 3천원을 지급하면 차익거래 이익 2천원(=10만 5천원+1만원−10만원−1만 3천원)을 얻을 수 있다.

만약 선물가격이 이론선물가격(10만 3천원)보다 낮다면, 차익거래자는 선물매입계약을 맺고 동시에 채권을 팔아 그 대금을 대출 또는 예금을 함으로써 기간말에 이론선물가격보다 낮은 차이만큼 차익거래이익을 실현시킬 수 있다.

앞의 예에서 볼 수 있는 것과 같이 차익거래 투자자는 전혀 자기 돈의 투자 없이(무투자), 또한 위험을 전혀 부담하지 않고(무위험) 항상 이익을 얻을 수 있다. 그러나 실제 시장에서 이러한 차익거래 기회가 발생된다면 수많은 투자자들이 이러한 투자전략을 구사할 것이기 때문에 차익거래 기회는 순식간에 사라지게 된다. 따라서 차익거래를 성공적으로 수행하기 위해서는 순간적으로 선물과 현물을 동시에 거래할 수 있어야만 한다. 이를 위해 주식시장에서는 주가지수선물과 주식포트폴리오를 동시에 사거나 파는 거래방식으로 프로그램매매(program trading)가 이루어지고 있다.

선물거래의 유래

선물거래의 시초는 17세기경 일본의 도쿠카와 막부시대에 오사카 근교의 도지마를 중심으로 한 미곡거래로 알려져 있다. 오늘날 거래소 형태를 갖춘 최초의 선물거래소는 1848년 미국의 시카고에 설립된 시카고상품거래소(CBOT)라고 할 수 있다.

일본 도지마의 쌀 거래소

17세기경 도쿠카와 막부시절에 지방 영주들의 세력 확장을 방지하기 위해 이들을 매년 6개월 동안 오사카(당시 수도)에 강제로 살도록 하였다. 이렇게 오사카에 묶여 지내던 영주들 중 경비가 부족하였던 일부가 가을에 수확 예정인 쌀을 담보로 물표를 발행하여 경비를 조달하곤 하였다.

이 물표들은 상인들 사이에 거래가 되었다. 상인 중 요도야라는 거상이 있었는데, 오사카 근교 도지마에 있는 그의 집은 항상 많은 상인이 몰려들어 정보를 교환하고, 거래를 성사시키는 거래소 역할을 하였다. 지금 '도지마 쌀거래소'로 이름이 알려진 일본 최초의 상품거래소는 선물거래와 일치하지는 않지만 매우 흡사한 기능을 갖추고 있었다.

미국 시카고의 상품거래소

현대적 의미의 선물거래소는 1848년 미국의 시카고에서 시작되었다. 미국의 동부지방에 위치하고 있는 시카고는 19세기 중반 일리노이와 미시간의 운하 개통으로 미국 중서부 곡창지대의 중심지인 동시에 곡물의 집산지가 되었다. 밀, 옥수수, 커피 등 곡물거래가 활발하게 일어났다.

곡물거래의 중심지가 된 시카고에는 여러 문제가 발생하기 시작하였다. 1842년에는 브라질에 허리케인이 발생하였는데 그로 인해 커피농장이 모두 쑥대밭이 되었다. 통신수단이 부족했던 그 시절 미국의 커피업자는 그 사실도 모른 채 원두커피 가공시설을 마구 늘려 놓았다. 커피 수확기가 되어도 브라질에서 원두커피가 오지 않자 시설투자를 늘린 사람은 대부분 망하게 되었다. 또 곡물거래량에 비해 창고나 운송시설이 부족한 시카고는 겨울이 되면 운하에 얼음이 얼어 수송수단이 부족하게 되어 시카고에 발이 묶인 곡물은 아주 낮은 가격에 거래되었고, 얼음이 녹으면 재고부족으로 매우 비싼 가격에 곡물이 거래되기도 하였다.

이러한 폐단을 막기 위해 상인들은 고민 끝에 선물시장을 고안해 내었다. 미리 가격을 정해서 사고, 파는 방법을 생각해내었다. 즉 곡물 생산이 급격이 늘거나 줄어도 미리 가격을 정해 놓았기 때문에 뒤늦게 낭패를 보는 사람이 줄게 되었다. 중개상들은 곡물을 미리 구매하여 가격이 크게 오르는 것을 방지할 수 있었고, 농부들은 미리 팔아버려서 수확한 다음에 물건이 팔리지 않아 손해를 보는 일이 줄어들었다.

시간이 흐르면서 선물거래는 날로 활성화되기 시작하였다. 처음에는 곡물만 거래되었으나, 금, 은, 동, 원유 등 많은 상품으로 확대되었다. 1970년대부터는 주가지수 등 금융상품이 발달하기 시작하여 오늘날 전 세계 파생상품의 대부분을 금융상품이 차지하게 되었다.

자료 : 한국거래소(KRX)

요약

선물계약과 선도계약

특정 거래소가 미래의 일정시점(기간)에 수량, 규격, 품질 등을 표준화한 특정대상물을 계약 체결시에 정한 선물가격으로 인도, 인수할 것을 약속하는 선물계약을 만들어 선물거래자들이 제도화된 거래소에서 거래를 한다.

이와 달리 선도계약은 거래대상에 대한 거래조건을 거래에 참여하는 양당사자가 정한 계약으로서 표준화되어 있지 않고 만기시의 결제에 대한 확신을 하기가 어려워 위험에 노출되어 있다.

선물거래의 경제적 기능

특정한 대상상품에 대한 선물거래는 현물시장의 거래와 아울러 여러 가지 경제적 기능을 하고 있다.

ⓐ 현물가격 변동위험의 회피기능
ⓑ 현물시장의 거래활성화 및 가격안정화 기능
ⓒ 미래의 현물가격 발견기능
ⓓ 새로운 투자수단의 기능

선물거래의 주요 기관

선물시장은 거래소, 거래소회원, 청산소로 구성된다.

- **거래소**

  선물계약은 선물거래소에서만 거래되는데 우리나라는 한국거래소 파생상품시장에서 거래되고 있다. 선물거래소는 선물상품을 개발하여 상장하지만 직접 선물거래에 참여하지 않고 선물계약을 보유하지도 않는다.

- **거래소회원**

  거래소의 회원은 거래소회원과 청산회원으로 구분되는데 거래소회원이 청산회원을 겸하고 있는 경우가 있다. 우리나라의 파생상품시장에서의 회원은 자본시장법 제12조 제1항에 따라 투자매매업 또는 투자중개업의 인가를 받은 자로 제한된다.

- **청산소**

  청산소는 거래 당사자들이 거래를 이행하도록 보증하기 위하여 모든 매도계약의 매입자로, 모든 매입계약의 매도자로 포지션을 취한다.

- **투자자**

  선물거래에 참여하는 투자자는 거래목적에 따라 투기자, 헤지거래자, 차익거래자로 구분한다. 특히 투기자는 스캘퍼, 일일거래자, 포지션거래자 등으로 나누어진다.

선물거래의 주요 제도

- **증거금제도**

  계약불이행 위험을 최소화시키기 위하여 계약이행을 보증할 수 있는 증거금제도를 두고 있는데, 선물거래의 개시를 위해 예치해야 하는 개시증거금, 증거금의 최소 수준인 유지증거금, 불리한 가격변동으로 인한 추가증거금 등이 있다.

- **일일정산제도**

  청산소는 당일 장이 끝난 후 종가를 기준으로 하여 매일의 정산가격을 발표하고, 일일정산 기능을 통하여 계약 당사자들로 하여금 일정수준의 증거금을 유지하도록 하여 계약불이행 위험을 미연에 방지한다.

- **최종결제제도**

  최종결제일(만기일)까지 청산되지 않은 선물포지션을 결제하는 방식은 실물인수도방식과 현금정산방식이 있다.

- **선물상품 거래중단제도**

  거래소는 현물가격 또는 선물가격이 급변하는 경우 일정기간 냉각기간을 부여하여 객관적인 투자판단을 할 수 있도록 선물거래를 일시 정지하는데 이를 서킷브레이크라고 한다.

주요 선물거래상품

선물상품은 상품의 성질, 저장성, 가격구조, 헤징의 수요, 현물시장의 규모 등 여러 가지 조건을 고려하여 설계되는데 상품선물과 금융선물로 구분된다. 상품선물은 곡물, 에너지, 귀금속, 비철금속 등 광산품이나 가공상품, 저장할 수 없는 상품에 대한 선물상품이 있고, 금융선물은 통화선물, 금리선물, 주가지수선물 등이 거래되고 있다.

한국거래소 파생상품시장의 선물상품은 주가관련 상품으로 KOSPI 200선물, 코스피200섹터지수선물, 배당지수선물, 미니코스피200선물, 코스닥150 선물, 개별주식선물이 있다. 변동성지수상품으로 코스피200변동성지수선물이 있다. 채권·금리상품으로는 3년국채선물, 5년국채선물, 10년국채선물이 있고, 통화상품으로 미국달러선물, 엔선물, 유로선물, 위안선물이 있다. 상품선물로서 돈육선물과 금선물, 미니금선물이 상장되어 있다.

선물가격결정

선물은 미래의 일정한 시점에 상품을 인수도하기로 약정하고 현재시점에 계약을 체결하는 것이므로 선물가격은 현물의 현재가격에 일정한 기간 동안 현물을 보유하는 데 소요되는 보유비용(=현물투자비용－현물투자수익)을 더한 것이라고 할 수 있다.

$$\text{선물가격} = \text{현물가격} + \text{보유비용}$$

일반적으로 현물보유에 따른 투자비용이 투자수익보다 크다고 보면 보유비용은 양(+)의 값을 가지므로 선물가격은 현물가격보다 높게 결정된다.

위험헤지와 헤지비율

상품가격, 증권가격, 환율, 이자율 등 현물가격의 변동으로 야기되는 위험을 감소 또는 제거시키기 위한 제반거래를 일반적으로 헤지라고 한다. 매입헤지는 미래에 매입할 현물자산의 가격상승 위험을 헤지하기 위하여 선물계약에 매입포지션을 취하는 것이며, 매도헤지는 현물자산의 가격하락 위험을 헤지하기 위하여 선물계약에 매도포지션을 취하는 것이다. 헤지효과의 정도에 따라 완전헤지와 불완전헤지로 분류한다.

현물가격과 선물가격의 차이를 베이시스라고 하는데, 상대적인 가격변동의 차이에 따라 베이시스는 선물계약기간 중 변동하게 되고 이에 따라 헤지의 효과가 결정된다. 선물거래를 이용하여 위험을 헤지할 때 현물포지션의 크기에 대한 선물포지션의 크기 비율을 헤지비율이라고 한다.

$$HR = \frac{\text{선물포지션의 수량}}{\text{현물포지션의 수량}}$$

인터넷에서 찾아 읽기

한국거래소 홈페이지

- https://www.krx.co.kr
  - 상장상품소개
  - 거래제도
  - 각종 거래통계
  - 선물관련법령

CME Group 홈페이지

- https://www.cmegroup.com
  - 상장상품소개, 거래제도, 각종 거래통계

INVESTOPEDIA

- https://www.investopedia.com
  - Dictionary/futures 검색
- https://www.investopedia.com/university/all/options-and-futures
  - Tutorials/options and futures

연습문제

01 다음 용어를 설명하라.

❶ 선물거래 ❷ 선도거래
❸ 금융선물 ❹ 주가지수선물
❺ 보유비용 ❻ 상품선물
❼ 증거금 ❽ 헤지거래자
❾ 투기거래자 ❿ 베이시스
⓫ 최소분산헤지비율 ⓬ 콘탱고
⓭ 정상적 백워데이션 ⓮ 선물투자전략

02 선물계약과 선도계약의 차이점을 설명하라.

03 선물시장의 경제적 기능을 설명하라.

04 선물가격과 현물가격의 관계를 보유비용모형을 이용하여 설명하라.

05 우리나라의 선물상품에 대해 설명하라.

06 우리나라 선물시장의 거래제도에 대해 설명하라.

07 선물가격과 기대현물가격의 관계를 설명하라.

08 인도일수렴현상과 베이시스는 어떤 관계가 있는가?

09 헤지의 효과를 베이시스 변동으로 설명하라.

10 차익거래전략을 구체적인 예를 들어 설명하라.

국문색인

ㄱ

ㅅ

ㅊ

ㅋ

ㅌ

영문색인

D

E

F

G

H

I

J

K

L

M

N

O

P

Q

R

S

T

U

V

W

Y

곽철효(郭喆孝)

부산대학교 경영학과 졸업
부산대학교 대학원 경영학 석사, 박사
University of Illinois at Urbana-Champaign, Visiting Scholar
한국금융공학회 회장 역임
신라대학교 대학원장, 평생교육원장 역임
신라대학교 경영대학 학장 역임
현, 신라대학교 경영학부 명예교수

[저서]

현대재무관리(법문사)
현대투자론(법문사)
현대자본시장론(학현사)
재무관리(법문사)
잇센셜 재무관리(법문사)
잇센셜 투자론(도서출판 대명)
현대인의 재테크: 증권투자의 이해(신라대 출판부)

[논문]

체계적 위험과 기업특성의 관계에 관한 연구
우리나라기업의 산업별 부채비율의 차이와 자본구조 결정에 관한 연구
한국주식수익률의 시계열상관에 대한 원인분석
국내제조기업의 레버리지효과 분석
기업의 유동성보유수준에 영향을 미치는 기업특성요인 외 다수

정정현(鄭正鉉)

부산대학교 경제학과 졸업
부산대학교 대학원 경영학 박사
University of Illinois at Urbana-Champaign, Visiting Scholar
한국금융공학회 회장 역임
국립창원대학교 경영대학장 및 경영대학원장 역임
현, 국립창원대학교 글로벌비즈니스학부 교수

[저서]

재무관리(법문사)
현대자본시장론(학현사)
현대재무관리(법문사)
현대투자론(법문사)

[논문]

KRX 시장에서의 신용등급 퍼즐에 관한 분석
글로벌 원자재가격 변화가 한국 금융시장에 미치는 영향
자산매각 동기와 매각공시에 따른 기업가치 변화
레버리지 및 보유현금비율이 기업투자와 주식수익률의 관련성에 미치는 영향
주가동조성에 대한 ESG 등급의 영향
수명주기별 기업구조조정전략의 선택과 그 유효성에 관한 연구
배당수익률과 E/P비율의 주식수익률 예측가능성에 관한 연구
과거주가에 근거한 투자전략의 성과분석
주가의 변동성을 이용한 한국주식시장의 효율성검증
Test on Asian Stock Market Linkages with Global Market: Based on the TVP Regression 외 다수

김병곤(金炳坤)

부산대학교 경영학과 졸업
부산대학교 대학원 경영학 석사, 박사
LG경제연구원 책임연구원
부산발전연구원 연구위원
창원경륜공단 사외이사
California State University at Fresno, Visiting Scholar
한국금융공학회 부회장, 편집위원장 역임
현, 국립창원대학교 경영학과 교수

[저서]

현대재무관리(법문사)
현대투자론(법문사)
현대자본시장론(학현사)
재무관리(법문사)
잇센셜 재무관리(법문사)
채권투자의 이해(법문사)

[논문]

가족통제는 잉여현금흐름에 의한 과잉투자 문제를 증가시키는가?
한국 재벌 기업집단의 내부자본시장과 투자-현금흐름 민감도
지배가족의 기업통제와 내부자본 의존도: 기업지배구조의 조절효과 검증
지배주주의 초과지배권과 가족통제기업의 가치
한국 재벌 기업집단의 내부자본시장과 지배주주의 터널링
한국기업의 소유구조와 기업가치: 경영자지분율의 동태적 분석
주식수익률에 대한 BM비율효과 분석
유형의 정보와 무형의 정보에 대한 시장반응
Corporate Governance and Firm Performance: The Korean Evidence
The Relationships Among Corporate Governance Structure, Business Diversification and Corporate Value: Evidence from Korean Firms 외 다수

정민규(鄭民奎)

국립창원대학교 대학원 경영학 박사
현, 국립창원대학교 경영학과 강사
한국연구재단 학술연구교수

[저서]

자본구조 의사결정의 이해(한국학술정보)

[논문]

한국 재벌기업집단의 내부자본시장과 자본조달순위이론
가족통제는 기업의 투자-현금흐름 민감도를 완화시키는가?
외국인투자자는 가족기업을 선호하는가?
복잡소유구조와 자본조달순위이론
가족기업의 부채조달에 관한 실증연구 : 자본조달순위이론을 중심으로
지배주주의 초과지배권과 기업의 레버리지 의사결정: 터널링가설과 자본지출가설 검증
한국기업의 가족경영과 자본조달우선순위 : 소유 · 지배구조 특성의 영향분석
한국 가족기업의 대리인문제와 자본구조 의사결정 외 다수

문승진(文繩進)

국립창원대학교 경영학과 졸업
국립창원대학교 대학원 경영학 석사, 박사
현, 국립창원대학교 경영학과 강사

[논문]

지배가족의 기업통제와 전문경영자의 과소투자 유인
한국기업의 가족통제와 ESG경영성과: 사회감성적 부(SEW)이론 관점에서 가족통제와 지배가족 경영참여 영향분석
한국기업의 가족통제와 레버리지 의사결정: 기업규모의 조절효과 검증
한국 재벌기업집단 지배가족의 경영참여와 내부자본시장을 활용한 과잉투자: 지배가족유형에 따른 조절효과 검증
가족통제는 잉여현금흐름에 의한 과잉투자 문제를 증가시키는가?
한국 재벌 기업집단의 지배주주지분율과 내부자본시장의 투자효율성
대주주 기관투자자는 기업투자에 영향을 미치는가?
대주주 기관투자자의 이질적 특성과 기업의 투자-현금흐름민감도
한국 재벌 기업집단의 내부자본시장과 투자-현금흐름민감도
한국 재벌 기업집단의 내부자본시장과 지배주주의 터널링 외 다수

제4판
현대증권시장론

초판 발행 2014년 2월 28일
제2판 발행 2016년 2월 29일
제3판 발행 2018년 8월 20일
제4판 인쇄 2026년 2월 5일
제4판 발행 2026년 2월 10일

지은이 곽철효 · 정정현 · 김병곤 · 정민규 · 문승진
펴낸이 박노일

총괄기획 최준규
편 집 이상민

펴낸곳 pnc publishing and culture 피앤씨미디어
경기도 고양시 일산동구 강송로 153, 310-1501
등록 제396-2012-000203호
전 화 070)7550-3758 팩 스 02)6280-3758
홈페이지 www.pncmedia.co.kr 이메일 pnc@pncmedia.co.kr
ISBN 979-11-7401-073-5 93320

정 가 30,000원